Dominio de la inteligencia emocional

5 en 1

Este libro incluye inteligencia emocional, manejo de la ira, terapia cognitivo-conductual, estoicismo y hablar en público

Tabla de contenido

Libro #1
Inteligencia Emocional

La transformación mental de 21 días para dominar sus emociones, mejorar sus habilidades sociales y lograr mejores y más felices relaciones

Introducción

En un mundo de constantes cambios, el conjunto necesario de habilidades de supervivencia sigue cambiando. Mientras que en algunas situaciones o durante ciertos períodos de la historia humana, la fuerza física y la resistencia habrían sido clave para la supervivencia, la "supervivencia" actual depende de la educación, las habilidades Tecnológicas de la Información (TI), las habilidades de negociación, el conocimiento de idiomas extranjeros, la gestión de relaciones, la autoconciencia y más.

A medida que pasamos de un entorno físico a un entorno más social, las habilidades que nos permiten sobrevivir, sobreponernos exitosamente y prosperar, cambiaron para adaptarse al mundo en que vivimos. Nuestra necesidad de habilidades de supervivencia física disminuyó gradualmente y creció nuestra necesidad de habilidades de supervivencia social.

La cultura global es compleja y diversa, y está claro que se necesita mucho más sensibilidad cultural tanto en nuestra vida cotidiana como, particularmente, en el lugar de trabajo. La mayoría de empleados son muy conscientes de que la empatía y la sensibilidad los ayudan a obtener lo mejor de sus equipos. Esta es la razón por la cual las habilidades de autoconciencia, conciencia social y autogestión se han vuelto críticas para el reclutamiento.

Hasta hace relativamente poco, la inteligencia se consideraba la clave del éxito en la vida. Se creía que un alto coeficiente intelectual era la habilidad máxima para el logro profesional y la felicidad personal, directamente relacionado con sus ingresos, salud y educación.

Sin embargo, en los últimos cincuenta años, nuestra comprensión de lo que hace a alguien exitoso o feliz ha cambiado drásticamente. Ahora sabemos que la inteligencia emocional, la combinación de emociones e intelecto, es lo que da a algunas personas un límite cuya ventaja principal es un alto coeficiente intelectual.

Ahora se acepta que un alto coeficiente intelectual no es garantía de éxito en ningún nivel. Solo cuando se combina un alto intelecto con inteligencia emocional, es probable que te ayude a llegar a donde quieras en la vida.

La inteligencia emocional se trata de tener la capacidad de nutrir y manejar tus emociones, y ser observador y sensible a las emociones de los demás. Se trata de mostrar empatía y estar dispuesto a participar en el dolor o en el éxito de las otras personas.

En general, se trata de un conjunto de habilidades que no solo te dan oportunidades de trabajo, sino que también te facilitan la comprensión y el manejo de los desencadenantes que pueden causar ciertas emociones.

Al igual que el alto coeficiente intelectual se ha sobrevalorado como un requisito para el éxito en la vida, también se subestimaron las emociones. La mayoría de nosotros hemos sido educados para creer que nuestras acciones son guiadas por nuestras mentes y generalmente no somos conscientes del importante papel que realmente las emociones juegan en nuestras vidas.

Puede sonar extraño, pero las emociones guían la mayoría de nuestras decisiones. Nos gustan las actividades, situaciones o personas que nos hacen sentir bien, seguros, amados, apreciados, queridos, etc. También tratamos de evitar aquellos que nos hacen sentir amenazados de alguna manera, usados, despreciados, menospreciados, asustados o avergonzados.

Cuando dominas el arte de la inteligencia emocional, no solo te das cuenta de tus sentimientos, de qué los desencadena y cómo manejan tus reacciones, sino que también desarrollas resiliencia al desencadenante del estrés o la ansiedad.

Las personas emocionalmente inteligentes saben cómo lidiar con situaciones o personas difíciles, tanto en el trabajo como en el hogar. Al fomentar su autoconciencia y autogestión, entienden por qué sienten lo que sienten y cómo reaccionar adecuadamente en una situación dada.

Hay muchas pruebas de que las personas emocionalmente inteligentes son generalmente más exitosas en la vida.

Al igual que saber cuándo luchar, huir o detenerse puede ser la diferencia entre la vida y la muerte, sabiendo cómo actuar o reaccionar bajo ciertas circunstancias, marca la diferencia entre manejar con éxito una situación difícil o decir o hacer algo de lo que luego te arrepentirás.

El truco con la inteligencia emocional es sensibilizarse para que seas más consciente de lo que sucede a tu alrededor, para comenzar a desafiar y comprender tus reacciones y sentimientos que los respaldan, y comenzar a mirar las emociones de los demás y sus comportamientos desde el punto de vista del individuo.

Esta guía paso a paso lo ayudará a llegar allí en 21 días.

El conocido orador motivacional Leo Buscaglia lo resumió maravillosamente cuando dijo: "Demasiado a menudo subestimamos el poder de un toque, una sonrisa, una palabra amable, un oído atento, un cumplido honesto o el más mínimo acto de cariño, todos los cuales tienen el potencial de cambiar la vida".

PARTE 1

Inteligencia Emocional: ¿Por qué son tan importantes ¨las habilidades sociales¨?

Día 1
Inteligencia Emocional

¿Qué es y qué no es?

La inteligencia emocional es la capacidad de reconocer, comprender y gestionar tus propias emociones, así como las de los demás. Una persona emocionalmente inteligente es consciente de sí misma y tiene la capacidad de sintonizarse con los sentimientos de otras personas.

La inteligencia emocional gira en torno de la conciencia emocional: la capacidad de identificar y nombrar emociones, tanto las suyas como las de los demás. El truco para dominar la inteligencia emocional es aprender a crear conciencia para que, con el tiempo, se vuelva gradualmente más y más inteligente emocionalmente.

Los cuatro elementos esenciales de la inteligencia emocional son:

- Auto-conciencia
- Autogestión
- Conciencia social
- Gestión de relaciones

Las habilidades emocionales no solo tienen que desarrollarse y cultivarse, sino que también deben mejorarse constantemente. Para mejorar estas habilidades, debes trabajar continuamente para aumentar tu autoconciencia, así como aprender sobre la comunicación no verbal, como el lenguaje corporal, el contacto visual, el tacto, etc.

Otro rasgo necesario para mantener la inteligencia emocional es una actitud positiva. Ser positivos acerca de la vida, mejora significativamente tu inteligencia emocional, pues te ayuda a resolver conflictos positivamente para que tú y los que te rodean puedan avanzar. A veces, todo lo que se necesita para que alguien lidie con el trauma es hablar sobre ello o hacer que alguien lo ayude a verlo desde un ángulo diferente. Otro aspecto de la inteligencia emocional no es detenerse en lo negativo, sino buscar soluciones.

Entonces, lograr la inteligencia emocional se trata de qué tan bien te conoces y te entiendes a ti mismo y cuánto esfuerzo pones para conocer y comprender a los demás.

5 pasos para la inteligencia emocional:

- **Reconoce tus propias emociones.**

Con algunas emociones como la ira o la tristeza, ser capaz de reconocerlas por lo que son es casi tan importante como encontrar una solución a lo que le preocupa. Cuando sepa a qué se enfrenta (p. Ej., Miedo, vergüenza, ira, etc.), sabrá cómo manejar mejor ese sentimiento.

- **Reconoce las emociones de otros.**

Es triste la poca atención que prestamos a los sentimientos de otras personas. No muchas personas están preparadas para escuchar a los demás y realmente tratar de entender lo que les preocupa. Además, como a menudo son nuestras propias palabras o conducta que los hacen sentir de esa manera: avergonzados, asustados, tontos, al ignorarlos a ellos o a sus sentimientos, nos aseguramos de no tener que asumir la responsabilidad de nuestras propias acciones.

- **Comprender diferentes sentimientos e identificarlos.**

Cuando tienes envidia de alguien, es porque crees que tiene algo que no se merece o porque logró obtenerlo, mientras tú no. Si estás enojado con alguien por lo que te ha hecho, ¿podrías tratar de no ignorar tu rol en lo que sucedió? Un paso esencial para lidiar con los sentimientos negativos es identificarlos y nombrarlos. Solo cuando sepas con qué estás tratando puedes encontrar una solución.

- **Usa esa información para guiar su toma de decisiones y comportamiento.**

Las personas emocionalmente inteligentes son plenamente conscientes de sus emociones, entienden lo que las desencadenan, saben cómo procesarlas y pueden usarlas de una manera que respalde la toma de decisiones o el comportamiento racional y responsable.

- **Manejar las emociones de acuerdo con las circunstancias.**

El truco de ser emocionalmente inteligente es saber cómo manejar las emociones (las tuyas y las de otras personas), o cómo adaptar tus sentimientos, comportamientos o palabras a ciertas situaciones. Por ejemplo, no usarías las mismas palabras, expresiones faciales o lenguaje corporal para animar a alguien, que cuando estás tratando con una persona indignada que necesita calmarse. Regular tu comportamiento y palabras a una situación o persona específica, particularmente en casos extremos, es crucial para lograr el efecto deseado.

Aunque son necesarias las diferentes emociones para la inteligencia emocional, la clave que se debe tener o desarrollar es la empatía. Esta es la capacidad de conectarse con las experiencias o sentimientos de otras personas. Por ejemplo, cuando una amiga te cuenta el drama que atravesó durante su proceso de divorcio, es tu trabajo apoyarla con palabras, lenguaje corporal y contacto visual. Debe escuchar con atención y participar activamente, en lugar de simplemente sentarse allí, pensando en tus propios problemas. Ponerte en los zapatos de otras personas se trata de caminar juntamente "con" ellos por lo que estén pasando, en lugar de simplemente escuchar pasivamente.

Muchos estudios muestran que estar dispuesto a ayudar y a conectar con otros en todos los niveles (emocional, mental y espiritualmente) hace que las personas emocionalmente inteligentes sean generalmente más saludables mentalmente, más exitosas en el trabajo y, a menudo, líderes de equipo fuertes y confiables. Además de eso, son más populares entre sus colegas y socios comerciales, principalmente porque las personas aprecian a quienes muestran preocupación.

La inteligencia emocional no es fácil de describir, incluso los psicólogos no están de acuerdo con lo que es y la importancia para el desarrollo personal o profesional. La inteligencia emocional también se malinterpreta fácilmente, ya que muchas personas suponen que es una especie de rasgo de personalidad, un grado de optimismo o un signo de felicidad, tranquilidad o motivación. La inteligencia emocional es NINGUNA de esas cosas.

Quizás Daniel Goleman, autor y periodista científico, describió mejor la inteligencia emocional cuando dijo que "en un alto coeficiente intelectual del reclutamiento laboral, las habilidades blandas como la disciplina, el impulso y la empatía marcan a aquellos que emergen como sobresalientes".

¿Por qué la IE es una herramienta tan poderosa y cómo aprovecharla al máximo?

Cuando comprendes cómo la alta inteligencia emocional te ayuda a desarrollar y fomentar las relaciones, tanto personales como profesionales, te das cuenta de la poderosa herramienta que es para tener éxito en la vida.

Las personas emocionalmente inteligentes saben cómo usar tanto sus corazones como sus mentes cuando tratan con otros. Aunque son empáticos, saben cómo evitar que otros se aprovechen de su amabilidad y disposición a ayudar, ya sean sus hijos, padres entrados en años, colegas o amigos.

Como todo tipo de desarrollo personal, aumentar tu inteligencia emocional es un proceso de toda la vida. Sin embargo, las habilidades que no se usan regularmente tienden a oxidarse. Para asegurarte de que esto no te suceda, nunca dejes de mejorar tu inteligencia emocional o pulir tus habilidades de escuchar y mentoreo.

4 formas de mejorar tu inteligencia emocional:

- **Conócete a ti mismo.**

Presta atención a cómo reaccionas y cómo te sientes cuando recibes buenas o malas noticias, cuando eres testigo de injusticias, cuando estás herido. Conoce tus propias emociones y lo que las desencadenan, como ciertas situaciones, personas o recuerdos.

- **Pensar dos veces.**

Acostúmbrate a no reaccionar de inmediato, tómate unos minutos para pensar en lo que vas a decir, escribir o hacer. A veces, todo lo que se necesita para evitar una situación difícil es dar un paso atrás y pensar. Identificar lo que desencadenó una emoción en particular, como la ira, la envidia, el miedo o la ansiedad, es crucial para comprender tus emociones y tu reacción en ciertas situaciones.

- **Analiza tus sentimientos y los de otras personas.**

Nunca ignores tus sentimientos, no importa cuán triviales puedan parecer. Aprenda a interiorizarlos y descubre por qué te sientes de cierta manera. La respuesta puede no ser siempre la que esperas, pero esa es la única forma en que realmente podrás comprenderte a ti mismo o a los demás.

- **Aprende de la crítica o de los errores.**

Se necesita madurez y confianza en ti mismo para no tomar las críticas personalmente. En lugar de enfadarte o echar humo de la rabia, piensa en lo que podrías aprender de cada experiencia. Trata de ser lo más objetivo posible, aunque en muchas situaciones, puede ser muy difícil.

Cómo la IE ayuda a su desarrollo personal y profesional

La inteligencia emocional se ha convertido en una habilidad muy solicitada. Sin embargo, aunque la empatía es algo natural para algunos, otros pueden tener que trabajar duro para desarrollar la autoconciencia y aprender a conectarse con los demás.

La inteligencia emocional es una de esas habilidades que te ayuda en casi todos los niveles y es tan importante para tu vida profesional como para tu desarrollo personal. Idealmente, esto debería ser algo que uses en tu vida cotidiana, tanto en la sala de juntas como en el hogar.

Tu viaje del desarrollo personal depende en parte a dónde esperas llegar en la vida, pero también de tu madurez y de las habilidades que sientes que necesitas desarrollar. Como este es un proceso de por vida, nunca es demasiado tarde para comenzar. La razón principal por la que la inteligencia emocional puede ayudarte a maximizar tu potencial, es en mejorar tus relaciones, lo que potencializa directamente tu confianza en ti mismo y tu posición social.

4 formas en que la inteligencia emocional apoya a tu desarrollo personal:

- **Tus relaciones personales mejoran.**

Ser capaz y estar dispuesto a comprender por qué los miembros de tu familia, amigos, colegas o vecinos se sienten de cierta manera es una señal de que te preocupas lo suficiente como para ayudarlos. A todos les agradan las personas que se preocupan.

- **Tu confianza incrementa.**

Las personas emocionalmente inteligentes no solo entienden las emociones, sino que saben cómo manejarlas para aprovechar al máximo una situación o al menos evitar empeorarla. Saber que puedes manejar cualquier situación, automáticamente te hace sentir menos ansioso, más estable y más seguro de ti mismo.

- **Eres respetado.**

Aquellos que encuentran tiempo y energía para escuchar los problemas de otras personas, tratan de ver las cosas desde su perspectiva y ofrecen ayuda o entrenamiento si es necesario, generalmente son muy populares. Son apreciados, respetados y fácilmente aceptados como líderes. La mayoría de las personas prefieren hablar que escuchar a los demás y realmente disfrutan ser el foco de atención de alguien, incluso si no están dispuestos a prestar tanta atención a los demás.

- **Desarrollas resiliencia.**

Ayudar a los demás te permite aumentar tu autoconciencia y habilidades sociales. También te ayuda a dominar el arte de manejar y usar tus emociones, para que gradualmente te vuelvas resiliente al estrés y seas más competente para lidiar con situaciones difíciles.

4 formas en que la IE puede ayudarte en tu desarrollo profesional:

- **Te vuelves popular entre tus colegas.**

Incluso si nunca lo dicen abiertamente, la gente apreciará a aquellos que estén dispuestos a escucharlos y que traten de entender por lo que están pasando.

- **Desarrollas buenas técnicas de gestión.**

Las personas emocionalmente inteligentes son buenos gerentes, por lo que esta habilidad se busca en el mundo corporativo.

- **Ser un buen líder.**

Ser un líder a menudo significa liderar con el ejemplo. Al tratar con tus colegas y empleados de una manera emocionalmente inteligente, les mostrarás la mejor manera de manejar el estrés y los desafíos.

- **Sus socios comerciales lo respetarán.**

Las personas emocionalmente inteligentes suelen ser excelentes negociadores y serán apreciados por los amigos y respetados por los competidores.

Para potenciar tu desarrollo profesional con inteligencia emocional, debes concentrarte en desarrollar esas habilidades que están directamente vinculadas con los cuatro elementos principales de la inteligencia emocional:

- **Autogestión**

Aprende a aceptar, controlar, expresar y usar tus emociones.

- **Conciencia Social**

Desarrolla empatía, aprende a interpretar el lenguaje corporal, presta atención al tono de voz y expresión facial y participa más en su comunidad (intenta ser voluntario o asiste a reuniones con personas de diferentes grupos sociales).

- **Gestión de relaciones**

La colaboración, el trabajo en equipo y la interconexión son cruciales en la mayoría de las profesiones. Aprende a desarrollar relaciones sólidas dentro de tu organización y con tus socios comerciales y ayuda apoyando a otros mediante el mentoreo o el asesoramiento. Nunca debes estar demasiado ocupado o cansado para escuchar a los demás.

- **Autoconciencia**

Mejora continuamente sus habilidades de autoconciencia desafiando tus puntos de vista, examinando cómo te sientes y por qué, descubriendo lo que otros piensan de ti y por qué; reconociendo tus errores y considerando cómo tus palabras o acciones impactan a los demás. Todo esto te ayudará a comprenderte mejor. Aprende cuándo involucrarte y cuándo dar un paso atrás. Si te sientes abrumado, tómate un descanso, reconsidera e intenta nuevamente. Nunca dejes de pulir tus habilidades de autoconciencia.

Como dijo Satya Nadella, una ejecutiva de negocios estadounidense de la India, en uno de sus libros: "La energía que creas a tu alrededor quizás sea lo más importante que hagas. A la larga, la inteligencia emocional supera a la inteligencia cognitiva. Sin ser fuente de energía para otros, se logra muy poco".

Para Reflexionar:

1) De las cuatro habilidades esenciales de inteligencia emocional, ¿en cuáles ya eres bueno y en cuáles aún necesitas trabajar? ¿Cómo planeas mejorar las habilidades que te faltan?

2) Piensa en al menos dos situaciones en las que mejores habilidades de inteligencia emocional te ayudaron a manejar la situación de manera más profesional.

3) Crea un plan de acción sobre cómo puedes aplicar los principios de la inteligencia emocional para potencializar tu desarrollo personal.

Día 2
Emociones

¿Qué es la Empatía?

Como uno de los elementos clave de la inteligencia emocional, la empatía es la capacidad de identificarse con el dolor, el sufrimiento, la felicidad, el éxito, etc. de otras personas: la conciencia de los sentimientos y las emociones de quienes te rodean. A diferencia de la simpatía, que es "sentir por" alguien, la empatía es "sentir con" alguien.

Según el experto en inteligencia emocional Daniel Goleman, la empatía gira en torno a la comprensión y la aceptación.

4 elementos clave de la empatía, según Daniel Goleman:

- **Comprender a los demás.**

Para entender, primero que nada, tienes que escuchar con atención. Sin embargo, la mayoría de las personas no son muy buenos oyentes y prefieren ser escuchados. Aquellos que escuchan con empatía pueden sintonizar fácilmente las emociones y la historia de otra persona y esto les facilita ver las cosas desde su ángulo. Escuchar sin juzgar se trata de usar tanto el corazón como la cabeza para participar en las emociones de otra persona y al mismo tiempo brindarle el beneficio de la duda.

- **Fortalecer a otros.**

Un empático aprovechará todas las oportunidades para aumentar la confianza de los demás, alabar sus logros y felicitarlos por sus éxitos. Además, si un empático ve a alguien en apuros, ofrecerá desinteresadamente consejos amistosos o profesionales, mentoreo o entrenamiento para ayudarlos a superar una situación difícil, o al menos sentirse menos vulnerables.

- **Aprovechando la diversidad.**

Este es un proceso mediante el cual los gerentes emocionalmente inteligentes crean y desarrollan oportunidades para todos en el equipo, independientemente de su estado y experiencia. Al aprovechar los talentos y habilidades individuales de su equipo y proporcionar una oportunidad para que todos participen en un proyecto, los gerentes empáticos impulsan el espíritu de equipo y hacen que todos se sientan apreciados.

- **Conciencia política.**

Ser políticamente consciente significa ser capaz de captar los \ "trasfondos emocionales" de un entorno o tiempo en particular, y usarlas para guiar el trabajo del equipo u organización. Cuanto más grande sea el grupo de personas, más probable es que haya personas con intenciones ocultas. Un empático percibirá las vibras del grupo (un equipo, una familia, un grupo de amigos cercanos) y tratará con ellos con sensibilidad y flexibilidad.

Inteligencia emocional a través de las culturas

Eventos como la migración, el turismo, el comercio mundial y las corporaciones multinacionales han ayudado a expandir el mundo en una gran aldea global. Como resultado, la mayoría de las sociedades actuales están mucho más diversificadas culturalmente que hace cincuenta años. Esto es particularmente evidente en el lugar de trabajo.

Sin embargo, a pesar de la diversificación cultural general, la mayoría de las culturas individuales han conservado sus valores sociales en específico, lo que, entre otras cosas, explica por qué ser emocionalmente inteligente varía de una cultura a otra.

La inteligencia emocional consta de dos elementos clave: emociones e inteligencia. Para comprender completamente cómo las diferentes culturas entienden este fenómeno, debes comprender cómo definen la inteligencia. Como el entorno físico y social varía mucho en todo el mundo, también hace la relevancia de la inteligencia en diferentes culturas.

En otras palabras, ser inteligente en un país africano, asiático o de Europa occidental probablemente no requerirá cualidades idénticas.

En la cultura occidental, la inteligencia generalmente se mide por la velocidad y precisión de las habilidades mentales, así como por los logros académicos. Sin embargo, en África y Asia, las habilidades sociales juegan un papel mucho más importante en la inteligencia.

Si bien algunas culturas son en su mayoría impulsadas por el dinero, para otras, la familia y la comunidad son más importantes. Según los Entendimientos transculturales (Lynch, 2004), las personas en Asia y África aspiran a ganar lo suficiente para sobrevivir, con sus principales esfuerzos centrados en los objetivos familiares colectivos y la seguridad de toda la comunidad.

En las sociedades menos desarrolladas, donde la pobreza y las privaciones son comunes, ser útil y cooperativo es una habilidad mucho más deseada que ser altamente educado. Una persona servicial dispuesta a ayudar a otros con comida o dinero ayudará a mantener con vida a su familia y vecinos. Por otro lado, una persona educada puede ser respetada por sus logros académicos, pero su importancia para el bienestar de una comunidad será irrelevante hasta el momento en que comience a invertir en la sociedad y les facilite la vida.

Por otro lado, en los Estados Unidos, donde el dinero es un símbolo de estatus y poder y hay menos lazos familiares cercanos, cada hombre se vale por sí mismo.

Recientemente el Occidente ha reconocido relativamente que el comportamiento inteligente no solo se relaciona con los resultados académicos. Howard Gardiner propuso una teoría de que hay varios tipos de inteligencia, como lingüística, lógica, musical, naturalista, existencial, intrapersonal e interpersonal.

En general, reconocemos tres tipos de inteligencia no académicos. Sin embargo, la mayoría de ellos están ligados a la cultura; puede no ser reconocido como inteligencia en una cultura diferente.

3 tipos de inteligencia no académicos:

- **Inteligencia práctica**

Esta es la capacidad de resolver problemas de la vida real. Sin embargo, poder arreglar una computadora no significa que puedas arreglar una yurta en la tundra siberiana.

- **Inteligencia Social**

Una persona socialmente inteligente es capaz de comprender las emociones y los comportamientos de sí mismo y de los demás, dentro de su propia cultura. En Asia, donde la armonía social es el aspecto más importante de la vida y donde uno pone a la comunidad antes que a uno mismo, jactarse de su propio éxito se consideraría muy grosero. Por otro lado, en la mayoría de los países occidentales, la gente vive con el lema "Si lo tienes, presume", a menudo la gente se promocionará descaradamente, poniendo agresivamente sus propios intereses antes que nadie.

- **Inteligencia Emocional**

Las personas emocionalmente inteligentes son aquellas que reconocen y responden adecuadamente a sus propias emociones y las de los demás. En los países asiáticos, donde se le da especial importancia al equilibrio y la armonía, cualquier cosa que perturbe el equilibrio está mal visto. Como resultado, las personas a menudo reprimen sus emociones: nunca dejarán que otros vean cuando están sumamente felices o terriblemente molestos. Sin embargo, en las culturas occidentales, se alienta a las personas a expresar sus emociones y dejar de lado cualquier sentimiento reprimido, pero solo aquellos de la misma cultura tolerarían y apreciarían tal comportamiento.

Todo es relativo, incluida la inteligencia. Como Dostoievsky dijo en uno de sus libros: *"Se necesita algo más que inteligencia para actuar de manera inteligente"*.

Tres emociones de la raíz éxito

Así que, el éxito en la vida, tanto a nivel personal como profesional, es una combinación de emociones, inteligencia y actitud. Tu percepción del éxito puede ser la clave de cómo lo lograrás, pero independientemente de tus antecedentes culturales y sociales, hay tres emociones universales que uno necesita para un éxito y felicidad duradera.

3 emociones son la raíz del éxito:

- **Empatía**

Independientemente de tu profesión o tu estilo de vida, necesitas conectarte con las personas, y la empatía te permite establecer una relación de confianza y comprensión. Lo que distingue a los empáticos de otras personas es su capacidad para escuchar con atención y leer entre líneas, si es necesario. Para convertirte en empático, intenta llegar a un punto en el que prefieras escuchar los problemas de otra persona que hablar de los tuyos.

- **Motivación**

La motivación te ayuda a mantenerte enfocado en tus objetivos, manteniéndote en el camino a pesar de los desafíos. Cuando careces de motivación, surge la duda y fácilmente puedes darte por vencido o esperar a que alguien más te diga qué hacer. Para desarrollar o aumentar tu motivación, trata de descubrir tu propósito en la vida. Sigue revisando tus objetivos, especialmente si tus circunstancias cambian y descubres la mejor manera de detener el diálogo interno negativo. Recuerda, cuanto mayor sea la motivación, mayor será el éxito.

- **Paciencia**

En el mundo moderno, todo se trata de velocidad. Comemos comida rápida, manejamos autos rápidos, esperamos resultados rápidos y esperamos un dinero rápido. En la cultura occidental, al menos, si no eres lo suficientemente rápido, la gente se pregunta ¿qué te pasa?

Sin embargo, tanto en los negocios como en la vida, a veces vale la pena ser paciente. No te apresures a ser el primero en poseer algo, ir a algún lugar o hacer algo, muestra gratitud por lo que tienes en lugar de pensar constantemente en lo que DEBES tener. El éxito no se trata de cuánto tienes, sino cuán valioso es para ti lo que posees.

Para Reflexionar:

1) ¿Ayudas a otros y no esperas nada a cambio? Si la respuesta es no, ¿por qué no? Si es así, ¿cómo te hace sentir eso?

2) Piensa en alguien de otra cultura con la que pasas mucho tiempo, ya sea en el trabajo, en un club o en otro lugar. ¿Cuánto sabes sobre su cultura? Si muy poco, ¿por qué?

3) Haz una lista de tres cosas que te ayudan a mantenerte motivado.

Día 3
Inteligencia

¿ El alto coeficiente intelectual, es una medida del éxito en la vida?

Si bien existen muchos enfoques diferentes para el concepto de coeficiencia intelectual, ya no se considera la clave principal del éxito, aunque sí ayuda.

Nadie puede negar que un alto coeficiente intelectual ciertamente afecte tu capacidad de obtener un buen ingreso, lograr el éxito académico y mantener una buena salud hasta la vejez. Sin embargo, un alto puntaje de coeficiencia intelectual por sí solo no garantiza que utilizará la inteligencia superior con la que nació para lograr resultados sobresalientes.

Con los niños y los adultos jóvenes, depende de sus padres y maestros detectar su inteligencia excepcional y apoyarlos, para aprovecharlos al máximo. Con los adultos, depende de su propia madurez emocional, determinación y, tal vez, visión, hasta qué punto utilizarán su don.

Entonces, ¿qué es exactamente el coeficiente intelectual y cómo se mide? Las pruebas de coeficiente intelectual generalmente evalúan la capacidad de alguien para comprender, calcular, resolver problemas espaciales complejos y razonar. Se centran en cuatro elementos principales de la inteligencia: inteligencia verbal, numérica, espacial y lógica.

Existen diferentes tipos de pruebas de CI (para niños, adultos y personas con discapacidades), pero la mayoría tiene ciertas limitaciones. Es decir, evalúan solo tipos de conocimiento muy específicos, como vocabularios, habilidades para resolver problemas, etc., pero no miden el conocimiento práctico o el conocimiento que necesita para actividades como música, artes o deportes.

Además, ahora sabemos que se necesita mucho más que un alto coeficiente intelectual para convertirte en un profesional exitoso; muchos otros factores, como un entorno estimulante, un talento personal y perseverancia, juegan un papel tan importante o incluso más importante para determinar tus oportunidades de éxito.

Aunque los académicos no están de acuerdo con la importancia o incluso la relevancia de las pruebas de coeficiente intelectual, y muchos afirman que su importancia ha sido sobrevalorada, todos están de acuerdo en que un alto coeficiente intelectual definitivamente ayuda en algunos trabajos. Pero, aun así, sabemos que la diferencia entre un desempeño mediocre y sobresaliente a menudo tiene más que ver con la creatividad o la motivación que con su inteligencia, y estas cualidades no se pueden medir con una prueba de coeficiente intelectual.

También está la cuestión de cuán relevante es un puntaje de CI en diferentes culturas. En sociedades donde la inteligencia y el rendimiento académico son muy apreciados, como en Occidente, tener un alto coeficiente intelectual le brinda una oportunidad mayor de "lograrlo". Si bien, lograr resultados excepcionales también dependerá de tu motivación personal y confianza en ti mismo; se aprecia y se recompensa un alto puntaje de CI en la cultura occidental.

Por otro lado, en sociedades donde los fuertes lazos familiares y sociales son clave para la felicidad y el éxito en la vida, un alto coeficiente intelectual puede ser completamente irrelevante para la posición social de uno.

Un alto coeficiente intelectual puede o no ayudarte a lograr grandes cosas en la vida, porque para un éxito verdadero y duradero, tus esfuerzos personales tendrán que ser impulsados por muchos otros factores, como el apoyo familiar, las oportunidades disponibles, los valores culturales y más.

¿Está sobrevalorada la inteligencia?

A pesar de la evidencia de que el coeficiente intelectual no está directamente relacionado con el éxito en la vida y que otras habilidades son más, o al menos igualmente importantes, en la cultura occidental, la inteligencia aún recibe mucha atención. Esto a pesar de que numerosos estudios demuestran que sus habilidades de comunicación, negociación y liderazgo, tienen muchas más probabilidades de afectar su éxito profesional que su inteligencia.

Por ejemplo, tener buenas relaciones con tus clientes puede brindarte más trabajo gracias a la confianza brindada; o saber cómo negociar el mejor acuerdo posible para tu empresa, o para usted mismo, puede hacerlo más exitoso profesionalmente, o guiar hábilmente a tu equipo a través de un período de transición difícil puede ayudarte a mantener a tus mejores empleados.

Incluso las personas con menos educación y un coeficiente intelectual más bajo, pero que están altamente motivados, tendrán una mejor oportunidad de éxito que alguien que sea excepcionalmente inteligente y altamente educado, pero que carece de la visión o el optimismo para seguir atravesando tiempos difíciles.

Daniel Goleman, experto en inteligencia emocional, señala que el CI representa solo alrededor del 20% del éxito de una persona. El 80% restante depende de tu inteligencia emocional: las diversas habilidades sociales que incluso aquellos que no tienen acceso a la educación superior, o aquellos con un coeficiente intelectual más bajo, pueden dominarlo fácilmente.

De cualquier forma que lo mires, un alto coeficiente intelectual no es lo que más necesitas para tener éxito profesionalmente. Cosas como la honestidad, la flexibilidad, la voluntad de trabajar duro, las habilidades específicas (como la construcción, la conducción, programador de tecnología de la información, las finanzas, etc.), la buena gestión y la madurez emocional son las que, eventualmente, te van a ayudan a lograr resultados sobresalientes.

Como resultado, el CI no es tan importante para nuestro éxito general en la vida como nos hicieron creer. Ya sea que lo sepamos o no, nosotros, a menudo inconscientemente, elegimos estar o trabajar con personas que creemos que son honestas, eficientes, confiables, amables o serviciales, independientemente de cuán inteligentes sean. Cuando eliges a alguien con quien compartir tu vida, ya sea personal o profesional, tus cualidades de carácter son mucho más relevantes que tu inteligencia.

Como señaló Robert Sternberg, cuanto mejor sea el resultado de tu prueba de coeficiente intelectual, peores serán tus habilidades prácticas y viceversa.

CI vs. IE

La principal diferencia entre el CI y la IE es el enfoque. Mientras que el CI se enfoca en las habilidades académicas y la inteligencia pura, la IE trata de la capacidad de identificar, controlar y expresar emociones.

Mientras que las personas con un alto coeficiente intelectual son excelentes científicos y académicos, aquellos con un alto índice de inteligencia emocional son buenos líderes y jugadores de equipo. La respuesta a cuál cualidad es más importante, radica en parte en a quién le preguntas, pero también qué cualidades se buscan para una profesión o situación en particular.

Sería justo decir que tanto el CI como la IE son importantes para una vida plena. Sin embargo, se relacionan con diferentes cualidades: el CI compara la edad mental con la edad cronológica, mientras que la IE mide la capacidad para recibir, procesar y manejar las emociones.

Durante mucho tiempo, se creía que el CI era el más importante de los dos tipos de inteligencia, la clave del éxito, ahora conocemos sus dos limitaciones principales:

- **Un puntaje de alto coeficiente intelectual no es garantía de éxito**

La inteligencia superior por sí sola, sin trabajo duro, optimismo y empuje, no te llevará muy lejos. Solo si se combina con otros factores importantes, como la visión y las habilidades sociales, puede traer un éxito duradero.

- **Las pruebas de coeficiente intelectual no siempre son relevantes**

Incluso una persona altamente inteligente no puede saberlo todo, especialmente si un conocimiento específico es completamente irrelevante para la cultura de la que proviene. Esto significa que las pruebas de coeficiente intelectual son aplicables solo a aquellas personas con antecedentes culturales y sociales similares. Además, la mayoría de las pruebas consisten en elementos escritos y hablados, por lo que los no nativos nunca pueden hacerlo tan bien como los candidatos nativos.

La mayor ventaja de un alto coeficiente intelectual es que hace que sea más fácil ganar una beca. Las personas inteligentes disfrutan aprendiendo y lo hacen fácilmente, por lo que un alto coeficiente intelectual lo convierte en un candidato muy solicitado para una beca.

Además, en ciertas profesiones, particularmente aquellas relacionadas con la ciencia, un alto coeficiente intelectual es una señal definitiva de que el individuo, capaz de aprender rápidamente y dispuesto a mejorar y mejorar constantemente sus conocimientos y habilidades, ayudará a avanzar en el campo en el que se especializa.

Sin embargo, se sabe que muchas personas con un alto coeficiente intelectual sufren de depresión y ansiedad, posiblemente porque tienden a analizar en exceso las experiencias personales y a insistir demasiado en los detalles, lo que a menudo les causa tensión y problemas innecesarios.

A pesar de los beneficios obvios de un alto coeficiente intelectual, hay un debate en curso sobre cuán relevantes e imparciales son las pruebas de inteligencia, porque se sabe que las personas de entornos más ricos, con mejores oportunidades de aprendizaje, generalmente obtienen mejores resultados en las pruebas de coeficiente intelectual. Aunque no significa que aquellos con menos oportunidades son menos inteligentes.

Si bien es probable que este debate continúe de manera indefinida, tal vez el dilema del CI vs. IE se resume mejor con la siguiente declaración: "el CI lo contrata, pero la IE lo promueve".

Para Reflexionar:

1) ¿Prefieres tener un alto CI o IE? ¿Por qué?
2) ¿Cuál de los dos crees que es más importante para el éxito general en la vida? ¿Por qué?

Día 4
Relaciones

Tipos de Relaciones

Una relación es cómo nos conectamos entre nosotros y al ser animales sociales, necesitamos relaciones para sentirnos "completos".

Aunque hay muchos tipos de relaciones, y tantas razones por las cuales las personas entran en ellas, la conclusión es que necesitamos contacto con otras personas por el bien de nuestro bienestar emocional. Las relaciones nos brindan estabilidad mental, seguridad física, amistad y nos ayudan a vencer la soledad. Y, por último, pero no menos importante, a través de las relaciones, aprendemos y crecemos.

Los humanos somos seres complejos y sofisticados, que nos reflejamos en los diferentes tipos de relaciones que establecemos y fomentamos a lo largo de nuestras vidas.

5 tipos básicos de relaciones:

- ### Relaciones Familiares

Una familia es un grupo de personas que viven juntas en un hogar. Los roles y las relaciones dentro de una familia ya no son tan claros como solían ser y varían enormemente entre las culturas, así como a lo largo de su propia vida. Estas relaciones generalmente incluyen a tus padres, hermanos y familiares.

- ### Relaciones Amicales

La amistad es un vínculo estrecho entre dos personas, basado en intereses compartidos y vínculos emocionales. Ninguna relación es estática: las amistades también pueden cambiar, pero siempre deben mantener una conexión con afecto y confianza. Los lazos establecidos con algunos amigos pueden durar toda la vida, ya que estas son a menudo las personas en las que más confiamos durante los momentos críticos de nuestras vidas.

- ### Relaciones Románticas

En una relación romántica, compartes tus sueños, tus pasiones y tu intimidad con tu pareja. Se apoyan y confían mutuamente, y basan su relación en el amor, la igualdad y el respeto. Sin embargo, una relación romántica no es un cuento de hadas, hacerla funcionar requiere madurez y paciencia. Estas relaciones se refieren a nuestros novios, novias, cónyuges y parejas.

- ### Relaciones Profesionales

Las personas que trabajan juntas comparten una relación profesional. Este tipo de relación existe solo para que se pueda realizar un trabajo en particular. Si no fuera por el trabajo, estas personas probablemente nunca desarrollarían una conexión. Las relaciones profesionales se forman entre colegas, miembros de equipo, gerentes, empleados, clientes, usuarios, etc. La mayoría de las personas pasan largas horas en el trabajo, por lo que vale la pena hacer un esfuerzo para establecer buenas relaciones profesionales con aquellos con quienes pasa tanto tiempo.

- ### Relaciones Casuales

Según una serie de encuestas, muchas personas son adictas a las redes sociales y pasan seis o más horas diarias en Facebook, Twitter y otras formas de redes sociales. Estos "adictos" constantemente verifican las actualizaciones de estado o "acosan" los perfiles en línea de las personas.

Se pueden formar relaciones casuales con personas que conocemos regularmente u ocasionalmente, que pueden incluir vecinos, colegas, paseadores de perros con los que chatea todos los días, con quienes se encuentra a través de las redes sociales o en fiestas o clubes a los que pertenece.

Las relaciones no son inamovibles y a menudo cambian con el tiempo. Muchas personas cometen el error de dar por sentado una relación, olvidando que todas las relaciones requieren cuidado y "mantenimiento".

Sin embargo, a veces podemos superar ciertas relaciones o estilos de vida. No importa cuánto intentes mantener viva una relación, si el "pegamento" que la mantiene unida comienza a menguar, como tus intereses o prioridades mutuas, la relación eventualmente también se extinguirá.

¿Cómo debilitar una relación romántica?

Más que cualquier otro tipo de relación, las relaciones románticas nos hacen sentir completos, es por eso que a nuestra pareja o cónyuge a menudo se la conoce como nuestra "persona especial" o nuestra "media naranja". Sin embargo, encontrar a alguien con quien compartir tu vida es mucho más fácil que hacer que esa relación dure.

Una relación es como una calle de doble sentido, se necesitan a ambos para mantener viva la llama.

Hacer que una relación funcione requiere madurez, compromiso y energía, algo de lo que muchas personas ignoran ingenuamente o no desean invertir. Si bien hay muchas razones por las que las relaciones fallan, las más comunes tienen que ver con la honestidad.

6 comportamientos comunes que sabotean una relación romántica:

- **Deslealtad**

Te vuelves desleal si comienzas a priorizar a otras personas antes que a tu pareja, si mantienes contacto con la pareja anterior, o si estás "casado" con tu trabajo o un club. Otro comportamiento que muchas personas ven como deslealtad es cuando prefieres hacer algo con alguien más que con tu pareja.

- **Mentir**

La deshonestidad destruye la confianza y la seguridad en una relación. Es particularmente malo si un compañero finge que todo está bien pero, en el fondo, sabe que la relación no tiene futuro. Las personas a veces recurren a mentir para no lastimar a su pareja, pero esa relación está condenada: cuanto más tiempo sigas mintiendo y fingiendo, más le harás daño al final.

- **Compromiso condicional**

Esto sucede cuando sabes que la relación en la que estás no es lo que estabas buscando y, aunque permaneces en ella, mantienes un ojo abierto para algo "mejor". Entonces, en lugar de romper, permaneces en la relación solo para evitar estar solo, pero todo el tiempo buscando activamente algo que te convenga más.

- **El egoísmo / egocentrismo**

Ser egoísta significa que todo se trata de "yo" en lugar de "nosotros": esperar que su pareja lo consuele o cuide de usted, mientras que lo culpa indirectamente cuando no se siente bien, como si todo fuera su culpa. Este comportamiento es común en personas que se niegan a asumir la responsabilidad de sus propias vidas y sentimientos. Las personas maduras saben que depende de ellos cuán felices o miserables se sienten al final del día.

- **Unir fuerzas con alguien contra su pareja**

Cuando haces una coalición con otra persona, como tu familia o amigos, para ir contra de tu pareja. El mensaje que está enviando es "todos estamos en su contra", implica que deben ceder y hacer lo que usted dice.

- **Chantaje**

Las personas que obtienen lo que quieren de su pareja al amenazar con irse, solicitar el divorcio, dejar de comunicarse o incluso suicidarse.

¿Qué tanto la IE le ayuda a mejorar sus relaciones?

Lo creas o no, la mayoría de nosotros podríamos beneficiarnos al mejorar nuestras habilidades de inteligencia emocional.

Los individuos emocionalmente inteligentes no solo son más observadores y considerados, sino que también están más alineados con sus propias emociones y las emociones de los demás. La cultura occidental promueve la individualidad y el egocentrismo de una manera que alienta a las personas a centrarse en sus objetivos individuales. Hay muy poca necesidad de conectarse con otros, razón por la cual muchas personas no lo hacen. Tu vida te pertenece y tienes derecho a vivirla como quieras. Sin embargo, en caso de problemas, usted está solo: esta cultura se trata de "sálvese quien pueda".

Por otro lado, en las culturas o comunidades donde las personas dependen más de otros para recibir asistencia de algún tipo, es mucho más probable que "escuchen" un grito de ayuda u ofrezcan una mano de ayuda antes de que ocurra una crisis. Solo cuando todos tienen al menos sus necesidades básicas satisfechas, los miembros de la comunidad pueden relajarse. Cuanto más pobre es la comunidad, y más interdependientes unos de otros, más actúan los miembros de la comunidad en "unidad".

En Occidente, recientemente reconocimos la importancia de la inteligencia emocional para nuestro bienestar general y la necesidad de al menos tratar de comprender el punto de vista de la otra persona. Como se ha perdido mucha interconexión en el mundo desarrollado, ahora están tratando de volver a aprender habilidades que una vez llegaron naturalmente a todos los humanos, para sintonizar y percibir vibras en nuestro entorno.

9 razones por las que la alta inteligencia emocional te ayuda a mejorar tus relaciones:

- **Mejoras tu autoconciencia**

En otras palabras, te conoces mejor. Esto podría significar cualquier cosa, desde darse cuenta de cuán egocéntrico puede ser hasta aprender a pulir las habilidades de tu gente para que dejes de desanimar involuntariamente a las personas.

– Aprendes a manejar las críticas

Cuando dejas de sentir que otros quieren atraparte, te das cuenta de que, a veces, la retroalimentación negativa puede hacer más por tu desarrollo personal que las palabras falsas y vacías de "lo estás haciendo bien". A menos que sea malicioso, con el objetivo de lastimarte o avergonzarte, las críticas pueden ayudarte a cambiar de dirección antes de que sea demasiado tarde.

– Dejas de ignorar tus sentimientos

Algunas personas, especialmente los llamados "benefactores", están tan obsesionados con la necesidad de hacer algo por alguien que nunca se les ocurre que ellos también tienen necesidades que no deben ignorarse. Muchos se comportan así por culpa (real o imaginaria) y a menudo ignoran sus propias necesidades, creyendo que hay quienes son más necesitados que ellos.

Hay una razón por la cual el mantra al que todas las personas exitosas se adhieren es "Págate a ti mismo primero". Nunca ignores tus propias necesidades o sentimientos, especialmente emociones como tristeza, miedo o ansiedad, porque hay una razón por la que te sientes de esa manera. Las personas emocionalmente inteligentes reconocen y permanecen con sus sentimientos hasta que descubren qué los desencadenó.

– Te conviertes en un oyente activo

Si bien es cierto que las personas a menudo se aprovechan de aquellos que están dispuestos a escuchar sus problemas, ser un oyente activo consiste básicamente en colocarse temporalmente en segundo lugar y permitir que alguien se desahogue. Incluso si no hay nada que pueda hacer para ayudarlos, solo demostrar que se preocupa es a menudo toda la ayuda que necesitan.

– Aprendes a desafiar tus sentimientos y a reconocer y comprender los desencadenantes detrás de ellos

Con la práctica, esto se vuelve automático, pero al principio puede que tengas que detener lo que estás haciendo y analizar por qué sientes lo que sientes hacia alguien o sobre una situación en particular. A medida que te vuelvas más consciente de lo que te hace sentir de cierta manera, aprenderás a aplicar esto a los demás: podrás captar cómo reaccionan los demás, o tus actitudes, a ciertas noticias, eventos o palabras.

– Te vuelves más tolerante

La población humana ha explotado en los últimos cien años, lo que hace imperativo aprender a ser adaptable o más tolerante. Ahora tenemos que viajar en autobuses sobrecargados, conducir durante horas en tráfico intenso y trabajar estrechamente con personas de diferentes orígenes sociales, políticos y religiosos. La inteligencia emocional no solo puede ayudarnos a afrontar a tales entornos, sino incluso beneficiarnos de ellos.

– Te vuelves más respetuoso y considerado con los demás

Al adoptar valores como la diversidad cultural, la complejidad social y la libertad religiosa, las personas con alta inteligencia emocional pueden adaptarse fácilmente a cualquier entorno. No solo son tolerantes, sino que son respetuosos e interesados en la diferencia de los demás.

– Comprendes mejor los motivos y el comportamiento de los demás

Cuando dejes de verte a ti mismo como el centro del universo, comenzarás a interesarte por los demás y a prestar más atención a sus opiniones, sentimientos y motivos.

- **Aprende a resolver conflictos con éxito**

El truco con los conflictos es encontrar una solución antes de que la situación se salga de control.

- **Empiezas a ver las cosas desde el punto de vista de otras personas.**

Esto es necesario porque a menudo estamos enojados con los demás por algo que hicieron o dijeron, sin tomarse el tiempo y molestia para tratar de ver esa situación o incidente en particular desde su perspectiva.

Para Reflexionar:

1) ¿Luchas por construir relaciones con nuevos colegas cuando comienzas un nuevo trabajo? ¿Cómo lo haces?

2) Enumera cuatro formas de hacer que una relación dure. Considera el dicho: "Se necesitan dos para bailar tango". ¿Está de acuerdo?

3) Considera lo que verías si trataras de mirarte a ti mismo a través de los ojos de otra persona. Piensa en alguien a quien no le gustes y trata de imaginar lo que siente por ti. ¿Por qué crees que se sienten así?

Día 5
Carrera Profesional

Inteligencia emocional y elección de carrera profesional

Tener éxito en una carrera tiene mucho que ver con reconocer y aprovechar al máximo tus talentos, habilidades y rasgos de carácter. El conocimiento de estos puede ayudarlo a elegir una carrera la cual se le adecue mejor, lo que eventualmente le permitirá vivir la vida que siempre ha soñado.

Deja de intentar vivir el sueño o la preocupación de otra persona, ya que puedes estar decepcionando a otros. Elegir una carrera que sea más adecuada también significa que es mucho más probable que te apasiones por lo que estás haciendo con tu vida.

Ciertas profesiones requieren una gran inteligencia emocional, por ejemplo, poder mantener la calma bajo presión, o lidiar con situaciones difíciles sin explotar o estallar en lágrimas, o comprender y tolerar cuando alguien descarga sus sentimientos negativos sobre ti.

Algunas de las carreras que requieren alta inteligencia emocional:

- **Ventas**

Esta profesión es para personas orientadas a las relaciones y para aquellos que disfrutarían construir relaciones a largo plazo con sus clientes.

- **Liderazgo**

Una de las habilidades más importantes de un buen líder es la empatía, por la sencilla razón de que ayuda a generar confianza.

- **Psicología**

La inteligencia emocional es posiblemente la habilidad más importante que necesitan los profesionales de la salud mental, ya que mejora significativamente la comunicación entre un terapeuta y un paciente.

- **Trabajo Social**

Solo las personas altamente empáticas pueden trabajar con éxito con individuos y familias marginados o en riesgo.

- **Política**

Los políticos más populares suelen ser aquellos que se deleitan en servir a la gente y están preparados para escuchar a todos.

Hay muchas otras profesiones en las que el éxito laboral o la felicidad profesional dependen de un alto nivel de inteligencia emocional.

Algunas profesiones, como la enfermería y la enseñanza, son ideales para personas con alta inteligencia emocional. Si alguien con poca inteligencia emocional se involucra en una situación o un trabajo que requiere inteligencia emocional y rasgos como la paciencia, la empatía y las habilidades interpersonales, no podrá hacer el trabajo correctamente o necesitaría mucho más tiempo y energía para hacerlo bien, por la sencilla razón que esas habilidades no son sus mayores fortalezas profesionales.

Esta es la razón por la cual el perfil del trabajo es tan importante, especialmente para los jóvenes que aún no son conscientes de cuán enfáticos o emocionalmente indiferentes son. Se necesita cualidades y habilidades muy diferentes para ser un buen contador en comparación con una buena enfermera.

Inteligencia emocional en el centro de trabajo

El trabajo en equipo se está volviendo extremadamente importante en los centros de trabajo y, como resultado, la inteligencia emocional se ha convertido en una habilidad muy solicitada, especialmente dentro de las grandes corporaciones que emplean a miles de personas de entornos sociales muy diferentes.

La razón principal por la que la inteligencia emocional es tan importante en un lugar de trabajo es que permite que las personas trabajen bien juntas y desarrollen buenas relaciones profesionales, a pesar de tener pocas cosas en común.

Por lo tanto, aprender a llevarse bien con los demás, lidiar con un cambio constante y poder trabajar en equipo con éxito, es lo que hace que las personas sean más empleables hoy en día. Por su parte, las organizaciones pueden ayudar a promover el "espíritu" de la inteligencia emocional mediante la creación de entornos de trabajo que fomenten la tolerancia, la comprensión mutua y la buena comunicación.

Las 4 relaciones profesionales más comunes en el centro de trabajo:
- Relaciones entre colegas.
- Relaciones entre la gerencia y el personal.
- Relaciones entre gerentes.
- Relaciones entre el personal y socios externos, clientes, beneficiarios y competidores.

Los centros de trabajo con un alto nivel de inteligencia emocional en el personal y la administración, benefician tanto al empleador como al empleado. El personal es mucho más feliz cuando se siente motivado, apreciado y adecuadamente recompensado, mientras que los empleadores se benefician porque los empleados satisfechos son más eficientes y productivos.

Cada vez, más organizaciones están comenzando a reconocer la importancia de la inteligencia emocional en la creación de un entorno de trabajo dinámico, donde tanto el personal como los clientes se sienten valorados y apoyados. A cambio, continúan apoyando a la organización, una situación en la que todos ganan.

Inteligencia emocional y agotamiento laboral

Si bien la autoconciencia y las buenas técnicas de comunicación generalmente mejoran su rendimiento y reducen su estrés, hay trabajos o situaciones en las que la inteligencia emocional, particularmente la empatía, en realidad puede contribuir al agotamiento del trabajo.

Algunos estudios afirman que ciertas profesiones, como las enfermeras, los médicos y los niñeros, especialmente en países donde los hospitales tienen poco personal, son mucho más propensas a experimentar agotamiento laboral si tienen una alta inteligencia emocional. Sus trabajos estresantes implican contacto directo con muchas personas, exposición a muerte y sufrimiento, y largas horas de trabajo, lo que los hace altamente susceptibles al agotamiento.

Por otro lado, hay muchas pruebas de que ayudar al personal a desarrollar inteligencia emocional en realidad puede ayudarlos a lidiar con el estrés y prevenir el agotamiento.

Si bien la gran carga laboral y las largas horas de trabajo combinadas con las obligaciones de la vida familiar, son potencialmente la principal causa del agotamiento del trabajo, mucho depende del trabajo. Si su trabajo le permite ver cómo su esfuerzo marca una diferencia, como en las salas de maternidad o en hogares de ancianos, es mucho más probable que tenga satisfacción laboral y esté protegido del desgaste emocional que conduce al agotamiento. Este no suele ser el caso para quienes trabajan con el público en general, o tienen trabajos de oficina aburridos y repetitivos.

El desgaste emocional es visto como uno de los principales contribuyentes al agotamiento. Esto generalmente ocurre cuando se espera que muestre emociones a los clientes, por ejemplo, sonría y sea cortés, incluso cuando los clientes sean groseros o agresivos, o cuando tal vez esté teniendo un mal día. El desequilibrio emocional entre tus sentimientos reales y los sentimientos que exhibes al público, si no lo abordas y persistes, terminarás fácilmente en agotamiento.

Diferentes estudios muestran que definitivamente hay un vínculo entre el desgaste emocional y el agotamiento. El estrés prolongado hace que las personas se sientan emocionalmente desgastadas, y una vez que eso sucede, a menudo no tienen más remedio que comenzar a dejar de involucrarse con los demás.

Si bien esto puede ayudarlos a lidiar con la presión, a menudo contribuye a varios comportamientos negativos, porque pueden descuidar muchos de sus deberes y sentir que están decepcionando a sus pacientes o clientes.

Sin embargo, las personas con niveles más altos de inteligencia emocional tienen la ventaja de saber cómo procesar sus emociones antes de que se conviertan en actitudes o comportamientos negativos. Entonces, aunque las personas empáticas a menudo pueden quedarse cortos, están mejor equipadas para enfrentar los desafíos de las profesiones estresantes.

En conclusión, el desgaste emocional puede proteger y contribuir al agotamiento del trabajo. Quizás la solución sea buscar un empleo para el que esté emocional y mentalmente preparado, en lugar de un trabajo que choque con su temperamento o fortalezas personales solo porque está bien pagado o es interesante.

Para Reflexionar:

1) ¿Cuál es el trabajo de tus sueños? ¿Qué tan importante es la inteligencia emocional para ese trabajo?

2) Piensa en un conflicto que presenciaste en un lugar de trabajo que podría haberse resuelto mucho más profesionalmente si la inteligencia emocional de los participantes hubiera sido mayor. ¿Cómo lo habrías manejado?

3) Si todavía estás considerando qué carrera es la más adecuada, pregúntate cuánta presión emocional estarías preparado para soportar. ¿Fácilmente finges una sonrisa? ¿Tomas las críticas personalmente? ¿Cómo lidias con el dolor y el sufrimiento de otras personas? Antes de invertir tiempo y energía en el desarrollo de la inteligencia emocional, asegúrese de que tu tiempo quizás no esté empleándose mejor en desarrollar diferentes habilidades.

Día 6
Liderazgo

Buenas habilidades de liderazgo para el éxito en la vida

Hay situaciones en las que, sin un liderazgo fuerte, se hace imposible avanzar. Los líderes se presentan en muchas formas, tales como líderes innovadores, autoritarios, afiliativos, coaching, coercitivos o democráticos.

Sin embargo, independientemente de su estilo y agenda, están ahí para liderar, ya sea un equipo, organización, familia o clan.

El liderazgo se trata de hacerse cargo, dar dirección y decidir la mejor manera de lograr los objetivos establecidos para un grupo particular de personas.

Pero, los grandes líderes también necesitan tener carisma personal y el poder de inspirar a otros. Como señaló Dwight Eisenhower, "El liderazgo es el arte de conseguir que otra persona haga algo que quieres hacer porque ÉL QUIERE hacerlo".

Para poder guiar e inspirar a otros, los líderes deben armarse con un conjunto de grandes habilidades de administración, así como una alta inteligencia emocional. También necesitan mucha confianza en sí mismos y autoestima, así como suficiente resistencia para no sentirse emocionalmente agotados después de lidiar con situaciones o personas difíciles.

Por lo tanto, las cualidades que los líderes aportan, establecen tanto el estilo en el que liderarán, como la creatividad y la confianza con las que llevarán a su equipo u organización a un nuevo nivel.

13 cualidades que tiene un buen líder:

1) Tienes visión y puedes ver el panorama general.
2) Usted está muy motivado y motiva fácilmente a otros.
3) Tienes grandes habilidades de inteligencia emocional.
4) Eres creativo y tus logros reflejan que lo eres.
5) Tienes confianza.
6) Apoyas a tu comunidad / equipo / organización.
7) Sabes Escuchar.
8) Lideras con el ejemplo.
9) Tiene grandes habilidades de administración: sabes cuándo liderar y cuándo dar un paso atrás para permitir que otros se hagan cargo.
10) Nunca dejas de aprender y mejorar.
11) No tienes miedo de tomar el primer paso y tomar riesgos calculados.
12) Proporcionas orientación y dirección.
13) Elevas la moral en tiempos de crisis.

En un entorno empresarial, el liderazgo es un aspecto importante de administración . En términos de habilidades de liderazgo fuera del mundo empresarial, como un líder comunitario, líder de equipo o líder deportivo, tu función principal es hacer que las comunidades o grupos sean más fuertes, unidos y enfocados, al tiempo que ofrecen orientación, apoyo y dirección, especialmente durante tiempos difíciles.

¿Por qué la inteligencia emocional es crítica para los líderes?

A medida que el liderazgo gira en torno a los líderes, los grandes líderes necesitan tener grandes habilidades en las personas. De todas las habilidades mencionadas que un líder capaz debe demostrar, las más importantes son aquellas que lo convierten en una "persona carismática".

Las personas con alta inteligencia emocional pueden pasar con gracia a roles de liderazgo, principalmente porque incluso si no tienen todas las habilidades necesarias, pueden desarrollarlas fácilmente en el trabajo.

Si crees que eres emocionalmente inteligente, es probable que seas un buen líder. En cuyo caso, desarrollar habilidades clave de liderazgo no sería un problema.

5 habilidades de liderazgo en que la alta inteligencia emocional te ayuda a sobresalir:

- **Comunicación**

No hace falta decir que un gran líder tiene que estar dispuesto a escuchar y escuchar lo que su equipo, comunidad, empleados o clientes tienen que decir. También tienen que poder transmitir claramente sugerencias, direcciones y decisiones. Si bien las buenas técnicas de comunicación son muy importantes en la vida, son absolutamente cruciales en las posiciones de liderazgo.

- **Autoconciencia**

Solo las personas que están dispuestas a prestar atención y reconocer las emociones de los demás, así como poder percibir los trasfondos del equipo que dirige, pueden esperar comprender completamente la dinámica y las interacciones que pueden ocurrir.

- **Manejo emocional**

Ser un líder significa que sabes cómo manejar tus emociones, así como las de los demás. Se trata de mantener el control sin tener que controlar todo, todo el tiempo.

- **Conciencia social**

Esta habilidad permite a los líderes sentirse conectados con aquellos a quienes lideran. Los grandes líderes están tan bien sintonizados con la forma en que su equipo o comunidad "respira", que comprenden fácilmente qué desencadena sus emociones y reacciones. Esto es particularmente importante en situaciones que solo se pueden entender e interpretar desde la atmósfera predominante, donde un buen líder puede captar fácilmente los trasfondos sutiles.

- **Habilidades de resolución de conflictos**

En algunos entornos, o bajo ciertas circunstancias, esta puede ser una de las habilidades más importantes que necesita un líder. Conflicto en un centro de trabajo, o situaciones en las que los clientes, el personal o los clientes enojados, infelices o groseros te quitan las emociones, te exigen que mantengas la calma, escuches con atención, te disculpes y simpatices, sin tomarlo personalmente.

Para Reflexionar:

1) Nombra dos personas que para ti, son grandes personajes de un buen líder. Explicar por qué.

2) ¿Crees que tienes lo que se necesita para ser un líder? ¿Qué habilidades aún necesitas desarrollar?

3) Los líderes a menudo tienen que tomar decisiones difíciles, y algunos de ellos, deben confiar en su instinto. Si sabe que su decisión lo hará impopular, lo que significa que corre el riesgo de no ser reelegido para su puesto, ¿lo tomaría?

Día 7
Timidez

¿Qué hace que la gente sea tímida?

Comprender por qué alguien es tímido se trata de descubrir qué desencadena su sensación de incomodidad en presencia de otras personas. Nadie es tímido cuando está solo; esto es algo que sucede debido a otras personas.

Desde un punto de vista científico, se cree que la timidez es una respuesta al miedo o el resultado de experiencias personales difíciles.

Generalmente se cree que tanto los introvertidos como las personas tímidas son más felices cuando están solos. Sin embargo, eso no es del todo cierto. Mientras que los introvertidos disfrutan estar solos, las personas tímidas a menudo están solas simplemente porque se sienten incómodas al estar con otros. Como es la compañía humana la que los hace sentir ansiosos, a menudo se distancian del mundo. Lo que hace que esto sea aún más absurdo es que, más que nada, las personas tímidas anhelan la compañía humana.

Lo que generalmente evita que las personas tímidas desarrollen relaciones normales es que tienden a pasar demasiado tiempo en el autoanálisis, pensando constantemente en cómo se muestran a los demás y cuáles son sus defectos.

Las encuestas muestran que más del 50% de las personas se consideran tímidas. Algunas personas eventualmente aprenden a superarlo o enfrentarlo, pero muchas personas no.

3 desafíos principales que las personas tímidas enfrentan diariamente:
- Baja autoestima
- Miedo al rechazo
- Autoconciencia

Aunque las personas tímidas enfrentan más desafíos que otras, eso no significa que no puedan participar en actividades sociales, como fiestas, eventos deportivos o hablar en público. Es solo que tendrán que invertir el doble de energía, tanto mental como emocional, para actuar cómodamente en tales eventos que alguien que no tiene problemas para interactuar con los demás.

Nadie nace tímido; si alguien se vuelve tímido o no, dependerá tanto de su naturaleza como de la crianza. Las personas a menudo son tímidas solo en ciertas situaciones, frente a ciertas personas o en ciertos períodos de su vida.

Es bastante común que las personas que eran muy tímidas cuando crecían se volvieran seguras y francas, lo que demuestra que las habilidades sociales se pueden aprender y mejorar con el tiempo.

Nuestra educación también contribuye a cómo nos sentimos acerca de nosotros mismos, al igual que la cultura y la religión en la que crecimos. Muchas religiones fomentan sentimientos de culpa y vergüenza, y cuando se combinan con una baja autoestima, estas creencias realmente pueden dañar personas. Y si uno es tímido además de eso, es probable que no se atrevan a hablar sobre estas cosas a otros, solo empeorando la situación.

Ciertos eventos, como el divorcio, la bancarrota, la pérdida de un trabajo o pasar tiempo en prisión pueden hacer que uno también cambie su percepción de sí mismos, lo que contribuye a la timidez y a retraerse .

Cuando la timidez se vuelve paralizante

La timidez es más común cuando las personas se encuentran en contacto con nuevas personas. Hay muchas razones por las que esto pone nerviosas a las personas, pero la mayoría de las veces, son demasiado autocríticas y se comparan constantemente con los demás. La mayoría de las personas tímidas, casi constantemente, sienten que están siendo evaluadas por otros, lo que puede ser lo que las pone nerviosas, especialmente si están en compañía de personas que no conocen.

Las personas tímidas también parecen enfocarse en lo negativo: en qué no son buenas o qué tan inapropiadamente vestidas pueden estar. Es como tener que escuchar constantemente una pequeña voz que te dice lo fuera de lugar que estás.

Para algunas personas, la timidez proviene de una mala educación. Los niños tímidos a menudo provienen de familias donde uno de los padres (generalmente del mismo sexo) era demasiado crítico con el niño. En ese caso, el niño generalmente lucha por desarrollar suficiente autoconfianza y resistencia para enfrentar los desafíos del crecimiento.

Las malas habilidades de crianza pueden convertir a un niño sano en un socialmente incapaz, una persona a la que nadie le enseñó cómo comportarse en situaciones sociales. Cuando alguien es tímido desde la infancia, a menudo es porque nunca tuvo la oportunidad de aprender a participar en actividades sociales.

Otra experiencia de la infancia que puede hacer que las personas se sientan tímidas es por las burlas. Niños que crecieron sintiéndose no amados, no deseados o abiertamente culpables de las desgracias de sus padres (como "si no hubiera sido por ti, ahora sería libre" o "cuando pienso cuánto he invertido en ti..."). Si un niño es menospreciado por miembros de la familia o hermanos mayores, puede crecer con baja autoestima y estar acostumbrado a recibir comentarios negativos. Entonces, en cierto modo, como adultos, casi esperan que otros les disgusten o se burlen de ellos. Como resultado, pueden evitar situaciones sociales y contacto con los demás tanto como puedan.

Ayudar a alguien que es tímido puede ser complicado porque hay muchas razones para la timidez, así como las formas en que las personas lo enfrentan. Sin embargo, lo peor que podría hacer es tratar de ayudar a alguien a deshacerse de su timidez obligándolos a pronunciar un discurso o participar en una actividad social si no lo desean. La timidez se aborda mejor gradualmente en lugar de con un método de "hundirse o nadar", cuando empujas a alguien a una situación para la que no está preparado.

Burlarse de alguien que es tímido, esperando que reaccione dejando de ser tímido solo para demostrar su valía, es una forma cruel y agresiva de ayudar a alguien, y generalmente puede hacer más daño que bien. Las personas tímidas pueden participar en todas las actividades sociales, pero como esto suele ser estresante para ellas, necesitarán tiempo para prepararse mentalmente para la prueba.

<u>4 maneras de enfrentar la timidez:</u>

- **Deja de obsesionarte**

Una de las cosas con las que las personas tímidas luchan es la auto-obsesión. Piensan constantemente en sí mismos, analizan su propio comportamiento, apariencia, palabras, vida, familia, etc., siempre buscando lo que está mal y esperando que otros los critiquen por ello. <u>Acción: cambia el enfoque de ti mismo a los demás.</u>

- **Lanza un contraataque**

En lugar de retirarte de una situación que te hace sentir incómodo, quédate y confronta tu miedo. No será fácil ni cómodo, pero con el tiempo mejorarás. Trabaja en ello, al igual que trabajarías para mejorar tus habilidades de negociación, idiomas extranjeros, habilidades de manejo, habilidades tecnológicas, aprende las habilidades que sientes que necesitas. Trata las interacciones con los demás simplemente como una habilidad que te falta, pero que quieres aprender. <u>Acción: Intenta ponerte en situaciones o con personas que te hagan sentir tímido y practica contraataques.</u>

- **No tengas miedo de defender lo que crees**

A veces, las personas se sienten incómodas cuando se destacan de los demás, como cuando se ven diferentes, hablan con un acento diferente, se visten de manera diferente, practican una religión diferente o comen una dieta especial. Ser como todos los demás suele ser más fácil porque eres "uno más del rebaño" y muchas personas adoptan la mentalidad de rebaño solo para no quedarse solos. <u>Acción: Mira tu diferencia de esta manera: si eres diferente, eres especial, ¡enorgullécete de ello!</u>

- **Disfruta la atención**

Si te sientes incómodo con los demás mirándote, ¿no podría ser que están observando cuán interesante, elegante u original eres? Cuando alguien te está mirando, puede que no te esté juzgando, puede que te esté admirando. Intenta cambiar esa actitud negativa. <u>Acción: Cuando descubres que alguien te está mirando, sonríe y piensa en lo interesante, atractivo o elegante que debes ser para que alguien te haya notado en una multitud.</u>

¿Cómo la inteligencia emocional te ayuda a superar la timidez?

Cuanto más lees sobre las causas de la timidez, más te das cuenta de que la timidez es un término relativo. Hay personas que son tímidas en el sentido de que no están interesadas en relaciones superficiales, y encuentran perder el tiempo y la energía en personas con las que realmente no quieren estar para ser una forma estúpida de pasar una noche. Estas personas están muy en contacto con sus emociones y saben qué es y qué no es importante para ellos, y en qué tipo de personas o actividades no vale la pena perder tiempo y energía.

Luego, hay personas que darían cualquier cosa por dejar de ser tímidos, y se esfuerzan al máximo para encajar con los demás. Trabajan en sí mismos, y generalmente logran superar la timidez.

También hay quienes, por razones de educación inadecuada o traumas pasados, encuentran que estar con otros, particularmente en situaciones nuevas, es demasiado traumático y lo evitarán tanto como puedan.

Todos tienen su propia razón para ser tímidos, y las personas con poca inteligencia emocional generalmente luchan para hacer frente a los complejos roles y normas sociales del mundo corporativo, o incluso en las relaciones personales.

Aunque la mayoría de las personas aprenden a lidiar con la timidez, tarde o temprano, si no se aborda, puede comenzar a afectar su vida cotidiana.

Para superar la timidez, primero tienes que descubrir cuándo y por qué te sientes tímido. Una vez que sepas cuáles son sus desencadenantes, será más fácil lidiar con ellos.

La timidez no tiene por qué ser un problema en sí misma. Si estás contento contigo mismo y tu timidez no interfiere demasiado con tu vida personal y profesional, como si trabajas desde casa o si tu estilo de vida no gira demasiado en torno a estar en nuevas situaciones y conocer gente nueva, puedes ser muy tímido y aún muy feliz.

Las habilidades de inteligencia emocional ayudan a controlar la timidez manteniéndote en contacto con tus propias emociones, ayudándote a comprender y lidiar con situaciones que desencadenan esos sentimientos de ansiedad.

Sin embargo, si eres demasiado tímido debido a una infancia abusiva o un trauma pasado, o si estás en un trabajo que requiere un trato constante con el público, entonces es probable que tengas que hacer algo al respecto. Cómo vencer tu timidez depende principalmente de tu personalidad.

Como dijo la conocida actriz italiana Mariacarla Boscono en una entrevista: "Cubro mi timidez siendo exactamente lo contrario. Ya sabes, muy ruidoso y muy italiano. Soy una persona extremadamente insegura y frágil, y solo las personas que realmente me conocen lo saben. Pero me obligo a mí misma a ser lo opuesto".

Para Reflexionar:

1) Algunos niños tímidos crecen para convertirse en adultos seguros, mientras que algunos niños seguros terminan sintiéndose cada vez más tímidos con la edad. ¿Cómo crees que las experiencias de la vida moldean nuestra percepción de nosotros mismos? ¿Ha aumentado o disminuido tu timidez con la edad? ¿Qué crees que ha contribuido a eso?

2) ¿Estás de acuerdo en que el Internet y la gran cantidad de tiempo que las personas pasan solas, sin contacto cara a cara, podrían estar alimentando la timidez?

3) El famoso actor Al Pacino fue muy tímido cuando era joven. Cuando se convirtió en actor y se convirtió en el centro de atención, aprendió a sobrellevar su timidez. ¿En qué situaciones te sientes más incómodo y cómo lidias con tu timidez?

Día 8
Autoestima

Cree en ti mismo, sin estar lleno de ti mismo

Creer en ti mismo es mejor si se nutre desde una edad temprana. Sin embargo, aquellos que crecieron en un entorno poco favorable aún pueden aprender a desarrollar la autoconfianza más adelante en la vida.

A menudo leemos que algo que todas las personas exitosas tienen en común es creer en sí mismas. Creer en ti mismo tiene que ver con saber lo que quieres, tener una idea de cómo conseguirlo y ser resiliente a la presión y la negatividad de tu entorno.

A muchas personas les lavan el cerebro sus familias para creer que no son lo suficientemente buenas, bonitas o lo suficientemente inteligentes como para tener éxito en la vida, y deberían estar agradecidas con lo que sea que les depare la vida, por pequeño que sea. Aquellos que compran esto generalmente permanecen atrapados donde sea que se les hizo creer que pertenecen y nunca encuentran realmente la energía para intentar hacer algo por sí mismos.

Afortunadamente, incluso si su autoestima es baja, puede mejorarla o desarrollarla fácilmente una vez de que construya una autoimagen positiva y decida que está listo para un cambio.

6 pasos para crear una mejor autoimagen:

- **Reconoce tu lucha**

Si sabes que te falta autoestima, ¿sabes por qué? Reconocer que tienes baja autoestima te permite comenzar a hacer preguntas para estar más seguro.

- **Administra tu voz interior**

Lo que sea que tu voz interior te diga generalmente se compone de comentarios negativos de tus padres, tu pareja, amigos, colegas o cualquier otra persona que haya tratado de detenerte. Podría haber muchas razones por las que intentan sabotearlo, así que piensa en una forma de deshacerte del diálogo interno negativo y comienza a escuchar tu propia voz para generar un cambio.

- **Leer material motivacional**

Esto es importante principalmente porque es una manera fácil de aprender cómo otras personas con un problema similar mejoraron su propia imagen.

- **Practica la visualización**

Imagínate como te gustaría ser (seguro, bonito, popular, valiente, solicitado profesionalmente, franco). Luego, pregúntate qué te impide ser así.

- **Limita la negatividad**

Probablemente sepa de dónde proviene la influencia negativa. Limite su exposición a esas situaciones, personas, programas de televisión o periódicos.

- **Deja de compararte con otros**

Las personas con baja autoestima no se hacen ningún favor si se comparan constantemente con las personas que tienen más éxito. Esto solo ayuda si te anima a hacer algo con tu vida, no si te hace aún más miserable.

Desarrollar el respeto propio

La autoestima es sentirse bien con uno mismo. Aquellos que carecen de autoestima son generalmente inseguros y a menudo experimentan sentimientos de arrepentimiento, vergüenza o culpa.

El respeto propio se puede ganar o perder, y también se puede mejorar. Mejorar tu autoestima no es difícil, pero debido a que proviene de tus creencias internas sobre ti mismo, lleva tiempo.

7 cosas a tener en cuenta si quieres mejorar tu autoestima:

1) Sepa a dónde quiere llegar.

Trate de identificar los rasgos que le gustaría desarrollar: ¿cómo se ve alguien con gran autoestima? ¿Puedes verte siendo así algún día?

2) Acepta que eres responsable de tu opinión sobre ti mismo.

Si no te gustas, pregúntate por qué. ¿Cómo esperas que les gustes a los demás? ¿Qué se necesitaría para cambiar tu opinión sobre ti mismo y aceptar quién eres en este momento actual?

3) Manténgase alejado de aquellos que promueven sentimientos de culpa, vergüenza o miedo.

Todos conocemos personas, situaciones o temas que nos hacen sentir "pequeños" o incómodos. Evítelos como la peste, o al menos trate de minimizar el tiempo que pasa en esa situación o con esas personas.

4) Practica lo que predicas.

La vida es dura, así que prepárate para defender tus puntos de vista. Aumentará su autoestima al comportarse de acuerdo a lo que cree y al tener fe en sus valores. Las personas respetan a quienes practican lo que predican.

5) Aprende a lidiar con las críticas.

Esto viene con la práctica, y no siempre es fácil, incluso si otros dicen que lo hacen por su propio bien. Incluso si lo que otros dicen sobre ti no es cierto, al elegir no tomarlo demasiado personal, estás practicando habilidades de inteligencia emocional: "manejar tus emociones y reacciones".

6) Elija su compañía con cuidado.

Intenta rodearte de personas que te hagan sentir apreciado y amado, y en cuya compañía puedes ser tú mismo.

7) Defiéndete.

Si vives en un entorno en el que a menudo parece que eres "tú contra todos los demás", esto puede ser difícil. Sin embargo, se verá mejor a sus propios ojos cuando defienda sus creencias u opciones en la vida. La autoestima se trata de cómo te ves a ti mismo: al no tener miedo de defender lo que crees, aumentarás, no solo tu autoestima, sino que obligarás a otros a tomarte más en serio también.

¿Cómo la inteligencia emocional refuerza una mentalidad positiva?

Antes de intentar influir en su comportamiento, o en el de otra persona, debe comprender cómo funciona su mente y cómo acceder a ella. Para poder controlar sus emociones y reacciones, o reemplazar sus pensamientos negativos con positivos, necesita sintonizar su subconsciente.

Todo comienza con reconocer que el diálogo interno negativo influye en muchas decisiones que tomas todos los días. Ciertas situaciones pueden actuar como desencadenantes de este tipo de actitud, pero se sabe que la baja autoestima alimenta tales pensamientos negativos.

A menudo pasamos toda nuestra vida socavando con un diálogo interno negativo, sin darnos cuenta de que lo que repetidamente pensamos o nos decimos continuamente a menudo se convierte en una profecía autocumplida. Podemos darnos cuenta de lo que nos hemos hecho en retrospectiva cuando, después de años de auto-abuso y auto-sabotaje, recordamos nuestras vidas solo para darnos cuenta de que éramos nuestro peor enemigo.

Sin embargo, es poco probable que esto le suceda a las personas emocionalmente inteligentes, principalmente porque están sintonizadas con sus emociones y pueden captar fácilmente las vibras negativas del entorno o de su propio subconsciente. Esto significa que cuanto mayor sea su inteligencia emocional, mejor control tendrá sobre su mente.

Si perseveras en el desarrollo de tus habilidades de inteligencia emocional, eventualmente aprenderás a identificar las emociones inducidas por el estrés y captarás tu propio diálogo negativo antes de que tengas la oportunidad de afectar tu estado de ánimo o comportamiento.

Sin embargo, incluso si eres un maestro de tu propio subconsciente, no siempre podrás influir en lo que otros dicen o cómo se comportan. Afortunadamente, incluso cuando está expuesto a la negatividad durante largos períodos de tiempo, sus habilidades de inteligencia emocional pueden ayudarlo a reducir el efecto de dicha negatividad en su propia vida.

La forma más fácil de superar la negatividad es con una actitud positiva. Si tú eres alguien que generalmente eres positivo acerca de la vida, esto no será un problema; de todos modos, probablemente intentes ver algo bueno en cada situación. Sin embargo, si no es así como normalmente ves el mundo, tendrás que trabajar para desarrollar una visión del mundo más alegre y confiada.

Lo mejor de la alta inteligencia emocional es que potencia la actitud positiva, lo que debilita el impacto del pensamiento negativo.

Mientras tienes pensamientos positivos, tu cerebro no tiene estrés. Cuanto más a menudo tengas pensamientos positivos, más a menudo se le dará a tu cerebro la oportunidad de relajarse. No es difícil estar libre de estrés y tener pensamientos relajantes cuando eres feliz: es cuando las cosas no van bien y tu mente está inundada de pensamientos sombríos y negativos que centrarse en lo positivo se convierte en un desafío. Sin embargo, con la práctica, puedes aprender a desconectarte y simplemente pasar unos minutos poniéndote en contacto con tu positividad. Si no puedes concentrarte en algo bueno, trata de pensar en alguien o en algo que te haga reír. O piensa en algo agradable que te haya pasado recientemente. O mire a los niños o perros que juegan en el parque, salga y alimente a las aves, disfrute de los colores y aromas de su jardín. Puedes cambiar tu enfoque de los pensamientos negativos si tienes algo más feliz por los que cambiarlos.

Tu mentalidad es lo que te guía a través de la vida, determinando cómo reaccionarás en ciertas situaciones. Las personas con una mentalidad positiva ven los desafíos en lugar de los problemas. Están abiertos a sugerencias, aceptan críticas y no se rinden fácilmente. Con una mentalidad negativa, las personas tienden a lidiar con los problemas simplemente aceptándolos como destino, son reacios a cambiar y, a menudo, se convierten en víctimas de un diálogo interno negativo.

Para Reflexionar:

1) ¿Crees en ti mismo? Si es así, demuéstralo respondiendo estas preguntas: ¿Cuánto te gustas a ti mismo? ¿Sueles decir o hacer cosas que no quieres, que hacen que la gente te quiera? Cuando piensas en tu futuro, ¿te sientes esperanzado o ansioso?

2) ¿En qué situaciones no tendrías el descaro de defenderte, pero fingirías estar de acuerdo con la opinión general? ¿Crees que siempre es seguro decir lo que realmente piensas?

3) "Una actitud positiva provoca una reacción en cadena de pensamientos, eventos y resultados positivos. Es un catalizador y genera resultados extraordinarios. "–Wade Boggs

Si está de acuerdo con este punto de vista, piense en dos personas que conoce (o ha oído hablar) que lograron recuperarse de un revés importante en la vida. ¿Qué harías si te pasara lo que les pasó?

Día 9
Ansiedad Social

Cuando ser tímido se convierte en un trastorno mental

La mayoría de las personas tímidas eventualmente aprenden a sobrellevar la timidez y a rodearse de personas desconocidas. Los que sufren de ansiedad social, por otro lado, encuentran imposible relajarse en esos entornos, sin importar cuánto lo intenten.

Las personas con trastorno de ansiedad social temen ser juzgadas y generalmente están plagadas de sentimientos de inferioridad e insuficiencia.

Para comprender cómo la ansiedad social afecta a las personas, considérelo lo opuesto al narcisismo. Mientras que los narcisistas tienen un *inflado* concepto de sí mismo e intentan llamar la atención sobre sí mismos todo el tiempo, quienes padecen ansiedad social experimentan un concepto de sí mismo *desinflado* e intentan evitar la atención. Sin embargo, al mismo tiempo, creen que todos los miran, hablan de ellos y comentan de su apariencia. A veces, incluso pueden comenzar a sudar, respirar fuertemente y sentirse mareados o con náuseas.

La ansiedad social, siendo el tercer problema de salud mental más grande en muchos países, parece ser mucho más común de lo que, hasta hace poco, se creía. Esto significa que hay millones de personas con ansiedad social entre nosotros, que continúan con sus vidas sin que nos demos cuenta del trauma que pueden estar pasando todos los días. Lo que significa que, con una educación adecuada y cuidado personal, el trastorno es controlable.

La intensidad del trastorno varía a lo largo de la vida y durante el día, al igual que los síntomas. Sin embargo, la mayoría de las personas con este trastorno mental experimentan al menos un tipo leve de angustia emocional en ciertas situaciones.

Situaciones que desencadenan ansiedad social:
- Ser presentado a otras personas.
- Recibir burlas o criticado en público.
- Ser el centro de atención.
- Ser observado mientras hace algo.
- Encuentro con personas extrañas.

Lo que las personas experimenten durante un "ataque" de ansiedad social dependerá del individuo y de las circunstancias, pero pueden incluir miedo, sonrojo, sudoración, sequedad de garganta o corazón acelerado.

La autoeducación ayuda, pero independientemente de cuánto te digas a ti mismo que el miedo o la incomodidad que estás experimentando es irracional, no podrás detenerlo.

¿Qué tan fácil es superar la ansiedad social?

Si llegas a un punto en que la ansiedad social comienza a afectar tu desempeño y tus relaciones, es posible que no tengas otra opción que buscar asesoramiento. Sin embargo, independientemente de cuán bueno sea tu terapeuta, depende de ti, y de cuánto estés preparado para trabajar en ti mismo, determinar qué tan exitosamente, si es que lo logras, podrás deshacerse de tu incomodidad.

Quizás lo peor de este trastorno mental es que si no se aborda, puede provocar otros problemas, como:

- **Abuso de sustancias**

Algunas personas recurren al alcohol o las drogas para calmarse y superar un evento que implica hablar en público o conocer gente nueva.

- **Problemas de pareja**

Si bien todos enfrentan problemas de relación de vez en cuando, las personas que carecen de ansiedad generalmente carecen de las habilidades y la confianza para enfrentar tales desafíos. Como resultado, a veces soportan el abuso mental o físico durante mucho tiempo antes de reunir el coraje para hacer algo al respecto.

- **Problemas de carrera**

A menos que aprendan a manejar su trastorno, quienes padecen ansiedad social están en desventaja cuando se trata de avanzar en su carrera, simplemente porque en la mayoría de las profesiones uno necesita tener buenas habilidades de comunicación. Intentando evitar un riesgo innecesario en público, generalmente permanecen callados en las reuniones y rara vez ofrecen nuevas ideas o acciones. Como tal, son vistos como alguien que no tiene nada que aportar a la organización, y que no pueden ser considerados para un ascenso.

- **Depresión**

Si sus problemas de salud mental y su baja autoestima los están haciendo infelices, solitarios y generalmente sin éxito en la vida, las personas con ansiedad social a menudo también terminan luchando con la depresión, especialmente si son conscientes de las oportunidades que han perdido por su torpeza social.

- **Soledad**

Los enfermos de ansiedad social no siempre son tomados en serio y pueden burlarse o aprovecharse de ellos, lo que solo contribuye a querer alejarse del mundo. Para ellos, las cosas pueden parecer duras e injustas.

La única forma de ayudar a alguien con este trastorno es a través de terapias. Sin embargo, cuán exitosamente alguien enfrenta la ansiedad social también tiene mucho que ver con su estilo de vida. Dependiendo de lo que hagan para ganarse la vida, puede ser posible evitar, o al menos reducir, la exposición a situaciones que desencadenan ataques de ansiedad social.

Inteligencia emocional y ansiedad social

Según el Instituto de Salud y Potencial Humano, la inteligencia emocional es "la capacidad de reconocer, comprender y gestionar nuestras propias emociones, y reconocer, comprender e *influir* en las emociones de los demás".

Si observas las situaciones que desencadenan el trastorno de ansiedad social y las competencias y el comportamiento de las personas con una gran inteligencia emocional, es fácil ver la relación entre dos.

Dependiendo de la intensidad, uno puede aprender a superar la ansiedad social mediante la *comprensión* de lo que la desencadena, o con la ayuda de un buen terapeuta. La inteligencia emocional se trata de *comprender* y controlar las propias emociones, por lo que, al aplicar los principios de inteligencia emocional de estar sintonizado con tus sentimientos, puedes aprender a comprender tus emociones, descubrir los factores desencadenantes detrás de ellas y usar tu mente para controlar tu reacción ante esos desencadenantes.

4 formas en que la inteligencia emocional te ayuda a lidiar con la ansiedad social:

- **Comprender los desencadenantes.**

Analiza tus posibles requisitos laborables y haz una lista de cuánto tiempo deberás dedicar a reuniones, entrevistas, redes de trabajo, eventos formales, presentaciones y reuniones con dignatarios. Piensa cuánto podrías enfrentar en este tipo de exposición y cómo lo harías. Solo entonces debes decidir si aceptas ese trabajo en particular.

- **Mejora tus técnicas de afrontamiento.**

Si has estado en tu trabajo durante un buen tiempo, significa que has descubierto cómo enfrentarte a situaciones que desencadenan la ansiedad social. Si este es un nuevo trabajo que estás a punto de comenzar, debes encontrar formas de disminuir tu ansiedad mientras actúas de una manera más o menos normal. Por ejemplo, haz una lista de actividades que podrías delegar a otros, aquellas que podrías evitar por teléfono o por escrito, y aquellas con las que de todas maneras tienes que tratar personalmente.

- **Desarrolle su inteligencia emocional.**

Las personas con alta inteligencia emocional generalmente están muy sintonizadas con sus sentimientos, lo que les ayuda a lidiar o prever, y evitar, si es necesario, ciertas situaciones potencialmente desafiantes que pueden requerir muchas negociaciones, opiniones, etc.

- **Cambia el enfoque**

Lo primero que debe hacer una persona con un trastorno de ansiedad social para desarrollar o mejorar sus habilidades de inteligencia emocional es dejar de pensar en sí mismo y comenzar a pensar en las necesidades y problemas de los demás. Al cambiar el enfoque de sus miedos a los de otra persona, reducirá la presión mental con la que vive constantemente.

El problema es que las personas con trastorno de ansiedad social generalmente tienen niveles más bajos de inteligencia emocional. Lo que no significa que no puedan aprender las habilidades necesarias de las personas, pero sí tendrán que invertir más esfuerzo para ser emocionalmente inteligentes a comparación con quien las habilidades interpersonales son algo natural.

Para manejar su trastorno con inteligencia emocional, primero tendrá que desarrollarlo. Puedes mejorar tu inteligencia emocional si usas tu energía para analizar los sentimientos de otras personas en lugar de concentrarte en ti mismo y temer los rechazos y fracasos, generalmente imaginarios.

Para Reflexionar:

1) ¿Conoces a alguien con algún trastorno de ansiedad social? Si lo haces, ¿se siente cómodo con ellos? Si no lo hace, ¿cómo cree que podría trabajar con ellos?

2) Cuando estás molesto, ¿siempre sabes cuál es el desencadenante? Si lo sabe, ¿eso le facilita a lidiar con el problema?

3) Si tuviera que hacerlo, ¿cómo describiría su ego como inflado o desinflado? ¿A cuál de estas dos categorías crees que perteneces?

Día 10
Lidiando con la Presión

La presión en el mundo moderno

La mayoría de nosotros tenemos que trabajar para vivir, y generalmente nos definimos a nosotros mismos y nuestro estado en la vida por nuestros trabajos y los estilos de vida que tenemos.

Varios estudios muestran que a pesar de una vida acelerada, la sobrecarga de información y el cambio constante en muchas dificultades para mantenerse al día, la mayor parte de nuestro estrés en el mundo moderno está relacionado con el trabajo.

Si pierdes tu trabajo, automáticamente enfrentas preocupación por el futuro. Cuando te quitan tu fuente regular de ingresos,te ves obligado a hacer cambios en tu estilo de vida, perder contacto con muchas personas y lidiar con la ira, la humillación o la pobreza. Es una situación muy estresante, especialmente si tienes una familia.

Incluso cuando tienes un trabajo, es probable que a menudo te preocupes por las consecuencias del colapso económico y los posibles despidos, y para asegurarte de mantener tu trabajo, aceptas trabajar más, trabajas más horas, llevas a casa el trabajo o trabajas los fines de semana. Una vez más, una situación muy estresante, especialmente si persistes.

Por lo tanto, ya sea que estés en un trabajo mal pagado, sin salida o muy estresante, puedes estar ansioso ya sea por demasiado trabajo, salarios bajos o porque no te sientes apreciado. Todas estas situaciones son desmoralizantes, especialmente si obligan a las personas a permanecer en un trabajo que odian o que no permite ninguna creatividad.

Al tratar de hacer malabarismos con la carrera y la familia, las personas, especialmente las mujeres, a menudo asumen más de lo que pueden manejar. El mercado se ha vuelto cada vez más competitivo, y esto fomenta una competencia más agresiva dentro del lugar de trabajo.

Las emociones negativas, como el estrés, el agotamiento, el miedo, la ira, la tristeza y la envidia, producen reacciones en el cuerpo durante las cuales se liberan ciertos químicos. Estos productos químicos están directamente relacionados con la presión arterial alta, trastornos cardiovasculares, enfermedades autoinmunes, depresión y otras afecciones de salud.

Todos sabemos sobre el impacto negativo que tienen el estilo de vida poco saludable, el estrés crónico y la infelicidad, los cuales controlan nuestro bienestar físico y mental. Aún así, parece que no podemos reducir la velocidad, ya que el ritmo de vida obviamente no cambiará pronto.

El mundo cambiante, complejo y de alta tecnología en el que vivimos exige que desarrollemos nuevas habilidades que nos abran oportunidad laboral, ser más tolerantes y mejores para manejar el estrés. La inteligencia emocional es una de estas habilidades.

¿Cómo la presión afecta su comportamiento?

La vida en el mundo moderno es rápida, agitada y estresante, y la mayoría de las personas se las arreglan lo mejor que pueden.

En la mayor parte del mundo desarrollado, las personas viven más tiempo que nunca, tienen una cantidad de oportunidades fenomenales, una riqueza sin igual y disfrutan de libertad política y religiosa. Desafortunadamente, la riqueza material acumulada en el mundo desarrollado no coincide con el nivel de felicidad personal de su gente. Si bien la mentalidad consumista, en la que se basa la sociedad moderna, continúa empujando a las personas a ganar más, comprar más y tener más, esto está afectando su bienestar mental, emocional y particularmente espiritual.

Existe la presión adicional de ser "eternamente jóvenes": se espera que las personas, especialmente las mujeres, tengan la mitad de su edad, que sean delgadas y arregladas, que tengan una carrera y que siempre sean felices, seguras y políticamente correctas. Hay muchas cosas de las que preocuparse constantemente.

Combinado con la sobrecarga de información, la inseguridad laboral, la alimentación saludable, las nuevas enfermedades autoinmunes, la amenaza del terrorismo, la inmigración ilegal, el cambio climático y el esfuerzo diario de hacer malabarismos con la familia, la carrera y la vida social, no es de extrañar que la ansiedad y la depresión se estén convirtiendo en una epidemia.

Las personas reaccionan al estrés con la respuesta de luchar, huir o bloquearse, y aunque esta es una técnica de supervivencia probada en el tiempo, solo es efectiva si el estrés no dura demasiado o no ocurre con demasiada frecuencia. Que es exactamente lo contrario de lo que se han convertido nuestras vidas.

Para hacer frente al ritmo implacable de la vida moderna, nos encontramos inmersos en estilos de vida y hábitos que alivian temporalmente la tensión con la que tenemos que vivir, pero que, a largo plazo, puede crear serios problemas de salud.

5 formas en que el estrés afecta nuestro comportamiento:

1. Comer en exceso o comer emocionalmente
2. Estallidos de ira
3. Abuso de sustancias
4. Aislamiento social
5. Agotamiento crónico

Para enfrentar a todas estas oportunidades y desafíos, necesitamos aprender a lidiar con la presión, ¿cómo abrazar la complejidad de la vida moderna?, ¿cómo difundir los conflictos?, ¿cómo reducir la velocidad y cómo priorizar?

Nuestro mundo ha cambiado hasta hacerse irreconocible en los últimos 50 años. Para aprovechar al máximo lo que tiene para ofrecer, debemos estar preparados para cambiar juntamente con él y, cuando sea necesario, adoptar nuevas habilidades y estilos de vida que no solo nos ayuden a lidiar mejor con el estrés, sino que también hagan que nuestras vidas sean más armoniosas y satisfactorias.

¿Por qué las personas emocionalmente inteligentes se las arreglan mejor bajo presión?

Los problemas relacionados con el trabajo son la principal causa de estrés en el mundo moderno, y ser capaz de manejar este estrés significa que tendrá un mejor desempeño en el trabajo.

La razón por la que las personas emocionalmente inteligentes se las arreglan mejor bajo presión es porque están más en sintonía con sus sentimientos y con lo que sucede a su alrededor. ¿Cómo se nota?

6 rasgos de las personas emocionalmente inteligentes que los ayudan a sobrellevar la presión:

- **Autoconciencia**

Las personas emocionalmente inteligentes están en sintonía con sus sentimientos, qué los causa y por qué, y son capaces de reconocer o anticipar los factores estresantes antes de que ocurran. Como están mejor preparados, tienen la oportunidad de encontrar formas de lidiar con ellos.

- **Ser conscientes de los demás**

Las personas emocionalmente inteligentes no solo son conscientes de sus propios sentimientos, sino que también pueden percibir las emociones de los demás. Eso significa que entienden qué causa el estrés a otras personas y reconocen una situación potencialmente estresante que surge, de modo que pueden evitar quedar atrapados en algo en lo que realmente no están involucrados. En otras palabras, saben cuándo ofrecer ayuda y cuándo quedarse fuera.

- **Actuar a Tiempo**

Cuando se encuentran en una situación desafiante o son atacados verbalmente, las personas emocionalmente inteligentes, que tienen el control de sus sentimientos, intentan comprender qué causó tal comportamiento. Si es posible, incluso intentarán disipar la situación antes de que se salga de control.

- **Ser bueno escuchando a los demás**

Los conflictos son raros si todos tienen la oportunidad de ser escuchados. Pero, como la mayoría de las personas prefieren hablar que escuchar, eso no siempre es fácil. Las personas con alta inteligencia emocional a menudo logran evitar situaciones estresantes porque encuentran tiempo para escuchar a las personas que tienen algo que decir. De esa manera, entienden lo que podría convertirse en un problema y pueden tomar medidas para evitarlo antes de que ocurra.

- **Habilidad de ver el panorama completo**

Al poder ver las cosas desde el punto de vista de otra persona, las personas emocionalmente inteligentes están preparadas para tratar de entender por qué las personas hacen las cosas, incluso si no están de acuerdo con lo que han hecho. Caminar en los zapatos de otra persona, al menos temporalmente, a veces es todo lo que se necesita para comprenderlos mejor.

Como señaló Jurgen Klopp, "el desafío es mantenerse lo suficientemente tranquilo como para afrontar la presión en este momento para que pueda tener éxito en el futuro".

Para Reflexionar:

1) ¿Alguna vez te han despedido? ¿Cómo te sentiste? ¿Afectó tus relaciones con los demás?

2) ¿Cómo lidias con el estrés en casa? ¿Qué pasa en el lugar de trabajo?

3) Cuando ve una tormenta en la oficina, ¿trata de ayudar o se queda afuera? ¿Por qué?

Día 11
¿Por qué necesitas "habilidades sociales"?

Habilidades sociales que necesita para triunfar en la vida

Las habilidades sociales son esenciales para el trabajo, la vida y el éxito social, y giran principalmente en torno a la comunicación, la tolerancia y la confianza.

Independientemente de su profesión o estilo de vida, es probable que esté en constante interacción con los demás, y cuanto más fuerte sean tus habilidades con las personas, más exitosas serán estas interacciones. Sin embargo, todos somos diferentes y nuestra capacidad de interactuar varía. Mientras que para algunos, esto es fácil y lo disfrutan, otros pueden encontrarlo desafiante y estresante. La forma en que se desarrolla una relación depende de ambas partes, así como de las circunstancias en las que se encuentren. Pero, independientemente de nuestras preferencias y personalidades individuales, todos necesitamos saber cómo comunicarnos con los demás y mantener buenas relaciones con ellos.

4 habilidades interpersonales necesarias para el éxito en la vida:

- **Buena capacidad de comunicación**

Las buenas técnicas de comunicación consisten en poder asimilar información, hablar clara y cuidadosamente, y responder de manera oportuna y coherente. Tanto la comunicación verbal como la no verbal son igualmente importantes, aunque esta última generalmente está subestimada.

- **Buenas habilidades para escuchar**

No mucha gente disfruta escuchando a los demás; preferirían hablar de sí mismos. Pero escuchar con eficacia y empatía es a menudo la única forma de comprender completamente lo que realmente está sucediendo y escuchar incluso partes no dichas de la conversación. Como dijo el conocido escritor ruso Alexander Solzhenitsyn en uno de sus libros: "Cuanto menos hable, más oirá".

- **Empatía**

Muchas personas son empáticas naturales, aunque esto es algo en lo que puedes aprender a convertirte. Los gerentes empáticos entienden fácilmente las necesidades de su personal, clientes o socios. Ser capaz de comprender las motivaciones, quejas, miedos o aspiraciones de los demás hace que sea más fácil lidiar con, o prevenir, conflictos o convencer a otros de los cambios necesarios.

- **Resolver Conflictos**

Los conflictos son comunes en el lugar de trabajo. Ser capaz y estar dispuesto a escuchar, ver el problema desde el ángulo de las personas involucradas en él y tratar de comprender lo que realmente contribuyó al incidente es lo que permite que algunas personas resuelvan con éxito, o al menos disipen, una situación tensa antes de que se salga de la mano.

Claramente, necesitas habilidades sociales para mejorar tus interacciones con los demás. Algunas personas tienen una manera de tratar con todo tipo de personas o situaciones con facilidad, y obviamente han perfeccionado sus habilidades personales.

Habilidades de grandes personas para la felicidad profesional

Estas llamadas "habilidades sociales" no son más que habilidades interpersonales que le permiten coexistir pacíficamente con los demás. Las buenas habilidades con las personas son un signo de alta inteligencia emocional, lo cual es particularmente importante para una carrera que involucra mucha interacción social.

En muchas profesiones, es absolutamente necesario que estés dispuesto a escuchar atentamente, comunicarte con claridad y comprometerte regularmente con los demás de una manera que demuestre tu interés en lo que están haciendo o por lo que están pasando.

Por lo tanto, si crees que tienes buenas habilidades con las personas o si estás dispuesto a desarrollarlas, puede ser una buena idea elegir una carrera que haga visibles esas cualidades, lo que te facilitará convertirte en un líder en tu organización o campo laboral.

La felicidad profesional tiene mucho que ver con hacer lo que te gusta hacer para ganarte la vida, por lo que encontrar una carrera que te ayude a mostrar tus fortalezas y ocultar tus debilidades es un gran avance para garantizar al máximo tus habilidades y tu vida.

Si bien las buenas habilidades con las personas son importantes para una carrera exitosa en cualquier campo y para la cooperación exitosa con las personas en general, en algunas profesiones, hace la diferencia entre una elección de carrera buena o mala.

Carreras que requieren habilidades de gran personalidad:

- **Administración**

Los gerentes regularmente tienen que tratar con otros, en muchos niveles diferentes. A menudo participan en la negociación, reestructuración, coordinación y resolución de conflictos. Los diferentes tipos de gerentes pueden necesitar un nivel diferente de habilidades personales (como la forma en que un gerente financiero necesita mucho menos que un gerente de recursos humanos), pero en términos generales, cuanto mayor es el nivel de responsabilidad, más se necesitan grandes habilidades interpersonales .

- **Profesión Legal**

Los abogados y otras personas en este campo escuchan mucho, negocian, persuaden y resuelven conflictos como parte de su trabajo, por lo que necesitan excelentes habilidades de comunicación y escucha, así como una buena dosis de empatía.

- **Ayudar a los demás**

Alguien que trabaja como enfermera, trabajador social, maestro, médico, terapeuta o consejero escolar, pasa la mayor parte de su tiempo estrechamente, a veces íntimamente, involucrado con otros para hacer su trabajo con éxito y profesionalmente. Solo las personas con excelentes habilidades personales y alta inteligencia emocional deben elegir estas profesiones para una carrera.

Pero, ¿qué pasa si te falta o te cuesta desarrollar las habilidades sociales? Aunque se pueden aprender muchas cosas en el trabajo, obviamente elegiría una carrera que tenga muy pocas "fortalezas". Esto no significa que no pueda hacerlo, pero es muy poco probable que lo recomienden para un ascenso o se convierta en un gran nombre en la industria. La falta de estas habilidades puede matar fácilmente una carrera.

8 rasgos que demuestran que NO eres apto para una profesión que requiere habilidades fuertes de personalidad:

- No puedes controlar tus emociones y tienes mal genio.

- Te falta confianza en ti mismo y dejas que otros lo vean.

- En el fondo, realmente no crees en ti mismo, y se nota.

- Tienes pocas habilidades de comunicación y prefieres hablar que escuchar.

- Te desanimas fácilmente, y si tu primer intento de algo falla, eliges dejarlo en lugar de seguir intentándolo.

- No te llevas bien con los demás.

- No eres una persona realmente servicial.

- Careces de habilidades de negociación y trabajo en red.

Quizás la inteligencia emocional se resume mejor por Russell H Ewing: "Un jefe genera miedo, un líder genera confianza". Un jefe halla culpables, un líder corrige los errores. Un jefe lo sabe todo, un líder hace preguntas. Un jefe hace el trabajo monótono, un líder lo hace interesante. Un jefe está interesado en sí mismo, un líder está interesado en el grupo".

Para Reflexionar:

1) Enumere todas las habilidades sociales necesarias para el trabajo en el que se encuentra actualmente. ¿En cuáles es bueno y cuáles aún tiene que desarrollar?

2) ¿Las habilidades sociales son tu fortaleza o tu debilidad? ¿Tu trabajo actual coincide con tu nivel de habilidad?

3) ¿Estaría preparado para escuchar a alguien quejándose de usted y sus habilidades de gestión? ¿Cómo puedes aprender y mejorar de él?

PARTE 2

¿Cómo mejorar tu inteligencia emocional?

Día 12

Aprende a lidiar con tus sentimientos

Reconocimiento y manejo de emociones

No todos prestan atención a sus sentimientos, y esto a menudo tiene mucho que ver con la infancia. Crecer en un ambiente amoroso que es física y emocionalmente seguro es muy diferente de ser criado en una familia donde los niños son testigos de violencia, privación o abuso de sustancias por parte de uno o ambos padres. Todos estos recuerdos y/o traumas afectan el estado mental de uno, y los niños generalmente aprenden desde el principio que a veces es más seguro no mostrar cómo te sientes o esperar amabilidad.

Sin embargo, incluso las personas con recuerdos felices de la infancia pueden tener dificultades para identificar o expresar sus emociones.

Una de las principales características de las personas emocionalmente inteligentes es que están en contacto con sus sentimientos. Esto significa que no los ignoran, son capaces de descubrir qué los desencadena y aprenden cómo tratarlos mejor.

¿Cómo logran esto?

Como los sentimientos son generalmente el resultado de sus pensamientos, actitudes o experiencias, si puede controlarlos, puede hacerse cargo de sus emociones y sus reacciones ante las situaciones que los desencadenan. Por ejemplo, si piensa en el examen que tiene que escribir en un par de días, puede sentirse ansioso. Si notas que tu novio bebe mucho, puedes sentirte nervioso o enojado si eso te trae recuerdos de haber crecido con un padre alcohólico. Si asiste a un funeral, puede sentirse triste si eso le trae recuerdos de los seres queridos que perdió recientemente.

Los sentimientos van desde los simples, como la alegría, el miedo o el dolor, hasta los más complejos, que son una combinación de sentimientos simples y sus pensamientos o imágenes. Por ejemplo, puede sentirse triste si un amigo le dice que su perro murió en un accidente automovilístico, pero secretamente feliz de que no fuera su perro. O puede querer a alguien, pero al mismo tiempo estar preocupado por su presión alta.

Las personas emocionalmente inteligentes raras veces se sienten perdidas, mentalmente agotadas o confundidas, porque aceptan y procesan sus sentimientos a medida que ocurren, en lugar de embotellarlos. Además, no es raro que las personas se preocupen más por los demás que por ellos mismos. Por ejemplo, puedes estar triste o enojado cuando tu amigo experimenta un evento trágico, pero simultáneamente ignoras tus propios miedos, ya sea porque sientes que desaparecerá (nunca lo hace) o porque no tienes tiempo para hacer algo por ello (aunque siempre encuentras tiempo para los demás), o porque inconscientemente crees que no vales la atención (porque hay personas con problemas mucho más serios que necesitan ayuda).

Todos sabemos que los sentimientos son contagiosos, y es por eso que, consciente o inconscientemente, evitamos la compañía de personas tristes, deprimidas o con problemas y, en cambio, buscamos la compañía de personas felices, exitosas y positivas. Piensa en lo agotado que te sientes cuando tienes que pasar tiempo con un amigo o un pariente que se queja o se lamenta todo el tiempo; te hace sentir mentalmente agotado, pero secretamente feliz de no tener que vivir con alguien así.

Reprimir los sentimientos no es saludable, especialmente si esto continúa por mucho tiempo. Aferrarse a la tristeza o la decepción puede hacerte sentir deprimido o amargado. Sin embargo, muchas personas son educadas para no mostrar sus sentimientos, y algunas pasan toda su vida sin dejar de lado el dolor, la ira o el resentimiento.

Cuando no manejas tus sentimientos, puedes desarrollar muchos síntomas psicosomáticos, como dolor de cabeza, úlcera o presión arterial alta. Las emociones reprimidas pueden causar tensión muscular en el cuello, la espalda o la mandíbula.

De acuerdo con la filosofía de la mente/cuerpo, cuando sufres de contracturas musculares, generalmente tienes sentimientos reprimidos en esa parte de tu cuerpo. Por ejemplo, el miedo tiende a afectar los músculos del estómago, los problemas pueden manifestarse en el hombro y el dolor de la parte superior de la espalda, la desesperanza en los músculos tensos del cuello, etc. Si esto te está sucediendo y no deseas buscar ayuda profesional, puedes probar técnicas de relajación muscular o aprender a manejar tus sentimientos antes de que se asienten en tu cuerpo.

¿Cómo expresar tus sentimientos?:

- **Habla de ellos**

Es mejor encontrar una persona empática dispuesta a escuchar, pero si no tienes con quién hablar o si el problema es muy delicado, puedes considerar ver a un terapeuta.

- **Escríbelos**

Si la comunicación verbal no es lo tuyo, escribe sobre tus sentimientos. Si lo desea, puede llevar un diario o anotar emociones específicas cada vez que quiera sacar algo de tu pecho. Si las cosas que escribes son muy personales y no quieres que nadie más las vea, tíralas al inodoro después de haber leído lo que has escrito.

- **Aprende a deshacerte de las emociones negativas**

Hay muchas maneras de lidiar con la ira, la depresión o el miedo. Puedes intentar llorar, salir a caminar, llamar a un amigo, escuchar música relajante, analizar tus emociones para comprender por qué te siente como te sientes, alejarte de las personas o situaciones que desencadenan tales emociones negativas, respiración profunda o meditación. Si nada de esto ayuda y la sensación es abrumadora (especialmente en el caso de la ira prolongada), puedes intentar golpear o gritar sobre una almohada, o hacer algo de ejercicio.

La conclusión es no ignorar tus sentimientos, sino tomarlos en serio, especialmente si persisten. El desarrollo de la inteligencia emocional puede ayudarte a comprender y procesar tus emociones de manera consciente, evitando así problemas graves relacionados con la salud.

Manejando las emociones en el centro de trabajo

El centro de trabajo moderno ha cambiado mucho en los últimos cincuenta años. Generalmente consiste en oficinas de planta abierta, alta rotación de personal, empleados y empleadores multinacionales e internacionales, alta competitividad y despidos. Dicho entorno requiere personal que pueda hacer frente al cambio constante, la diversidad cultural, los altos niveles de estrés y la inseguridad laboral.

Por esta razón, los empleadores buscan cada vez más candidatos con alta inteligencia emocional, así como la capacidad de trabajar bajo presión. En un mundo cada vez más estresante y desafiante, solo aquellos que pueden manejar sus emociones y manejar el estrés probablemente prosperarán.

Según la profesora de administración de Bond University, Cynthia Fisher, las emociones negativas más comunes experimentadas en el centro de trabajo son:

- **Frustración**

Esto es cuando te sientes atrapado pero no puedes hacer nada al respecto. La frustración en el centro de trabajo es la causa más común de agotamiento.

- **Preocupación**

Con tantos despidos, es natural estar preocupado por perder su trabajo. Sin embargo, en lugar de sentirte ansioso, trata de concentrarte en tu trabajo y piensa en formas de mejorar tu rendimiento para hacerte más empleable. Las personas nerviosas generalmente tienen baja autoconfianza.

- **Ira**

Este es un sentimiento muy destructivo, con el que muchas personas tienen problemas para lidiar. Muy pocas organizaciones tolerarán a los empleados que no pueden controlar su temperamento. Si sabes que tienes una naturaleza agresiva, estate atento a los primeros signos de ira antes de crear un problema. Para controlar tus arrebatos, intenta determinar cuáles son tus desencadenantes más comunes y evita tales situaciones si puedes. También puedes intentar asistir a un curso de manejo de la ira o desarrollar habilidades de inteligencia emocional.

- **Disgusto**

No tienes que querer a alguien para trabajar bien con ellos. En los equipos grandes, es probable que haya muchas personas con temperamentos o estilos de trabajo opuestos. No importa cuáles sean sus sentimientos personales hacia alguien, siempre trate a sus colegas con respeto y asertividad.

- **Decepción**

Las decepciones repetidas siempre afectan negativamente la eficiencia y la productividad y, si no se abordan, pueden provocar agotamiento y una gran rotación del personal.

La clave para alimentar las emociones negativas en el lugar de trabajo, ya sean sentimientos sobre sus colegas, la gerencia, el entorno laboral, el salario o cualquier otra cosa, es que estos sentimientos son contagiosos y este tipo de resentimiento se propaga fácilmente y desmoraliza a los demás. Esta es la razón por la cual es más probable que una persona negativa sea despedida, si no es por otra razón para evitar que su negatividad y resentimiento se propaguen a otros.

Además, a menudo hay personas que felizmente invertirán enormes cantidades de tiempo y energía para fastidiar o sabotear a sus colegas.

Como dijo Reham Khan, un productor de cine paquistaní, "hasta el día de hoy me sorprende pensar en las mujeres en el centro de trabajo que pasan más tiempo tratando de dañar la imagen y oportunidades de otras mujeres en vez de mejorar sus propias habilidades".

Día 13
Piensa antes de hablar

Las palabras pueden sanar, las palabras pueden matar

De alguna manera, las palabras son la herramienta más poderosa que el hombre tiene a su disposición. Tienen el poder de ofrecer esperanza y energía, pero también de herir y humillar. Sin embargo, cuando ves cuán descuidadamente las personas usan palabras y con qué frecuencia lastiman involuntariamente a otros o a sí mismos; parece que no muchas personas son conscientes de esto.

Aún así, hay quienes se disculpan rápidamente por las cosas que han dicho, pero a menudo cuando es demasiado tarde y el daño ya está hecho, como cuando te avergüenzas en público o te hacen sentir pequeño o incompetente frente a tu familia.

Aquí también hay personas cuyas palabras amables y alentadoras pueden ayudarlo a superar los peores traumas.

Las personas que entienden el poder de las palabras pueden usarlas fácilmente para sanar o dañar, dependiendo de lo que esperan lograr.

3 formas de usar las palabras:

- Como persona emocionalmente inteligente, no solo puedes comprender y manejar tus emociones, sino que puedes usar las palabras de una manera que apacigüen, alienten o hagan que los demás se sientan que pertenecen. Combinado con buenas técnicas para escuchar, hablar con amabilidad y humildad es probablemente el mejor remedio para casi cualquier problema.
- Desafortunadamente, muchas personas no son buenas para controlar sus emociones y se preocupan menos por las de los demás. Como resultado, hablan antes de pensar y, a menudo, dicen lo que sea que se les ocurra sin tener en cuenta el impacto que sus palabras podrían tener en los demás. O, peor aún, sabiendo que pueden usar sus palabras como flechas para golpear y destruir a aquellos con quienes hablan.
- También hay personas que necesitan hablar sin parar, desperdiciando su energía y la energía de otros en banalidades.

La forma en que se usan las palabras y los efectos que logran, varían de persona en persona. Las personas emocionalmente inteligentes suelen escuchar atentamente y hablar atentamente con compasión. Las personas egocéntricas a menudo hablan de sí mismas todo el tiempo. Las personas malas o débiles pueden usar las palabras como un arma para vengarse de alguien o lastimarlo de la única manera que pueden.

Las palabras también se pueden usar para enseñar, potenciar, calmar o celebrar, y aunque se usan diferentes actos de habla para diferentes ocasiones, siempre debemos hablar con respeto y humildad.

Las personas con mayor inteligencia emocional comprenden el poder de las buenas técnicas de comunicación y sabrán cómo orientar su voz, lenguaje corporal y palabras con un tema, persona o situación.

¿Cómo mejorar tus habilidades al hablar en público?

Las buenas técnicas de comunicación son valiosas para una vida exitosa, y especialmente profesional, porque te permiten expresar tus emociones o pensamientos de manera segura, profesional y oportuna.

Sin embargo, si tu trabajo requiere que hables con frecuencia en público, hagas entrevistas, presentaciones de ventas y más, vale la pena invertir en el desarrollo de tus habilidades de inteligencia emocional, lo que te ayudará a conectarte con otros con confianza y empatía.

Se pueden aprender buenas técnicas para hablar en público, pero solo vendrán con la práctica. Hay muchos consejos sobre cómo se pueden desarrollar y mejorar estas habilidades, y los oradores públicos con experiencia finalmente crean un estilo propio de hablar .

5 consejos para hablar en público con éxito:

- **Prepárate**

Así es como superas el nerviosismo. Dependiendo de cuánto tiempo tengas, revisa tus notas varias veces, especialmente si eres nuevo en esto. Sin embargo, la preparación excesiva puede ser contraproducente, porque si aprendes tu presentación completa de memoria, puede sonar menos genuino. Si te sientes nervioso, practica frente a un espejo o pídele a un amigo que sea tu audiencia.

- **Haz que tu estilo de hablar coincidan con tu audiencia**

Si es posible, trata de averiguar quién es tu audiencia, porque tanto el idioma como la forma de presentación serán diferentes si te diriges a una sala de juntas o un grupo de estudiantes de secundaria.

- **Organiza tus notas**

Incluso si has hecho ese discurso o presentación en particular muchas veces, escribe los temas clave y los puntos principales. A veces, la audiencia puede interrumpir tu presentación con preguntas, o la atmósfera puede ser ruidosa, o puede haber un montón de idas y venidas y es fácil distraerse.

- **Retroalimentación**

Puedes aprender mucho de los demás, así que entrega una hoja de comentarios al final de la presentación o conferencia, o pide a alguien de confianza que te cuente cómo te fue. En este caso, incluso los comentarios negativos pueden ser muy útiles.

- **Hazlo especial**

Dependiendo del tipo de discurso, presentación o conferencia que tengas que hacer, puedes usar pequeñas cosas que harán que tu estilo de hablar sea único. Cosas como bromas, interacción con el público, temas o la forma en que los abordas contribuyen a que la ocasión sea interesante y divertida. Para mantener cautivado al público, intenta captar su atención en los primeros diez minutos.

- **Lenguaje corporal**

Vístete cómodamente, pero profesionalmente. Practica el tono de voz, los gestos con las manos y el contacto visual. Si mirar a los ojos de las personas te hace sentir nervioso, mira por encima de sus cabezas y "dirígete" a los que están sentados en la fila de atrás. O elije un lugar neutral para enfocarte.

– **Termina con estilo**

Elije la parte más interesante de tu presentación para terminar, de modo que dejes a tu audiencia deseando más.

- **Ayuda audiovisual**

Úsalo cuando sea adecuado, pero no son cruciales para un buen discurso o presentación. Las personas a menudo tienden a centrarse en las imágenes, por lo que usar demasiado puede hacer que se centren menos en tus palabras.

Día 14
Tómatelo con calma

Aprende a aceptar las críticas

Aceptar las críticas sin tomarlas personalmente es un signo de madurez, confianza en si mismo e inteligencia emocional; sin embargo, muy pocas personas pueden hacerlo.

Esto no es del todo sorprendente, porque aquellos que brindan comentarios a menudo no están capacitados adecuadamente para hacerlo profesionalmente. Además, muchas personas no tienen buenas intenciones y estarán muy felices de aprovechar la oportunidad de utilizar sus comentarios para dañar su confianza.

Sea como fuere, recibimos comentarios en varias formas a lo largo de nuestras vidas, por lo que aprender a hacerlo profesionalmente y recibirlo con gracia son habilidades por las que todos debemos esforzarnos.

Hay formas de proporcionar retroalimentación con sutileza, aunque muchas personas tienden a ser francas. Esto se debe a que no se preocupan por los sentimientos de otras personas, simplemente no son conscientes de cuán destructivas pueden ser las críticas o son intencionalmente maliciosos.

Entonces, ¿cómo comportarse si recibes comentarios negativos? Depende de quién viene y por qué.

7 cosas que debes preguntarte cuando recibes comentarios negativos o críticas severas:

- **¿Cuál es la ocasión?**

¿Fue esta retroalimentación personal o profesional? ¿Fue esta una evaluación del desempeño laboral, o una amiga que te dijo lo que piensa sobre el discurso que diste, o tu madre comentó sobre tu estilo de vestir?

- **¿Qué tan constructivo/útil es la retroalimentación?**

Sea lo que sea que te hayan dicho, pregúntate si es algo que puedas usar para mejorar tus habilidades, como hablar en público, administrar proyectos, conducir, etc. Si no se obtiene nada de la crítica, ¿por qué se hicieron y por qué accediste a escucharlas?

- **¿Quién lo está dando?**

Existe una gran diferencia si los comentarios provienen de alguien muy importante para ti, como tu jefe o tu pareja, o si es solo un comentario amistoso (o no tan amistoso) de un colega o un amigo.

– **¿Qué tan malo puedo ser?**

Es imposible pasar por la vida ileso, particularmente en el mundo de los negocios. Los que son muy sensibles probablemente tendrán dificultades para aceptar las críticas, incluso si tienen buenas intenciones. Si eres tú, trata de trabajar en tu autoconfianza y deja de sentir que todo se trata de ti. El hecho de que alguien te haya dado un comentario negativo no significa que tenga algo en tu contra personalmente. Tal vez te veías incómodo con ese vestido o hiciste una broma estúpida en el peor momento posible, o no cumpliste con tu trabajo a tiempo.

- **¿Sientes que la retroalimentación negativa fue maliciosa?**

Esto debería preocuparte solo si proviene de alguien a quien eres dependiente, como tu jefe. De lo contrario, acéptalo como parte de la vida.

- **¿Por qué te sientes mal por eso?**

A veces, la retroalimentación negativa lleva a las personas a esforzarse más, mientras que otras se vuelven retraídas, desmoralizadas y desanimadas a volver a intentarlo. Si te sientes realmente mal por las críticas, trata de averiguar por qué. ¿Es porque no estás acostumbrado a que te critiquen o porque esperabas que nadie se diera cuenta de lo mal que te equivocaste?

Intenta analizar los comentarios de forma neutral, como si no se tratara de ti. ¿Qué mensaje está enviando? ¿Qué puedes aprender de él? Como dijo Robin Sharma, "la retroalimentación negativa puede amargarnos o hacernos mejores". Depende de nosotros.

Admite que estabas equivocado

No es fácil admitir que te equivocaste. Dependiendo de lo que hayan hecho, puede ser tan difícil que muchas personas elijan vivir en negación, en lugar de confesar. O bien, pueden tratar de encontrar excusas, culpar a otros, darlo por perdido o simplemente mentir.

Cuando se trata de cometer un error, puedes admitirlo o negarlo. Quienes reconocen el error de sus formas muestran que tienen confianza en sí mismos e integridad. En cierto modo, admitir sus errores puede mejorar su estado entre sus colegas o compañeros.

Esto sucede principalmente porque aquellos que convocan el coraje (y la decencia) para abrirse a la crítica demuestran rasgos importantes de liderazgo y madurez.

Si te encuentras en una posición de liderazgo, es extremadamente importante liderar con el ejemplo. Cuando admites que te equivocaste, le estás mostrando a todos los demás cómo deben comportarse y enseñándoles que todos cometemos un error. Como resultado, otros confiarán más en ti, y esto puede hacerte más accesible porque otros estarán menos nerviosos de admitir que ellos también han hecho algo mal.

Algo que a menudo olvidamos, o elegimos no pensar, es que cuando cometemos un error pero nos negamos a reconocerlo, es posible que alguien más tenga que echarse la culpa. Si te gusta jugar con tus amigos y colegas de esta manera, sigue adelante, pero solo durará hasta que te descubran y, como resultado, probablemente nunca se volverá a confiar en ti. Cuando eres atrapado en una mentira, prepárate para aceptar las consecuencias. Y en algunas situaciones o trabajos, no hay vuelta atrás.

Aunque todos deberíamos tratar de no cometer errores, el truco es aprender de ellos, para que no repita el mismo error nuevamente. Y tener el coraje de admitir que te equivocaste aumenta tu autoestima, y te ayuda a ganar el respeto de los demás, porque tienes la confianza y la decencia suficientes para admitir que te equivocaste.

Citando a Donald L Hicks, "Cometer errores o equivocarse es humano. Admitir esos errores demuestra que tienes la capacidad de aprender y te estás volviendo más sabio".

¿Cómo proporcionar comentarios negativos?

Como amigo, padre, pareja o empleador, a menudo tienes que proporcionar comentarios, a veces negativos. La forma en que lo hagas puede que no marque una gran diferencia para ti, pero sí lo hará para el receptor.

Escuchar las respuestas a preguntas como "¿Cómo me veo con este vestido?", "¿Debería confiar a él mis ahorros?" o "¿Lo hice bien en la reunión?" Generalmente no es agradable de escuchar, pero puede ser estimulante SI es que la persona que lo da tiene sus mejores intereses en mente, y SI es que tiene la confianza suficiente para no tomarlo como algo personal.

Los elogios falsos son fáciles de dar, y las personas a veces hacen esto si saben que la persona que pidió su opinión no puede manejar las críticas. Sin embargo, en una situación laboral, esto no es posible, y cuanto más sensible sea usted mismo (menos confianza en sí mismo tenga), más difícil será lidiar con las críticas. La retroalimentación negativa, especialmente si la persona siente que está desatendida o si sucede una y otra vez, puede ser muy desmoralizante y en realidad puede evitar que las personas lo intenten.

Por lo tanto, si tienes que ofrecer críticas, trata de aclarar por qué estás dando comentarios negativos y sugiere formas de superar las razones que contribuyeron a ello. Esto es importante porque, para que la crítica sea constructiva, deberías ayudar a la persona a mejorar a sí misma y no dañar su confianza.

7 consejos sobre cómo dar retroalimentación negativa:

- Proporciona retroalimentación regularmente, especialmente si es negativa, en lugar de esperar para decirle a alguien lo que piensas de su comportamiento, ética de trabajo, estilo de gestión, etc. Es posible que las personas no puedan recibir tantas críticas a la vez, pero si te contactas con ellos mensualmente, pueden mejorar gradualmente.

- Nunca des retroalimentación si no te sientes bien, como cuando estás enojado, cansado, hambriento o apurado. Si estás irritado, se mostrará en tus comentarios, y es más probable que la persona a la que se lo estés dando lo tome personalmente. Las buenas técnicas de comunicación y la empatía son muy importantes al proporcionar cualquier tipo de retroalimentación, y especialmente cuando es negativo.

- Prepárate para la reunión con al menos un par de días de anticipación. Asegúrate de tener documentos de respaldo, y si esperas confrontación, también prepárate emocionalmente.

- Hazlo con la persona presente, en lugar de hacerlo por correo electrónico. Da a la persona la oportunidad de escucharlo cara a cara. Aquellos que temen dar comentarios negativos a alguien que saben que reaccionarán de forma exagerada pueden tratar de salirse con la suya por escrito, pero esto no es muy profesional.

- Comienza la reunión con un comentario positivo, enumera las cosas que la persona hace bien, luego aborda la parte negativa con lo que crees que es la raíz del problema. Suavizará la negatividad si sugieres una solución, como asistir a un curso de gestión de proyectos, mejorar las habilidades de comunicación, repasar un idioma extranjero o cualquiera que sea el caso.

- Es muy importante escuchar atentamente lo que la otra persona tiene que decir sobre su desempeño. Escucha atentamente, especialmente si proviene de alguien que conoces que no tiene la confianza para decirle abiertamente lo que piensas. Puede que tengas que leer entre líneas.

- Si eres es un gerente de línea o un colega superior, ayúdalos a llegar a donde les gustaría estar, ofreciendo mentoría.

Día 15
Luchar por lo que crees

Practica lo que predicas

Las personas emocionalmente inteligentes poseen autoconciencia que, entre otras cosas, les ayuda a defender lo que creen. Al tener la confianza suficiente para saber cuáles son sus valores, y lo suficientemente asertivo como para tener el coraje de ponerse de pie y marcar la diferencia, ellos nos muestran cómo ser sinceros con nosotros mismos y seguir nuestra pasión.

Sabemos que los pensamientos o declaraciones repetidas eventualmente se convierten en nuestras creencias fundamentales. Algunas de estas creencias pueden haber sido impuestas sobre nosotros cuando éramos jóvenes, algunas las heredamos de nuestra familia, mientras que otras nos las prestaron otras. La razón por la cual nuestras creencias fundamentales son tan importantes es porque muestran cuáles son nuestros valores clave en la vida.

Muchas personas están dispuestas a defender sus convicciones. Sin embargo, todos sabemos que no siempre es fácil, de ser posible, ser abierto sobre en qué o en quién cree, a menos que disfrute de la confrontación. Y puede ser muy aterrador, especialmente si sus creencias van en contra de lo que la mayoría de las personas quieren o creen.

Dependiendo de lo que se trate, tener el coraje de defender lo que crees puede hacerte muy popular o crear muchos problemas. Por lo tanto, teniendo en cuenta la oposición que probablemente enfrentarás si no tienes miedo de decirle al mundo lo que piensas, asegúrate de saber de qué está hablando. Edúcate sobre el tema y mantente informado. Y si tienes la oportunidad de decir lo que piensas, hazlo de una manera educada y sin confrontaciones.

4 razones por las que vale la pena defender tus creencias:
- Cuando no tienes miedo de ponerte de pie y hacer una diferencia, estás demostrando coraje y autoestima. Como resultado, serás respetado por otros, aunque tal vez nunca te digan eso.
- Puedes ser una inspiración para otros que nunca se atrevieron a defender tus creencias. Tu "declaración" puede aumentar tu confianza para hablar por la causa en la que crees.
- Cuando reúnes suficiente coraje y confianza para hablar por lo que crees, demuestras que eliges ser tú mismo, en lugar de conformarte con lo que todos los demás dicen o hacen.
- Si realmente crees en algo, sigue ese sueño. Gandhi y Martin Luther King hicieron exactamente eso. Estás en buena compañía.

La capacidad de "conectarse" con otros es un regalo especial que puede ayudarte en casi cualquier esfera de la vida. Con grandes habilidades de inteligencia emocional, particularmente empatía, no solo le resultará fácil entender a los demás, sino que también podrá transmitir mensajes de manera eficiente y efectiva.

Cuando decides defender lo que crees, encuentras una manera de demostrar cómo "caminas" y cómo otros podrían ayudarte. Hay causas y situaciones en las que simplemente sabes que tienes que involucrarte y hacer algo, porque si no lo haces, te sentirás culpable por el resto de tu vida. Aprovecha la oportunidad cuando se presente y sé fiel a ti mismo.

Sigue tu pasión sin preocuparte por lo que otros dirán. Pueden burlarse de ti por un tiempo, pero en el fondo, muchos de ellos probablemente están enojados consigo mismos por no tener las agallas para hacer lo mismo.

Esta cita lo dice todo: "Defiende lo que crees, incluso si eso significa defenderte solo".

¿Por qué es importante la autoconciencia?

Solo aquellos con un mayor sentido de autoconciencia se atreverán a defenderse por sí mismos cuando sepan que "se defenderán por sí mismos".

La autoconciencia se considera una de las competencias clave de la inteligencia emocional. Básicamente, se trata de comprenderte mejor: ¿qué te motiva?, ¿cuáles son tus principales fortalezas y debilidades?, ¿cuáles son tus valores centrales?, ¿cómo te relacionas con los demás?, etc.

Cuando sepas todo esto sobre ti, tendrás una idea bastante buena de cómo desplazarte por la vida: al desarrollar tu autoconciencia, en realidad estás desarrollando tu inteligencia emocional.

4 pasos básicos para la autoconciencia:

- **Comprende de dónde vienes**

¿Cuánto sabes sobre tu historia familiar? ¿Tu origen étnico? ¿Cuál es la historia de tu vida? ¿Qué efecto tuvieron tus relaciones pasadas en ti? ¿Cómo estás de salud? ¿Cómo manejas el estrés? ¿Cómo te describirías en una frase? ¿Quién eres tú? ¿Cómo eres?

- **Autorreflexión**

Trata de reservar al menos veinte minutos todos los días para contemplar el día anterior o el que viene, tus emociones en ese momento en particular o tu vida en general. Si lo prefieres, puedes orar o meditar, en tu lugar. En cualquier caso, te sorprenderás de cuánto puedes "escuchar" cuando te sientas en silencio.

- **Retroalimentación**

Intenta obtener comentarios honestos de alguien en quien confíes, pero elige cuidadosamente a quién le preguntas. Raramente nos vemos cómo nos ven los demás. Lo que escuchas puede no ser agradable, pero si proviene de una persona bien intencionada, puede ayudar mucho más que el elogio falso. Las personas inseguras o las que te encuentran intimidante te dirán lo que quieres escuchar. Las personas que están celosas de ti pueden aprovechar la oportunidad para dañar tu ego con comentarios rencorosos o manipuladores.

Aquellos con alta autoconciencia les resulta fácil comprender a los demás porque entienden la vida. Se relacionan fácilmente con los sentimientos de otras personas, porque reconocen y manejan bien sus propios sentimientos. Y la razón por la que son buenos es porque saben quiénes y qué son, y cómo llegaron allí.

Una vez que logres una mayor conciencia de ti mismo, podrás aprovechar al máximo tus puntos fuertes y canalizar tu energía hacia donde más se necesita.

Día 16
Conexión

¿Por qué necesitas personas?

Las personas son probablemente la causa de algunos de los recuerdos más felices y miserables de nuestras vidas. Pueden proporcionar amor, cuidado, ayuda y alegría, pero también pueden ser una fuente de pérdida de energía, frustración, desilusión e ira.

La ciencia demostró hace mucho tiempo que la interacción social es muy importante para nuestro bienestar físico y mental. Aunque no todos seamos muy comunicativos, el apoyo social, particularmente en ciertos momentos de nuestra vida, como cuando se trata de divorcio, redundancia o la muerte de un ser querido, es lo que a menudo marca la diferencia entre superarlo o hundirse en la depresión.

Sin embargo, algunas personas pueden vivir felices de forma aislada, y eso está bien siempre y cuando lo disfruten. Pero incluso si aislarse de las personas le ocasiona mucho dolor y sufrimiento, también lo priva de alegría, compañía y amistad. Por molesto que pueda ser a veces, la gente está allí por una razón.

Sin embargo, la interacción exitosa con las personas es una habilidad que no todos pueden dominar. Comunicarse y conectarse con los demás es un aspecto importante de la vida, pero muchas personas son torpes en sus relaciones, lastiman continuamente a otros con comentarios inapropiados, chismean, no están ahí para ellos en momentos de problemas o los explotan.

También está el tema de la cultura de la que proviene. En sociedades donde es común que las familias extendidas vivan juntas, y donde un hogar promedio generalmente tiene 15 o más personas, vivir en aislamiento es, por razones prácticas, imposible, pero tampoco es algo que la gente quiera. Cuando te acostumbras a estar cerca de otros todo el tiempo, te resulta difícil funcionar por tu cuenta. Como resultado, estas personas funcionan mucho mejor en un grupo.

Sin embargo, la cultura occidental moderna tiene que ver con la independencia, la autonomía y la autosuficiencia. Se alienta a las personas a seguir sus sueños independientemente de la tradición familiar o las normas culturales. Las familias son mucho más pequeñas, y una vez que los niños cumplen 18 años y se van de casa, se vuelven aún más pequeñas. Tampoco es raro que las personas vivan solas.

Sin embargo, independientemente de nuestro estilo de vida, todos necesitamos que otros se sientan completos. Al vivir por su cuenta, ya sea por necesidad o por elección, probablemente necesite personas incluso más que aquellos que viven rodeados de otros todo el tiempo.

Independientemente de cuánto interactúes con los demás, claramente necesitas las habilidades sociales. La mayoría de nosotros recoge esto de la familia a medida que crecemos. Pero en las culturas donde las familias extendidas viven juntas, las personas desarrollan buenas conexiones porque aprenden habilidades clave de las personas desde una edad temprana.

Sin embargo, en la sociedad occidental "autosuficiente", las habilidades sociales deben aprenderse a través de la educación. La inteligencia emocional es la esencia de las habilidades básicas de las personas que probablemente todos fuimos buenos a la vez, pero que ahora tenemos que aprender de los libros o cursos.

Pero, independientemente de si las habilidades con las personas ocurren naturalmente o si aprendes sobre ellas en un curso, y sin importar cuán introvertido puedas ser, todos necesitamos personas en nuestras vidas.

Theodore Roosevelt describió mejor la importancia de la inteligencia emocional para la sociedad humana, mucho antes de que se escribieran libros sobre el tema: "El ingrediente más importante en la fórmula del éxito es saber cómo llevarse bien con la gente".

Sé feliz por los demás

Ser feliz por los demás no es fácil para todos. Aquellos a quienes les gustan las personas y que están genuinamente felices por los demás, incluso por aquellos que no conocen personalmente, generalmente son personas que son emocionalmente maduras y lo suficientemente seguras como para no ver el éxito de otra persona como una amenaza potencial para sí mismos.

Entonces, ¿qué significa realmente ser feliz por los demás? Se trata de estar realmente contento de que alguien lo haya logrado. Pero también se trata de estar agradecido por lo que TÚ tienes, incluso si crees que mereces mucho más. Las personas emocionalmente inteligentes no comparan su éxito o felicidad con la de los demás. En cambio, trabajan continuamente en sí mismos, mejorando sus habilidades con las personas y su entendimiento general de lo que funciona y lo que no.

Al estar alineados con sus emociones y saber lo que los desencadena, pueden reconocer fácilmente los primeros signos de envidia, o tal vez enojo o resentimiento por no haberse esforzado más. Pero, como son más capaces de manejar sus emociones, no les permiten interferir con su juicio o comportamiento.

La clave para aprender a ser feliz por los demás es dejar de comparar su éxito (o felicidad, riqueza o apariencia) con el tuyo.

Por ejemplo, el hecho de que tu mejor amiga sea hermosa no te hace menos bonita, tal vez ella simplemente pasa más tiempo preparándose. O bien, el hecho de que su primo viva en una casa grande no significa que usted tampoco pueda hacerlo, tal vez necesite comenzar a administrar mejor sus finanzas. O si un amigo consiguió un gran trabajo, tal vez solo invirtió más tiempo y energía que usted en su educación.

No olvides que el éxito, rara vez se produce sin años de arduo trabajo, por lo que el éxito de otra persona generalmente es solo una señal de que administraron mejor su dinero, invirtieron más tiempo en educación y capacitación, o tuvieron mejores habilidades con las personas que con su competencia.

Al igual que puede haber ayudado indirectamente a alguien a obtener lo que quiere en la vida, hay personas en tu vida que pueden ayudarte a obtener lo que deseas, siempre y cuando sepas lo que es.

3 consejos sobre cómo ser genuinamente feliz por personas que parecen tenerlo todo:

- **Deja de compararte con otros**

Cuando constantemente, de manera inconsciente, te enfocas en lo que otros tienen, cómo se ven, qué felices están, etc., estás desperdiciando tu energía. Agradece lo que tienes, aunque puede ser difícil si lo que tienes es muy poco. Si esto no funciona, piensa en al menos dos cosas que tengas: buena salud, niños respetuosos, un buen departamento, un trabajo seguro, un buen ingreso. Todos tienen algo por lo que estar agradecidos, incluso si es menos de lo que creen que merecen.

- **Entiende que eres valioso**

Esto no tiene que referirse a posesiones materiales, porque no son TÚ. Entonces, incluso si eres es la única persona en tu oficina (o entre sus amigos) que no tiene un automóvil, o que todavía vive con sus padres, o que está trabajando en un trabajo mal pagado, eso no cambia quién eres. Todos somos especiales a nuestra manera, y probablemente hay muchas cosas sobre ti por las que eres apreciado, como tu paciencia, empatía o amabilidad. Por otro lado, tu estado financiero o marital no dice cómo eres realmente, sino que simplemente describe cómo vives.

- **No ignores tus emociones negativas**

Cuando te sientas envidioso, trata de descubrir por qué el éxito de otra persona te molesta. Pregúntate qué te impide obtener lo mismo que ellos tienen. Luego, en lugar de ser envidioso, alégrate por ellos y ves qué puedes aprender de su éxito. Quizás puedas "robar" una o dos ideas.

La clave para recordar es que los exitosos o felices no corren por tu cuenta. No te han robado tu felicidad, ni han limitado la cantidad total de felicidad disponible para todos. De hecho, probablemente trabajaron duro para llegar a donde están hoy.

Día 17
Reprograma tu mentalidad

¿Por qué vale la pena adoptar una actitud positiva?

Muchas personas creen que la razón por la que las personas positivas parecen tener más éxito en la vida es simplemente porque tienen suerte, pero la verdad es un poco más complicada que eso. Cuando vives tu vida con una mentalidad positiva, tiendes a atraer experiencias positivas a tu vida: amor, gente decente, éxito profesional, riqueza.

Además, como siempre tienden a ver el lado positivo de la vida, estas personas también se enfrentan mejor al estrés, por lo que generalmente son más saludables. Todo esto les ayuda a disfrutar de más oportunidades, contribuyendo a una vida generalmente exitosa y plena.

Por otro lado, aquellos que se centran en lo negativo, como los problemas, las heridas del pasado, las injusticias, la injusticia de la vida, la mala salud, etc., son ingenuos y esperan que ocurra algo positivo. Lo que lamentablemente no se dan cuenta es que cuando se enfocas en la "falta", eso es exactamente con lo que terminas.

La vida es a menudo injusta y necesitas toda la energía que puedas reunir para enfrentarte a los desafíos cotidianos. Es por eso que es tan importante dejar de lado todos los pensamientos, emociones y personas que te agotan porque son la causa subyacente de los sentimientos de miedo, inseguridad, preocupación o amargura.

Si bien algunas personas parecen ser naturalmente positivas sobre la vida y son optimistas en casi todas las situaciones, la mayoría de nosotros tenemos que trabajar para desarrollar una actitud más positiva y aprender a detener el auto-sabotaje con pensamientos negativos.

13 pasos para desarrollar un estado mental más positivo:

1) Aceptar el cambio como algo natural de la vida.

2) Haga que sea una prioridad cuidarse y nutrir su cuerpo, mente y alma.

3) Aprenda a identificar los pensamientos negativos y detenerlos antes de que se conviertan en parte de su mentalidad.

4) Rodéate de aquellos en cuya compañía te sientes apreciado y aceptado.

5) Evite a las personas que están "enojadas con la vida". Su amargura es contagiosa.

6) Elige amigos que te acepten por lo que eres.

7) Evitar o limitar los medios negativos.

8) Manténgase alejado de los drenajes de energía, ya sean situaciones, ubicaciones o individuos.

9) Si de repente te sientes deprimido, intenta resolver qué precedió a esos pensamientos. Descubrir qué o quién activó tu patrón de pensamiento negativo puede ayudarte a evitar situaciones similares en el futuro.

10) Reduce el estrés aprendiendo a decir "NO".

11) Busca soluciones en lugar de centrarse en los problemas.

12) Aprende a detectar oportunidades y a utilizarlas.

13) Trata de pensar en ti mismo como te gustaría ser, no como eres. Luego pregúntate qué te impide convertirte en esa persona.

Otra forma de mantener una actitud positiva sobre la vida es limitar tus expectativas. Esto no es fácil en el mundo consumista y a menudo agresivamente competitivo en el que vivimos, donde constantemente se nos insta a comprar más y ganar más, o ser el mejor, más joven, súper delgado y súper saludable.

Nunca olvides que la vida se trata de elegir. Cuando eliges ver oportunidades en lugar de problemas, las oportunidades realmente comienzan a presentarse.

Como dijo Wayne Dyer en uno de sus libros: "Con todo lo que te ha pasado, puedes sentir pena por ti mismo o tratar lo que pasó como un regalo. Todo es una oportunidad para crecer o un obstáculo para evitar que crezcas. Tienes la oportunidad de elegir".

Rediseña tu vida reprogramando tu mente

Esto puede parecer una tarea imposible para alguien que ha vivido con una mentalidad negativa toda su vida. Una mentalidad negativa refleja todos los aspectos de tu vida; cómo se relaciona con sus hijos, pareja, trabajo, amigos, oportunidades, decepciones o tragedias.

De acuerdo con el concepto de "lo semejante se atraen", centrarse en lo negativo significa que probablemente atraerá a personas o eventos que coincidan con ese patrón de pensamiento. Cuando escuchas a algunas personas explicar por qué están tan amargadas por la vida y escuchas todas las desgracias con las que han tenido que lidiar, inmediatamente entiendes por qué siempre son tan negativas, incluso tóxicas hacia los demás.

Sin embargo, probablemente es porque se acercaron a todo en la vida con una actitud negativa —su trabajo, relaciones, crianza de los hijos— sin satisfacción y felicidad, casi esperando que ocurriera lo peor cualquier día, que su vida resultó ser de esa manera.

Aunque tu mentalidad no está hecha de piedra y siempre se puede cambiar, requiere mucha disciplina y compromiso. En otras palabras, debes reconocer que tienes una mentalidad negativa y que te ha retrasado la vida y ha contribuido a muchas oportunidades perdidas, malas decisiones o relaciones fallidas.

Entonces, ¿es posible cambiar la dirección que está tomando tu vida reprogramando tu mente? Absolutamente, aunque mucho dependerá de dónde te encuentres en la vida. Cuanto más tiempo hayas vivido con resentimiento y miedo, más esfuerzo se necesitará para cambiar la forma en que ves el mundo y tu lugar en él.

La inteligencia emocional es una herramienta que puedes usar para cambiar de dirección, pero primero, debes tener claro qué es lo que necesitas cambiar.

Hay un dicho que dice que su mente es la clave del éxito y la felicidad, pues si debido a una programación defectuosa experimentó repetidamente desilusión y mala suerte, todo lo que tiene que hacer es reprogramarla para el éxito.

<u>8 pasos para una mentalidad positiva:</u>

1) **Reconocer**

Acéptalo, todos hemos cometido algunos errores en nuestras vidas. Reconoce todas las oportunidades que perdiste y todas las relaciones que arruinaste debido a esto, luego decide cómo te gustaría compensar el tiempo y la energía perdida.

2) **Comprometerse**

Prepárate para una búsqueda del alma, dudas, miedo y arrepentimiento, pero recuerda que a menos que trabajes para cambiar algo en tu vida, no sucederá por sí solo. Lo peor sería que continúes viviendo tu vida como hasta ahora.

3) **Toma una decisión**

Haz un balance de tu vida. El camino que elijas no será fácil ni directo. Toma la decisión correcta: elije la actitud que te ayude a volar, en lugar de quedarte estancado.

4) **Crea un sistema de creencias completamente nuevo**

De ahora en adelante, debes concentrarte en tus fortalezas y oportunidades, no en tus errores y fracasos pasados.

5) **No tengas miedo a los fracasos**

Acéptelos como parte de la vida y una oportunidad para aprender algo nuevo.

6) **Aumenta tu autoconfianza y autoconciencia**

Creer que un cambio es posible es lo que lo hace posible.

7) **Nunca dejes de aprender**

En un mundo de muchos cambios, necesitas estar constantemente aprendiendo y mejorando.

8) **Crece**

Aprende de la experiencia de otros que cambiaron sus vidas cambiando su mentalidad.

¿Cómo la inteligencia emocional estimula una mentalidad positiva?

El pensamiento positivo es mucho más importante de lo que creemos, porque sentimos sus efectos en casi todas las áreas de nuestras vidas. Los psicólogos creen que una actitud negativa, como esperar catástrofes y hostilidades y experimentar miedo o rabia, en realidad es parte de un antiguo mecanismo de supervivencia, porque estos sentimientos ayudaron a los hombres a estar alerta en situaciones o con personas potencialmente peligrosas. Y eso es lo que les ayudó a mantenerse con vida.

Sin embargo, a medida que pasamos de un entorno físico a uno social, ya no necesitamos emociones como esa, excepto quizás en situaciones extremas, como durante una guerra o catástrofes naturales. Pero nuestros cerebros aún funcionan de acuerdo con este modelo original, advirtiéndonos constantemente de posibles peligros.

Como nuestro entorno ha cambiado mucho desde aquella época, ya no necesitamos tanto estos mecanismos de supervivencia, y deberíamos reemplazarlos con nuevos comportamientos y patrones de pensamiento más adecuados para los desafíos de hoy en día. Existen varias herramientas que pueden ayudarnos a lograr esto, y la inteligencia emocional es una de ellas.

Si usted es serio acerca de cambiar su patrón de pensamiento, lo primero que debe hacer es deshacerse o limitar el diálogo interno negativo. Desafortunadamente, los pensamientos que conducen a este tipo de conversación no siempre son fáciles de identificar, y aquí es donde la inteligencia emocional puede ayudarlo.

Una de las cosas en las que las personas emocionalmente inteligentes son particularmente buenas es reconocer los pensamientos y los sentimientos que los siguen. Es por eso que saben qué hacer cuando reconocen que un pensamiento o emoción negativa brota.

La inteligencia emocional fomenta un estado mental positivo, y cuando eres positivo acerca de la vida, tiendes a estar más dispuesto a escuchar a los demás y participar con ellos en un nivel más profundo.

Por lo tanto, una mentalidad positiva, combinada con inteligencia emocional, contribuye en gran medida a mejorar su calidad de vida en todos los niveles, simplemente porque con esa actitud, creas mejores relaciones, enfrentas mejor el estrés, atraes oportunidades y evidentemente, llevas a una vida más feliz y satisfactoria.

Día 18
Perdona y sigue con tu vida

Inteligencia Emocional y El Perdón

En algún momento de nuestras vidas, todos hemos sido heridos. Las personas engañan, mienten, se engañan unas a otras, se van, dan marcha atrás cuando más los necesitamos, revelan nuestros secretos, etc. Sin embargo, mientras algunos se aferran a estos dolores del pasado, reviviéndolos día tras día por el resto de sus vidas, otros deciden dejarlos y seguir adelante.

Hay cosas que son imposibles de superar, como el abuso infantil o la tortura animal, todavía hay algo muy liberador sobre el perdón. Sin embargo, perdonar a alguien no significa que lo que hicieron debe ser olvidado o aprobado.

El problema es que el dolor y la ira causados por el daño o la injusticia que experimentó, continuarán viviendo en su subconsciente, recordándole constantemente ese trauma, especialmente cuando algo desencadena los recuerdos del incidente, que seguramente sucederá de vez en cuando. Pero cuando perdonas, eliges dejar el dolor y seguir adelante con tu vida.

La inteligencia emocional nos muestra cómo interactuar con éxito con los demás y cómo manejar nuestras reacciones ante las emociones provocadas. También nos ayuda a comprender nuestras propias emociones y expresarlas a medida que ocurren, para que no se repriman.

Una persona que perdona es alguien con mayor inteligencia emocional, porque personifica la madurez y la capacidad de moverse más allá de sus emociones actuales.

A veces, puede llevar años comprender y superar un incidente, pero hasta que perdones, permanecerás atrapado en el pasado. Y eso es lo último que quieres hacer, especialmente si tu pasado no es algo que quieras recordar.

Perdonar no significa que alguna vez olvidarás lo que pasó. En cambio, se trata de decidir ir más allá del dolor y recuperarte.

Sin embargo, perdonar es un proceso continuo. Cuando perdonas, es posible que no dejes de sentir enojo por lo que te sucedió de inmediato, o de que nunca volverás a confiar en esa persona, pero es un comienzo. Cuando decides ir más allá del incidente, no es porque quieras facilitarle la vida a la persona que te lastimó, sino a ti mismo.

Perdonar requiere coraje, y no todos pueden hacerlo, pero el concepto de inteligencia emocional fomenta el espíritu de perdón, aunque solo sea para traer paz a la víctima.

Aunque la venganza puede parecer una opción tentadora, tiene un gran impacto en tu bienestar mental y emocional.

Como señaló Mahatma Gandhi, "El débil nunca puede perdonar; el perdón es atributo de los fuertes".

Deja ir... el pasado duele

Todos hemos sido heridos, y generalmente culpamos a otros por ello. A veces, quienes nos lastiman se disculpan o intentan hacer algo para hacer las paces, pero a menudo fingen que no pasó nada o se mantienen firmes con una actitud de "¿y qué?".

Ser lastimado se trata de justicia. Esperamos que alguien nos compense de alguna manera, o al menos que reconozca lo que ha hecho.

Sin embargo, este proceso pone todo el poder en manos de otros. La ira es un sentimiento poderoso y puede ser autodestructivo si se dirige hacia uno mismo: puede estar enojado consigo mismo por haber contribuido involuntariamente al incidente o por no haber reaccionado de manera diferente cuando sucedió.

La inteligencia emocional nos anima a reconocer nuestros sentimientos, reconocerlos y permanecer con ellos hasta que hayan sido procesados para que podamos expresarlos de manera adecuada. Esto significa que puede ser muy dañino si sigues diciéndote a ti mismo que no estás enojado, o que has perdonado a alguien, mientras que en el fondo, ardes de rabia.

Cualquier sentimiento que experimente, ya sea ira, humillación, decepción o desesperación, quédese con él. Cuando ignoras tus sentimientos dolorosos, todo lo que estás haciendo es tratar de enterrar el pasado. Desafortunadamente, el pasado tiene la costumbre de salir a la superficie, a veces en los momentos más inoportunos.

Sea lo que sea que sientas, quédate con esos sentimientos. Siente el dolor, el odio, la humillación, la amargura. Analízalos para que entiendas qué los desencadenó, y cuando los hayas procesado y estés listo para continuar, suéltalos. Luego, decide dejarlo todo atrás.

3 maneras de dejar atrás un doloroso pasado:

- **Reconocer**

Examina tu rol en cualquier situación que te haya causado dolor y cómo podrías manejar una situación similar de manera diferente con el conocimiento que tienes ahora.

- **Decide dejarlo ir**

Este es un proceso muy poderoso, porque implica una elección, y la elección es tuya. Puedes elegir permanecer atrapado en el dolor o dejarlo ir. Esto es muy enriquecedor y liberador, porque la pelota ahora está en tu cancha. TÚ decides qué sucede con el dolor que has experimentado.

- **Expresa el dolor**

Cualquiera que sea la incomodidad que te causa el dolor (vergüenza, culpa, culpabilidad, enojo, miedo), libéralo de la forma que mejor te parezca; llorando, gritando en una almohada, escribiendo, hablando con alguien, meditando, rezando o lo que funcione para ti. De lo contrario, el sentimiento negativo puede permanecer contigo y convertirse en otra emoción embotellada. Dependiendo de lo que sea, esto puede llevar semanas o años. Siéntelo, aprende de él y deshazte de él.

- **Detén el juego de la culpa**

Cuando culpas a otros, incluso si tienes todas las razones para hacerlo, eres un participante pasivo en lo que te sucedió. Te hace adoptar una mentalidad de víctima, lo que es muy desalentador. Vivir con este tipo de mentalidad puede significar sentir pena por ti mismo y no te permite poder recuperar el control de tu vida.

- **No te detengas en el pasado**

Las personas pueden pasar meses y años reviviendo un recuerdo doloroso, cuando su pareja se fugó con su mejor amigo, cuando murió su hijo, cuando fueron humillados en público, pero no hay necesidad de analizar tales recuerdos durante años; nada cambiará lo que pasó. Buscar ayuda profesional, generalmente acelera el proceso de la sanidad.

- **Enfócate en el presente o el en futuro, no en el pasado**

Cuando sueltas el pasado, eres libre de concentrarte en el presente o el futuro. Esto no significa que olvidarás lo que le sucedió, pero no te preocupes. En lugar, de trata de ignorar los eventos pasados, reconócelos y déjalos ir. Esto es importante porque cuando dejas de abarrotar tu cerebro con recuerdos del pasado, creas espacio para nuevas experiencias y personas.

- **Perdónate a ti mismo**

¿Por qué a menudo nos resulta más fácil perdonar a los demás que perdonarnos a nosotros mismos? Perdonarse es admitir que no eres perfecto; si hay algo que no deberías haber hecho, o haber dicho, pero no lo hiciste, al menos lo sabrás mejor la próxima vez.

Sin embargo, la ira y el dolor debido a algo que has experimentado son a veces tan abrumadores que es imposible simplemente dejarlos ir. En ese caso, la ira debe reconocerse e ir por un proceso para cerrar esa etapa.

Fantasear con la venganza a veces puede ayudar, pero la venganza en sí misma no es una solución. Y mientras sueñas con eso, permanecerás atrapado en el pasado.

Antes de que logres la sanidad, debes perdonarte a ti mismo por el rol jugado en lo sucedido. Entonces, en lugar de pensar en lo que DEBERÍAS haber hecho o cómo podrías haber evitado el incidente, acepta la dolorosa realidad e intenta superar todo el episodio.

Si bien no debes detenerte en el pasado y recordar las dolorosas memorias al revivir el incidente, tampoco debes intentar olvidarlo. Eso en realidad no hará que desaparezca; simplemente se almacenará en algún lugar de tu subconsciente, esperando que regrese y te atormente nuevamente.

La inteligencia emocional puede ayudarte a lidiar con lo que sucedió al procesar los recuerdos dolorosos y expresarlos de una manera que traerá liberación emocional.

Día 19
Manipulación Emocional

¿Son manipuladoras las personas emocionalmente inteligentes?

Con un mayor nivel de inteligencia emocional, las personas se vuelven muy buenas para percibir y manipular las emociones, tanto sus propias emociones como las de los demás. En un sentido positivo, esto significa que pueden captar lo que está sucediendo e intervenir a tiempo para evitar que un accidente, incidente o problema se agrande más de lo debido.

Sin embargo, ser capaz de sentir y manejar las emociones de otras personas e influir en su forma de pensar y comportarse tiene un lado oscuro.

En el lugar de trabajo, aquellos con altos niveles de inteligencia pueden administrar fácilmente a los miembros de sus equipos. Son buenos para construir y mantener relaciones profesionales con sus colegas, socios comerciales o clientes. Su fuerza clave son las habilidades excepcionales de las personas.

Sin embargo, como todos sabemos, las emociones pueden ser una herramienta muy poderosa para aquellos que saben cómo nutrirlas o manipularlas.

Las personas emocionalmente inteligentes pueden "leer" a otros fácilmente, especialmente si los han conocido por algún tiempo. Ser consciente de las debilidades, preferencias, rasgos de carácter, vulnerabilidades o problemas personales de otra persona puede, en manos equivocadas, convertirse en una herramienta muy poderosa o en un arma con la que obtienes lo que deseas.

Por ejemplo, cuando sabes que alguien está nervioso por una presentación que tiene que hacer, interrumpirla mientras habla puede hacer que parezca que no está preparada o que es tonta. Hay muchas formas sutiles de avergonzar a alguien o exponer sus vulnerabilidades en público si sabes que les molesta. Y ser consciente de los problemas en la vida privada de alguien es potencialmente muy peligroso en un entorno hostil o competitivo.

Entonces, en teoría, la inteligencia emocional puede usarse para manipular a otros para lograr el efecto deseado, al hacer que alguien parezca menos competente que tú, indirectamente promoviéndote a ti mismo.

Estas personas pueden ser destructivas para el espíritu de equipo de una organización, y aunque a menudo quedan expuestas a lo que son, esto generalmente no es fácil porque simplemente pueden manipular para salir de los problemas.

Por otro lado, cuando alguien logra resultados extraordinarios gracias a su alta inteligencia emocional, a menudo es a expensas de los demás. Por lo tanto, si estás en condiciones de influenciar en los demás y sabes que tienes una gran inteligencia emocional, trabaje para asegurarse de que nunca use tu don para lastimar a otros involuntariamente; intenta ser empático, ya que eso te impedirá aprovecharte de alguien.

Protégete de la manipulación emocional

Cada vez que interactúas con otros, corres el riesgo de ser manipulado. Especialmente si eres empático, porque algunos podrían tratar de aprovechar tu amabilidad. Por otro lado, al ser empático, también debes ser bueno para captar las vibras de las personas con las que interactúas, y esta suele ser una buena manera de saber cuánto puedes confiar en alguien.

Para dejar de ser explotado emocionalmente, trata de aprender sobre el poder del campo de energía de uno y cómo y por qué debes protegerte.

7 consejos sobre cómo proteger tu campo de energía de la explotación emocional:

1) Confía en tu instinto

Estar alerta si tienes un mal presentimiento con alguien, incluso si no estás seguro de por qué te sientes así.

2) Mantenga un registro escrito de sus comentarios/peticiones/sugerencias

Esto se aplica solo a una situación laboral, y es particularmente eficaz si puedes hacerlo que te envíen algo por escrito, como una solicitud por correo electrónico para ir a algún lugar o hacer algo.

3) Evítalos tanto como puedas

A veces, cuando te identifican como una "víctima" adecuada para la manipulación, puede que no sea fácil alejarse de esta persona. Especialmente si planearon cuidadosamente su trampa y primero se hicieron amigos de ti.

4) Evita ser demasiado amigable con aquellos que no conoces bien

Aunque esto parezca paranoico, trate de no abrirse demasiado frente a personas que no conoce, al menos hasta que las conozca mejor, especialmente si parecen demasiado ansiosas por convertirse rápidamente en tu mejor amigo.

5) Aumenta tu vibra

Si se da cuenta de que has sido atrapado o arrinconado por alguien con motivos ocultos, intenta aumentar tu poder personal aumentando tus vibras. La forma más fácil de hacer esto es permanecer tranquilo y presente, lo que puedes hacer a través de la meditación o pasando más tiempo en la naturaleza.

6) Si es que caes en la trampa

Si se sabe que alguien con quien trabajas o vives, disfruta jugando con las emociones de los demás, sé mentalmente fuerte y no permitas que obtengan lo que quieren; verte sonrojar, llorar, hacer una escena o gritarte. Después de varios intentos, se aburrirán o se darán cuenta de que eres un hueso duro de roer y pasarán a otra persona.

7) Usa el amor propio para protegerte

Si tienes que lidiar con un manipulador a diario, aumenta su moral dándote un diálogo interno positivo todos los días. Puedes hacer esto con afirmaciones, o leyendo citas inspiradoras y textos espirituales que han resistido la prueba del tiempo.

La mejor manera de detectar y evitar posibles manipuladores, y de protegerte de la explotación emocional, es entender cómo operan. La manipulación emocional gira en torno a jugar con las vulnerabilidades de los demás y obtener una ventaja sobre ellos.

La explotación emocional puede ocurrir en cualquier lugar y no se limita al lugar de trabajo.

<u>8 trucos que los manipuladores usan para aprovecharse de ti:</u>

1) El juego del miedo

Esta es probablemente una de las tácticas más comunes que utilizan los manipuladores, y es más probable que se aplique en aquellos que son fáciles de asustar y de hacer que pierdan el equilibrio. Por lo general, se trata de personas que por alguna razón son más vulnerables que otras: personas solitarias, recientemente divorciadas, desempleadas, deprimidas, con problemas de salud o problemas personales, o con poca confianza en sí mismas.

2) Engañan

Lo hacen, ya sea reteniendo información importante, para que descubras solo cuando es demasiado tarde para hacer algo al respecto, o al darte intencionalmente solo partes y piezas, en lugar de la historia completa, por lo que cuando logras poner todas las piezas juntas, tu oportunidad de actuar puede haberse perdido. Esto generalmente se hace para obtener una ventaja sobre los demás asegurándose que descubran algo mucho más tarde que el manipulado.

3) Se aprovechan cuando estás de buen humor

Si acabas de escuchar buenas noticias o te sientes particularmente feliz, es mucho más probable que digas "sí" a las cosas que normalmente quieres reflexionar primero. A veces, calculan los favores que les piden a las personas cuando es más probable que estén de acuerdo. Aprende a controlar tus emociones; no siempre es seguro dejar que todos sepan cómo te sientes.

4) Te atrapan con favores

Una vez que les debe, queda atrapado, a veces de por vida. Todos conocemos personas que no solo gustosamente harán algo por ti (incluso si son las últimas personas que estarían de acuerdo) sino que en realidad te acosarán, ofreciéndote favores que ni siquiera necesitas. Puedes estar seguro de que, en poco tiempo, te pedirán que devuelvas el favor.

5) Ventaja Territorial

A veces, un manipulador puede tratar de intimidarte para que aceptes sus términos organizando una reunión en un entorno donde es más probable que se sientan "en casa". Puede ser su hogar, su club, su oficina, en algún lugar donde probablemente te sientas fuera de lugar.

6) Preparan su trampa con cuidado

La mayoría de las personas prefieren hablar de sí mismas que escuchar a los demás. Los manipuladores usan esto para averiguar todo lo que puedan sobre usted, para saber cómo pueden usarlo. Y mientras te sientes feliz de haber conocido a alguien que está tan interesado en ti, el manipulador está recopilando información sobre tu situación familiar, problemas personales, relaciones, contactos útiles, etc. Ten cuidado con lo que reveles sobre ti mismo a aquellos que no conoces bien o que parecen demasiado interesados en tu vida, hábitos y rutinas.

7) Usan lenguaje corporal para intimidarte

Para intimidarte y hacer que aceptes algo, el manipulador puede optar por pararse demasiado cerca de ti, a balancearse sobre ti si estás sentado o si son mucho más altos que tú, usan una voz grave o te miran fijamente para distraerte. Si alguien intenta hacerte esto, es mejor no responder a su demanda de inmediato. En cambio, espera unos momentos mientras te recompones antes de responder.

8) Te dan muy poco tiempo para tomar una decisión

Una de las formas más fáciles de obligar a alguien a hacer lo que normalmente no haría, es no darles suficiente tiempo para pensar las cosas. Al apresurarte o al fingir que una decisión debe tomarse con urgencia, esperan que aceptes lo que te pidan. Si es posible, nunca aceptes ser intimidado para tomar una decisión apresurada.

Día 20

Pautas para convertirse en un mejor oyente, paso a paso

Comunicación verbal

Cuando sepas lo que se necesita para ser bueno escuchando, verás que no es sorprendente que muy pocas personas lo sean. Todos tenemos problemas, algunos muy serios, y tener a alguien con quien hablar es a veces todo lo que necesitas para ver la luz al final del túnel.

Sin embargo, en el mundo cada vez más estresante en el que vivimos, se necesita mucha energía para hacer frente, por lo que muchas personas simplemente se niegan a invertir su energía y tiempo en escuchar los problemas de otras personas, o simplemente no les importa.

Las buenas habilidades auditivas lo ayudarán no solo a desarrollar una alta inteligencia emocional, sino que facilitarán la lectura entre líneas y escuchar incluso cosas que no se dice. Cuando escuchas atentamente, a veces puedes aprender accidentalmente detalles sobre personas que de otro modo no habrías conocido.

La razón principal por la que los buenos oyentes no son comunes, es que se requiere mucho más que empatía.

<u>¿Cómo desarrollar buenas habilidades auditivas?</u>

- **Estar presente**

Cuando escuches a alguien, trata de concentrarte en lo que está hablando, en lugar de desconectarte para pensar en tu propia lista de tareas pendientes. La persona que habla contigo notará si estás allí o si no le estás prestando atención. Al escuchar atentamente a alguien, demuestras que lo respetas lo suficiente como para querer dedicarle algo de tu tiempo y muestras interés en lo que tiene que decir. No los interrumpas mientras hablan, pero haz preguntas para aclarar lo que acaban de decir o para pedirles que te cuenten más.

- **Presta atención**

Puede hacer esto manteniendo el contacto visual. Por esta razón, es mejor sentarse frente a la persona con la que está hablando, en lugar de estar al lado de ellos. Además, ocasionalmente demuestra que estás entendiendo de qué están hablando asintiendo con la cabeza o diciendo "Sí", "Ya veo", "Mmmm", y así sucesivamente. Esto, por supuesto, no tiene que significar que estás de acuerdo con lo que están diciendo, pero les ayuda a continuar porque estas señales muestran que estás con ellos.

- **Ser paciente**

Algunas personas hablan mucho pero no llegan al grano, otras eligen sus palabras con cuidado, mientras que otras hablan demasiado rápido. Escuchar atentamente no siempre es fácil, y en realidad puede ser agotador, pero una vez que la gente vea que estás concentrado en lo que están diciendo, se relajarán y comenzarán a hablar de manera más coherente y abierta. También depende de lo que se esté discutiendo. Algunos temas no son fáciles de hablar, y puede optar por hablar con ellos sobre otra cosa primero para que se relajen un poco antes de abordar un tema más delicado. También está el tema de la cultura. En la cultura occidental, las personas tienden a ir al grano. En el Medio Oriente y África, sin embargo, nunca abordes un tema directamente.

- Tener una mente abierta

Si ya tienes una opinión de la persona con la que estás hablando, ser imparcial será más difícil. Si no conoces a la persona, pero hace cosas que odias o vive un estilo de vida que desapruebas, tendrás que esforzarte mucho para mantener la mente abierta sobre lo que se está discutiendo. En otras palabras, intenta escuchar sin juzgar.

- Lenguaje corporal

Las habilidades de comunicación no verbal a veces son incluso más importantes que la comunicación verbal, porque muestran cómo nos sentimos realmente acerca de la persona con la que estamos hablando. Por ejemplo, trate de evitar cruzar los brazos sobre el pecho, balancear las piernas con aburrimiento, mirar por la ventana, mirar su reloj o revisar los mensajes en su teléfono celular mientras la otra persona está hablando. Siéntate frente a ellos, asintiendo ocasionalmente mientras sonríes o pareces triste, lo que sea apropiado.

No olvides que el aburrimiento o la irritación se muestran fácilmente en la cara, así que no pienses que puedes fingir que estás realmente interesado en ellos y, de hecho, no puedes esperar a que termine la reunión para que puedas tomar una taza de café y llames a casa para ver si tu hija terminó su tarea escolar. Cuando eres positivo acerca de la vida, tiendes a estar más dispuesto a escuchar a los demás y a comprometerte con ellos en un nivel más profundo. Además, si lo que dicen te sorprende o disgusta, trata de no mostrarlo, ya que eso podría evitar que continúen. Evita tener contacto físico, a menos que ambos provengan de la misma cultura en la que se acepte tocar el brazo o dar palmaditas en la espalda. Observa su expresión facial: trata de no parecer aburrido, sorprendido, disgustado o enojado.

- Enfático

Los verdaderos empáticos pueden sentir fácilmente la motivación incluso de las personas con las que no están de acuerdo, y compartirán fácilmente su felicidad o dolor. Independientemente de cuál sea tu trabajo, en muchas ocasiones tendrás que tratar con personas con las que simplemente no puedes verle la cara. Aunque muchas personas optarían por mantenerse alejadas de aquellos con quienes no están de acuerdo, las personas emocionalmente inteligentes no tienen problemas para interactuar con esas personas. La empatía es universal y se aplica incluso a tus enemigos.

- Resolver problemas

No interrumpas a las personas mientras hablan, excepto tal vez para hacer preguntas que los motiven a continuar. Tampoco debes ofrecer soluciones a sus problemas, a menos que te pidan consejo. En muchos casos, todas las personas necesitan alguien con quien hablar, no alguien que les diga qué hacer.

Además, cuando a alguien finalmente se le da la oportunidad de hablar con alguien, de repente puede ver la solución a su problema. Aunque puedes pensar que estás ayudando a alguien al ofrecer respuestas, es mucho mejor si resuelven cuál sería la mejor solución. Si lo haces por ellos, les estás quitando su poder. Incluso puedes ser visto como alguien que cree que sabe lo que es mejor para los demás. Siempre debes alentar a las personas a resolver sus propios problemas.

Comunicación No-Verbal

Hay muchas formas sutiles de comunicarse de manera no verbal, las más comunes son con los ojos, la voz y el tacto.

7 tipos más comunes de comunicación no verbal:

1) Expresiones faciales

Estos son generalmente sentimientos universales de felicidad, tristeza, enojo, miedo, sorpresa, etc., generalmente son los mismos en todas las culturas.

2) Postura corporal

La forma en que nos sentamos, caminamos o asentimos con la cabeza dice mucho de nosotros, aunque muy pocas personas son conscientes de ello.

3) Gestos

Estos varían según las culturas, y se debe tener especial cuidado si se usa con una audiencia de diferentes culturas; lo que es normal en un país podría considerarse muy grosero en otro.

4) Contacto visual

Este es probablemente el aspecto más importante de la comunicación no verbal. Sus ojos muestran claramente interés, afecto, hostilidad, miedo, etc. El contacto visual es muy importante en las reuniones personales, pero en algunas culturas, no mirar a la persona a los ojos es en realidad una señal de respeto.

5) Tacto

Esto puede ser un apretón de manos, un abrazo, una palmada en la cabeza y varios otros tipos de contacto o abrazarse. El tacto es una forma de comunicación muy poderosa y reveladora y varía según las culturas.

6) Espacio personal

El espacio físico mínimo que necesita para sentirse cómodo con los demás es diferente en todo el mundo, pero en general, acercar la cara demasiado a la de otra persona se considera amenazante o demasiado íntima, por lo que a menudo se usa para indicar dominio o afecto.

7) Tono de voz

Lo que dices es tan importante como la manera como lo dices. Además de escuchar sus palabras, las personas a menudo leen la tonalidad, el volumen y el tono de tu voz. Una voz muestra fácilmente confianza, enojo o nerviosismo.

La escucha activa requiere mucha práctica y es una habilidad esencial para cualquier persona en contacto con personas; Sin embargo, es una habilidad aprendida.

Muchas señales de comunicación no verbal son parte de una cultura o un medio social, y generalmente las aprendemos a medida que crecemos.

La comunicación no verbal es importante para una interacción exitosa porque nos permite ver o sentir el estado emocional de la persona con la que estamos hablando: ¿están tensos, enojados, relajados, asustados?

Además, muchas señales de comunicación no verbal nos ayudan a reforzar el mensaje que estamos enviando o a establecer una relación particular con otra persona. Al mismo tiempo, el hablante puede ver cómo sus palabras están afectando a aquellos con quienes está hablando, para sentir si están conmocionados, entretenidos o preocupados. Entonces, la comunicación no verbal proporciona retroalimentación mutua.

Día 21
Uniendo todas las piezas

Lecciones aprendidas

¿Qué has aprendido de este libro?

El desafío de 21 días tenía como objetivo resaltar la importancia de la empatía y la autoconciencia para las buenas relaciones, el éxito profesional y el bienestar mental.

¿Cúal es el siguiente paso?

Si disfrutaste este libro y sientes que es algo sobre lo que te gustaría aprender más, averigua cuál es tu nivel de inteligencia emocional. Puedes descargar pruebas gratuitas de Internet o puedes asistir a un curso. Una vez que sepas dónde te encuentras, haz una lista de las habilidades que sientas que te faltan o deseas mejorar.

Paso 1

Para beneficiarte plenamente de este libro, debes encontrar una manera de practicar estas habilidades. Como la inteligencia emocional se trata principalmente de relaciones, deberás pedirle a tus amigos o familiares que te permitan practicarlas. Lo ideales que debes comenzar a aplicar los principios de la inteligencia emocional en tu vida diaria, como cuando hablas con tus colegas, cuando alguien necesita un hombre para llorar, cuando intentas resolver un conflicto dentro del equipo o cuando se ríen de ti por tus creencias.

Como se requiere inteligencia emocional en casi todos los aspectos de tu vida, habrá muchas oportunidades en las que podrás comprobar si tus habilidades con las personas han mejorado.

La práctica es muy importante, pero también lo es la retroalimentación sincera. No podemos vernos a nosotros mismos como nos ven los demás, así que piensa en alguien en cuyo juicio confías para decirte lo que piensa de ti. Esa es la mejor manera de saber cómo te va y en qué necesitas trabajar.

Paso 2

Has una lista de todas las habilidades emocionales que sientes que necesitas para tu trabajo actual, o para el trabajo que te gustaría tener algún día, e intentes imaginar el rol deseado. O, de todas las habilidades mencionadas en este libro, identifica tres con las que sabes que te resulta más difícil, como escuchar atentamente, hablar con atención o pensar antes de hablar, y concéntrate en desarrollarlas durante los próximos treinta días.

Aunque todos podemos beneficiarnos de mejorar nuestras habilidades de inteligencia emocional, en algunas profesiones son absolutamente necesarias y podrían ser parte de tu curriculum.

Entonces, ¿cómo saber en qué habilidades tienes que trabajar más?

Si sabes que eres impaciente, probablemente no seas bueno escuchando. Si hablas mucho, probablemente digas cosas sin pensar. Si estás orgulloso de ti mismo por no tener miedo de decir lo que piensas, independientemente de con quién hables, ocasionalmente puedes decir cosas que no deberías.

La inteligencia emocional es una herramienta clave para mejorar las relaciones. Si eres una persona amable, desarrollarás fácilmente nuevas habilidades o mejorarás en las que ya eres bueno. No olvides que no se aprende la inteligencia emocional en un curso de 5 días, es un proceso que dura toda la vida.

Paso 3

- Para avanzar, crea un Plan de acción de inteligencia emocional. Haz una lista de las habilidades que necesitas desarrollar y las que necesitas mejorar. Puede ser algo así como un análisis FODA. Piensa en los medios u oportunidades que tendrás en el trabajo (o en casa) para practicar las habilidades que consideres cruciales para el trabajo en el que te encuentras.

- La inteligencia emocional es útil en todas las esferas de nuestras vidas, y puedes aplicar tus principios casi en cualquier lugar y bajo cualquier circunstancia. Entonces, a partir de mañana:

    Cuando le preguntes a tu pareja o amigo cómo le fue su día en el trabajo, trata de estar genuinamente interesado y escucha lo que dicen. Si estás demasiado cansado para escuchar el día de trabajo de tu compañero, es mejor no preguntar que pretender estar escuchando mientras tu mente está a kilómetros de distancia, pensando en tu propio día en el trabajo.

- La próxima vez que conozcas a una amiga y ella comience a contarte los problemas de salud que tiene su madre, observa tu lenguaje corporal, tono de voz y contacto visual, y muestra interés genuino o cambia de tema: tu aburrimiento se nota.

- Cuando tu jefe te llame a su oficina para decirte que ha habido varias quejas sobre ti de algunos clientes importantes, no lo tomes como algo personal; en su lugar, trata de comprender qué pudo haber causado esas quejas.

Paso 4

Perfecciona tu plan de acción dividiéndolo en habilidades individuales que creas que necesitas mejorar y crea un desafío semanal o mensual sobre cómo desarrollar esas habilidades:

- ¿Cómo mejorarías la forma en que maneja sus sentimientos, si sabes que tienes mal genio, o no te gusta que te desafíen, o si tiendes a tomar incluso la más mínima crítica personalmente? ¿Cómo comenzarías a cambiar estos patrones de comportamiento?

- ¿Cómo conseguirías empezar a hablar conscientemente si hablas mucho y a menudo dices cosas sin pensar?

- ¿Cómo mejorarás tus habilidades de escuchar cuando sabes que te resulta aburrido escuchar a otras personas?

- ¿Cómo puedes ser más abierto a los comentarios?

- Si eres tímido por naturaleza, ¿cómo reunirías el coraje para defender lo que crees?

- Si eres conocido como una persona vengativa y despiadada, ¿cómo trabajarías para ser más indulgente?
- Si eres un empático del que la gente se aprovecha a menudo, ¿cómo te asegurarás de protegerte de los manipuladores emocionales?

Todas estas habilidades requieren práctica repetida, que puedes hacer con amigos o familiares.

Verás tu progreso cuando recibas tu evaluación de desempeño, porque la inteligencia emocional es definitivamente algo que la gente notará y debe reflejarse en tu evaluación. Fuera del trabajo, tus amigos o familiares se darán cuenta de los cambios en tu comportamiento. Tus comentarios honestos pueden ayudarte a ser aún mejor.

Inteligencia emocional en niños

La inteligencia emocional puede ayudarte a mejorar tus relaciones, autoconocimiento y sensibilidad al tratar con otros. Requiere un aprendizaje de por vida, y cuanto antes comiences, mejor.

Cuando se trata de niños, es mejor si cultivas estas habilidades desde una edad temprana. Hoy, se espera que todos, incluidos los niños, sean buenos en el manejo de diferentes relaciones. Esto significa que para poder adaptarte con éxito al constante cambio en el que vivimos y trabajamos, los niños deben comenzar a practicar los principios básicos de la filosofía de la inteligencia emocional incluso antes de comenzar la escuela.

Aquellos que aprendan estas habilidades a una edad temprana les resultará mucho más fácil adaptarse al mundo de alta tecnología, alta velocidad y diversidad cultural del siglo XXI. Al ayudar a los niños a desarrollar empatía y sentido de identidad, los estás preparando para el centro de trabajo del mañana.

Hay muchas formas diferentes de hacer esto, pero es más fácil si estas estrategias se incorporan gradualmente a tus rutinas diarias. Mucho de esto se puede hacer a través de dramatización de roles y juegos.

4 formas de fomentar la inteligencia emocional en los niños:
- **Sé como quieres que sean tus hijos**

Sé su modelo a seguir. Compórtate, habla y actúa de la manera que esperas.
- **Reconoce las emociones positivas y negativas en tu hijo.**

Aprende a reconocer diferentes emociones en tus hijos y diles que está bien estar triste, enojado o herido. Enséñales a resolver conflictos y aliéntalos a expresar abiertamente amor o tristeza.
- **Anima a tus hijos a aceptar y expresar sus emociones.**

Los niños deben sentirse libres de hablar sobre cómo se sienten y por qué. Pero solo lo harán si creas un entorno en el que te sientas seguro abrirte. Nunca los castigue por algo malo que le han dicho o han hecho, porque pueden aprender que no siempre vale la pena ser sincero.
- **Ser Realista**

No esperes resultados de la noche a la mañana. Este es un proceso de aprendizaje permanente. La inteligencia emocional es un signo de madurez emocional, así que ajusta tus expectativas a tu edad.

4 habilidades para cultivar en niños:

- **Empatía**

¿Puede tu hijo ver y relacionarse con el dolor o la felicidad de otra persona? ¿A veces lloran por los demás? ¿Sienten pena si un amigo pierde algo o cuando ven un pájaro muerto en el parque? Para enseñar a sus hijos a ser empáticos con los demás, debes ser un ejemplo perfecto de cómo deben comportarse. No intentes simular empatía si realmente no la sientes. Los niños son mucho más inteligentes de lo que pensamos; si finges, ellos también lo harán.

- **Expresiones**

Los niños a menudo expresan sus sentimientos de maneras socialmente inaceptables, como gritar o llorar. Si intentas detenerlos, estás evitando efectivamente que expresen sus sentimientos, lo que interfiere indirectamente con su desarrollo.

Cuando gritan o lloran, todo lo que hacen es desahogar sus emociones. Se cree que evitando que expresen sus emociones de esta manera, las expresarán de otra manera quizás más violenta, conversando un hermano o con el perro, o ser destructivo.

- **Habilidades auditivas**

Estar cerca de niños puede ser muy agotador: hacen un millón de preguntas, hablan sin parar y anhelan atención todo el tiempo. Si está ocupado, agotado o simplemente no estás de humor y les pide que se callen o los ignoren, está enviando un mensaje muy equivocado. Para convertirse en una persona emocionalmente inteligente, un niño debe recibir toda tu atención siempre que lo necesite.

- **Solución de problemas**

Los padres a menudo se apresuran a ayudar a sus hijos con cualquier problema que puedan tener. Sin embargo, esto los hace dependientes de otros para resolver sus problemas. Para nutrir su inteligencia emocional, aliéntelos a encontrar soluciones por su cuenta. Pueden luchar, pueden enojarse o incluso llorar si se niega a ayudarlos, pero cuando logran hacerlo bien, aumentarán su confianza y los ayudará a convertirse en adultos independientes y responsables.

Inteligencia emocional en adolescentes

Un alto coeficiente intelectual en un niño ya no es lo que más les preocupa a los padres. Hoy, se les anima a prestar mucha más atención al bienestar emocional de sus adolescentes. Lo hacen ayudándoles a desarrollar la autoconciencia y a manejar sus emociones, así como a aumentar su confianza a través de estímulos y elogios permanentes.

Los adolescentes son adultos jóvenes cuyos cerebros aún se están desarrollo, por lo cual, los signos de una fuerte inteligencia emocional no siempre son consistentes. Sin embargo, la pista principal es qué tan bien un adolescente maneja sus emociones.

8 rasgos de adolescentes emocionalmente inteligentes:

- **Están interesados**

Los adolescentes emocionalmente inteligentes están interesados en el mundo que los rodea. Tienen curiosidad por la vida y quieren saberlo todo.

- **No se preocupan demasiado por cometer errores.**

Aceptan que cometer errores es parte de la vida. No se detienen en los errores o daños del pasado, y esta es una buena señal de resiliencia y la capacidad de superar los desafíos.

- **Tienen una mentalidad positiva**

Generalmente se centran en lo que son buenos, en lugar de en sus debilidades.

- **Ellos controlan sus emociones**

Los adolescentes emocionalmente inteligentes comprenden el poder que conlleva controlar y manejar sus emociones. Entienden que su felicidad y éxito están en sus propias manos.

- **Saben distinguir las diferentes energías en su entorno**

Los adolescentes emocionalmente inteligentes reconocen a aquellos que aumentan o agotan sus niveles de energía, así como a aquellos que crean vibras negativas.

- **Aceptan el cambio**

No temen al cambio, al contrario. Pueden adaptarse fácilmente a una nueva situación o circunstancia.

- **No guardan rencor**

Los adolescentes emocionalmente inteligentes son generalmente rápidos para olvidar y seguir adelante después de un incidente.

Conclusiones

Puede llegar un momento en que comiences a tener una sensación de molestia que simplemente no estás enfrentando y para los tiempos difíciles en los que vivimos, necesitas aprender nuevas habilidades.

Es posible que te falten las habilidades necesarias para la industria en la que trabajas, o simplemente te preguntas cómo mejorar tus relaciones, tanto dentro como fuera del trabajo.

Una de esas habilidades sin las cuales será muy difícil vivir en el mundo confuso y cambiante del siglo XXI es la inteligencia emocional.

Tal vez sea esa sensación vaga e irritante lo que te llevó a este libro. O tal vez escuchaste sobre la inteligencia emocional de un amigo. Quizás acabas de toparte con él mientras buscabas en Internet.

Cualquiera sea el caso, generalmente te atrae algo por una razón. Al igual que nos sentimos atraídos por los aromas que nos hacen sentir de cierta manera, por las personas con las que nos sentimos cómodos, o por los libros con personajes identificables, puede estar buscando inconscientemente una forma de mejorar tus habilidades interpersonales.

Incluso si eliges este libro sin tener idea de qué es la inteligencia emocional, el hecho de que lo hayas leído demuestra que estás interesado en aprender a manejar tus emociones y mejorar tus habilidades de comunicación.

Esperamos que después de leer el libro, comprendas por qué las personas con mayor inteligencia emocional tienen una mejor oportunidad de tener éxito profesionalmente y sentirse más realizados personalmente.

Una vida plena incluye una combinación de logros profesionales y personales; y saber cómo entender, controlar y usar tus emociones te ayudará a lograr ambos logros.

Tu camino hacia el éxito depende de muchas cosas, pero principalmente de qué tan bien te las arreglas para navegar por la vida. El desarrollo de la inteligencia emocional puede ayudarte a mantener el rumbo.

Esperamos que hayas disfrutado del Reto de 21 Días, y que este sea solo el comienzo de tu viaje de autodescubrimiento.

Libro #2
Manejo de la ira

El cambio de imagen mental de 21 días para tomar el control de tus emociones y conseguir liberarte de la ira, el estrés y la ansiedad

PARTE 1

La Ira- ¿Un grito de ayuda o un deseo de control?

Día 1
¿Qué es la Ira?

La ira como una emoción poderosa

La ira es un sentimiento que todos conocemos, aunque la experimentamos y la expresamos de diferentes maneras. La causa habitual de la ira es una reacción a una decisión o tratamiento injusto, así como a la crítica, ser avergonzado en público, ser intimidado, sentirse impaciente, el comportamiento grosero de alguien, ser ignorado, perder, ser abandonado, y muchas más experiencias desagradables.

Sin embargo, aunque la ira es una parte perfectamente natural de la vida, no es algo que debamos alentar. Al contrario, la mayoría de la gente intenta controlar su ira, especialmente en situaciones sociales. Quizás hubo momentos en el pasado en los que estar abiertamente enojado era una habilidad de supervivencia crucial, pero en el mundo sofisticado y densamente poblado en el que ahora vivimos, el tener diferentes técnicas de supervivencia te ayudarán a tener éxito.

Como con tantas otras cosas en la vida, hay dos lados de la ira, puede ser una fuerza positiva y negativa en tu vida. Por el lado positivo, la ira a menudo sirve como una señal de que las cosas no están bien y de que hay que hacer algo al respecto; como, por ejemplo, si te enfrentas a un trato injusto, tienes que tratar con gente grosera o hacer cola durante demasiado tiempo. Sin embargo, a menudo nos enojamos por tener expectativas poco realistas.

La desventaja de la ira, especialmente la ira fuera de control incluye una larga lista de comportamientos que conducen a relaciones arruinadas, violencia doméstica, encarcelamiento, salud destruida, oportunidades estropeadas y más.

A menudo, la llamada ira primaria enmascara las emociones que son la verdadera razón de nuestra agresión. Las emociones secundarias más comunes que conducen a la ira son el miedo, que a menudo se manifiesta como ansiedad y preocupación, así como la tristeza, debido a una pérdida real o imaginaria.

La razón por la que estos sentimientos causan ira es que el miedo y la tristeza hacen que las personas se sientan vulnerables o amenazadas, y para evitar que se sientan abrumadas por estas emociones, las personas suelen pasar al modo de la ira. Una amiga mía dijo una vez que sólo cuando se comportaba agresivamente se sentía realmente viva.

Al cambiar el miedo a que tu pareja te induzca al enojo, subconscientemente te inyectas a ti mismo una dosis de adrenalina, lo que te hace sentir con energía y a cargo en lugar de sentirte indefenso y vulnerable.

Si se usa de manera positiva, este impulso de energía puede ayudarte a salir de una situación difícil o a encontrar una mejor solución a un problema. Sin embargo, si crear esta falsa sensación de confianza y control sobre una situación significa que realmente te vuelves agresivo y empiezas a abusar de los demás, la descarga de adrenalina que creó esta poderosa sensación probablemente creará más problemas en lugar de ofrecer una solución.

Autogestión de la ira

Guardarte la ira y tu frustración, seas consciente de ello o no, es una de las cosas más autodestructivas que puedes hacerte a ti mismo.

Si estás enojada contigo misma por no ser más atractiva, más exitosa o felizmente casada, empieza preguntándote qué es lo que te impide conseguir lo que quieres. Si te quedas con esta pregunta por un tiempo, te darás cuenta de que o bien no quieres realmente estas cosas o que el esfuerzo de conseguirlas superaría cualquier beneficio que vieras.

Desafortunadamente, no tener lo que te gustaría o que crees que mereces es a menudo el resultado de las elecciones que hiciste en el pasado y por las que ahora estás pagando: una pareja de por vida, una decisión de inversión equivocada, un trabajo sin futuro, y muchas otras cosas.

No tener lo que quieres es un tema complicado, especialmente si la razón por la que no puedes conseguir algo está fuera de tu control, como suele ocurrir. Aunque tener sueños puede ser una poderosa fuerza motivadora que puede ayudarte a superar los contratiempos, tener sueños poco realistas o no hacer lo suficiente para que ocurran sólo te hará sentirse triste, resentido y, lo que es peor, enojado contigo mismo por no haberte esforzado más.

Normalmente dirigimos la ira hacia afuera, hacia otras personas: como el gobierno, una persona en particular, o incluso la vida en general. Sin embargo, aquellos que dirigen su ira hacia sí mismos normalmente llegan a un punto en el que se manifiesta como autoodio o rechazo de ciertos aspectos de sí mismos en el que creen que son la causa de su fracaso en la vida. Así que, como en situaciones extremas la ira puede llevar al asesinato, el auto enojo puede igualmente llevar al suicidio.

La ira viene en muchos disfraces, como resentimiento, despotricar y delirar, o culpar. Pero también puede estar enmascarada por sentimientos como la impaciencia, la envidia, la culpa o la baja autoestima.

Entonces, ¿qué hacer si estás abiertamente o en secreto enojado contigo mismo? Además de aprender a controlar la ira, puedes hacer una de estas dos cosas.

2 cosas que puedes hacer cuando te sientes enojado contigo mismo:

- **Perdónate.**

  El hecho de que no seas lo que crees que deberías ser o tengas lo que crees que mereces podría deberse a elecciones de vida equivocadas, o simplemente a expectativas poco realistas. Sin embargo, aunque es necesario reconocer tus errores antes de poder avanzar, golpearte por algo que hiciste o dejaste de hacer no te llevará a ninguna parte. En lugar de revolcarte en la culpa o el odio hacia ti mismo, aprende de tus errores, enfrenta tus demonios (pensamientos culpables, sentimientos heridos, decepción) y deja de repetir una y otra vez en tu cabeza que eres un fracaso. Si puedes perdonar a los demás, ¿por qué no puedes perdonarte a ti mismo?

- **Averigua por qué sientes ira**

  Si la razón de tu ira está justificada, haz algo al respecto. Si no lo está, no te estreses pensando constantemente en lo injusta que es la vida, en lo ingratos que pueden ser los niños, en lo egoístas, groseros o arrogantes que son las personas.

  Si crees que te mereces algo mejor y crees que puedes usar tu ira para hacer que otros se den cuenta de la injusticia que han cometido contigo, puedes también hacerlo haciendo lo que crees que puede mejorar la situación.

Sin embargo, no olvides que la ira a menudo engendra más ira, así como resentimiento y miedo. Para evitar los comportamientos y pensamientos autodestructivos, deja de pensar en el pasado (y en tus fracasos) y concéntrate en el presente (y en las nuevas oportunidades).

Aprende a entender tu ira

Antes de intentar controlar tu ira, tienes que asegurarte de que entiendes qué la está causando, REALMENTE.

La próxima vez que te sientas enojado, intenta calmarte para que puedas pensar claramente en lo que te hace sentir ese sentimiento. Esto no es fácil y probablemente tendrás que intentarlo más de una vez, porque a menudo nos convertimos en maestros en engañarnos a nosotros mismos.

4 pasos para entender tu ira:

1. **Reconoce tu ira**

    Deja de decirte a ti mismo (y a los demás) "Estoy bien". No puedes estar bien si en el fondo estás hirviendo de rabia. A menos que reconozcas que tienes un problema, no podrás empezar a buscar una solución.

2. **Identifica el sentimiento clave detrás de tu ira**

    Esto puede ser difícil, pero si estás acostumbrado a sintonizar con tus emociones, no será demasiado difícil. La inteligencia emocional es una herramienta que puede ayudarte a comprender tus emociones, y por qué tu ira suele enmascarar emociones más intensas como la decepción, la soledad o el abandono.

3. **Pregúntate a ti mismo por qué**

    Una vez que descubras lo que realmente alimenta tu ira, sé brutalmente honesto contigo mismo y admite por qué el miedo, la tristeza, la envidia o cualquier otra emoción secundaria te está haciendo sentir tan mal. Por ejemplo, puedes temer al futuro (si crees que pronto te despedirán), puedes temer a la soledad (si sospechas que tu pareja está contemplando dejarte), puedes temer a la muerte (si sabes que tienes un grave problema de salud), puedes sentirte triste (porque has decepcionado a alguien), puedes sentirte resentido (por las oportunidades perdidas), puedes sentir envidia (porque entre todos tus amigos, eres el único que sigue viviendo con sus padres).

    4. Lidiar con la emoción secundaria

    Hay asuntos que pueden ser resueltos, y otros que están más allá de tu control. Si tu ira proviene de algo que puede ser cambiado o mejorado, trabaja en ello para poder cerrar ese capítulo de tu vida y seguir adelante.

    Si su ira es causada por una emoción secundaria, como el miedo, la culpa o la ansiedad, debes encontrar una manera de expresar este sentimiento de forma saludable.

Cuando entiendas el origen de tu ira, será mucho más fácil encontrar una manera de lidiar con ella. Aunque averiguar qué es lo que te hace enojar no hará que la ira desaparezca, al menos te ayudará a mantenerla bajo control.

La ira es una emoción muy poderosa. El truco es usar tu energía como combustible para motivarte a mejorar tu vida y llegar a donde quieres estar.

Alimento para el pensamiento:

1. Piensa en un momento en el que estabas muy enojado. Intenta recordar cómo te sentiste, cómo te viste y cómo te comportaste en ese momento. ¿Crees que tu reacción fue justificada? ¿Cómo reaccionarías en la misma situación hoy en día?

2. Enumera tres cosas que más te hacen enojar. ¿Por qué?

3. ¿Cómo reaccionas cuando presencias un arrebato de ira en público? ¿Finges no ver ni oír nada? ¿Intentas alejarte lo más rápido posible? ¿O intentas averiguar qué está pasando?

Día 2
Señales y síntomas de la ira

Cuando puedes sentirlo venir

Algunas personas se enojan muy fácilmente. Algunos pueden estar enojados durante días o meses, mientras que otros pueden dejar ir la tensión acumulada a través de un arrebato de ira, y luego simplemente olvidarse de ella y seguir adelante, aunque esto no significa que los que están a su alrededor puedan hacer lo mismo.

Ciertas personas pueden decidir no hacer nada con respecto a su ira, y en su lugar aferrarse a ella durante años, hasta que llegue el momento en que no puedan soportarla más y se produzca una escena de ira. Aunque muchos problemas relacionados con la ira no se pueden resolver, lo peor que se puede hacer es dejar que la ira se convierta en amargura, ya sea sobre la vida en general o sobre una persona o incidente en particular.

Después de un arrebato de ira, puede que te sientas aliviado porque sueltas la tensión acumulada, pero también puede hacer que te sientas avergonzado o tonto, por no mencionar el estrés que has creado para los que tuvieron que presenciar la escena.

En cualquier caso, hay señales de advertencia de que uno está a punto de "explotar". Todos aprendemos a reconocer estas señales desde una edad temprana, y continuamos perfeccionando la habilidad a medida que crecemos. Al igual que nos enseñan que un perro se está preparando para atacar si baja sus orejas, aprendemos cómo se ven o se comportan nuestros padres cuando se enojan, viendo cómo reaccionan cuando se dan cuenta de que hemos hecho algo que no debíamos. Más tarde en la vida, aprendemos a interpretar las señales sutiles - o no tan sutiles – como cuando nuestra pareja está a punto de dejarnos, o cuando estamos a punto de ser despedidos.

Ser capaz de captar las vibraciones de tu entorno y entender lo que está pasando incluso cuando no se dice nada, es una habilidad muy útil que a veces puede ser un verdadero salvavidas.

Las señales que indican que tú, o alguien más, está a punto de enojarse y que posiblemente sea peligroso, son muchas y varían de una persona a otra. Sin embargo, algunos de ellos son comunes y fáciles de notar.

16 rasgos de las personas propensas a la ira y/o la agresión:

1. Con frecuencia experimentan rabia al volante.
2. A menudo culpan a otros por su desgracia.
3. A menudo se sienten amenazados y creen que los demás van a por ellos.
4. Hacen escenas cuando se enojan.
5. Se enfadan incluso por cosas pequeñas e insignificantes.
6. Usan un lenguaje corporal dominante, realizan amenazas y gritos para controlar a los demás.
7. Pierden fácilmente los estribos.
8. Se frustran fácilmente.
9. Son incapaces de controlarse a sí mismos incluso cuando saben que luego lo lamentarán.
10. Tienen un historial de violencia doméstica.

11. Están en relaciones caóticas o problemáticas.
12. Se niegan a aceptar que tienen problemas de ira.
13. A menudo piensan o se jactan de los enfrentamientos violentos con los demás.
14. Han sido arrestados por violencia.
15. Beben en exceso y son agresivos cuando están borrachos.
16. Creen y se jactan de que pueden hacer fácilmente que otros hagan lo que quieren.

Si sabes que tu o alguien cercano a ti está experimentando problemas de ira, lo mejor que puedes hacer es explorar varias técnicas de manejo de la ira que podrían ayudarte no sólo a lidiar con un temperamento explosivo sino a entender qué es lo que hace que alguien reaccione de esa manera.

¿Cómo te hace sentir, mirar y actuar el estar enojado?

Algunas personas se enojan rápidamente, ya sea porque tienen mal genio o porque se sienten con derecho a ciertas cosas. Otros pueden necesitar más tiempo para enojarse, pero su enojo puede ser más duradero. Sin embargo, el tipo de ira más problemático es el que conduce a la violencia física.

La ira es una emoción poderosa que nos afecta tanto a nivel físico como emocional. No sólo invoca una fuerte respuesta fisiológica, que a menudo conduce a un comportamiento agresivo y destructivo como los gritos, golpes o violencia, sino que también cambia nuestras emociones y fomenta ciertos comportamientos que más tarde ni siquiera recordamos.

El enojo ciego es particularmente común cuando la sufre de alguna de estas motivaciones:

- **Pérdida importante**. Por ejemplo, un auto que ha sido robado, un apartamento destruido, o una bolsa robada en un restaurante.
- **Pena** - Por ejemplo, tu mejor amigo muerto por un conductor borracho, tu compañero/a te engaña con alguien de confianza.
- **Humillación** - Por ejemplo, ser menospreciado delante de los demás, ser insultado por tu aspecto, ser desviado para un ascenso.

Si bien la ira puede llevar a la agresión, también hay un lado positivo en esta emoción: a menudo te hace tomar medidas que de otra manera no tomarías. Estos pasos a menudo conducen a un cambio, que no siempre tiene que ser externo: si te han pasado por alto para el ascenso, puedes decidir que es hora de buscar otro trabajo, o si tu apartamento es asaltado regularmente, puedes decidir que es hora de mejorar la seguridad o mudarte a un vecindario más seguro.

Si has estado enojado durante años, puede ser una señal de que algo dentro de ti necesita cambiar, como tus creencias, objetivos, necesidades o prioridades.

El que la ira tenga un efecto negativo en tu vida o en tu salud, o que te impulse a mirar en tu interior y a hacer cambios positivos en tu vida, dependerá de lo honesto que seas contigo mismo y de lo dispuesto que estés a aceptar el cambio.

La mayoría de las personas que tienen un problema de ira saben muy bien que tienen un problema, pero pocos deciden hacer algo al respecto. Si se deja sin tratar, la ira no sólo puede convertirte en un marginado social, sino que puede conducirte a la ruptura de tus relaciones, a la pérdida de amistades e incluso al encarcelamiento.

La ira es como una inyección de adrenalina que, si no se produce con frecuencia o se deja que se salga de control, puede aumentar la confianza y la sensación de autoestima. Una "dosis" de ira, especialmente si estás luchando por la causa correcta, puede hacerte sentir fuerte y consciente de ti mismo.

Al igual que los animales exhiben cierto comportamiento cuando se enfrentan a un enemigo – por ejemplo, los perros levantan el pelaje de su espalda, los gatos aplastan sus orejas, los caballos pisotean el suelo - la gente también cambia su apariencia cuando se siente amenazada.

Cuando se enojan, las personas también pueden mostrar algunos de los comportamientos utilizados por muchos animales. Basándose en la teoría de pelear, volar y congelarse, si deciden que no huirán ni se congelarán, pero deciden pelear, las personas a menudo se mantendrán erguidas con los brazos ligeramente extendidos, mostrando que están listos para pelear. Pueden gritar, golpear o estampar sus pies para demostrar lo enojados que están, pueden ponerse rojos lo que los hace ver feroces, o pueden mirar fijamente al oponente o señalarlo con el dedo. Estas señales de lenguaje corporal son parte del comportamiento atávico, que nos ha ayudado a sobrevivir y que se entiende en todas las culturas.

No sólo la gente enojada se ve amenazante, el torrente de adrenalina los hace sentir fuertes y listos para actuar. Y cuando te ves y sientes amenazante, es fácil ir un paso más allá y comportarte violentamente.

Reacción física cuando te sientes enojado:

- Aumento de la frecuencia cardíaca
- Aumento de la presión sanguínea
- Aumento de la tasa de respiración
- Cambios hormonales (aumento de la adrenalina)
- Los músculos se ponen tensos (listos para golpear o recibir un golpe)
- La cara se pone roja (debido al aumento de la presión sanguínea)

La ira puede tomar diferentes caminos y puede invocar diferentes emociones, desde el deseo de una confrontación física hasta la ruptura de la comunicación y el retiro de la situación o de la persona con la que se está enojado. Sin embargo, las manifestaciones físicas y emocionales de la ira rara vez ocurren al mismo tiempo, sino que suelen extenderse a lo largo de un cierto período.

La forma en que reaccionamos a la ira depende de nuestra personalidad, de lo emocionalmente inteligentes que somos, así como de lo que causó la ira. Aun así, ciertas reacciones parecen ser comunes entre las personas con este problema.

9 cosas estúpidas y contraproducentes que la gente hace cuando se enoja:

1. Usar malas palabras
2. Beber excesivamente
3. Tirar o romper cosas
4. Amenazar a otros
5. Se niega a escuchar
6. Llorar
7. Decir cosas que pueden ofender
8. Se comportan como si tuvieran derecho a lo que quieran
9. Se sienten orgullosos de demostrar su fuerza incluso sobre oponentes mucho más débiles.

Por lo tanto, si sabes que eres propenso a sentirte enojado, y especialmente si actúas con frecuencia de manera agresiva, lo mejor que puedes hacer es comenzar un tratamiento de manejo de la ira. Puedes buscar ayuda profesional, o puedes intentar ayudarte a ti mismo leyendo materiales de autoayuda adecuados o asistiendo a un curso de manejo de la ira.

La ira toma muchas formas y la gente la trata, o lucha con ella, de diferentes maneras y con diferentes niveles de éxito. Sin embargo, si sabes que te has sentido enojado durante mucho tiempo, no asumas que estás acostumbrado a ello y puedes seguir lidiando con ello por tu cuenta. Las emociones reprimidas pueden cambiar la forma en que piensas y te comportas, incluso sin que te des cuenta, por lo que es mejor abordarlas antes de que el resentimiento acumulado te meta en problemas.

Alimento para el pensamiento:

¿Cómo reaccionas normalmente cuando te enojas? ¿Te arrepientes después?

¿Crees que dejar de lado las emociones reprimidas gritando a los demás, está bien siempre que la persona se sienta menos tensa después?

Algunos afirman que el abuso mental o emocional es tan malo, o incluso peor que el abuso físico. ¿Estás de acuerdo con eso?

Día 3
¿Por qué me enojo?

Muchas cosas afectan a la frecuencia con la que te enojas, al tiempo que permaneces enojado y a la forma en que expresas tu ira. Aunque todos tenemos diferentes umbrales de ira, normalmente giran en torno a sentimientos de seguridad personal e imagen propia.

Causas de la ira

Nuestra ira se basa a menudo en nuestra interpretación de la situación en la que nos encontramos. Pero la forma en que reaccionamos en una situación también depende de nuestros desencadenantes de la ira, que varían de persona a persona y normalmente tienen algo que ver con nuestros límites personales o nuestra visión de la justicia.

Los cuatro desencadenantes más comunes de la ira:

1. Sentirse amenazado

2. Sentirse "acorralado", indefenso o desesperado

3. Sentir que no estás siendo tratado justamente

4. Enfrentar la injusticia (la tuya o la de otros)

Sin embargo, todos somos diferentes, no todos pueden sentirse amenazados, provocados o maltratados en la misma situación. La forma en que reaccionamos a los desafíos tiene mucho que ver con lo que somos. Nuestras experiencias, tanto las que estamos viviendo actualmente como las que vivimos en el pasado, afectan a la forma en que reaccionamos en una situación, o con personas que nos recuerdan algo o alguien que nos hizo sentir desagradables. Cuanto más problemática sea nuestra vida, más probable es que seamos emocionalmente inestables, y mayor será nuestra necesidad de conseguir habilidades para el manejo de la ira.

4 factores que influyen en la reacción en una situación difícil:

- **Tu historial**

    Si creciste en una familia en la que estaba bien mostrar tus emociones, es probable que sigas siendo abierto sobre tus sentimientos, tanto positivos como negativos, cuando seas adulto. Sin embargo, esto también significa que si de niño te malcriaron y lograste obtener lo que querías haciendo berrinches, probablemente seguirás exhibiendo un comportamiento similar a lo largo de tu vida.

    Si te criaron creyendo que es grosero quejarse, lo más probable es que hayas descubierto cómo tragarte el orgullo y herirte desde el principio. El problema con esta actitud es que a menos que luego aprendas a expresar tu ira, existe el peligro de que la vuelvas hacia adentro, hacia ti mismo.

Y si presenciaste mucha violencia familiar, probablemente creciste creyendo que la ira es un sentimiento aterrador, y tratarás de evitar cualquier tipo de confrontación por miedo a provocar violencia.

- **Tus experiencias pasadas**

  Si hay experiencias pasadas, como el abuso o la intimidación en la infancia, con las que no has lidiado, probablemente sigas tratando de hacer frente a esos sentimientos de ira, aunque no seas consciente de ello. Así que, aunque parezcas feliz y seguro de ti mismo, en el fondo, es posible que sigas luchando contra tus demonios del pasado. Como resultado, es posible que encuentres ciertas situaciones o personas difíciles de tratar, y si no puedes evitarlas, estar cerca de ellas es probable que te haga sentir enojado, aunque nadie entienda por qué te sientes así.

- **Tus circunstancias actuales**

  Si estás pasando por un momento difícil, enfrentando un divorcio, un despido, un serio problema de salud o la pérdida de un ser querido, probablemente no seas tu mismo. Como resultado, probablemente te puedes enojar fácilmente, aunque no entiendas por qué.

  Si hay situaciones que te resultan personalmente desafiantes o amenazantes y no las abordas, el asunto no resuelto puede encontrar una salida en los arrebatos de ira, que pueden ocurrir cuando menos lo esperas.

  Además, si estás de duelo por alguien, puedes sentirte abrumado por emociones conflictivas como la tristeza, la ira, la sensación de vacío, la culpa, etc. Estos sentimientos contradictorios pueden hacer muy difícil afrontar los desafíos que de otra manera serían normales, y esto puede afectar la forma en que se relaciona con aquellos con los que entra en contacto. Por ejemplo, puede ser que te rindas ante los demás, que rompas en llanto sin razón alguna o que tengas breves episodios de ira inexplicable.

- **Posibles problemas de salud**

  A veces, ciertos problemas de salud pueden ser la causa de la ira. Según la doctrina mente-cuerpo, nuestras emociones y la salud física están muy ligadas y dependen una de la otra mucho más de lo que nos damos cuenta. La ira puede tener desencadenantes neurológicos y si no puedes dejar de sentirte enfadado, o llegas a una etapa en la que te despiertas con ira, debes buscar ayuda profesional lo antes posible.

  La ira también puede ser causada por el agotamiento crónico. Si te sientes constantemente cansado, tendrás mucha menos energía para hacer lo que se supone que debes hacer, o puede que te resulte más difícil concentrarte y perseverar en tus tareas. Por estas razones, lo más probable es que tengas menos éxito en la vida, lo que a su vez puede hacer que te sientas enfadado contigo mismo.

El juicio personal como causa principal de la ira

La forma en que vamos por la vida tiene mucho que ver con nuestra forma de pensar: nuestros valores, lo que vemos como correcto o incorrecto, lo que experimentamos como injusticia, lo cooperativos que somos, etc.

Basándonos en esto, tiene sentido que nuestro propio juicio sobre una situación decida si la experimentamos como una amenaza o una injusticia. Básicamente, es cómo vemos el mundo y lo que creemos que es la reacción correcta a ciertos desencadenantes y desafíos.

De ello se deduce que la ira, como respuesta emocional, se trata de cómo experimentamos la realidad.

Así que, si percibes que una situación justifica una respuesta de enojo, actuarás en consecuencia. Esto a menudo significa que puedes decidir tomar la justicia por tu propia mano, que es como muchas confrontaciones innecesarias suceden.

Si estás luchando con problemas de ira, intenta llegar a una etapa en la que, antes de actuar o reaccionar, puedas detenerte un momento y mirar la situación (una discusión, una provocación, una broma estúpida) desde un ángulo diferente. Intenta verlo desde los ojos de otra persona. Dale a la persona que te hace enojar el beneficio de la duda. ¿Y si tu juicio es erróneo? ¿Y si estás exagerando?

A menudo reaccionamos no en base a hechos, sino a lo que PENSAMOS que está sucediendo. Y lo que pensamos está generalmente influenciado por nuestras experiencias, cultura y temperamento. Por eso es tan importante la perspicacia, nuestra capacidad de tener una comprensión exacta de una situación o una persona. Y también lo es el buen juicio, especialmente cuando se trata de entender lo que está pasando y tomar la mejor decisión.

Sin embargo, muchos estudios muestran que la ira nubla el juicio, lo que significa que es importante calmarse antes de tomar cualquier decisión importante, especialmente si sabes que tiene mal genio. Un estudio reciente publicado en la revista académica de psicología *Intelligence* sugiere que las personas propensas a la ira son también las que más probablemente sobreestimen su inteligencia, en particular su capacidad para tomar buenas decisiones.

Los científicos de la Universidad de Varsovia encontraron un vínculo entre el temperamento eufórico y una percepción ligeramente sesgada de la inteligencia. Y esto no se debe a que estas personas no sean inteligentes, sino a que la ira desencadena la liberación de hormonas de estrés que cambian la forma en que funciona el cerebro. En otras palabras, necesitas aprender a controlar tu ira o abstenerte de tomar decisiones importantes hasta que te hayas calmado.

Alimento para el pensamiento:

¿Te enojas fácilmente? Si lo haces, ¿cuáles son tus principales desencadenantes? Si no lo haces, ¿cómo controlas tu temperamento en situaciones difíciles?

1. Si los recuerdos de cómo te trató tu ex te hacen "ponerte con los ojos rojos", ¿cómo puedes evitar que este daño pasado afecte a tus relaciones futuras? ¿Con qué frecuencia te enojas porque algo te recuerda el mal que alguien te ha hecho en el pasado?

2. ¿Te odias a ti mismo después de discutir con alguien, o te das palmaditas en la espalda porque "les has dado una lección"?

Día 4
La ira en los niños

Así como la ira es una emoción perfectamente normal en los adultos, es igualmente normal en los niños. Sin embargo, hay una gran diferencia entre un berrinche o una crisis ocasional y los prolongados o intensos arrebatos de ira que pueden llevar a escenas feas o incluso a dañarse a sí mismos o a otros.

¿Por qué se enojan los niños?

Cuando la ira en los niños ocurre ocasionalmente y pasa rápidamente, podemos asumir que es parte del crecimiento. Pero si se convierte en un estallido de emociones muy intensas que duran mucho tiempo, puede ser fácilmente una máscara para un trastorno de salud relacionado con la ira.

Tratar con niños enojados puede ser difícil, como la mayoría de los padres testificarán. No sólo es agotador tanto física como mentalmente, sino que a veces deja a los padres sintiéndose culpables o avergonzados si reaccionan de modo exagerado al mal comportamiento del niño.

La mayoría de la gente estará de acuerdo en que cuando eran niños, no se les permitía salirse con la suya en muchas de las cosas que los niños de hoy esperan como su derecho de nacimiento. Hoy en día, los niños se sienten generalmente más cómodos expresando sus emociones, y también tienen diferentes expectativas de sus padres. Esto no debería sorprendernos, al igual que nosotros, como adultos, hemos aumentado nuestras expectativas de nuestros gobiernos, empleadores o proveedores de servicios en comparación con la generación de nuestros padres, los niños de hoy esperan muchas cosas y privilegios a los que no teníamos derecho mientras crecíamos.

Lo peor que un padre puede hacer cuando se enfrenta a un niño enfadado es intentar evitar que se enfade. Cuando haces eso, como muchos padres hacen, estás forzando a tu hijo a suprimir sus emociones. Si la consecuencia de hacer una rabieta es el castigo, el niño aprenderá rápidamente que la ira es algo que no debe mostrarse abiertamente. Pero esto no significa que dejen de sentirse enojados, sólo dejarán de expresar sus emociones por miedo al castigo.

No es de sorprender que estos niños suelen crecer hasta convertirse en adultos que rara vez muestran sus sentimientos. Esto, a su vez, crea muchos otros problemas, porque las emociones reprimidas tarde o temprano tendrán que encontrar una salida. Esto explica por qué personas perfectamente normales, amables y tolerantes abusan física o mentalmente de sus familias, o incluso se involucran en delitos violentos.

Así que, regla número uno: nunca intentes suprimir o ignorar el hecho de que tu hijo está enojado, porque probablemente hay una muy buena razón por la que se siente así.

6 razones comunes por las que los niños se enojan:

1. **No pueden conseguir lo que quieren**

   Los niños son más inteligentes de lo que creemos, y aprenden rápidamente lo que funciona y lo que no. Así que, si un niño está acostumbrado a que se le permita comer dulces todo el tiempo, reaccionará negativamente cuando se le prohíba hacerlo. Los padres a menudo usan estas costumbres como una herramienta de disciplina, y si lo usan correctamente y el niño entiende que los favores no se conceden automáticamente sino que tienen que ganarse, todo irá bien. Sin embargo, si un niño asume que tiene derecho a algo que un día no está disponible, "luchará por sus derechos".

2. **Se burlan de ellos los compañeros o el adulto**

   A menudo, las bromas suaves están bien y los adultos a veces lo hacen para que los niños hagan algo, como decir "Sé que no puedes contar hasta 10" para que el niño cuente hasta 10 y demostrar que se equivocan. Sin embargo, las bromas que hacen que el niño se sienta avergonzado o estúpido pueden provocar fácilmente berrinches de ira.

3. **Reaccionan a las críticas**

   Los padres pueden ser extremadamente exigentes, aunque creen que lo hacen teniendo en cuenta el interés superior del niño. Empujar a un niño a hacer algo y luego criticarlo al fallar puede hacer que se enoje. Sin embargo, algunos niños son muy malcriados y no están acostumbrados a las críticas, ya que, al hacer un berrinche, establecen límites y muestran a sus padres lo que pueden y no pueden decir.

4. **Están decepcionados**

   Los padres a menudo hacen promesas que no tienen intención de cumplir, sólo para que el niño haga algo o deje de llorar. Para un niño que ha estado esperando que lo lleven al zoológico o le den un nuevo juguete, esto puede ser un gran golpe. Por otro lado, los niños malcriados suelen intimidar a sus padres haciendo berrinches hasta que consiguen lo que quieren.

5. **Estar en desacuerdo**

   Esto sucede a veces cuando los niños están jugando con otros niños. Los niños adquieren habilidades sociales básicas durante la interacción con sus compañeros, pero si un niño no está acostumbrado a perder o a compartir, el hecho de que se le ponga en una situación en la que esto sea necesario puede desencadenar un arrebato de ira.

6. **El rechazo**

   Los niños, así como los adultos con baja autoestima, reaccionan intensamente al rechazo. Formar parte de un rebaño es muy importante para un niño, por lo que la reacción al ser, o simplemente al sentirse, rechazado por sus compañeros o padres puede dar lugar a golpes, mordiscos, llantos, berrinches o retraimiento.

La forma más fácil de hacer frente a la ira de tu hijo es no exponerlo a situaciones que lo hagan enojar. Sin embargo, esto no siempre es posible, ni sería una cosa sabia de hacer a largo plazo. La ira forma parte de la vida, y lo mejor que puedes hacer por tu hijo es enseñarle a controlarla.

Algunos niños se las arreglan mejor que otros. Si tu hijo es propenso a los arrebatos de ira, lo mejor es identificar lo que desencadena ese comportamiento y controlar su exposición a esos estímulos, como el exceso de televisión, ciertos juegos o la presencia de ciertos niños o adultos.

Si un niño tarda mucho tiempo en dejar de gritar y tiende a ponerse físico cuando se enoja, podría estar lidiando con una sobrecarga de ira. Esta no es una reacción típica a la ira, sino un estallido prolongado en el que el niño simplemente está inconsolable y no puede dejar de gritar, llorar o darse golpes.

Manejo de la ira para los niños

Para manejar la ira, primero tienes que entender qué hay detrás de los arrebatos emocionales. Comprender los desencadenantes puede ayudarte a encontrar una solución. En el caso de una ira excesiva o prolongada, podrías estar lidiando con un trastorno relacionado con la ira. Si bien los medicamentos pueden reducir algunos de los síntomas de la hiperactividad o la ansiedad, sólo la terapia puede proporcionar una mejora duradera y ayudar a mantener la ira bajo control.

4 causas comunes de los excesivos arrebatos de ira:

1. Hiperactividad
2. Ansiedad
3. Traumatismo o negligencia
4. Trastornos de salud, como problemas de aprendizaje o autismo

Con los niños pequeños, los berrinches "normales" son comunes, especialmente si se sienten frustrados o se niegan a hacer algo que se les pide. Esto es a menudo porque los niños muy pequeños no siempre pueden explicar lo que quieren o cómo se sienten, así que lo hacen de este modo. Una rabieta es también la mejor manera de llamar la atención sobre uno mismo, por lo que los niños a menudo utilizan esto como lenguaje de "señas" para mostrar que no están contentos con algo.

Pero a veces, los berrinches ocurren todo el tiempo. Si parece que nunca paran, o se hace evidente que un niño es incapaz de controlar su temperamento, esto suele ser una señal de que está tratando con un problema de conducta.

5 signos de que los arrebatos de ira pueden ser un síntoma de un problema de comportamiento:

1. No se detienen ni siquiera cuando el niño es mayor de siete años.
2. El comportamiento del niño se vuelve cada vez más violento
3. Comienzan a meterse en problemas en la escuela
4. No pueden llevarse bien con otros niños, así que a menudo se les excluye de las fiestas de cumpleaños o de los juegos.
5. Su comportamiento comienza a perturbar la vida familiar, como la relación entre los padres o con otros hermanos.

Como la ira es a menudo la única forma que tiene un niño de reaccionar a la frustración, los padres deben tomar los arrebatos de ira en serio. En lugar de decirle al niño que se detenga, deberían tratar de averiguar qué es lo que lo ha molestado tanto. A menudo es el sentimiento de impotencia, bastante común en los niños, lo que los lleva a expresar sus sentimientos a través de la ira.

Los padres pueden hacer mucho para ayudar a sus hijos a aprender a sobrellevar la ira. En primer lugar, deben animarlos a expresar sus emociones, sean cuales sean, en lugar de negarlas. En segundo lugar, deben encontrar la manera de canalizar esas emociones en algo positivo. Encontrar una salida efectiva para los sentimientos no expresados es una de las mejores maneras de evitar que se queden embotellados.

La razón por la que algunos niños parecen casi disfrutar de estar enojados es que a un arrebato le sigue un aumento de adrenalina, lo que incrementa su energía. De repente, aunque temporalmente, se sienten poderosos en lugar de impotentes.

Pero si los arrebatos de ira continúan, tal vez tu como padre necesites reajustar tus propios límites, adoptar un nuevo conjunto de reglas, pasar más tiempo hablando con tu hijo o interesarte más en su vida.

Sea cual sea el curso que tome la ira de tu hijo, asegúrate de que entienda la diferencia entre la ira y la agresión. Estar enfadado está bien, ser agresivo no lo es.

La ira es a menudo un grito de ayuda, especialmente en niños muy pequeños que pueden no ser capaces de explicar claramente lo que les molesta, pero incluso se les debe enseñar a expresar su ira de la manera menos dañina. Por otro lado, la agresión, especialmente hacia los demás, no debe ser tolerada, y esto debe quedar muy claro.

Habla con tu hijo tan a menudo como puedas e intente ser consciente de lo que está pasando en su vida, especialmente fuera de casa. Pídele que te digan qué es lo que les preocupa. Para llegar a una etapa en la que el niño se abra, debes desarrollar una relación cercana y de confianza.

No olvides que los niños copian el comportamiento de los adultos, y un niño excesivamente enojado puede estar respondiendo al caos en casa, como el alcohol, la violencia doméstica o el abuso.

7 consejos para tratar con un niño enojado:
1. Elogia a tu hijo a menudo.
2. Criticalo si es necesario.
3. Proporciona salidas físicas.
4. Interésate por las actividades de tu hijo, pregúntale qué pasó en la escuela, si le gusta su nuevo profesor, cómo son sus relaciones con sus compañeros.
5. Sé un modelo a seguir: si no quieres que tu hijo use un mal lenguaje o actúe de forma agresiva, tampoco deberías hacerlo.
6. Enseña a los niños que la ira es normal, pero que la agresión no es la respuesta
7. No te metas en ninguna conversación mientras el niño esté gritando. Espera hasta que se hayan calmado para averiguar lo que ha pasado.
8. No cedas al chantaje, pero mantente preparado para escuchar.

A pesar de muchos nuevos enfoques de la educación infantil, la disciplina es y siempre será la clave del buen comportamiento. Se trata de reglas y recompensas. Se trata de prevenir problemas de comportamiento, y enseñar a un niño qué comportamiento es y no es aceptable.

Como dijo Nicole Ari Parker, "Criar a los niños es amarlos mientras se intenta averiguar cómo disciplinarlos".

Alimento para el pensamiento:
1. ¿Crees que los niños deben acostumbrarse a recibir críticas, o que se les debe perdonar hasta que tengan al menos 10 años? ¿Demasiadas críticas los harían más fuertes o socavarían su ego?

2. Considerando que sus habilidades de comunicación son limitadas, ¿crees que los niños están justificados para hacer berrinches? ¿De qué otra forma podrían hacer que los adultos hicieran lo que quisieran?

3. Piensa en un pariente o un amigo que tiene un hijo luchando con el control de la ira. ¿Qué están haciendo sus padres al respecto? ¿Qué harías tú en su lugar?

Día 5

La ira en los adolescentes

Por una serie de razones fisiológicas, psicológicas y sociales, ser adolescente es el período más difícil de la vida. Cuando tu cuerpo se está desarrollando desde el de un niño al de un adulto y tus hormonas están causando estragos en tu mente, no es de extrañar que a menudo parezcas tenso y enojado.

Un adolescente no es más que un niño en el cuerpo de un adulto que se enfrenta a las necesidades físicas y emocionales de un adulto, pero que no se ha desarrollado completamente ni física ni emocionalmente ni es económicamente independiente para poder satisfacer esas necesidades. Como resultado, no es de sorprenderse que a menudo se enojen con aquellos que sienten que son responsables de sus necesidades insatisfechas: sus padres.

¿Por qué los adolescentes se enojan?

Todos hemos sido adolescentes antes, así que todos sabemos lo difícil que puede ser crecer. En el pasado, y en algunas culturas incluso hoy en día, los adolescentes son considerados más como niños que como adultos. Hoy en día, se espera que los adolescentes -quizás injustamente- se comporten y sean responsables de cosas que normalmente sólo los adultos deberían tratar.

Manejar a un niño que hace un berrinche puede ser difícil, pero no es nada comparado con manejar a un adolescente enojado y gritón que puede ser considerablemente más alto y fuerte que tú.

Los adolescentes pueden estar enojados con o sin razón, y depende de sus padres frenar o alimentar esa ira. En lugar de gritar y pelear, lo que puede ser muy tentador pero que sólo intensificaría la discusión, el padre debe tratar de calmarlos.

Si respondes a la ira de tu hijo adolescente gritando o amenazando, te pones al mismo nivel que tu hijo. De alguna manera, te vuelves igual, lo que significa que pierdes algo de "peso" en la mesa de negociaciones. Si esto sucede, puede ser aún más difícil seguir negociando. Así que, hagas lo que hagas, no pierdas el control.

Para lidiar con la ira de los adolescentes, tienes que entender lo que los hace enojar. Como padre, sabes que, aunque intenten actuar como adultos, el cerebro de los adolescentes aún está en desarrollo. La forma en que un adolescente percibe y experimenta el mundo es muy diferente de cómo lo ve un adulto, y esto no debe usarse en su contra.

El problema de los adolescentes enojados no es que a menudo se enojen sin una razón en particular, sino que pueden no estar expresando esa ira de manera efectiva, o porque no saben cómo hacerlo o porque no se les permite hacerlo. La ira sin tratar hace que las personas se sientan impotentes e indefensas y a veces puede llevar a la depresión o a la violencia - a menudo se vuelve contra aquellos que no tienen nada que ver con su sentimiento de impotencia, pero que resultan ser un blanco fácil, como las mascotas, los hermanos o los amigos.

La causa principal de la ira de un adolescente suele deberse a los cambios fisiológicos y emocionales que se producen en sus cuerpos, mientras intentan encontrarle sentido. Sus antecedentes sociales, así como el apoyo que reciben de sus familias, pueden facilitar o dificultar este proceso.

4 cosas que hacer cuando se enfrenta a un adolescente enojado:

1. No uses malas palabras o insultos, ya que esto sólo empeorará las cosas.

2. Nunca tomes decisiones importantes, promesas o amenazas, si ambos están en el mismo estado de enojo. Espera a que las cosas se calmen. De hecho, si tanto tu como tu hijo adolescente están muy enojados, es mejor no decir mucho. Cuando ambos se hayan calmado, pueden abordar el problema de una manera más constructiva.

3. Nunca te pongas en modo físico, porque esto puede fácilmente escalar a la violencia.

4. Intenta escuchar atentamente lo que dicen, sus comentarios o exigencias pueden estar justificados. Incluso si no haces nada al respecto, demuestra que los respetas lo suficiente como para escuchar lo que tienen que decir. Los adolescentes a menudo se sienten ignorados o menospreciados, y esto puede ser un gran desencadenante de la ira.

Los adolescentes suelen ser malhumorados y tienen sentimientos fuertes, lo que significa que a menudo no pueden pensar con claridad ni escuchar razones. No hay que echarles en cara esto: todos los cambios fisiológicos y emocionales por los que están pasando les hacen sentirse confusos y enojados.

La ira de un adolescente suele dirigirse a aquellos que identifican como un obstáculo para sus deseos, que suelen ser sus padres. Otras veces, puede que no estén enfadados contigo, sino por algo que ocurrió en la escuela o por una discusión con un amigo.

Manejo de la ira de los adolescentes

Aunque la ira no es mala *en sí misma*, para ser usada positivamente, necesita ser manejada. Hay diferentes maneras de expresar la ira, y el truco es expresarla eficazmente sin herir a los demás, ya sea verbal o físicamente, o crear una atmósfera de incomodidad y miedo.

Los adolescentes pueden parecer enojados, pero no siempre están seguros de qué o con quién lo están. Como resultado, pueden ser propensos a los chasquidos o a los enojos.

Sin embargo, si un adolescente permanece en este modo de enojo durante meses, sin ninguna razón en particular, podría ser un signo de que su ira se ha vuelto hacia dentro. Aquellos que se enfadan durante largos períodos de tiempo pueden fácilmente hundirse en la depresión, o volverse violentos y comenzar a intimidar a los demás.

Los adolescentes enojados a menudo pueden volverse groseros, creando problemas y comportándose como si quisieran convertir cada situación en una discusión. Con tales individuos, discutir cualquier cosa con calma es imposible, y casi cualquier conversación se sale fácilmente de control.

Si tal comportamiento se hace frecuente, podría ser un síntoma de un trastorno basado en la ira. Lamentablemente, estos trastornos son particularmente comunes en los adolescentes que fueron sometidos a abuso físico o mental, o que a través de la televisión y los videojuegos suelen estar expuestos a imágenes de violencia, o aquellos que fueron castigados por estar enojados. Los adolescentes que recibieron poco o ningún apoyo durante su crecimiento tienen muchas más probabilidades de desarrollar algún tipo de trastorno más adelante en la vida basado en la ira, simplemente porque nunca aprendieron ni se les permitió expresar sus emociones adecuadamente.

Entonces, ¿cómo lidias con un adolescente enojado? Suponiendo que entiendas de dónde viene su ira, les ayudarás más si creas un entorno en el que se sientan seguros para expresar sus sentimientos, independientemente de cuales sean.

Otra cosa importante que hay que hacer es tratar de establecer una relación estrecha con el adolescente y animarle a que hable contigo, para que sea más consciente de las personas con las que se relaciona. Cuanto mayor sea el adolescente, es más probable que su comportamiento y sus valores se vean influenciados por sus pares, y la presión de los pares puede conducir a comportamientos inapropiados y destructivos.

10 maneras de ayudar a los adolescentes a manejar su ira:

1. Conviértete en un modelo a seguir sobre cómo manejar sus emociones.
2. Permíteles expresar su ira.
3. Nunca los castigues humillándolos.
4. Debes estar atento a quién, fuera de la casa, puede estar influyendo en su comportamiento.
5. Establece las reglas, pero no olvide las recompensas.
6. Debes estar abierto a las negociaciones, pero di no a las amenazas, chantajes y berrinches.
7. Fomenta la intimidad y la unión, para que sepas lo que está pasando en su vida.
8. Nunca estés demasiado ocupado para escucharlos.
9. Permíteles ser abiertos sobre sus sentimientos.
10. Cultiva la confianza y el respeto mutuos.

Alimento para el pensamiento:

1. ¿Cómo eras de adolescente? ¿Te enojabas a menudo? Si es así, ¿cómo lo afrontabas?
2. Cuando te enfrentas a una persona enojada, ¿qué es lo único que no debes hacer?
3. Cuando razonar con un adolescente enojado no funciona, ¿qué tan lejos crees que un maestro o un padre debe llegar para hacer cumplir la disciplina? ¿Qué crees que sucede si los padres tienen opiniones diferentes sobre cómo tratar a un adolescente enojado?

Día 6

La ira como parte del dolor

Al igual que puedes ser silenciosamente o extasiadamente feliz, puedes manejar tu pena con una tristeza silenciosa o con una muestra masiva de dolor e indignación. Independientemente de la forma en que elijas llorar por algo o alguien (como una forma de vida o un ser querido), la ira definitivamente jugará un papel en el proceso.

Por qué no debes ni ignorar, ni alimentar tu ira

Hay una leyenda que una noche un anciano Cherokee le contó a su nieto sobre una batalla que ocurre dentro de cada uno de nosotros. La batalla es entre dos lobos. Uno es el mal. Es la ira, los celos, la envidia, la pena, el arrepentimiento, la codicia, la arrogancia, la culpa, el resentimiento, la inferioridad, la autocompasión, las mentiras, el falso orgullo, la superioridad y el ego. El otro es el Bien. Es amor, alegría, paz, esperanza, serenidad, humildad, bondad, benevolencia, generosidad, empatía, verdad, compasión y fe. Su nieto pensó en esto por un momento, y luego le preguntó a su abuelo, "¿Qué lobo gana?" A esto, su abuelo simplemente respondió, "El que tú alimentas".

Las emociones están ahí para ser experimentadas, no para ser embotelladas. Sin embargo, si experimentas emociones negativas con demasiada frecuencia o te quedas con ellas por mucho tiempo, pueden convertirse eventualmente en tu realidad.

La ira, siendo una emoción muy poderosa, no debería ser ignorada, en realidad está tratando de decirte algo. Tampoco debe ser alimentada y nutrida, hasta que crezca más allá del control.

El duelo es algo muy personal; no hay una forma única de llorar. La forma en que lo haces depende de muchas cosas, incluyendo tu sistema de apoyo, tu relación con el difunto, tu religión o cultura, y tus propias habilidades para enfrentarlo. Lleva tiempo superar la pérdida de un ser querido, y aunque todos te animen a seguir adelante con tu vida, no debes apresurarte en el proceso: permite que se desarrolle de forma natural.

Si la tristeza aplastante te hace sentir que no podrás seguir adelante, o tu ira ardiente contra aquellos que podrían haber evitado la muerte, pero no te hace gritar por la justicia, la pena puede ser aterradora. Y es por eso que muchas personas que pasan por un proceso de duelo terminan solas, en el momento en que más necesitan apoyo.

Lo que sucede cuando ignoras la ira durante el duelo:

Las emociones ignoradas o no abordadas a menudo vienen a atormentarnos más tarde en la vida. Sin embargo, la cultura occidental no anima a la gente a experimentar emociones abrumadoras. En cambio, se alienta a las personas a bloquearlas o alterarlas con drogas, a desviar su atención de lo que les está sucediendo con la repetición hipnótica de mantras positivos, o simplemente a participar en diversas actividades para sentirse bien.

Se cree que una de las razones por las que la ansiedad y la depresión son cada vez más comunes es que muchos de nuestros sentimientos básicos no se expresan, sino que se controlan manteniéndolos barridos bajo la alfombra.

Si estás lidiando con emociones negativas, deberías tratar de entender de dónde vienen y tratar de liberarlas. Las emociones negativas no deben ser ignoradas, pero tampoco debes quedarte atrapado en ellas por el resto de tu vida.

¿Qué pasa cuando alimentas tu ira mientras estás de duelo:

Si, después de una pérdida personal, te quedas con la injusticia de todo y clamas por venganza, lo que estás haciendo es alimentar tu ira. De acuerdo con la Ley de Atracción, obtienes más de aquello en que te enfocas, así que, al enfocarte en la ira, atraes aún más ira y amargura a tu vida.

En lugar de alimentarla, deberías matarla de hambre y soltarla.

No importa cuán frustrado o decepcionado te sientas por tu pérdida, cuanto más rápido dejes de revolcarte en la culpa o la pena, más rápido podrás seguir con tu vida.

Como Ralph Waldo Emerson tan sabiamente señaló, "Una persona es lo que piensa todo el día".

Cómo la ira te ayuda a lidiar con el dolor

La ira es a menudo, pero no siempre, parte del dolor, y es mejor pensar en ella como un estado en el que la mayoría de nosotros nos encontramos temporalmente. La pena puede traer sentimientos de impotencia, arrepentimiento, culpa o autoculpabilidad, y todas estas emociones pueden hacerte enojar mucho. Cuando se sufre, a menudo se intenta encontrar a alguien a quien culpar, lo que significa que la gente que sufre a menudo arremete contra otros.

Sin embargo, la energía de la ira a veces se dirige hacia el interior. Algunas personas pueden empezar a culparse por lo que pasó, u odiarse por no haber podido hacer algo para evitar la muerte de su ser querido.

10 destinatarios comunes de la ira mal dirigida en caso de pena:

1. Tú mismo, por no haber hecho más para evitar esa muerte
2. La persona que murió, por haberte abandonado
3. Los familiares sobrevivientes, o los pasajeros, por no haber muerto en su lugar
4. Los médicos, por no haber hecho más para evitar esa muerte
5. El destino, por dejarte solo, cargado de deudas, impotente o indefenso
6. Dios, por permitir que una buena persona muera
7. La vida, por ser tan injusta
8. El resto del mundo, porque la vida sigue como si nada hubiera pasado
9. Otros, que no han perdido lo que tú has perdido
10. Todos los que son felices

En ese contexto, estar enfadado es una forma de canalizar tu energía de duelo mientras intentas encontrarle sentido a tu pérdida. La ira también suele ir seguida de una descarga de adrenalina, que aumenta tus niveles de energía, dándote la fuerza para seguir adelante.

Así que, aunque la ira puede ser dolorosa y aterradora, también representa un poder personal, lo que significa que puede incitarte a hacer algo para cambiar la situación en la que te encuentras. Y el cambio significa acción. Si la ira se expresa positivamente, puede ser canalizada en el activismo, un proceso que ayuda a liberar el dolor y la sensación de impotencia.

Si, por otro lado, tratas de reprimir tu ira -pretendiendo que "así es como debe ser", o "era la voluntad de Dios", o "no había nada que pudiéramos haber hecho", mientras estás hirviendo de rabia y aferrándote a ella- las emociones reprimidas pueden encontrar una salida en forma de depresión o ser mal dirigidas a otros, como la familia o los amigos.

La mejor manera de hacer frente a la ira durante un proceso de duelo es reconociendo el dolor, la pérdida, tus miedos, tu desesperación y cualquier otra cosa que puedas estar sintiendo.

5 formas de hacer frente a la ira durante el duelo:

1. Intenta comprender cómo te siente por esa pérdida. Permanece con la sensación, incluso si te duele.

2. Si te sientes muy enojado, intenta averiguar con quién estás enojado y por qué.

3. Piensa en formas de deshacerte de la ira de una manera no destructiva, como a través del ejercicio físico, el voluntariado, la escritura o el acercamiento.

4. Si no puedes hacer frente a la ira porque la persona que causó tu pérdida se salió con la suya, enfréntate a la persona a la que consideras responsable de lo ocurrido si es una opción que puedes tomar, pero no intentes agravar la situación.

5. Busca ayuda profesional si te resulta difícil seguir adelante.

Por último, para ser capaz de sentir pena y lidiar con la ira que a menudo la acompaña, tienes que entender las seis etapas de la pena por las que vas a pasar.

6 etapas de la pena:

- **Shock**

  Así es como tu mente trata de protegerte del dolor abrumador: "¿Qué? ¡No, no puede ser!"

- **Negación**

  Así es como tu mente trata de protegerte de la realidad: "No, no puede ser verdad".

- **Ira**

  Aquí es cuando empiezas a afligirte en serio, cuando la verdad finalmente te golpea: "¿Por qué? ¿Por qué a mi?"

- **Culpa**

  Tarde o temprano comenzarás a lamentar por qué no has hecho más para evitar la pérdida: "Si hubiera estado allí, tal vez todavía estaría vivo."

- **El dolor y la pena**

  Esta es la parte más dura y aterradora del proceso de duelo, porque para entonces, eres plenamente consciente de lo que ha sucedido y te ves obligado a enfrentarte a la realidad.

- **Liberación y resolución**

  Esta es la etapa de la pena donde empiezas a aceptar la realidad y te preparas para dejar la relación.

Sin embargo, haber pasado por las seis etapas no significa que hayas superado tu dolor. Seguirá volviendo y persiguiéndote de vez en cuando, y para evitar que esto suceda, es muy importante tratar con el dolor y cerrar este capítulo de tu vida.

Para sanar, es importante pasar por todas las etapas del duelo. Solo entonces, puedes aceptar la realidad, perdonarte a ti mismo y a los demás, y seguir adelante.

Alimento para el pensamiento:

1. Piensa en un recuerdo doloroso que no puedas sacar de tu cabeza. ¿Te das cuenta de que al pensar en ello continuamente, estás alimentando tu ira? ¿Qué haría falta para liberarla? ¿Por qué alguien disfrutaría revolcándose en la autocompasión?

2. Piensa en un momento en el que hayas perdido a alguien. ¿Cómo lidiaste con la pérdida? ¿Cuál fue la emoción o la tristeza que prevaleció?

3. Cuando un ser querido tiene una enfermedad que amenaza su vida, le da a todos tiempo para prepararse para su partida. Por otro lado, cuando alguien muere en un accidente de auto, es un gran golpe. ¿Qué escenario causa más ira?

Día 7
Cómo la ira afecta a las relaciones

La ira crónica tiene un efecto devastador en las relaciones, no sólo porque destruye el amor y la confianza, sino porque crea una atmósfera tóxica y a menudo insegura en el hogar. Al igual que las nubes que se acumulan pueden advertirnos de una tormenta que se aproxima, los problemas de ira crónica son a menudo un signo de un accidente que está esperando a suceder.

La ira como una mezcla de emociones

La ira es una emoción compleja y, a menos que se maneje, puede ser devastadora para tu salud, tus relaciones y tu carrera. Si tienes un problema de ira, es importante que trabajes en él cuando NO te sientas enojado, en lugar de esperar una reacción de enojo para tratar de encontrar la mejor manera de lidiar con ella.

Sin embargo, la ira no aparece de la nada, es una respuesta a otra emoción o a un detonante en particular.

Así como la felicidad es contagiosa, también lo es la ira. Cuando estás enojado, se derrama a tu entorno, incluso si no estás haciendo una escena. Los que te rodean pueden captar tu ira silenciosa y, dependiendo de su relación contigo, pueden sentirse intimidados o simplemente incómodos en tu compañía. Como resultado, pueden empezar a evitarte.

Aunque las personas de tu entorno, ya sea tu familia, colegas o amigos, pueden no tener nada que ver con la razón por la que estás enojado, a menudo se encuentran en el lado blanco de tu ira. Puede ser que los reprendas, seas sarcástico o que arremetas abiertamente contra ellos. Y esto es lo que arruina muchas relaciones.

Cuando empiezas a descargar tu ira en los demás, especialmente si no están en condiciones de responder o de alejarse físicamente de ti, tu ira se convierte en una especie de intimidación. Si sabes que esto está sucediendo, lo primero que tienes que hacer es reconocer que tienes un problema de ira que se está saliendo de control.

La mejor manera de tratar un problema de ira crónica en una relación es abordar la causa real; sin embargo, la forma de abordarlo dependerá de quién tenga el problema.

Si tienes un problema de ira:

- Busca una solución a este problema con la cabeza fría. En otras palabras, primero cálmate para que puedas pensar con claridad. La ira libera ciertas hormonas en nuestro cerebro que pueden afectar el proceso de la toma de decisiones.
- Reconoce que tu ira incontrolada está creando problemas en la relación.
- Cava profundo y trata de entender por qué te sientes tan enojado. Puede que no tenga nada que ver con tu pareja, así que ¿por qué te desquitas con ella?

- Discute del manejo de tu ira con tu pareja. Pregúntale cómo se siente durante tus arrebatos. Intenta verte a ti mismo a través de los ojos de tu pareja y entender cómo esto ha estado afectando a tu relación.

- Juntos, hagan un plan de cómo pueden empezar a manejar su ira. Si no hay nada más, prométete a ti mismo que te abstendrás de comunicarte con tu pareja o de tomar decisiones importantes cuando te sientas abrumado por la frustración, el miedo o la ira. Lo más probable es que digas o hagas cosas de las que te arrepientas más tarde.

Si tu pareja tiene un problema de ira:

- Ayuda a que se calme cuando esté en ese estado.

- Escucha lo que tiene que decir, aunque no estés de acuerdo con ello. Deja que hable. Incluso cuando la gente tiene todas las razones para sentirse enojada, a menudo desahogan su ira mientras hablan de ello, así que evita la confrontación.

- La comunicación es clave para las relaciones sanas: cuanto más se hablen entre sí, menos probable será que tengan problemas de comunicación.

Si AMBAS PARTES tienen un problema de ira:

- Tratar con un compañero enojado ya es bastante malo, pero si ambos sufren de problemas crónicos de ira, la relación generalmente no funcionaría. Especialmente si ninguno de los dos está acostumbrado a pedir disculpas, a mantener la calma durante una discusión, a escuchar o a aceptar el punto de vista del otro.

Los psicólogos creen que el principal problema de la ira es lo que hacemos con ella, ¿la manejamos, la ignoramos, la dirigimos hacia los demás o hacia nosotros mismos?

Desafortunadamente, la ira incontrolada a menudo lleva a pelear, culpar, insultar o sacar a relucir el pasado. Cuantas más cosas de este tipo le haga a su pareja cuando esté enojado, más difícil le resultará volver a la normalidad una vez que se haya calmado, ya que algunas palabras o acciones no se pueden retirar.

Sabemos que la ira a menudo va de la mano de otras emociones, como sentirse avergonzado, herido o asustado. Según los psicólogos, la ira es como un iceberg que sólo se muestra en el 10%, mientras que el 90% restante, que no se ve, es lo que realmente te hace enojar. Por lo tanto, mientras que para los demás puedes parecer enojado, lo que realmente sientes es miedo, vergüenza, dolor y más. Averigua de qué está hecho tu iceberg sumergido.

Durante una discusión, una persona enojada a menudo criticará a su pareja, lo cual es contraproducente.

Aquí hay 5 señales de que estás lidiando con la ira en tu relación de la manera equivocada:

- Si estás criticando el carácter, en lugar de la conducta de tu pareja.

- Si la crítica se supone que los hace sentir culpables.

- Si no lo haces para mejorar tu relación, sino para tratar de dejar de lado tu tensión embotellada - criticarlos sólo para sentirse mejor, independientemente de cómo la crítica está haciendo sentir a tu pareja.

- Si te niegas a escuchar lo que tu compañero tiene que decir en su defensa, pero esperas que hagan lo que tú dices.

- Si tu crítica es insultante o menospreciable.

La ira fuera de lugar

Si bien la ira es importante, porque a menudo nos dice en términos inequívocos que algo tiene que cambiar, también puede ser una emoción destructiva.

Vivimos en un mundo estresante y a menudo muy injusto, y no todo el mundo soporta bien la presión. Cuando lidiar con todo lo que tienen en su plato resulta demasiado, algunas personas simplemente pierden el control.

Lamentablemente, quienes se encuentran en el extremo receptor de tus arrebatos de ira no suelen ser los que los causaron, sino aquellos a los que tienen acceso. En la mayoría de los casos, se trata de un miembro de la familia.

Si bien una forma de controlar la ira es asegurarse de encontrar una salida positiva para tus emociones, la ira fuera de lugar destruirá fácilmente una relación, especialmente si ocurre repetidamente.

5 causas de la ira fuera de lugar

1. **Cólera reprimida**

   Como muchas esposas testificarán, las mujeres a menudo se encuentran en el extremo receptor de las emociones de sus frustrados maridos. Aunque hablar con su cónyuge es una gran manera de aliviar la tensión y la frustración, debe hacerse de una manera que no sea dañina. En otras palabras, no debe estresarse por estresar a otra persona.

2. **Desesperación**

   Independientemente por lo que te sientas desesperado, dependiendo de su naturaleza, puedes hundirte en la depresión, hacer escenas o arremeter con indignación.

3. **No tener tiempo libre**

   Cuanto más estrés en tu vida tengas que afrontar, ya sea en el trabajo o en casa, más necesitas cuidar tu salud mental. Si no puedes permitirte vacaciones, al menos tómate los fines de semana libres de vez en cuando. La mejor manera de relajarse es involucrarse en algo que te haga feliz, para eso están los hobbies.

4. **Mentalidad negativa**

   A algunas personas les resulta muy difícil ver algo positivo en cualquier situación. En cambio, otros se centran en problemas (tanto reales como imaginarios), deseos, carencias o desastres potenciales (suyos o mundiales). Esta actitud no sólo te hará sentir miserable todo el tiempo, sino que probablemente también te hará enojar mucho.

5. **Resentimiento**

Todos nos sentimos resentidos de vez en cuando, pero si esta emoción dura mucho tiempo, puede llegar a formar parte de tu personaje. Esto normalmente tiene que ver con alguna injusticia cometida contra ti, pero en lugar de abordarla, algunas personas eligen revolcarse en el dolor y la amargura por el resto de sus vidas.

Lo peor es que muchas personas son plenamente conscientes de que su ira está fuera de lugar, pero no pueden o no quieren hacer nada al respecto. El tiempo que tu pareja pueda soportarlo depende de muchas cosas, pero incluso si no eres agresivo cuando estás enojado, la ira fuera de lugar es muy tóxica para una relación.

5 razones por las que la ira fuera de lugar destruye una relación:

- Crea una atmósfera negativa en casa.
- Los arrebatos de ira son desagradables, irrespetuosos e inquietantes.
- Es muy despreciable ser tratado como un estorbo.
- Es difícil vivir con individuos crónicamente enojados porque nunca se sabe cuándo va a ocurrir el próximo arrebato.
- Es posible que no sea seguro vivir con esas personas, especialmente si tienen un historial de agresión.

Alimento para el pensamiento:

1. ¿Qué haces cuando sientes que tu pareja o amigo está enojado por algo? ¿Intentas distraerlos de lo que les molesta o haces que hablen de ello?

2. Algunas personas van a tomar una copa después del trabajo para poder relajarse y difundir el enojo acumulado y la tensión para no pasársela a su familia. Otros esperan que sus parejas les ayuden a relajarse, aunque normalmente significa que tendrán que escuchar las conocidas quejas, objeciones o dramas. ¿Qué enfoque crees que es mejor?

3. Si a menudo tienes que reprimir tu ira, ¿cómo te aseguras de que no se reprima?

Día 8

La ira en el lugar de trabajo

Aunque hay muchas razones para enojarse, en una situación privada -con la familia o los amigos- se pueden decir cosas o incluso comportarse de manera inapropiada y aun así ser perdonado. En el lugar de trabajo, sin embargo, la situación es muy diferente. Mientras que tu y tu hermano o cónyuge pueden pelear regularmente y seguir queriéndose, si gritas a tus colegas, los insultas o los avergüenzas, es probable que te despidan. La mayoría de las personas saben esto y tratan de controlar su temperamento en el trabajo tanto como pueden, pero, esto puede llevar a la causa más común de la ira en el lugar de trabajo: la frustración.

¿Por qué es tan común la ira en el lugar de trabajo?

La frustración es la principal causa de la ira en el lugar de trabajo. Sin embargo, lo que hay detrás de esta frustración es a menudo que estas personas saben que, por una razón u otra, tienen que permanecer en el trabajo (u organización) que no disfrutan. Esto crea resentimiento, que es una forma de ira duradera sin resolver.

6 razones por las que la gente se siente frustrada en el lugar de trabajo:

1. Ser pasado por alto para una promoción.
2. Tener que hacer lo que te dicen, aunque sepas que no funcionará.
3. Tener que reportarse a una persona mucho más joven o menos inteligente.
4. Tener que reportarse a las mujeres (en algunas culturas, esto sería un gran golpe para muchos hombres).
5. Tener que trabajar después de las horas de trabajo o los fines de semana sin remuneración (esto es común en las organizaciones que planifican los despidos, en las que muchas personas tratan de hacerse irremplazables demostrando que están dispuestas a trabajar horas extras sin remuneración).
6. Tener que asumir la culpa de las decisiones equivocadas de tu jefe.

La mayoría de los empleadores prefieren no emplear a empleados frustrados, ya que rara vez están lo suficientemente motivados para lograr buenos resultados, y pueden ser una amenaza potencial para la organización si empiezan a ejercer presión contra la dirección.

Sin embargo, para ti, la frustración de larga data puede ser una gran amenaza para tu salud. Si no se aborda, la amargura que hierve a fuego lento puede conducir al agotamiento, a enfermedades cardíacas, a la presión arterial alta, a un ataque de apoplejía, a la depresión o a otras afecciones.

Y cuanto más sientas que estás atrapado en tu posición, más frustrado te sentirás. Si, debido a tu edad o a la falta de habilidades, sabes que es poco probable que encuentres un trabajo mejor y sabes que tienes que quedarte en el que estás actualmente, o si no hay muchos trabajos disponibles en el lugar donde vives, o si la paga es buena, puedes sentirte atrapado en un trabajo que odias o con gente que no te tiene respeto.

Las causas de la frustración en el lugar de trabajo son demasiado numerosas para enumerarlas, pero suelen girar en torno a algún tipo de decepción, como una mala evaluación del rendimiento, un trato injusto, ser micro gestionado o ser criticado con demasiada frecuencia.

Sin embargo, la decepción también puede deberse a expectativas poco realistas. Tal vez asumiste que serías promovido en dos años, o que te darían un coche para ir al trabajo.

La razón por la que pareces enojado en el trabajo puede no tener nada que ver con el lugar de trabajo. Si tienes una vida personal problemática o caótica, es probable que también afecte a tu vida profesional, ya que la frustración que uno trae de casa suele estar dirigida a sus colegas. Este es un ejemplo típico de la ira fuera de lugar de esposas y esposos intimidados.

Cualquiera que sea la causa de tu ira en el lugar de trabajo, tienes que tratar de manejarla lo mejor posible. La irritación leve es con lo que todos aprendemos a lidiar, sin embargo, si algo que sucedió te hizo ver rojo, puedes iniciar a sentir que estás a punto de hacer una escena.

8 cosas que hacer si te enfadas mucho en el trabajo:

1. Respirar profundamente o hacer varias respiraciones profundas
2. Cuenta lentamente hasta diez
3. Dígase a sí mismo que mantenga la calma.
4. Intenta evitar la tensión en tus músculos, mandíbula, cabeza o estómago. Sigue respirando e intenta aflojar los músculos.
5. Aléjate de tu escritorio
6. Sal de tu oficina o del edificio
7. Da un pequeño paseo, llama a un amigo o habla con un colega en el que puedas confiar.
8. Cuando te hayas calmado, piensa en cómo abordar el problema que te hizo enojar tanto.

Cómo lidiar con la ira relacionada con el trabajo si eres un gerente

Una organización donde la ira parece estar presente todo el tiempo no es un buen lugar para trabajar. Podría ser un problema importante de RRHH saber que hace infeliz al personal, o si son sólo una o dos personas que, por sus propias razones, disfrutan agitando las cosas.

Intenta averiguar quién o qué está detrás de esta ira subyacente. Considera primero las normas de seguridad de la oficina, para asegurarte de que la seguridad personal no es lo que hace que a los empleados les falte concentración o impulso.

Algunos problemas pueden ser capaces de resolverse por sí mismos, pero en caso de problemas importantes, es mejor buscar ayuda profesional, para que las cosas no se salgan de control. Contratar a un consultor externo para hablar con el personal a menudo ayuda, ya que pueden sentirse menos intimidados al acercarse a alguien fuera de la empresa.

Puede haber situaciones en las que haya que tomar decisiones impopulares, como despidos, recortes de sueldo, retirada de beneficios, etc.; sin embargo, un ambiente negativo en una empresa suele ser el resultado de una cultura imperante. Aunque hay que tratar con individuos problemáticos, ten en cuenta que la insatisfacción general se convierte fácilmente en ira.

Si la ira prevalece y no se puede averiguar cuál puede ser la causa, tal vez sea necesario mirar este problema desde diferentes ángulos. Si resulta que ciertos individuos están causando problemas y aumentando la tensión (o las expectativas), podría ser que el estrés de sus vidas privadas se esté extendiendo a su entorno de trabajo. Aunque normalmente no hay mucho que puedas hacer con respecto a sus problemas personales, al menos puedes hablar con ellos para ver si hay algo que puedas hacer para facilitar las cosas en el trabajo.

La ira en el lugar de trabajo puede ser muy difícil de manejar, y muchos gerentes se hacen de la vista gorda o posponen cualquier acción por el tiempo que puedan. Como gerente, sin embargo, debes estar mental y emocionalmente preparado para actuar, teniendo cuidado de no reaccionar de forma exagerada o insuficiente.

10 cosas que un gerente puede hacer para ayudar a los empleados a lidiar con la ira en el lugar de trabajo:

1. Crear una cultura profesional en el lugar de trabajo de tolerancia y respeto mutuo.
2. Establecer reglas y expectativas y asegurarse de que todos los nuevos empleados sean conscientes de ellas.
3. Fomentar la comunicación y, de ser posible, organizar periódicamente la capacitación del personal en materia de comunicación.
4. Sé accesible.
5. Proporcionar entrenamiento para el manejo de la ira, que mostraría a las personas cómo manejar su ira y cómo responder a los colegas enojados.
6. Lidia con el comportamiento inapropiado tan pronto como sea posible. Cuanto más tiempo pospongas una confrontación desagradable, más probable es que se salga de control.
7. Los empleados con problemas de ira pueden crear una atmósfera insalubre en la empresa para la que trabajan, así que recomienda un tratamiento de control de la ira o despídalos.
8. Mantén registros escritos de tales incidentes.
9. Tener una política de tolerancia cero en caso de comportamiento agresivo.
10. En caso de problemas importantes, siempre consulta a un abogado o a un profesional de RRHH.

Alimento para el pensamiento:

1. ¿Qué es lo que encuentras más frustrante en tu lugar de trabajo? ¿Es algo que está fuera de tu control, o puedes hacer algo al respecto?
2. ¿Estuviste alguna vez en una situación en el trabajo en la que participaste en una discusión de la que ahora te sientes avergonzado? ¿Qué pasó para que reaccionaras así? ¿Cómo te enfrentarías a la misma situación hoy?

3. Si fueras gerente y tuvieras que despedir a tu mejor empleado por acoso sexual para proteger a un trabajador temporal que empezó a trabajar hace sólo dos meses, ¿qué harías?

Día 9
Trastornos relacionados con la ira

Es posible que tengas un problema de ira debido a un trastorno de salud con el que estás luchando, o puedes desarrollar un trastorno de salud debido a un problema de ira no abordado desde hace mucho tiempo. En el mundo moderno, los problemas de salud relacionados con la ira se están volviendo muy comunes. Parece que a medida que el mundo se acelera, la gente se enoja más. La ira a menudo puede conducir a otras emociones negativas, como resentimiento, odio, autocompasión, miedo o agresión, y con el tiempo, estos sentimientos autodestructivos pueden convertirse en enfermedad o dolencia.

Cómo la ira afecta a tu salud

Las personas con problemas crónicos de ira suelen ser las que permanecen atascadas en una injusticia (real o imaginaria) que les ha ocurrido. Puede haber una muy buena razón para que alguien esté enojado, pero para que esta emoción sea constructiva en lugar de destructiva, tiene que ser manejada.

Desafortunadamente, muchas personas aceptan la injusticia como parte de su destino o karma, y viven toda su vida sintiéndose enojados y amargados. Otros, porque no pueden aceptar la situación, pero no saben cómo lidiar con ella, se vuelven irritables y agresivos. También hay quienes simplemente tienen mal genio, y su ira puede ser desencadenada por casi cualquier cosa.

Aunque muchas situaciones están fuera de su control, lo que sí tiene control es la forma en que reacciona. A menos que ejerzas este control, los episodios de ira incontrolables pueden minar tu energía y tu salud muy rápidamente.

Sabemos que estar enojado no es saludable, pero sólo hace relativamente poco tiempo la Organización Mundial de la Salud reconoció 32 trastornos como directamente relacionados con la ira disfuncional, de los cuales los más conocidos son:

- **Trastorno explosivo intermitente**

  Los individuos con este trastorno muestran "el grado de agresividad que está groseramente fuera de proporción con cualquier provocación o estresante psicosocial precipitante". Se cree que este trastorno está detrás de la mayoría de los tiroteos masivos. Lo extraño es que la mayoría de estos individuos no tienen un historial previo de comportamiento agresivo. Típicamente, son personas normales, educadas y amigables. Entonces, de repente, un rechazo o un evento estresante los empuja a un punto de quiebre, y se desbocan. Su acción se supone que "restaura el honor o devuelve la lesión".

- **Trastorno de oposición desafiante**

  Este trastorno se manifiesta como desafío y enojo contra la autoridad, y es más común en niños y adolescentes. Sin embargo, no se trata de un caso de frustración o desobediencia ocasional. Estos individuos tienen frecuentes berrinches, se niegan a cumplir, discuten excesivamente, culpan a otros de sus errores, se comportan de manera rebelde y a menudo son vengativos.

Lo que hace que el diagnóstico de los trastornos relacionados con la ira sea particularmente difícil es que a menudo aparecen junto con otro problema emocional. Esto significa que si acudes a un terapeuta para buscar tratamiento para la ira, la verdadera razón de tu disfunción emocional puede ser otro trastorno del que probablemente ni siquiera seas consciente, y es esto lo que dificulta el diagnóstico y el tratamiento.

La ira afecta a varios procesos de tu cuerpo: digestión, asimilación, producción de células, circulación, curación, sistema inmunológico y más. Como resultado, si la ira persiste durante meses o años, es muy probable que debilite tu sistema inmunológico y que lleve directa o indirectamente a una serie de problemas:

- Dolores de cabeza
- Problemas de digestión
- Insomnio
- Ansiedad
- Depresión
- Presión arterial alta
- Ataques al corazón
- Golpes
- Problemas de la piel

Los trastornos de la ira más comunes

La ira se desordena si el individuo exhibe conductas patológicas agresivas, violentas o autodestructivas que son impulsadas por la ira reprimida crónicamente. Afortunadamente, la mayoría de nosotros descubrimos cómo manejar nuestra ira, por lo que los trastornos de la ira probablemente sólo les ocurran a aquellos cuya ira no sólo no fue manejada, sino que fue reprimida durante mucho tiempo.

Otra causa del trastorno de la ira es la disfunción neurológica y el abuso de sustancias, que afectan a la forma en que controlamos nuestros impulsos violentos.

6 formas más comunes que puede tomar la ira:

1. **Ira crónica**

   Esta es una ira que ha durado mucho tiempo. Suele tener un efecto importante en nuestro sistema inmunológico y puede ser la causa de otros trastornos mentales.

2. **La ira pasiva**

   Este tipo de ira es difícil de identificar, porque no tiene los síntomas típicos de la ira.

3. **Cólera abrumadora**

   Este tipo de ira ocurre si hay demasiadas cosas en tu vida, y no puedes hacer nada al respecto ni puedes hacer frente a ellas. En otras palabras, esto sucede cuando te sientes abrumado por la vida.

4. **Ira autoinfligida**

   Este tipo de ira suele ser el resultado de sentimientos de culpa, vergüenza o autoculpabilidad. Se dirige hacia el interior y puede ser muy autodestructiva.

5. **La ira del juicio**

   Este tipo de ira es común en las personas que están resentidas por una situación o la vida en general.

6. **Cólera volátil**

   Con este tipo de ira, los individuos encuentran difícil controlarse y a menudo muestran un comportamiento agresivo.

Las técnicas de control de la ira pueden ayudarte a mantener bajo control muchos de los trastornos de salud relacionados con la ira, y el estudio de materiales de control de la ira como éste puede ayudarte a comprender a qué te enfrentas.

<u>8 maneras en que el manejo de la ira te ayuda a lidiar con tu ira:</u>

1. Te enseña sobre la ira y cómo usarla positivamente
2. Te ayuda a entender tu ira y a identificar los desencadenantes de la misma.
3. Sugiere formas de reaccionar en esas situaciones
4. Te muestra cómo relajarte y desactivar la ira
5. Ayuda a identificar los pensamientos y creencias asociados con la ira
6. Te muestra por qué es contraproducente insistir en los problemas o heridas del pasado.
7. Te ayuda a resolver conflictos
8. Te ayuda a identificar alternativas a la venganza

Alimento para el pensamiento:

1. ¿Conoces a alguien con un trastorno de salud? ¿Cómo te sientes en su compañía? ¿Cómo crees que se sienten en la tuya?
2. Discute tres situaciones en las que tener habilidades de manejo de la ira te ayudaría a resolver el conflicto más profesionalmente.

Día 10
La ira a través de las culturas

La forma en que reaccionas a la ira depende de muchas cosas, incluyendo tu edad, sexo y circunstancias. Sin embargo, la definición de la ira, y especialmente de lo que justifica el comportamiento enojado, se basa en gran medida en la cultura de la que uno proviene. En algunas culturas, expresar sus emociones -en particular la ira- puede considerarse muy maleducado, otras culturas alientan a las personas a demostrar abiertamente cómo se sienten con respecto a algo. Así, mientras que muchos pueden considerar a los orientales como pétreos y sin emociones, para los asiáticos, los occidentales probablemente parecen muy groseros.

Normas culturales y emociones

La ira tiene muchas definiciones, causas y posibles salidas. A menudo se asocia con sentimientos heridos, frustración y un deseo de justicia o venganza. Sin embargo, como las culturas tienen diferentes actitudes hacia la ira, las normas locales alentarán o frenarán las manifestaciones de ira en público.

Estudios comparativos sobre la forma de criar a los niños muestran que en China (así como en todo el Lejano Oriente) la demostración de emociones se frena en los niños desde una edad temprana. Los berrinches son generalmente ignorados, y los niños son dejados para que lloren hasta que se hayan calmado. Considerando sus valores culturales, esto es necesario para que un niño desarrolle un comportamiento socialmente aceptable.

En muchas culturas orientales, como la china, la japonesa y la tailandesa, el tema del peligro es algo que no suele discutirse, especialmente en público. Los niños son desalentados a mencionarlo, por ejemplo, se quejan de algo, o son castigados si lo hacen.

En la cultura occidental, sin embargo, los padres suelen preocuparse por sus hijos, especialmente durante sus ataques de ira.

Las normas culturales también influyen en la cantidad de ira que se considera normal para un hombre y en la cantidad que se considera normal para una mujer. En la mayoría de las sociedades patriarcales, las niñas son criadas para no mostrar abiertamente sus emociones, especialmente las negativas como la ira. Aunque las cosas han cambiado mucho en los últimos 200 años, en Occidente, la exhibición pública de la ira es desalentada en las niñas incluso hoy en día.

Por otro lado, se esperaba que los chicos, de alguna manera, mostraran un cierto grado de asertividad (a menudo manifestado como un comportamiento enojado o agresivo). Si no lo hacían, se creía que no tenían la confianza necesaria para tener éxito en la vida.

Sin embargo, en la mayoría de las culturas, la ira de los chicos se tolera mucho más que la de las chicas, incluso cuando conduce a un comportamiento agresivo - se cree que el odio es lo que los distingue de las características femeninas de ser amables, calladas y que perdonan.

Exhibición de emociones en público

A pesar de que en Occidente se desalienta y se sanciona la ira, especialmente si conduce a la agresión, todavía hay un nivel desproporcionadamente alto de ira entre los niños. Muchos creen que es la televisión y los juegos de Internet los que están detrás de la mayoría de las conductas malsanas.

Pero incluso los niños muy pequeños parecen mostrar signos de ira y agresividad hacia los demás, como podemos ver con el acoso escolar. Por esta razón, en Occidente, se anima a todo el mundo a hablar de sus problemas de ira para que puedan ser abordados y canalizados a tiempo, especialmente los niños.

Hasta hace relativamente poco tiempo, el estatus social jugaba un papel importante en cuánto se permitía a alguien expresar su ira. En Occidente, se creía en general que las clases bajas mostraban más ira, probablemente porque, debido a su condición socioeconómica, tenían más motivos para estar enojados.

En Japón, sin embargo, eran los de un estatus social más alto los que mostraban más ira, como símbolo de su autoridad. Así pues, aunque la muestra de ira se consideraba en general muy grosera y se sancionaba, sólo se concedía a aquellos que se sentían con derecho a casi todo debido a su estatus social.

Mientras que la mayoría de los ciudadanos estadounidenses no se abstienen de expresar su ira en público, incluso de hacer una escena importante si están enojados, la gente del Lejano Oriente tiende a evitar el conflicto a toda costa. Independientemente de cómo se sientan realmente, enojados, avergonzados o tristes, sonreirán. Sin embargo, esta "cara feliz" es el resultado de un condicionamiento social de toda la vida y no significa que realmente se sientan felices o relajados.

Las normas culturales dictan lo que está y lo que no está permitido, y sirven como guía para un comportamiento socialmente aceptable. Las culturas occidentales y orientales abordan los problemas de la ira de maneras completamente diferentes. En la cultura occidental, se alienta a las personas a mostrar abiertamente emociones positivas y a manejar el despliegue de las negativas, pero aun así se les permite expresarlas. En las culturas orientales, la gente opta por el "camino del medio" (es decir, el Tao), buscando constantemente un equilibrio entre las emociones positivas y negativas.

Comienzan a inculcar estos valores a sus hijos desde el preescolar, lo que significa que los niños americanos y asiáticos tienen reacciones diferentes a los estímulos visuales. Mientras que en Europa y América los niños prefieren actividades emocionantes, dibujos animados o historietas, en el Lejano Oriente prefieren las emociones tranquilas: sonrisas en lugar de risas, juegos no demasiado competitivos o historias poco emocionantes.

Además, mientras que los padres estadounidenses aprovechan todas las oportunidades disponibles para aumentar la confianza de sus hijos, los padres chinos son más propensos a restar importancia a los buenos resultados de sus hijos para no inflar su ego.

Por último, los bestsellers de América contienen un contenido mucho más excitante y excitante en comparación con los bestsellers de Asia. Así que, aunque muchos creen que ahora vivimos en una aldea global y que nuestras culturas se están fusionando en una sola, cuando se profundiza un poco más, se hace evidente que las diferencias culturales siguen estando muy presentes, aunque a menudo hábilmente disfrazadas.

PARTE 2

Manejo de la ira

Día 11

Cuando la ira se convierte en un problema

Aunque expresar la ira está bien, y es realmente bueno para la salud, si lo haces de forma inapropiada o empiezas a sentirla con demasiada intensidad o frecuencia, deja de ser una emoción normal y se convierte en un problema.

Durante un arrebato de ira, tu cuerpo produce ciertas hormonas. Si se liberan con demasiada frecuencia o durante demasiado tiempo, afectan negativamente a tu salud de varias maneras.

Así que, aunque liberar la ira es una parte importante de tu salud mental, esto sólo funciona si lo haces de una manera que no ponga en peligro tu salud física o te aleje de la sociedad.

El cerebro primitivo

La ira a menudo se convierte en un problema cuando el cuerpo y la mente no están alineados. Tu reacción durante una situación de lucha-vuelo-congelación es un remanente del comportamiento atávico, que era importante cuando vivíamos cerca de la naturaleza y sigue siéndolo, para aquellos que continúan viviendo de esa manera.

Sin embargo, en los últimos 30.000 años, nuestros cuerpos y nuestro medio ambiente no cambiaron al mismo ritmo. Mientras que nuestros cuerpos e instintos permanecieron iguales a los de un cavernícola, nuestros entornos físicos y sociales cambiaron más allá de lo reconocible.

En el siglo XXI, ya no estamos expuestos regularmente a los peligros que harían que los instintos de lucha sean necesarios para nuestra supervivencia. Sin embargo, para sobrevivir al estrés, al cambio constante y al rápido ritmo del mundo moderno, ahora necesitamos un conjunto muy diferente de habilidades, y el manejo de la ira es una de ellas.

Numerosos estudios sobre la importancia del cerebro en el desarrollo humano muestran que el llamado "cerebro primitivo" - la parte del cerebro que se ocupa de nuestros instintos de supervivencia - es mucho más poderoso e importante que la parte responsable de nuestras capacidades cognitivas.

Los estudios muestran que, independientemente de cuánto control intentemos ejercer sobre la parte de la neocorteza del cerebro -por mucho que intentemos atenernos a la moral, la ética y las buenas intenciones- cuando nos encontramos en una situación que amenaza la vida, la parte primitiva de nuestro cerebro, la que se ocupa de los instintos, toma el control. Esto, de acuerdo con la neurociencia, explica por qué nos dejamos vencer tan fácilmente por la rabia o el miedo y somos incapaces de detenerlo.

Esto significa que, aunque nuestros cuerpos han permanecido, desde una perspectiva evolutiva, similares a los de un hombre de las cavernas, nuestras mentes "siguieron adelante" y continuaron desarrollándose y adaptándose al entorno y las circunstancias cambiantes.

Por esta razón, a menudo hay un choque entre lo que creemos que debemos hacer y lo que realmente hacemos. Como la reacción de nuestro cuerpo no cambió ante el peligro (no sólo el físico), el dicho "haz lo que creas que es correcto" tiene mucho sentido. Sin embargo, aunque tu cuerpo y tus instintos sepan lo que es mejor para ti, puede que no seas capaz de actuar en consecuencia. Nuestro mundo requiere que nos atengamos a las leyes, reglas y normas culturales que a menudo van en contra de nuestros instintos.

Aunque el mundo ha cambiado mucho, no significa que hoy en día nos enfrentemos a menos peligros que hace todos esos años. La principal diferencia es que los peligros de hoy no provienen de nuestro entorno físico, como los animales salvajes, las tribus hostiles o el hambre, sino de nuestro estilo de vida.

Los cinco principales "peligros" que enfrentamos hoy en día:

1. Estrés crónico
2. La superpoblación y la falta de espacio personal
3. Competitividad
4. Vida rápida
5. El mundo en rápido cambio

Como nuestros cuerpos físicos no han cambiado al mismo ritmo con el que ha cambiado nuestro entorno social, nuestras reacciones al estrés y la tensión de los tiempos modernos es simplemente el resultado de nuestros cuerpos tratando de hacer frente a las circunstancias para las que no fueron diseñados. Por lo tanto, las partes primitivas de nuestros cerebros reaccionan a estos factores de estrés de la misma manera que lo harían ante un ataque inminente de un animal salvaje o cualquier otro peligro físico.

Desafortunadamente, no todos lidian bien con el estrés. Estos factores de estrés, especialmente si ocurren con demasiada frecuencia o no se tratan, a menudo nos hacen enojar.

Como especie, nos enfrentamos a 4 problemas principales:

- Adaptarse a un entorno que está cambiando demasiado rápido
- Desarrollar estilos de vida poco saludables para adaptarse a los cambios del entorno
- Lidiar con el estrés
- Lidiar con los problemas de ira que a menudo resultan del estrés en el que el mundo parece estar ahogándose

Entonces, ¿significa esto que nuestro primitivo cerebro es el motivo por el que tantos de nosotros parecemos estar tan enojados todo el tiempo? Probablemente no. Nuestro cerebro simplemente intenta ayudarnos a sobrevivir ante las amenazas que enfrentamos, sin importar cuáles sean. No distingue entre un lobo hambriento a punto de atacar y un jefe enojado que amenaza con despedirte. En ambos escenarios, estás en serios problemas, y el torrente de adrenalina está simplemente ahí para ayudarte a tomar la mejor decisión bajo las circunstancias y salvar tu vida o tu trabajo.

Sin embargo, vivimos en un mundo sofisticado y aunque te provoquen y te sientas muy enojado, deberías intentar controlar tus reacciones.

La ira intensa puede conducir a la violencia, que puede resultar en lesiones físicas, encarcelamiento o incluso la pérdida de la vida. Incluso si tu ira no conduce a la violencia, si la expresas de manera inapropiada, tu posición en la sociedad puede verse seriamente dañada. Las personas violentas y groseras pueden convertirse fácilmente en marginados sociales.

Si eres conocido por tu temperamento, otros pueden sentirse intimidados en tu presencia y comenzar a evitarte, negándose a tener nada que ver con tu familia o impidiendo que sus hijos socialicen con los tuyos. Un temperamento mal manejado puede costarte tu relación, tu trabajo y tu salud.

Hay personas que actúan de manera agresiva y enojada no porque no puedan controlar su cerebro primitivo, sino porque se sienten bien cuando están intimidando a otros. Algunos pueden creer que la gente es más propensa a escucharlos o respetarlos de esa manera. Otros pueden actuar agresivamente porque nunca aprendieron a controlar su ira y simplemente no conocen una mejor manera de expresar la molestia, el resentimiento o el dolor. Cuando alguien ha estado bajo una presión significativa durante mucho tiempo, puede que ya no le importe cómo su arrebato de ira hace sentir a los demás, siempre y cuando libere la tensión acumulada.

Otro problema con la ira es que puede convertirse en un hábito. Y como romper un hábito requiere determinación y perseverancia, puede que te resulte más fácil mantener tu rutina en lugar de intentar cambiarla.

Si estás luchando con la ira, tal vez deberías considerar el asesoramiento para el manejo de la ira, donde puedes aprender a procesarla y liberarla de una manera que no sea autodestructiva ni dañina para tu entorno.

¿Se puede controlar el cerebro primitivo?

No poder adaptarse a un entorno cambiante es lo que se cree que ha exterminado a los dinosaurios. Por lo tanto, para evitar meterte en problemas debido a la ira, la tuya o la de alguien más, debes aprender a reconocer los primeros signos físicos de la emoción.

7 signos tempranos de ira:

1. Tensión en los hombros
2. Dolor de cabeza
3. Golpeteo de pies
4. Frecuencia cardíaca rápida
5. Respiraciones cortas
6. Sudoración
7. Rubor facial

Lo que estos cambios fisiológicos significan es que tu cuerpo te está diciendo que te prepares para la acción, quizás enfrentándote a un cliente enojado, siendo acusado injustamente de algo que no hiciste, o un posible ataque animal.

Es crucial que en esta etapa te calmes, antes de que digas o hagas algo. Cuanto mayor sea el peligro, más cuidadoso debes ser con la forma en que reaccionarás.

- Intenta respirar más despacio y concéntrate en tu respiración.
- Intenta pensar cuál es la mejor manera de resolver el problema.

- Si la persona que está frente a ti está más enojada que tú, trata de calmarla. Déjalos que digan lo que tienen que decir e intenta que lo hablen.

- Ayudará si no ha consumido alcohol o drogas antes del incidente, ya que ambos tienden a disminuir la inhibición y ofrecen una falsa sensación de poder. La mayoría de los arrebatos de ira y agresividad ocurren cuando hay alcohol involucrado. Así que, si estás anticipando una reunión desagradable, no tomes un trago para prepararte para el encuentro. Todo lo que conseguirá es un estímulo para su ego, lo que puede costarle caro.

- Si no estás en peligro inminente, cuando te hayas calmado y, con suerte, hayas bajado la tensión arterial, intenta convencerte de que es una solución sensata. Alternativamente, intenta pensar en algo positivo.

Sin embargo, esto es más fácil para algunas personas que para otras. Si tienes problemas para controlar tus emociones y tiendes a reaccionar exageradamente a las provocaciones, las injusticias o el estrés, es hora de considerar un tratamiento de control de la ira.

Así que, aunque nuestros instintos a menudo nos ayudan a salir de una situación difícil, necesitamos adaptar nuestro comportamiento al mundo en el que vivimos. Si sabes que tienes un problema de ira, aprender sobre el manejo de la ira puede ayudarte a entender de dónde vienen tus emociones y cómo expresarlas mejor. Sin embargo, hay algunas cosas sencillas que puedes hacer, a partir de hoy, que te harán menos propenso a un comportamiento precipitado o a una reacción exagerada.

3 maneras simples de dominar tu temperamento:

1. **Ejercicio físico**

   Si llevas una vida muy estresante, o por alguna razón se encuentra a menudo en situaciones o con personas que provocan en usted una reacción de enojo, debes hacer del ejercicio físico una parte esencial de su vida, ya que te ayudará a liberar la tensión.

   El conocido psicólogo V Schutt cree que el ejercicio ayuda a disolver la ira porque te ayuda a canalizar tus emociones. Los científicos aún no están seguros de cómo sucede esto, pero creen que tiene algo que ver con la forma en que el ejercicio físico afecta los niveles de serotonina en el cerebro, que ayudan a regular el comportamiento. El ejercicio físico es particularmente importante para aquellos que tienen tendencias agresivas.

2. **Atención plena**

   Si estás acostumbrado a sintonizar con tus emociones, quizás la atención puede ayudarte a entender por qué sientes y reaccionas de la manera en que lo haces. Cuando te sientes enojado, ¿cómo reacciona tu cuerpo, ¿qué sucede en tu pecho, cara, corazón, estómago? ¿Cómo te sientes, explotado, indefenso, abandonado y por qué? ¿Cuáles son los pensamientos que pasan por tu cabeza?

   Cuando te hayas calmado, trata de discutir el incidente que te hizo enojar con la persona involucrada. Intenta no empezar con acusaciones, sino explicando cómo te hizo sentir el incidente.

Ser consciente de tu ira es admitir que no lo estás llevando bien, pero también que no quieres ignorar tus emociones negativas, sino que quieres hacer algo al respecto. El control de la ira puede ser un proceso largo y difícil, así que ten paciencia contigo mismo.

3. Meditación

La meditación es una forma fácil y sencilla de evitar que la ira se salga de control. Aunque hay muchas maneras diferentes de meditar, todas giran en torno a la autoconciencia.

La práctica de la meditación te ayuda a reconocer los signos de ira, para que puedas aprender a reaccionar cuando notes que la ira se acumula.

En otras palabras, la meditación mejora el autocontrol y la capacidad de calmar la mente al enfocarse en algo positivo. Si la practicas diariamente, pronto estarás más tranquilo y menos estresado, lo que indirectamente cambiará la forma en que reaccionas a las situaciones que provocan ira.

La meditación se ha utilizado con éxito para tratar con adolescentes problemáticos e incluso en la rehabilitación de delincuentes violentos.

Día 12
Manejar las emociones

Hay un proverbio que dice que "un hombre sin autocontrol es como una ciudad asaltada y sin muros".

Las emociones, tanto positivas como negativas, son una parte normal de nuestras vidas, siempre que se mantengan bajo control. Las emociones nos ayudan a entender cómo nos sentimos con respecto a algo o alguien, como si podemos relajarnos o debemos estar en guardia, si podemos contar con alguien o no, cuán seguros de nosotros mismos debemos sentirnos bajo ciertas circunstancias, y así sucesivamente.

Aun así, no debemos permitir que nuestros sentimientos gobiernen nuestras vidas, sino que debemos tratar de hacernos cargo de ellos y gobernarlos, en su lugar. Y esto sólo sucede si sabes cómo manejar tus emociones.

Cómo hacerte cargo de tus emociones

La mayoría de nosotros sabemos, a veces subconscientemente, qué tipo de situaciones o individuos presionan nuestros "botones". Y, si lo pensamos un poco, podemos prepararnos mejor para enfrentarnos a situaciones cargadas emocionalmente o a personas difíciles, con antelación.

Al igual que cuando te preparas para una reunión importante o una entrevista, si sabes que el hecho de encontrarte con ciertas personas o en cierta situación puede hacer que te sientas enojado y actúes de forma inapropiada, trabaja para prepararte para el evento.

Puedes hacerlo preparándote mental y emocionalmente para lo que crees que puede suceder. De esa manera, ya que tienes una mejor idea de lo que puedes esperar, estarás listo para enfrentar esos desafíos de una manera positiva y constructiva.

Cuando te haces cargo de tus emociones, puedes evitar que la situación se salga de control. Esto es particularmente importante para las situaciones que probablemente se intensifiquen y para aquellos que saben que tienen un problema de ira.

Por lo tanto, suponiendo que te resulte difícil controlar tu temperamento o que te encuentres a menudo en situaciones que te hagan comportarte de manera inapropiada, debes preparar un Plan de Acción para manejar tus emociones.

8 cosas para hacer cuando quieras mejorar la forma en que manejas tus emociones:

1. Evita si puedes

Siempre que sea posible, trate de evitar las situaciones y las personas que pueden hacer que te enojes. Desafortunadamente, esto no suele ser posible, y todo lo que puedes hacer es esperar tener suficiente tiempo para prepararte mental y emocionalmente antes de enfrentarte a ellas.

2. Las emociones son una cuestión de elección

Con una dosis saludable de autocontrol e inteligencia emocional, es fácil evitar enojarse, incluso en compañía de aquellos que fácilmente presionan tus "botones". Ser capaz de manejar tus emociones consiste en tomar el control total de cómo reaccionas a los desencadenantes de la ira.

3. Intenta que la situación sea menos tensa

A menudo es posible desactivar la tensión si se hace un esfuerzo consciente para hacerlo. Por ejemplo, si sabes que un amigo es susceptible a ciertos temas, evita hablar de ellos. Si tu jefe es muy puntual, haz un esfuerzo para llegar al trabajo a tiempo. A menudo hacemos cosas que sabemos que irritan a los demás, ya sea porque somos demasiado perezosos para hacer un esfuerzo, porque disfrutamos presionando sus "botones", o porque somos tan egocéntricos que simplemente no pensamos en cómo lo que decimos puede hacer sentir a los demás.

4. Pregúntate por qué ciertos individuos o situaciones desencadenan una respuesta negativa en ti

A veces, cuando estás enojado con otros, puedes estar realmente enojado contigo mismo. No es raro proyectar lo que sentimos sobre nosotros mismos a los demás. Por ejemplo, si la arrogancia de alguien te hace enojar, ¿estás seguro de que no es porque te reservas la arrogancia para ti mismo y te molesta que alguien más se comporte de la manera que crees que tienes derecho a actuar?

A menudo decimos a los demás lo que deberíamos decirnos a nosotros mismos: "No seas tan impaciente", "¿Por qué eres tan egoísta? "Así que, el dicho "Se necesita uno para conocerse a sí mismo" tiene mucho sentido.

5. Intenta ignorar los desencadenantes

Si sabes que en ciertas situaciones siempre te enojas, intenta cambiar tu enfoque. Por ejemplo, si encuentras que la forma en que alguien se viste es irritante, trata de cambiar el enfoque de tu estilo de vestir a otros aspectos de su personalidad, como su ética de trabajo o su empatía. Es fácil enojarse si te centras en lo que no te gusta o en lo que no apruebas.

6. Cambia tus pensamientos

Si puedes controlar tus pensamientos y actitudes, no tendrás problemas para controlar tus emociones, tus pensamientos crean tus emociones. Cuando dejes de centrarte en lo negativo de tu vida, como los colegas groseros, las condiciones de trabajo injustas, las luchas familiares o las consecuencias de la contaminación ambiental, automáticamente te sentirás menos enojado. Y si llegas a una etapa en la que puedes sentirte genuinamente feliz por los demás, te volverás menos crítico, más compasivo, y rara vez te sentirás enojado.

7. Cambia tu reacción

Cambiar la forma en que reaccionas a un desencadenante no es fácil, es algo en lo que tienes que trabajar toda tu vida. Sin embargo, cuando puedes controlar tus emociones, tienes control sobre tu vida. Al hacer un esfuerzo para elegir tu respuesta a un desencadenante, estás tomando el control de una situación potencialmente caótica. Es bien sabido que la ira engendra enojo - cuando eliges reaccionar con enojo, prepárate para recibir una reacción similar de los demás.

8. Concéntrate en la solución, no en el problema

En lugar de pensar constantemente en lo horrible que es la gente con la que trabajas, intenta cambiarlos, cambiarte a ti mismo, aceptar la situación o encontrar otro trabajo. Al concentrarte en lo negativo de tu vida, como un amigo desleal, una relación sin salida, un trabajo mal pagado, una salud precaria, te estás volviendo amargado e irritable. Revolcarse en la autocompasión y la ira no puede traerte nada bueno, así que ¿por qué hacerlo? ¿Por qué no intentar encontrar una solución a tu problema, en lugar de rumiar sobre la injusticia de la vida?

Cómo controlar las emociones de la ira

Normalmente podemos ver venir una reacción de enojo, como cuando la reunión no va en la dirección correcta o cuando sabemos de antemano que es probable que una situación particular se vuelva desagradable. Esto significa que normalmente tenemos tiempo para prepararnos para situaciones que sospechamos pueden provocar una reacción de ira, ya sea en nosotros o en otros.

Si quieres ser el amo de tu vida y sabes que tienes un problema de ira, trata de adoptar prácticas que te ayuden a controlar tanto los desencadenantes de la ira como tu reacción a esos desencadenantes.

6 hábitos que pueden ayudarte a controlar tus emociones en cualquier situación:

1. Sintonízate con tu interior

Este es un ejercicio muy útil, particularmente cuando te sientes infeliz, molesto o enojado. Empieza preguntándote por qué te sientes así. Presta atención a cualquier emoción o pensamiento que surja: tristeza, ansiedad, envidia, rabia, etc.

Sintonizar es estar en contacto con tus sentimientos más íntimos. Se trata de reconectar con tu intuición. A la mayoría de nosotros se nos ha animado a no confiar en nuestras intuiciones, sino a basar nuestras decisiones en nuestras mentes lógicas.

Escuchar tu intuición en el mundo ruidoso, neurótico y estresante puede ser difícil. No sólo la mayoría de nuestros instintos se han vuelto latentes, sino que raramente confiamos en ellos. Tu intuición o instinto puede ser una fuente de sabiduría y, a menudo, tu mejor guía. Pero para recibir esta guía, tienes que escucharla y aprender a entender lo que trata de decirte. Esto comienza cuando sintonizas con tu interior.

Tu voz interior no es más que tu subconsciente diciéndote lo que es mejor para ti en estas circunstancias. Sin embargo, puede que no diga lo que te gustaría oír, y esa es a menudo la razón principal por la que eliges ignorar esta voz.

2. Desarrollar la inteligencia emocional

La gente emocionalmente inteligente tiene grandes habilidades sociales. No sólo están en contacto con sus sentimientos, sino que son capaces de sintonizar con los sentimientos de los demás.

La inteligencia emocional permite a las personas entenderse a sí mismas y aprender de dónde vienen sus sentimientos. Como resultado, sus reacciones son oportunas y apropiadas. Son buenos para escuchar, lo que no sólo mejora sus habilidades de comunicación, sino que evita que las situaciones cargadas de emociones se salgan de control.

Básicamente, el manejo de las emociones se trata de averiguar qué es lo que ha provocado una emoción en particular y no responder hasta que se haya tenido tiempo de procesar esa emoción. Lo mejor es que cuando puedes manejar tus emociones, puedes manejar fácilmente cualquier situación en la que te encuentres.

3. Desarrollar una mentalidad positiva

Ser positivo sobre la vida es bueno para tu salud, tus relaciones y tu felicidad en general.

En línea con el dicho de que "lo que es igual atrae a lo que es igual", mantenerse positivo incluso cuando las cosas no van bien es el prerrequisito para el éxito. Cuando eres positivo en la vida, es fácil sentirse bien contigo mismo, y esto hace que sea más fácil tratar con la ira, tanto la tuya como la de otras personas.

4. 4. Concienciación

La aplicación de las técnicas de la atención plena es muy útil cuando sientes que estás empezando a perderlo o sientes que necesitas más equilibrio en tu vida. En primer lugar, reconocer lo que está pasando (me estoy enojado). Date tiempo para pensar en cómo responder (cuente hasta diez). Responde con calma (sugiere un breve descanso, pospone la reunión para otro momento, o intenta mirar el problema desde un ángulo diferente o de una manera que dé a ambas partes la oportunidad de reconsiderar su posición).

5. Identifica tu umbral de ira

Tienes que saber cuándo trazar la línea y retirarte de una situación que no va a ninguna parte y que es probable que se salga de control. Dependiendo de la situación, puedes sugerir un enfoque diferente, consultar con alguien o simplemente alejarte. A veces, retirarse de la escena es todo lo que se necesita para calmar un momento de tensión. Sin embargo, es importante que lo hagas ANTES de que las cosas se salgan de control.

6. Recargate antes de empezar a funcionar "en vacío"

Las emociones negativas, como la ira, crean una energía negativa que no sólo es autodestructiva, sino que rápidamente agota su vitalidad y entusiasmo. Para combatirla, averigua qué actividades mejoran tu estado de ánimo y hazlas siempre que sientas que la negatividad subconsciente se está acumulando (esto podría ser sacar a pasear a tu perro, sentarse en el jardín, meditar, hablar con alguien, escuchar música que te levante el ánimo, etc.).

Citando al monje budista zen Thich Nhat Hanh, "Cuando dices algo desagradable, cuando haces algo en represalia, tu ira aumenta. Haces sufrir a la otra persona, y se esfuerzan en decir o hacer algo para hacerte sufrir, y obtener alivio de tu sufrimiento. Así es como el conflicto se intensifica".

Día 13
Inteligencia emocional y manejo de la ira

Cuando la mayoría de la gente piensa en la inteligencia emocional, parece imaginarla como un conjunto de habilidades que pueden hacerlos más contratable. Esto es en parte cierto: ser un buen jugador de equipo, trabajar fácilmente bajo presión y ser capaz de comunicarse eficazmente en un entorno culturalmente diverso aumenta las posibilidades de ser contratado.

Sin embargo, estas mismas habilidades son igual de importantes fuera del trabajo, y tal vez aún más. Tu capacidad para entender y manejar tus emociones y ser capaz de procesarlas antes de responder, influirá en el éxito con el que enfrentes los desafíos tanto a nivel personal como profesional.

La inteligencia emocional es mucho más que la empatía y las buenas habilidades de la gente. Se trata de la conciencia de sí mismo y la autogestión: las mismas habilidades que necesitas si estás luchando con la ira.

¿Qué es la inteligencia emocional y por qué es importante

Las habilidades de inteligencia emocional giran en torno a la capacidad de comprender y manejar sus propias emociones, así como las de los demás. La gestión de las emociones consiste en comprender lo que las desencadena, pero eligiendo no responder al desencadenante hasta que hayas tenido tiempo de procesar la emoción. Y cuando puedes manejar tus emociones, puedes manejar cualquier situación en la que te encuentres.

La capacidad de manejar tus emociones puede ser de gran ayuda en muchas situaciones diferentes, como en la toma de decisiones o en la resolución de conflictos, pero sobre todo para evitar situaciones que puedan desembocar en un conflicto.

Para cualquiera que tenga contacto con otros (como la mayoría de nosotros), los conflictos son una parte inevitable de la vida. No son necesariamente malos, porque a veces ayudan a que los problemas y las emociones salgan a la luz. Por lo tanto, si puedes controlar tus emociones, puedes tomar el control de tu vida y tus relaciones.

Los problemas de relación ocurren tanto dentro como fuera del trabajo, y aunque utilizarías una técnica diferente al resolver un conflicto diplomático que una discusión con un amigo, todavía necesitas ser emocionalmente inteligente para enfrentar la situación con éxito.

Aprender sobre la inteligencia emocional no es difícil, aunque para algunos es más fácil que para otros. Para las personas que son empáticas por naturaleza, estas habilidades son una forma de vida, y las aplican, a menudo sin saberlo, a cualquier cosa que hagan. Por otro lado, aquellos que no están en contacto con sus propios sentimientos, y que se preocupan aún menos por los sentimientos de los demás, tienen que hacer un esfuerzo para empezar a pensar y comportarse de una manera emocionalmente inteligente.

Muchas personas aprenden la inteligencia emocional en el trabajo, como cuando se encuentran en situaciones que requieren tolerancia, paciencia y empatía. Sin embargo, es mucho mejor adquirir estas habilidades antes de encontrarse en una situación delicada.

Lo que distingue a las personas emocionalmente inteligentes de los demás es que se conocen bien a sí mismos, por lo que entienden por qué piensan y reaccionan de la manera en que lo hacen. Cuando tienes un alto nivel de autoconciencia, entiendes lo que pasa por tu mente, incluso si no lo apruebas. Y es más fácil tratar con algo que entiendes.

Todos nos enfadamos de vez en cuando, pero una persona emocionalmente inteligente siempre intentará procesar la emoción que está experimentando. Esto es importante, ya que su ira es a menudo sólo una reacción a otra cosa, incluso algo de lo que puede que ni siquiera sea consciente, como el recuerdo de una vieja herida.

La competencia emocional puede realmente cambiar su vida y mejorar sus posibilidades de éxito en todos los niveles. Hay muchas técnicas a tu disposición si quieres dominar las habilidades de la inteligencia emocional, pero para beneficiarte realmente de ellas, tienes que aplicarlas a todo lo que haces.

La inteligencia emocional también consiste en desarrollar una conciencia de cómo tu comportamiento afecta a los demás, una persona emocionalmente inteligente es plenamente consciente de ello, independientemente de la situación en la que se encuentre.

2 beneficios principales de la inteligencia emocional:

- **Estás en completo control de tus emociones**

  Cuando puedes controlar tus emociones, puedes controlar tu vida. Y cuando puedes hacer eso, puedes tomar un papel proactivo en cómo tu vida se desarrolla.

- **Se evitan o resuelven fácilmente los conflictos**

  Aunque las personas emocionalmente inteligentes son buenas para resolver conflictos, su principal ventaja sobre los demás es que saben cómo evitar que una situación llegue a una etapa en la que se convierta en un conflicto abierto.

Cómo la inteligencia emocional ayuda a controlar la ira

La inteligencia emocional se trata principalmente de la conciencia de sí mismo y de la autogestión. Las personas que son conscientes de sí mismas rara vez se dejan llevar, incluso cuando están enfadadas, mientras que la autogestión les ayuda a controlar sus pensamientos y emociones de ira.

Por lo tanto, si a menudo se ve abrumado por pensamientos negativos, que crean emociones negativas y dan lugar a arrebatos de ira, debe abordar su problema de ira lo antes posible.

Sin embargo, si cree que su comportamiento no requiere terapia, puede intentar modificarlo mejorando sus habilidades de inteligencia emocional. Esto sólo es posible si practica la autoconciencia, que puede lograrse cuando comienza a prestar atención y a tratar de comprender sus pensamientos, emociones y comportamiento.

6 formas de desarrollar la inteligencia emocional:

1. **Auto-análisis**

   Si realmente te conoces, entenderás por qué sientes y reaccionas de la manera en que lo haces. Cuando entiendes el PORQUÉ (reaccionas de cierta manera), se hace más fácil averiguar el CÓMO (deberías comportarte en su lugar).

2. Concienciación de sí mismo

Aprende a sintonizar con tus emociones, independientemente de cuáles sean, e intenta comprender cómo afectan a tus pensamientos o decisiones. Pregúntate a ti mismo por qué te sientes de la manera en que lo haces.

3. Comprende de dónde viene tu ira

Los sentimientos negativos son más fáciles de tratar si los nombras. Incluso si no puedes hacer nada al respecto en este momento, saber con qué estás tratando es parte de la solución.

4. No te apresures a responder a un disparador

Cuando te sienta enojado, date tiempo para pensar antes de responder. Dependiendo de lo que estés respondiendo, puedes considerar posponer tu respuesta para más tarde. Si eso no es posible, simplemente cuenta hasta 10, o 50, o el tiempo que tome para no decir algo de lo que te arrepientas más tarde.

5. Intenta sintonizar con las emociones de los demás

Desafortunadamente, la mayoría de las personas no son buenos oyentes ni tienen tiempo para dedicarle a los demás. Intenta acercarte a los demás con una mente abierta para que puedas "leer" la situación y tener una idea de cómo se sienten.

6. Sé flexible.

Acepta que, independientemente de la fuerza de tus opiniones sobre un tema en particular, puede haber situaciones en las que tengas que ser más diplomático. Prepárate para ajustar tus palabras, acciones o reacciones a la situación.

7. Reconocer y nombrar

Todas las emociones, especialmente las negativas, tienen que ser reconocidas y nombradas para que puedas abordar la causa REAL de tu reacción.

8. Regulación emocional

Se trata de aprender a controlar las emociones fuertes, especialmente las negativas, y no actuar por impulso. Practica pensando en algo que te haga sentir herido, enojado. Siéntate con el sentimiento -siéntelo, "digiérelo"- y después de unos cinco minutos, "responde" a la persona o situación que te hizo sentir así.

No puedes manejar una situación (o un equipo, una relación, etc.) a menos que puedas manejarla tú mismo. Vivimos bajo mucho estrés, lo que a menudo hace que personas que de otra manera serían pacíficas, se enojen. Aunque gritar, dar portazos, o usar un lenguaje fuerte puede ayudarte a liberar esa ira reprimida, tal comportamiento es inaceptable en público. Los beneficios de deshacerse de tu ira se verán debilitados por el hecho de que más tarde tendrás que disculparte con aquellos que se sintieron heridos o amenazados por tu comportamiento. Y puede que incluso te cueste tu trabajo, o una relación.

La ventaja clave de ser emocionalmente inteligente es que te haces más consciente de cómo lo que dices y haces afecta a los que te rodean. No sólo te hace un mejor líder, sino también un mejor ser humano.

Día 14
Inteligencia emocional

En el mundo superpoblado, dinámico y en rápido cambio, se está volviendo difícil lidiar, y mucho menos tener éxito personal y profesional, sin habilidades de inteligencia emocional. Sin embargo, la disminución del mercado laboral, los espacios de trabajo superpoblados y las crecientes demandas de nuestro tiempo contribuyen al estrés y la frustración que tenemos que enfrentar casi a diario.

El manejo de las emociones es la clave de la inteligencia emocional, pero esto no significa que tengas que sentirte positivo sobre la vida sin importar lo que pase a tu alrededor.

El manejo de las emociones consiste en aprender a reaccionar ante el miedo, la frustración, la decepción o el estrés de manera que se reduzcas la ansiedad y la tensión tanto en ti mismo como en los demás, en lugar de empeorar una situación ya de por sí tensa.

Reconocer y manejar tus emociones

Nuestras emociones son el resultado de nuestros pensamientos, experiencias y mentalidad. Y aunque no es posible cambiar tus experiencias pasadas, sí es posible cambiar tus pensamientos y tu actitud.

Puede que te estés alimentando con pensamientos negativos o que estés en una situación en la que te alimentes de esos pensamientos por los que te rodean, como tus padres, tu pareja o tus amigos. Afortunadamente, los pensamientos pueden ser cambiados y el poder de cambiar tus pensamientos y comportamiento está en ti.

No es realista esperar que alguien, sin importar lo emocionalmente inteligente que sea, se sienta siempre positivo sobre la vida. Mucho de lo que sentimos y pensamos tiene que ver con la gente con la que entramos en contacto o con los entornos en los que vivimos. Por ejemplo, en una zona de guerra o en un barrio pobre, es difícil ser positivo sobre cualquier cosa, especialmente si te sientes atrapado. Mucha gente se siente mal consigo misma o con sus vidas a pesar de tener todo lo que podrían desear.

Para manejar las emociones, nunca debes suprimirlas. Por eso muchos terapeutas desaprueban los mantras y las afirmaciones positivas. En lugar de reconocer que estás enfermo, sin ingresos o en una relación desordenada, al repetir un mantra positivo – "estaré bien", o "estoy sano y lleno de energía" o "confío en que el Universo me proveerá"- estás perdiendo el tiempo esperando que alguien más te provea una solución a tu problema.

Las afirmaciones positivas pueden ser muy útiles cuando te sientes deprimido, porque definitivamente es mejor creer que tus circunstancias mejorarán que decirte a ti mismo que estás en una situación desesperada. Sin embargo, esto sólo funciona como una medida temporal, hasta que encuentres una solución creativa a tu problema. En otras palabras, las afirmaciones positivas son simplemente una herramienta para aumentar tu autoconfianza hasta que realmente hagas algo sobre el problema. El enfoque está en la acción.

Puede haber ocasiones en las que empujar tus emociones fuera de tu mente puede ayudarte a lidiar con ellas. Cuando los sentimientos poderosos permanecen embotellados durante demasiado tiempo, especialmente si se refieren a una experiencia traumática, pueden afectar tu comportamiento, salud y mentalidad.

El manejo de las emociones no consiste en reprimirlas, sino en abordarlas de manera positiva y constructiva.

3 consejos sobre cómo evitar que las emociones negativas se embotellen:

1. **Habla de ellas**

   Las emociones se embotellan porque no es fácil hablar de algunas experiencias, es posible que no sepas cómo expresar tus sentimientos o que no tengas a nadie con quien hablar. Algunas personas también pueden pensar que expresar sus emociones es un signo de debilidad.

   Una persona emocionalmente inteligente sabe que la liberación de emociones es una parte importante de la salud mental, necesaria para su bienestar emocional y mental.

   Las emociones no abordadas eventualmente se convierten en un equipaje emocional, que algunas personas llevan toda su vida. Tu salud emocional depende de tus recuerdos y experiencias, y cuantos más traumas haya en tu vida, mayor será la necesidad de desempacar ese equipaje emocional y dejarlo ir. Por sí solas, las viejas heridas pueden sanar en la superficie, pero los recuerdos de vergüenza, pena, culpabilidad o arrepentimiento pueden crear cicatrices que, si no se liberan, pueden quedarse contigo para siempre.

2. **Escríbelas.**

   Si no puedes hablar de tus emociones, intenta escribirlas. De esa manera, todavía puedes sacarlas de tu sistema sin que nadie se entere de tu secreto. Para asegurarte de que nadie te vea, destruye las pruebas escritas una vez que hayas terminado.

3. **Aprende a deshacerte de las emociones negativas**

   Hay muchas maneras de dejar ir la ira, el miedo, la tristeza, los celos y otras emociones negativas. Si estas emociones son tan abrumadoras que te impiden llevar una vida normal, deberías considerar la terapia. Si son menos problemáticas, puede probar técnicas de autoayuda, como el ejercicio físico, el diario, la auto terapia, la meditación. Deshacerse de las emociones negativas es particularmente importante si tienes baja autoestima y una tendencia a volver tu ira hacia adentro de ti.

Sin embargo, por mucho que lo intentes, puede que no sea posible deshacerse de algunos tipos de ira. Ya sea porque la injusticia cometida es imperdonable, como el abuso infantil, o porque simplemente no puedes superar algo, como que alguien mucho menos competente que tú sea ascendido y se convierta en tu jefe.

Sin embargo, aunque la ira puede estar justificada, aferrarse a ella no lo está. Si el daño no puede deshacerse, para tu propia tranquilidad, debes tratar de resolver el efecto negativo de la ira. Esto es crucial, porque mientras te aferres a ella, continuará dañándote sin que te des cuenta.

La carga de la ira no resuelta

A menudo, sin saberlo, nos aferramos a la ira volviendo a visitar recuerdos dolorosos del pasado que no podemos o no queremos dejar ir.

Para dejar ir la ira, primero tienes que entender lo autodestructiva que puede ser y cómo puede causar muchos problemas sin que te des cuenta de lo que está pasando.

Todas las emociones necesitan una salida. Cuando la ira no se libera, afecta a tu cuerpo, lo que afecta al funcionamiento de tu mente, lo que a su vez afecta al tipo de emociones con las que acabas viviendo. En lugar de dejar que la ira reprimida gobierne tu vida, toma el control dejando ir todo lo que ya no te sirve, o que está socavando tu salud y bienestar.

4 pasos para dejar ir la ira:

Paso 1: ¿Eres consciente de cómo la ira está afectando tu vida?

Para ver el impacto completo de cómo la ira te hace sentir y comportarte, escribe las respuestas a estas preguntas.

1. ¿Cómo te hace sentir la ira?
2. ¿Cuánto tiempo pasas cada día sintiéndote enojado?
3. ¿Te despiertas a menudo con rabia?
4. ¿La ira suele impedir que te duermas?
5. ¿Te permites comer alimentos reconfortantes o beber alcohol cuando te sientes enojado? ¿Ayuda?
6. ¿Cómo afecta la ira a tu rendimiento en el trabajo?
7. ¿Cómo afecta la ira a tus relaciones personales?
8. ¿Qué haría falta para que dejes de lado esta ira?

Paso 2: Imagina tu vida sin esta ira reprimida

Escribe tus respuestas.

1. Si no estuvieras enojado, ¿cómo te sentirías por la mañana al despertarte?
2. Si no te enfadaras, ¿beberías menos?
3. ¿Cómo afectaría a tus relaciones el no sentirte enfadado?
4. ¿Cómo afectaría el no sentirse enojado a tu desempeño en el trabajo?
5. ¿Cómo te sentirías sobre tu futuro si no tuvieras esta ira?

Paso 3: Acepta las cosas que no puedes cambiar

¿Has identificado la verdadera causa de tu ira? Si pudieras volver atrás en el tiempo, ¿qué harías de forma diferente que te permitiera vivir libre de ira?

1. Enumera tres cosas que cambiarías en tu comportamiento.

2. ¿Qué te impide cambiar esos comportamientos ahora mismo?

3. ¿Puedes aceptar tus arrepentimientos como errores de los que puedes aprender?

Paso 4: Aceptación

Piensa en tu ira. Escribe tus respuestas.

1. ¿Eres de alguna manera responsable del daño que te hace enojar?

2. ¿Has considerado la posibilidad de que la persona que te hizo enojar no tuviera otra opción?

3. ¿Alguna vez has hecho algo similar a otra persona?

El cuarto paso puede ser doloroso, pero es muy poderoso. Dependiendo de la fuente de tu ira, puede tomarte mucho tiempo llegar a una etapa en la que puedas ver el problema desde el punto de vista de la otra persona.

Se cree que sólo una vez que asumes la responsabilidad total de tu ira, y entiendes tu propio papel en ella, puedes superarla de verdad.

Día 15
Atención Plena

La atención plena se trata de estar completamente concentrado en lo que pasa a tu alrededor, lo que haces, lo que dices y cómo te sientes. Aunque esto probablemente suene bastante simple, es más fácil decirlo que hacerlo - nuestras mentes no son fáciles de mantener quietas.

Debido al estrés, a la sobrecarga de información o a un estilo de vida ocupado, evitar que tu mente deambule puede ser todo un reto. Los pensamientos acelerados, la charla interna o las cosas que te preocupan inconscientemente todo el tiempo, pueden hacer que tu mente esté desordenada e inquieta.

La clave de la vida consciente es el enfoque. Una persona consciente está "totalmente en el momento", ya sea jugando con su hijo, trabajando, comiendo, haciendo el amor, escalando o escribiendo una carta a un amigo. Es consciente del efecto que sus palabras o acciones pueden tener en los demás, así que piensa antes de hablar o actuar.

La atención plena puede aprenderse y también puede convertirse en una forma de vida; sin embargo, requiere un esfuerzo de tu parte para mantener tu mente enfocada en una cosa en medio de todas las distracciones que nos rodean. Muchas actividades pueden ayudarte a cultivar esta técnica de desarrollo personal, como el yoga, la meditación, la visualización y los deportes.

¿Qué tan consciente eres?

Practicar la atención plena tiene muchos beneficios para tu salud, felicidad, trabajo y relaciones. Tanto la ciencia como la experiencia muestran que todas las áreas de tu vida mejoran una vez que empiezas a vivir de forma consciente.

Sin embargo, ser consciente en estos tiempos no es fácil. Los estudios indican que la mayoría de las personas pasan casi el 50% de sus horas de vigilia pensando en algo que no tiene nada que ver con lo que están haciendo, y esto afecta indirectamente a su rendimiento, creatividad, concentración y bienestar.

13 cosas que una persona FOCALIZADA hace:

    1. Les resulta fácil concentrarse en las tareas.

    2. Hacen buen uso de su tiempo.

    3. Hacen las cosas con rapidez.

    4. No se distraen fácilmente.

    5. Priorizan y se concentran en las cosas más importantes.

    6. Siempre encuentran tiempo para responder a los correos electrónicos, reunirse con amigos y visitar a la familia.

    7. Están totalmente presentes durante las reuniones.

    8. Les resulta fácil concentrarse en lo que están haciendo.

    9. Piensan antes de decir algo.

10. Eligen "consultar con la almohada" en lugar de tomar una decisión apresurada.

11. Se mantienen tranquilos bajo presión.

12. Son plenamente conscientes de lo que sienten por alguien o algo.

13. Les resulta fácil entender cómo se sienten los demás.

8 cosas que hacen aquellos que no están focalizados:

1. A menudo se sorprenden por lo que dicen o hacen.

2. A menudo son multitarea.

3. Se preocupan por el trabajo incluso después de dejar la oficina.

4. A menudo olvidan las cosas que dicen otras personas, las cosas que leen o las promesas que hacen.

5. Se sienten incómodos al estar sentados o callados por mucho tiempo, y preferirían estar haciendo algo.

6. Su mente vaga.

7. Cuando están molestos, no pueden dejar de pensar en ello.

8. A menudo tienen problemas para dormir porque sus pensamientos los mantienen despiertos.

Nuestras mentes dispersas hacen lo mejor que pueden para seguir el rastro de todas las cosas que necesitamos recordar. Sin embargo, en este mundo tan estresante, usamos tantos sombreros en un solo día que no es de extrañar que a menudo estemos muy nerviosos y ansiosos.

3 simples ejercicios de atención que te obligarán a ir más despacio y a concentrarte:

1. Observación plena

Este ejercicio te ayudará a notar, quizás por primera vez, cuán bellas, inusuales o interesantes son algunas cosas en las que nunca antes había pensado.

Elije un objeto de tu entorno inmediato, como tu jardín, el parque en el que paseas a tu perro o algo que tengas en tu balcón. Debe ser algo que haya estado allí durante años, que nunca antes te hayas molestado en notar: una flor, un pájaro que visite tu comedero de pájaros, un trozo de roca, un tronco de árbol caído, un árbol en plena floración.

Mira el objeto mientras puedas mantenerte concentrado. Relájate mientras lo haces.

Examina su forma, color y tamaño, recogiendo hasta los más pequeños detalles. Mientras lo haces, intenta sintonizar con este objeto e imaginar cuál debe ser su propósito en la red de la vida.

Si consigues mantenerte concentrado durante 15 minutos sin contestar el teléfono o hablar con alguien, te sorprenderá lo fresco que te sentirás después.

2. Inmersión consciente

Este ejercicio consiste en encontrar satisfacción en lo que haces en lugar de pasar continuamente de una actividad a otra. El propósito es disfrutar de lo que sea que estés haciendo en ese momento.

Por ejemplo, si estás involucrado en un trabajo aburrido y repetitivo, como hacer las tareas domésticas, trabajar en el jardín o clasificar archivos en el trabajo, intenta enfocar estas tareas desde un ángulo diferente. Haz tu trabajo más creativo.

Presta atención a cada detalle de tu actividad, como si tuvieras que describirle a alguien cómo se debe hacer un trabajo como ese. Concéntrate en lo que estás haciendo, y céntrate en cómo se siente tu cuerpo, cómo se mueven tus músculos cuando levantas o mueves cosas.

Al ser consciente de cada paso y al sumergirse en él, el trabajo se terminará rápidamente. Dejarás de pensar en lo aburrido que es y dejarás de presionarte para terminar lo antes posible para poder pasar a otra cosa. Puede que incluso empieces a disfrutarlo.

3. Consciencia de amar

Cuando se está atento al amor, no se espera al cumpleaños, aniversario o San Valentín de alguien para reflexionar sobre la importancia de esa relación en la vida. De vez en cuando, detente y mira hacia atrás a la conexión que tienes con un amigo, cónyuge o padre. Reflexiona sobre todo lo que ha pasado, aprecia que están en tu vida, y demuestra que te importan. No pienses sólo *en* lo que significan para ti, diles cómo te sientes.

La atención plena y el manejo de la ira

Cultivar la atención plena te ayuda a reducir tanto la frecuencia como el nivel de la ira que experimentas.

La conciencia es estar completamente presente en cualquier cosa que hagas. Para algunos, esto es natural, pero la mayoría de nosotros tenemos que aprender a cultivar la atención. Y una de las formas más fáciles de aprender esto es a través de la meditación.

La práctica de la meditación de la atención plena no tiene por qué ser complicada. Puedes hacerlo mientras paseas a tu perro, te sientas tranquilamente en el jardín, escuchas música que te levante el ánimo, o como parte de otras actividades como el yoga, los deportes o el tejido. En pocas palabras, la atención plena consiste en estar "centrado", sin ser consciente de ello. Con la práctica, se convierte en una forma de vida.

La atención plena puede facilitarte la vida mientras se mejora tu salud física, aliviando el estrés, bajando la presión sanguínea y reduciendo el dolor crónico.

Si las decisiones de tu vida se toman de forma consciente, significa que las habrás pensado bien. Por ejemplo, si decides hacerte vegetariano, una aproximación consciente a esta decisión debe ser bien pensada y creativa.

5 características de los veganos conscientes:
- Entienden y aceptan los desafíos que trae una nueva forma de vida.
- Están preparados para dejar su zona de confort y renunciar a las cosas a las que están acostumbrados, con el fin de permitir que nuevos gustos, experiencias y personas entren en sus vidas.
- Tienen una estrategia sobre cómo lidiar con las crisis, los antojos o las dudas.

- No temen defender lo que creen y están dispuestos a explicar, pero también a defender su forma de vida sin confrontación.
- Preparan y comen su comida con cuidado.

Entonces, ¿cómo se aplica la atención plena a la gestión de la ira?

Mientras que algunos terapeutas recomiendan controlar la ira contando hasta 10, o golpeando una almohada, otros no están de acuerdo con este enfoque ya que creen que esto sólo cura la herida en la superficie, mientras que, en el interior, sigue sangrando. En su lugar, recomiendan abordar el verdadero problema detrás del arrebato de ira, no la ira en sí misma.

Independientemente de tu enfoque para el manejo de la ira, cada vez más terapeutas recomiendan reemplazar las técnicas tradicionales de manejo de la ira por técnicas de atención.

La conciencia es una experiencia muy personal y hay muchas formas diferentes de hacerlo, pero, puedes aplicar estos pasos a casi cualquier actividad o situación.

7 pasos básicos para la atención plena:

1. Encuentra un lugar tranquilo para sentarte y relajarte.
2. Establece un límite de tiempo, como de cinco a diez minutos.
3. Mantén tu mente y si deambula, tráela de vuelta.
4. Toma conciencia de tu cuerpo: nota cómo se sienten tus rodillas, cuán calientes o fríos están tus pies, cuán tenso o relajado está tu abdomen, o si tiene algún dolor o molestia.
5. Sé consciente de los ruidos a tu alrededor: intenta adivinar qué pájaro está haciendo ese ruido particular, qué está pasando en la calle, qué perro está ladrando.
6. Esta atento a cualquier olor inusual: un vecino haciendo una barbacoa, su compañero de cuarto haciendo una taza de café, el olor de las lilas en el jardín.
7. Vuelve lentamente.

Día 16
Meditación

Numerosos estudios confirman que meditar durante sólo 20 minutos al día, todos los días, puede tener numerosos efectos positivos tanto en la salud física como en la mental. Esto se debe en gran parte a que la meditación relaja la mente, lo que a su vez reduce la ira y la ansiedad, disminuye la presión sanguínea y ayuda a sentirse enraizado.

Para los que la practican regularmente, la meditación puede convertirse en una forma de vida. También puede ayudarte a enfrentarte cara a cara con los sentimientos que mantienes ocultos a los demás, o a ti mismo. En el caso de aquellos que han sufrido un trauma o algún tipo de abuso emocional o físico, la meditación puede traer la curación del dolor, la vergüenza o la culpa que a menudo está presente. Este tipo de curación es particularmente eficaz si llevas mucha ira reprimida y antigua.

La meditación es una habilidad, lo que significa que puede ser enseñada y perfeccionada con la práctica. Hay muchas maneras diferentes de hacerlo, y puedes elegir el estilo que más te convenga en función de lo que quieras conseguir con ella (por ejemplo, la meditación calmante vs. la meditación introspectiva), o de la tradición, cultura o disciplina espiritual que quieras seguir.

De las docenas de tipos de meditación que se practican hoy en día, los más populares son la meditación guiada o no guiada, la meditación caminando, la meditación budista, la meditación trascendental y la meditación para el sueño, para el estrés, para la ira, para la compasión.

El punto es que no hay una forma correcta o incorrecta de meditar. La meditación es una experiencia muy personal, y debes elegir la que te funcione.

Dónde meditar

La meditación no tiene por qué ser un asunto complicado, con un espacio especial para la práctica, luces tenues y música edificante. Idealmente, debe ser practicada en un espacio dedicado a ese propósito, sin embargo, eso es opcional.

Algunas personas se esfuerzan mucho en crear efectos especiales en la sala de meditación, pero estos ayudan sólo en el sentido de que crean una atmósfera en la que es más fácil apagarse y relajarse, y no son de ninguna manera esenciales para el éxito de la meditación. Con la práctica, puedes aprender a entrar en un estado meditativo en cualquier lugar, independientemente del "ruido" externo e interno.

3 cosas a tener en cuenta cuando se crea un espacio de meditación en casa:

- **Encuentra un espacio**

  Muy pocos de nosotros podemos reservar una habitación entera para la meditación, por lo que el espacio de meditación suele ser un rincón de una habitación que tiene otro propósito, como un dormitorio o un estudio. El espacio de meditación también puede ser una mesa decorada para ese propósito, una estantería, o incluso un tronco de árbol o un banco en el jardín.

- **Decorar el espacio**

Esto es lo que lo hará propicio para la meditación. Como la meditación es una experiencia muy personal, cualquier cosa que te ayude a entrar en un estado meditativo está bien: una estatua de Buda, trozos inusuales de roca o madera, cristales, velas, fotografías, flores, hojas secas, frutas.

- **Haz tu espacio sagrado, es decir, especial**

  Haz que tu espacio de meditación sea sagrado haciendo que se vea y "sienta" especial comparado con otras partes de tu espacio vital. Es por eso que nunca debes mantener cosas "mundanas" en él, como libros, revistas, comida o ropa.

Beneficios para la salud de la meditación

Mientras que para la mayoría de la gente la meditación es un proceso de relajación, en el Ayurveda es un proceso desintoxicante que ayuda a eliminar los "desechos" de la mente. Gira alrededor de entrenar tu mente para que se concentre y libere la energía mental negativa que afecta a tus pensamientos, emociones y comportamiento.

La meditación afecta a todos los aspectos de nuestro ser:

- A nivel emocional, es una herramienta efectiva para vencer el estrés, la depresión y la ansiedad.
- A nivel mental, ayuda a calmar la charla interna para que puedas concentrarte y relajarte más fácilmente mientras ignoras los pensamientos que te distraen.
- A nivel físico, te calma. Cuando los latidos del corazón disminuyen y la presión sanguínea baja, el cerebro produce ondas alfa, en lugar de beta. Después de pasar un tiempo en este estado alfa relajado pero alerta, te sentirás tan refrescado como si hubieras dormido una siesta.

Numerosos estudios muestran que los meditadores habituales son generalmente más saludables que los que no lo son, y que la meditación ayuda no sólo con los trastornos relacionados con el estrés, sino con muchas otras enfermedades de hoy en día como las migrañas, el síndrome del intestino irritable, el asma, la ansiedad, la depresión leve, la presión arterial alta y las enfermedades cardíacas.

Técnicas de meditación

La meditación consiste en aquietar la mente y vaciarla de pensamientos que la distraen. Es mejor si puedes meditar a la misma hora y en el mismo lugar todos los días. No importa por cuánto tiempo lo hagas, siempre y cuando lo hagas correctamente. Si eres nuevo en la meditación, empieza con 10 minutos al día, y al final de la semana, deberías empezar a notar mejoras.

Técnica básica de meditación:

1. Siéntate cómodamente, ya sea en la posición de loto o, si tu espalda es débil, en una silla de respaldo recto con los pies en el suelo.
2. Cierra los ojos. Cálmate.
3. Respira lenta y constantemente.

4. Para mantenerte concentrado, puedes repetir un mantra y mirar un *mandala* o la llama de una vela. Esto es opcional.

5. Cuando hayas terminado, abra lentamente los ojos, mueve los brazos y las piernas para estimular la circulación, y luego ponte de pie. Toma un vaso de agua para hidratarte, ya que algunas personas se sienten mareadas después de estar sentadas mucho tiempo.

Tipos de Meditación

El tipo de meditación que elijas hacer debe ser el que funcione para ti y debe abordar la razón por la que lo haces: para calmarte, para obtener una visión espiritual, para dormir mejor, etc.

Meditación para el estrés y la ansiedad

La vida es estresante tal como es, pero si su día comienza con estrés inducido por el tráfico y termina de la misma manera -especialmente si pasa largas horas yendo y viniendo del trabajo- esto puede convertirse rápidamente en demasiado.

La razón por la que la meditación diaria y constante es tan efectiva para el manejo del estrés es que te ayuda a reprogramar tu cerebro para que se vuelva menos reactivo y más sensible.

El estrés suele hacer que la gente se preocupe demasiado, y los pensamientos acelerados dificultan la concentración en cualquier cosa. La meditación es una herramienta muy útil para calmar una mente hiperactiva. Con la práctica regular, puedes aprender a desprenderte de los interminables pensamientos, no olvidándote de ellos, sino controlando cuánto te quedas con ellos.

Meditación para la ira

Aunque hay diferentes formas de meditación para elegir, la llamada "meditación de la ira" tiene como objetivo abordar el problema de la ira no mediante el control de esta, sino dejando que siga su curso.

A este efecto, la meditación ayuda a cambiar el enfoque de pensar en quién o qué te hizo arribar al sentimiento real de la ira. Sientes la rabia, la vergüenza, la frustración o cualquier otra emoción que te provoque ira. Si hay una parte de tu cuerpo que está caliente o ardiendo de ira, como tu cara, estómago o cabeza, toma conciencia de ello.

Concéntrate en ese punto, y comienza a respirar lenta y profundamente. Intenta llevar tu respiración a esa zona. Continúa hasta que puedas sentir que la energía negativa se disuelve.

Meditación para dormir

Este tipo de meditación te enseña a no quedarte atrapado en pensamientos negativos antes de ir a la cama. Para muchas personas, no es hasta que se van a la cama, o justo antes de hacerlo, que finalmente pueden ir más despacio y relajarse. Es entonces cuando empiezan a reflexionar sobre el día detrás o delante de ellos. Así que, en lugar de prepararse para dormir más despacio, activan su mente pensando en los diversos problemas que tienen que afrontar o las tareas que les esperan por la mañana.

La meditación para el sueño suele ser una meditación guiada que te ayudará a dejar ir lo que estés pensando hasta que te relajes lo suficiente como para dormirte. Este proceso gira en torno al hecho de que la meditación ayuda a reducir el ritmo cardíaco y fomenta una respiración más lenta.

Para ayudar a combatir el insomnio, no pienses, lee o ve nada excitante que pueda hacer que empieces a pensar o a preocuparte. En su lugar, concéntrate en algo que te calme y te dé paz, como una foto, música o un pensamiento, y observa cómo tu cuerpo se relaja mientras se prepara para dormir.

Meditación guiada vs. no guiada

En la meditación guiada, eres guiado a través de "movimientos" de meditación por un maestro que te lleva a través de todos los pasos de una técnica de meditación en particular y que sugiere cómo puedes aplicar lo que has aprendido en tu vida diaria. Este tipo de meditación es particularmente bueno para los principiantes.

Durante la meditación no guiada o silenciosa, meditas por tu cuenta, ya sea completamente solo o como parte de un grupo, y nadie explica el proceso. Esto puede ser tan simple como sentarse en silencio y concentrarse en la respiración mientras se vacía la mente de pensamientos que distraen, o se puede aplicar una técnica de meditación particular (como la meditación para la ira, el sueño, etc.).

Meditación Zen

La meditación Zen se centra en la respiración y en cómo se mueve a través de tu cuerpo. No piensas en nada y dejas que la mente "sólo sea". Con este tipo de meditación, cultivas tanto la atención como el estado de alerta.

Meditación mantra

Con este tipo de meditación, en lugar de centrarse en la respiración para calmar la mente, te centras en un mantra. Tu mantra puede consistir en una sílaba, una palabra o una frase que resume lo que crees o a lo que aspiras.

La filosofía detrás de la meditación del mantra es que las sutiles vibraciones asociadas con el mantra repetido pueden alentar un cambio positivo, aumentar la confianza en sí mismo, reducir el miedo y fomentar la empatía. Básicamente, un mantra debe guiarte en la forma en que quieres vivir tu vida, por lo que debes elegir un mantra que te llame la atención.

Puedes elegir una cita:

- "Nuestra mayor gloria no está en no caer nunca, sino en levantarse cada vez que caemos." (Confucio)
- "Una persona es lo que piensa todo el día." (Ralph Waldo Emerson)
- "Las oportunidades no suceden, tú las creas." (Chris Groser)
- "No pueden quitarte tu autoestima si no se la das." (Mahatma Gandhi)

También puedes crear un mantra personal que resuma tus metas y aspiraciones:

- Puedo y lo haré
- Vivo simplemente
- Escribo mi destino
- Aprovecho el día

Meditación trascendental (TM)

La TM es una meditación de mantra silenciosa, normalmente practicada durante 20 minutos dos veces al día, aunque hay muchas variaciones. Meditas con los ojos cerrados y repites un mantra que te asigna tu maestro. Mientras meditas de esta manera, tu proceso de pensamiento "trasciende" y es reemplazado por un estado de conciencia pura.

A diferencia de otros tipos de meditación, la MT requiere un entrenamiento formal por un maestro certificado. No requiere concentración o contemplación, sólo respirar normalmente y centrar tu atención en el mantra.

Algunos estudios sugieren que este tipo de meditación no es una buena opción para aquellos que sufren de una cierta condición psiquiátrica.

Meditación caminando

Durante la meditación caminando, estás físicamente activo y enfocado en la experiencia de caminar. Caminas muy lentamente y te concentras en tu respiración. Lo ideal es que lo hagas en un lugar donde no te distraiga la gente, el tráfico o el paisaje.

Puedes practicar descalzo o usar zapatos ligeros, y puedes caminar en círculo si lo haces en un pequeño jardín. Intenta ser consciente de los sonidos a tu alrededor y de ti mismo moviéndote en ese lugar en particular. La meditación caminando es una gran técnica para mejorar la concentración.

El autor de autoayuda de renombre internacional y conferencista motivacional Wayne Dyer tenía grandes consejos sobre cómo se debe vivir la vida: "Anda más lento en tu viaje por la vida. Practica el yoga y la meditación si sufres de 'enfermedad de prisa'. Conviértete en más introspectivo visitando lugares tranquilos como iglesias, museos, montañas y lagos. Date permiso para leer al menos una novela al mes por placer. "

Día 17

El budismo zen y la importancia de vivir en el presente

Lo que es quizás la diferencia más sorprendente entre el budismo Zen y la cultura occidental es la comprensión de la felicidad. Mientras que la mayoría de la gente definiría la felicidad como obtener lo que quiere - tener un cierto modo de vida o ciertas posesiones materiales - la filosofía Zen se basa en la idea de que debemos dejar de esperar que nuestras vidas se desarrollen de la manera en que pensamos que deberían.

Por desgracia, cuanto más buscamos algo que nos haga felices, más probable es que nos decepcionemos. Pero para los budistas, la verdadera felicidad es un estado de ánimo, y miran profundamente en su interior cuando lo buscan.

Las herramientas del Zen que pueden ayudarte a alcanzar una etapa en la que empiezas a buscar la satisfacción dentro, en vez de fuera, son la meditación, la atención y la práctica de la bondad amorosa.

Vivir de acuerdo con estos principios no sólo facilita la búsqueda de la felicidad, sino que también dificulta el desarrollo de cualquier emoción negativa, especialmente la ira.

¿De qué se trata el Zen?

Mientras que el interés en el Budismo Zen está creciendo, muchos creen que seguir esta filosofía no es posible en el siglo XXI. Es cierto que el mundo moderno es muy diferente de la época en que el budismo apareció por primera vez; sin embargo, el principal obstáculo para una forma de vida Zen es que la obsesión por las posesiones materiales, el consumismo y la ambición personal - no el desarrollo espiritual - se han convertido en los valores centrales de la cultura occidental.

El Zen es de una simplicidad pacífica, pero el estrés de la vida cotidiana hace difícil aspirar a la armonía interior. Aun así, es posible abrazar los valores Zen si logras ir más despacio y vivir con cuidado.

5 pasos para adoptar la filosofía Zen en medio del caos de la vida moderna:

1. Encuentra tu técnica de meditación

La meditación es clave para el estilo de vida Zen, así que elige cómo quieres hacerlo. Hay muchos estilos para elegir, pero el elemento más importante para el éxito de la meditación es estar enfocado. Si tienes un estilo de vida ocupado y la multitarea te ayuda a sobrellevarlo, prepárate para dejar ese estilo de vida. Tu rendimiento general y los resultados de cualquier cosa que hagas mejorarán enormemente si empiezas a concentrarte en una cosa a la vez.

2. Disfruta del momento

Aprende a conformarte con lo que eres y con lo que tienes. Cuando aprendes a aceptar la vida que estás viviendo, dejas de preocuparte, y cuando te liberas de la preocupación disfrutas más de la vida. Saborear cada momento en medio del estrés y el caos en el que nos estamos ahogando no es fácil, pero es la única manera de evitar que la vida te pase de largo.

El conocido monje Zen vietnamita Thich Nhat Hanh lo dijo todo: "Beba su té lenta y reverentemente, como si fuera el eje sobre el que gira la tierra del mundo lentamente, de manera uniforme, sin precipitarse hacia el futuro".

3. Busca la felicidad en tu interior

Algunas personas son felices dondequiera que estén, mientras que otras son infelices, a pesar de todo. No tiene sentido buscar la felicidad en lugares lejanos, trabajos mejor pagados o coches más rápidos. La felicidad está dondequiera que estés ahora mismo, porque está dentro de ti. En lugar de buscarla a lo largo y ancho, mira en tu interior.

4. Haz una cosa a la vez

La mayoría de la gente tiene que hacer malabares con la familia, la carrera y la vida social, así que la multitarea se ha convertido en una forma de vida. Sin embargo, cuando vives así, todo lo que haces es cambiar tu enfoque de una cosa a otra a lo largo del día. Cuando no estás completamente concentrado, y en su lugar tratas de hacer varias cosas al mismo tiempo, se desperdicia mucha de tu energía y tiempo. Consigues mucho más si prestas toda tu atención a lo que estás haciendo, en lugar de esperar conseguir más cosas al asumir múltiples tareas.

5. Sé amable contigo mismo y con los demás

En cierto modo, el budismo y la inteligencia emocional se basan en los mismos valores: comprensión, empatía y perdón. Cuando aprendes a perdonar (tanto a ti mismo como a los demás), dejas de juzgar y culpar. Cuando tratas de entender por qué alguien ha hecho algo que te molesta, dejas de sentirte enojado. Cuando practicas la gratitud, te das cuenta de lo buena que es la vida en realidad. Sea lo que sea que decidas hacer, no subestimes el poder de la bondad.

Enfoque Zen de la ira

Todos nos enojamos de vez en cuando, pero lidiamos con esta poderosa emoción de diferentes maneras. Algunas culturas la reprimen, mientras que otras la expresan libremente, algunas incluso disfrutan del sentimiento.

Desde el punto de vista Zen, sentirse enojado es simplemente desperdiciar tu energía en un estado mental que no sirve para nada. Los budistas abordan la ira de una manera pragmática, mientras no la nieguen, no harán nada para ayudarla a crecer.

Mientras que los psicólogos nos dicen que la ira es normal y que debemos expresarla de manera constructiva, en el budismo, la ira es vista como la fuerza más negativa y destructiva, una que puede fácilmente destruir todo lo bueno del mundo. Por lo tanto, abordan la ira de una manera típicamente budista: neutralizándola con el no.

5 cosas zen para hacer cuando empieces a enojarte:

1. Está bien estar enfadado, no lo niegues.

Para los budistas, el miedo y la ira son emociones que drenan energía y que pueden controlar tu vida si las dejas. Con paciencia y práctica, puedes aprender a evitar estos estados mentales.

2. Aprende a no enojarte

En el budismo, la ira tiene una mala reputación, principalmente porque gira en torno al ego. Aun así, los budistas creen en la práctica de la bondad amorosa incluso con aquellos que los hacen enojar. Los budistas no se comportan agresivamente cuando se enojan, ni tratan de suprimir la ira. La tratan observándola, pero no participando en ella. En otras palabras, la neutralizan con comprensión y compasión.

3. Cultivar la paciencia

Si no puedes evitar sentirte enojado, date tiempo para calmarte y poder comunicarte sin hacer una escena o causar daño. Reconoce la ira y acéptala. Espera. Dale suficiente tiempo, y tu ira se desvanecerá por sí sola. La paciencia te da la oportunidad de analizar tus sentimientos de ira y entender por qué te sientes de cierta manera.

4. No alimentes la ira

Mientras que algunos terapeutas recomiendan descargar la ira de manera que no cause daño, como golpear una almohada, los budistas creen que cuando expresas tu ira, ya sea verbal o físicamente, la ayudas a crecer. Pero cuando la ignoras, la matas de hambre.

5. La compasión requiere valor

Muchas personas se sienten fuertes cuando están enojadas, probablemente debido a la descarga de adrenalina que inunda el cerebro, y consideran a los que nunca muestran ira como débiles cobardes. En el budismo, es al revés.

Los budistas creen que mostrar ira es un signo de debilidad, mientras que tener la fuerza para reconocer la ira, o el miedo que se siente al enfrentarse a una persona enojada o cuando se está en una situación peligrosa, es un signo de verdadera fortaleza.

Como la mayoría de las filosofías orientales, las enseñanzas del budismo Zen se centran en la aceptación y la paciencia. El Zen nos enseña a ser observadores de lo que pasa a nuestro alrededor y a abrazar tanto lo bueno como lo malo, porque hay una razón para todo.

Como Robert Green señaló, "Todo lo que te pasa es una forma de instrucción si prestas atención".

Día 18

Técnicas de paz interior para controlar la ira

Ninguno de nosotros pasa por la vida ileso y, con el tiempo, todos ideamos varias estrategias de afrontamiento para ayudarnos a lidiar con el estrés, los problemas, la ira y las decepciones. Sin embargo, no todas las estrategias de afrontamiento son saludables.

Las estrategias de afrontamiento poco saludables son las que la mayoría de la gente suele utilizar, principalmente porque requieren el menor esfuerzo y ofrecen una gratificación instantánea. Desafortunadamente, a menudo tienen efectos negativos a largo plazo en nuestra salud. Estas estrategias incluyen el alcohol, las drogas, los antidepresivos, el tabaco y la alimentación reconfortante.

Por otra parte, las estrategias de afrontamiento saludables, que ofrecen una mejor solución a largo plazo, no siempre son fáciles de implementar y puede llevar bastante tiempo que las primeras mejoras se vean.

Las estrategias saludables de control de la ira se basan en técnicas que ayudan a tomar el control de las emociones y a minimizar los efectos de los arrebatos de ira. Las filosofías orientales, como el budismo, el taoísmo y el yoga, recomiendan formas suaves, pero poderosas y efectivas, de manejar la ira que se centran en la paz interior y la autodisciplina.

El Tao de la paz interior

El taoísmo es un sistema de creencias que promueve la autoaceptación, la paz interior y la flexibilidad. La razón por la que el taoísmo y otras filosofías orientales se han hecho tan populares en Occidente es que, a medida que la vida se vuelve más compleja y las personas se encuentran enfrentando desafíos abrumadores en todos los niveles, tratan de encontrar una forma alternativa de lidiar con el estrés y restaurar el equilibrio interior.

El taoísmo enseña muchas cosas, la más importante de las cuales es que el pasado está detrás de ti y el futuro no está aquí todavía - debes centrarte en el momento presente. Y es por eso que estas ideas son tan difíciles de comprender para muchos. En Occidente, la gente pasa toda su vida rumiando sobre sus errores del pasado y preocupándose por cómo se las arreglará en el futuro. El estar abrumado por la incertidumbre (porque se preocupan constantemente por el futuro) y el agotamiento mental (por pensar constantemente en lo que pasó en el pasado) son las principales razones por las que la ansiedad, la depresión y los trastornos mentales están alcanzando proporciones epidémicas en el mundo desarrollado.

El Tao es grande en el perdón, por lo que su enfoque en el manejo de la ira es perdonar. Sin embargo, el hecho de perdonar o no, no importa realmente, ya que no cambiará lo que sucedió en el pasado. Lo que nos lleva a la clave del taoísmo en la aceptación de la vida. Aceptar el pasado por lo que es, porque ha sido y se ha ido. Concéntrate en el aquí y ahora.

El taoísmo no es una religión, sino un sistema de creencias cuya doctrina principal es que sólo la armonía dentro de las personas puede crear armonía en el entorno. Trata la ira cultivando la empatía, incluso para aquellos que hacen enojar a los practicantes. A través de la búsqueda constante de la paz interior, los taoístas desarrollan la habilidad de entender el sufrimiento de los demás, incluso de sus enemigos, sin juzgarlos.

4 consejos taoístas para lograr la paz interior:

Encuentra tu propia felicidad

La gente necesita cosas diferentes para sentirse satisfecha. No hay una receta para encontrar la felicidad, porque la felicidad significa cosas diferentes para cada persona. Sólo cuando encuentres tu propio sentido de la vida habrás encontrado la verdadera felicidad.

La paz no está a tu alrededor, está dentro de ti.

Para llegar a una etapa en la que puedas encontrar paz entre las multitudes, el ruido y el caos, tienes que ser capaz de apagarte, sin importar lo que esté pasando a tu alrededor o dentro de ti. Esto se logra a través de la meditación, que es una gran herramienta para desarrollar la autodisciplina.

Bajar las expectativas

Las expectativas son una causa importante de ira, porque te hacen demasiado ambicioso, competitivo y frustrado. La gente rara vez está satisfecha con lo que tiene y siempre quiere más. Según el taoísmo, cuantas más esperas, menos te conviertes: la clave de la felicidad es vivir en el presente y practicar la gratitud.

Simplifica tu vida

Cuando desatascas tu vida y tu mente de todas las cosas, pensamientos e información innecesarios, creas espacio para las personas y experiencias que realmente importan.

Yoga

A pesar de la forma en que muchas personas se acercan al yoga, es mucho más que un entrenamiento. Es una tradición espiritual que reúne el cuerpo, la mente y el espíritu, y *las asanas* son sólo una pequeña parte de ella. Según la filosofía del yoga, el propósito principal de los ejercicios físicos es preparar el cuerpo para largos períodos de meditación, porque es necesario ser mentalmente fuerte y físicamente flexible para poder sentarse quieto durante largos períodos de tiempo.

Equilibrio interior.

Sus tres elementos principales son el *pranayama* (ejercicios de respiración), la meditación y *las asanas* (ejercicios físicos). Y aquí es donde mucha gente que hace yoga se equivoca.

Para la mayoría de la gente (en Occidente, por lo menos), el yoga es simplemente una forma de ejercitar sus cuerpos. Sin embargo, aunque estos ejercicios han demostrado tener beneficios para la salud, no es eso lo que el yoga es en realidad. Sin el *pranayama*, las prácticas éticas y la meditación, no se está practicando realmente el yoga.

Esto significa que, si sólo puedes hacer poses simples, pero entiendes y sigues la filosofía del yoga, estás en un nivel mucho más alto de práctica del yoga que alguien que puede hacer incluso los ejercicios más exigentes sin entender por qué lo están haciendo.

Hay muchas escuelas de yoga diferentes, pero todas giran en torno al equilibrio de la mente y el cuerpo. Y, al igual que otras tradiciones espirituales, el yoga puede enseñarnos cómo reaccionar ante la ira sin reprimirla ni actuar agresivamente.

Según la filosofía del yoga, la ira debe evitarse a toda costa porque socava la esencia misma del yoga-lograr la felicidad y la libertad.

Los antiguos yoguis creían firmemente y practicaban el enfoque mente-cuerpo de la vida. Para ellos, la ira era una especie de bloqueo a nivel mental, físico o espiritual. Para liberar la energía bloqueada, usaban una combinación de asanas, *pranayama* y técnicas de meditación como principales herramientas de control de la ira con las que distraer la mente enojada de los pensamientos negativos. El modelo básico de yoga para controlar la ira es detener la charla interna (con la meditación) y cambiar el enfoque del disparador de la ira al ejercicio y la respiración (con *asanas* y *pranayama*).

Estas prácticas ayudan a controlar la ira al ponerte en un estado mental que promueve la tranquilidad y aumenta la autoestima mientras mejora tu salud física al equilibrar la producción de hormonas.

3 maneras en que el yoga ayuda a controlar tu ira:

1. El yoga te calma

La meditación y las técnicas de respiración son la esencia del yoga. Te ayudan a detener la charla interna y una vez que eso sucede, es más fácil sentirse relajado y libre de estrés. Cualquiera que haya asistido a una clase de yoga sabe lo ligero y tranquilo que se siente después. Esto se debe a que la práctica del yoga reduce las hormonas del estrés (cortisol y adrenalina) e induce la respuesta de relajación (elevando los niveles de oxitocina, una hormona que reduce la presión arterial y mejora los niveles de ciertos neurotransmisores que suelen ser bajos en quienes están abrumados por la negatividad). Y sólo en este estado mental relajado podemos "ver" claramente la verdadera razón de nuestra ira o ansiedad y aceptarla. Por lo tanto, hay evidencia basada en la ciencia de que la práctica del yoga inicia una serie de cambios químicos positivos dentro de tu cuerpo.

2. El yoga aumenta tu confianza

Haciendo yoga construyes tu fuerza física y mental, lo que a su vez potencia lo que sientes por ti mismo y por tu cuerpo. A medida que tu cuerpo se vuelve más flexible, tu piel más radiante, y comienzas a caminar con más gracia, no puedes sino sentirte orgulloso de ti mismo. Otra razón por la que tu confianza se dispara es que el yoga mejora tu salud tanto a nivel físico como mental, lo que afecta indirectamente a cómo te sientes sobre ti mismo y tu vida.

3. El yoga desbloquea tu energía

El yoga se trata del equilibrio del cuerpo, la mente y el alma. Para que esto suceda, la energía dentro de tu cuerpo tiene que fluir libremente. Desafortunadamente, a menudo se bloquea debido al estrés prolongado, la fatiga crónica, las emociones reprimidas, el miedo o la depresión. Como resultado, las emociones pueden desequilibrarse, y puedes fácilmente abrumarte con la negatividad. Cuando la energía "fluye" libremente, también lo hacen tus emociones, y las emociones saludables producen pensamientos saludables.

Hay varios *asanas* que son particularmente poderosas cuando se usan para liberar la ira y la frustración reprimidas, y se cree que la *garbhasana* y el *koormasana son* las más eficientes.

Según el conocido profesor y autor de yoga, TKV Desikachar, "El éxito del yoga no radica en la capacidad de realizar posturas sino en cómo cambia positivamente la forma en que vivimos nuestras vidas y nuestras relaciones".

Día 19
Terapia cognitiva conductual

La ira puede tener muchos desencadenantes y, dependiendo del temperamento, la cultura y el nivel de inteligencia emocional de cada uno, puede ser una fuerza positiva o destructiva. Empezamos a aprender sobre el manejo de la ira desde el momento en que nacemos: los bebés lloran de ira si se les deja hambrientos o mojados; algunos niños hacen berrinches si no pueden conseguir lo que quieren, mientras que otros intentan conseguir lo mismo siendo amables y dulces; y como adultos, aprendemos a lidiar con las frustraciones casi a diario.

Sin embargo, cuando nos encontramos en situaciones demasiado complejas para resolverlas por nuestra cuenta, o cuando nos enfrentamos a trastornos de salud mental que requieren un enfoque profesional, lo mejor es buscar un buen terapeuta.

Asesoramiento para el manejo de la ira

El asesoramiento funciona para muchos trastornos mentales, incluyendo el control de la ira. Aunque hay muchos enfoques diferentes para este problema, quizás el más conocido sea la terapia cognitivo-conductual (TCC). Lo mejor de ella es que puede lograr mejoras considerables relativamente rápido, en unos dos meses.

El enfoque de la TCC para el manejo de la ira es abordar una combinación de situaciones y creencias que pueden haber contribuido a la forma en que te sientes acerca de ti mismo, así como a las razones por las que experimentas la ira. Se centra principalmente en las experiencias y el tratamiento de tu infancia, incluyendo las creencias con las que te alimentaste y si fuiste maltratado o menospreciado.

Sin embargo, existen muchos otros tipos de terapia, y los síntomas de ira que experimentas pueden ayudarte a decidir cuál es la mejor para ti.

3 tipos de síntomas de la ira:

1. **Fisiológico** (ritmo cardíaco rápido, temblores, agresión a los demás, etc.)
2. **Cognitivo** (dificultades para concentrarse o recordar, soñar con la venganza, etc.)
3. **Comportamiento** (argumentos que resultan en violencia, conducción temeraria, abuso de alcohol, etc.)

Las personas que luchan contra los trastornos mentales a menudo se esfuerzan por determinar qué terapia sería la mejor para ellos. Con tantas opciones para elegir, quizás sea mejor consultar a tu médico para que te aconseje sobre esto. Aun así, también debes familiarizarte con el contenido de cada terapia, ya que puede haber algunas que te resulten más adecuadas.

Diferentes terapias de control de la ira:

- **Terapia en persona**

  Esto es cuando ves a un terapeuta de forma regular durante un período de tiempo prolongado. Puede ser por teléfono o en línea, en grupo o de forma individual.

- **Asesoramiento en línea**

  Este es un tipo de asesoramiento relativamente nuevo y requiere que tengas una computadora o un teléfono inteligente. Para muchos, ofrece un método de tratamiento original e innovador. Aunque este tipo de terapia te ahorraría mucho tiempo, puede que no sea adecuada para quienes prefieren la interacción cara a cara o carecen de conocimientos de informática.

- **Terapia de grupo**

  Lo mejor de este tipo de terapia es que proporciona tanto un terapeuta como un grupo de apoyo. Este tipo de asesoramiento es a menudo preferido por aquellos que disfrutan de ser parte de un grupo y no les importa discutir sus problemas frente a otras personas. También se benefician al escuchar qué tipo de problemas pueden enfrentar los demás y cómo los enfrentan.

- **Manejo de la ira residencial**

  Este tipo de terapia es más intensa y se utiliza para personas cuyas vidas se han visto gravemente afectadas por su incapacidad para hacer frente a la ira. Por el lado positivo, los clientes están alejados de su vida cotidiana y pueden concentrarse completamente en la terapia, pero este tipo de tratamiento requiere mucho compromiso, y no todo el mundo es capaz de estar alejado de su trabajo o de su familia durante un período de tiempo prolongado.

Otra opción es tratar el control de la ira con medicamentos, lo que generalmente implica antidepresivos, estabilizadores del estado de ánimo o medicamentos antipsicóticos.

Se prescriben medicamentos a los pacientes con problemas graves de ira, pero generalmente sólo como una solución a corto plazo hasta que se hayan calmado y puedan comenzar la terapia. Generalmente se evitan las drogas, ya que suelen tener efectos secundarios y existe la posibilidad de adicción. Por esta razón, la medicación se recomienda generalmente sólo como una solución temporal.

Terapia cognitivo-conductual (TCC)

La terapia cognitivo-conductual (TCC), que se utiliza con éxito para muchos trastornos diferentes, se basa en la idea de que la mejor manera de detener el círculo vicioso de pensamientos, emociones y conductas negativas es reemplazar los patrones de pensamiento destructivos por otros positivos.

La TCC es muy efectiva en el manejo de la ira y se centra en enseñar a los pacientes a controlar sus pensamientos y emociones y a interpretarlos de forma positiva.

7 pasos de manejo de la ira con la TCC:

1. **Evita los pensamientos negativos**

   Esos que siempre son negativos sobre la vida nunca podrán ver nada positivo a su alrededor. Si tu mente está abrumada por la negatividad, necesitas aprender a ver la vida desde un ángulo diferente y darte cuenta de que las cosas no son tan malas como podrías haber pensado.

   La TCC consiste en mirar el mundo, y tu vida, con más objetividad, y darte cuenta de lo mucho que tus pensamientos negativos "colorean" tus experiencias. Cuando aprendas a cambiar la forma en que reaccionas a las situaciones que provocan emociones negativas, sabrás que tu terapia de manejo de la ira ha tenido éxito. Por ejemplo, deja de sentir que las bromas sobre personas con sobrepeso siempre van dirigidas hacia ti, deja de culparte a ti mismo por no haber hecho más por tus abuelos mientras estaban vivos, o concéntrate en mejorar tu desempeño en lugar de preocuparte por la posibilidad de perder tu trabajo.

Tus pensamientos afectan a tus sentimientos, y viceversa: un patrón de pensamiento negativo se convierte finalmente en ira o en autocomplacencia. No tienes que tener pensamientos felices todo el tiempo, pero tampoco debes centrarte sólo en los pensamientos que te hacen sentir miedo, ansiedad o ira. No es un cliché que un estado mental positivo crea oportunidades y atrae experiencias positivas.

2. Identifica de dónde viene tu ira

El objetivo principal de la terapia TCC es hacer que los pacientes entiendan qué es lo que inicia el ciclo de pensamientos negativos, y aprender a evitarlos o detenerlos antes de que se salgan de control. Casi cualquier cosa puede ser un desencadenante de una emoción negativa, pero es la forma en que reaccionas a un desencadenante lo que decide si se convierte en un pensamiento o un comportamiento negativo, o si simplemente lo registras y lo dejas ir.

Acostúmbrate a analizar tu ira. ¿Hay un patrón? ¿Está empeorando? ¿Con qué frecuencia ocurre? ¿Son los desencadenantes siempre los mismos? Si sabes de dónde viene tu ira, puedes evitar los desencadenantes o estar mentalmente preparado para enfrentarlos.

Es la forma en que interpretas un pensamiento, un recuerdo, un comentario que alguien hace, o un evento que mejora o nubla tu juicio. Por eso es que la autocomplacencia negativa puede ser tan destructiva.

3. Cultivar un entorno propicio

La gente de tu entorno puede ser un pilar de comodidad y apoyo o una causa de sabotaje constante. Pueden ayudar a levantarte cuando estás deprimido, o hacerte sentir aún peor de lo que ya te sientes. Por eso es tan importante elegir tu compañía, especialmente si eres demasiado sensible y tiendes a tomarte las cosas de forma personal, o tienes problemas para controlar tu temperamento. Si tu reacción se desencadena fácilmente, y especialmente si tienes un historial de violencia, deberías intentar rodearte de personas que sean menos propensas a presionarte.

Esto no siempre es posible, pero lo que sí es posible es que hagas algunos cambios en tu comportamiento o en tu rutina diaria para evitar mejor las situaciones que te hacen enojar. Por ejemplo, si tiene un problema de ira en la carretera, considera la posibilidad de tomar el transporte público o de encontrar una ruta alternativa para ir al trabajo. Si tienes un problema con ciertos individuos, trata de que se reúnan contigo en un terreno neutral, como una cafetería o un parque, en lugar de en su oficina o casa, donde estar en su "territorio" puede hacerte sentir más vulnerable y menos en control de tus emociones.

4. Responder rápidamente a las emociones negativas

La rapidez con la que reacciones a un pensamiento negativo decidirá el éxito que tengas en evitar que ese pensamiento se convierta en un patrón de pensamiento. La negatividad engendra negatividad, así que el truco es evitar que un pensamiento negativo se convierta en una emoción negativa, que puede convertirse en una reacción negativa.

5. Aprende a identificar tu umbral

A veces, un cambio de escena es todo lo que se necesita para que la ira disminuya. Esto puede significar alejarse de tu oficina por unos momentos, de tu piso por un par de horas, o alejarse de la casa de tus padres. Muchos conflictos ocurren como resultado de la falta de "espacio para respirar", así que cuando sientas que empiezas a enojarte, si es posible, retírate de ese ambiente por un tiempo.

Algunas personas pueden tener rápidamente ideas sobre cómo responder a un desencadenante de la ira, otras necesitan más tiempo para pensar en cómo reaccionar. Aunque no es posible alejarse en medio de una reunión importante o de una entrevista de trabajo, cuando sienta que la ira aumenta, al menos tómate un par de momentos para componerte. Simplemente, cuenta hasta diez o respira profundamente antes de responder.

6. **Debilita tus desencadenantes si no puedes prevenirlos.**

Aprende a pensar racionalmente para poder calmarte cuando estés estresado y no te desquites con los demás. Un pensamiento negativo que se salga de control puede conducir a la rabia, que a menudo se dirige a los que están cerca, aunque no tengan nada que ver con tu problema.

Si evitar un desencadenante no funciona, al menos trata de debilitarlo desarrollando un pensamiento positivo o repitiendo una afirmación positiva que contrarreste el pensamiento negativo que te hace enojar: si crees que no es popular, piensa en aquellos que realmente disfrutan pasando tiempo contigo; si estás enojado contigo mismo por tener sobrepeso, piensa en todas esas personas que alguna vez tuvieron sobrepeso y lograron ponerse en forma por su propio esfuerzo.

Si te sientes muy negativo y nada parece mejorarlo, intenta hacer algo drástico. En primer lugar, abandona el lugar donde ocurrió el pensamiento negativo y evita leer o ver cualquier material negativo (como noticias que traten sobre la guerra, el terrorismo o los efectos destructivos del cambio climático). No hables con aquellos que siempre se quejan, están tristes o deprimidos. Aunque ver las noticias puede servir como una distracción de tus pensamientos negativos, también puede empeorarlos. Las noticias, películas o sermones que provocan miedo sólo alimentarán tu negatividad, mientras que lo que necesitas hacer es privarla de energía.

7. **Mejorar las habilidades de comunicación**

La falta de comunicación es muy a menudo la principal causa de malentendidos, discusiones o escenas de enojo. Cuando aprendas a comunicarte de manera efectiva y sepas cómo expresar tus sentimientos, verás que muchas de las situaciones que te hacen enojar desaparecerán. La mayoría de la gente prefiere hablar a escuchar y, muy a menudo, es aquí donde reside el problema. Por ejemplo, si hubieras escuchado atentamente, habrías entendido lo que el cliente quería realmente, o si haces saber a tus amigos lo mucho que te molesta cuando mencionan tu problema de acné, no acabarías enfadado y dolido cada vez que alguien saca el tema.

8. **Desafía tu pensamiento**

No es fácil admitir que te equivocaste. Después de identificar los desencadenantes de tu ira, pregúntate si quizás haya otras razones para tu ira que los desencadenantes hayan enmascarado. ¿Qué pasa si lo que crees que alguien quiso decir no es verdad? ¿Hay otra manera de pensar en el incidente que provocó una reacción tan violenta en ti? Desafiarse a ti mismo requiere coraje y madurez, pero te sorprenderá lo que puedes encontrar si cavas lo suficientemente profundo.

164

Una mentalidad negativa nunca es el resultado de un solo pensamiento negativo. Es la consecuencia de una serie de pensamientos negativos con los que has vivido durante algún tiempo, tal vez toda tu vida. Ten en cuenta tu entorno, la gente con la que socializas y las cosas que lees y miras, como todo lo que contribuye a tu estado de ánimo.

Día 20
Nutrición para el alivio del estrés

La dieta no sólo es el combustible que te mantiene en marcha, sino que también afecta a la frecuencia con la que te enfermarás, a la rapidez con la que te recuperarás, al peso que ganarás, al tiempo que vivirás y a otras cosas.

Hay una razón por la que Hipócrates dijo: "Que tu comida sea tu medicina y tu medicina sea tu comida".

La dieta no sólo ayuda a mantener una buena salud, sino que también se puede utilizar como medicina natural para corregir ciertos desequilibrios: más fibra mejorará la digestión, menos grasas no saludables reducirán sus posibilidades de padecer enfermedades cardíacas, menos sal disminuirá su presión arterial, los alimentos ricos en antioxidantes reducirán su riesgo de cáncer.

Las plantas que mejoran el estado de ánimo pueden utilizarse para calmar una mente perturbada y aliviar muchos problemas psicológicos, y no hay que estar enfermo para obtener estos beneficios. Puedes usarlas para elevar tu espíritu, traer tranquilidad, calmarte, lograr claridad mental o ayudar a la meditación.

Según el Ayurveda, combinar alimentos de diferentes colores es la mejor manera de comer, pero un nuevo estudio revela que este tipo de dieta no sólo es nutritiva y físicamente saludable, sino que también es buena para tu estado de ánimo - los diferentes colores llevan diferentes energías y éstas tienen una influencia directa en tu estado de ánimo. Seas consciente o no, el color estimula tus emociones y motiva tus decisiones.

Combatir los trastornos mentales con la nutrición

Aunque a todos nos afecta el estrés, no todos saben que se puede controlar con una dieta. Ciertos alimentos proporcionan una protección natural contra el estrés simplemente porque aumentan los niveles de hormonas en el cuerpo que combaten naturalmente el estrés. También hay alimentos y bebidas que reducen el estrés al disminuir los niveles de hormonas que los desencadenan.

7 alimentos que te ayudan a vencer el estrés:

1. **Una bebida caliente**

   Todos sabemos que una taza de té te calmará, una taza de leche caliente o de cacao antes de ir a la cama te ayudará a dormir tranquilo, y que una taza de sopa ayuda si no te sientes bien. No son tanto los nutrientes de estas bebidas los que proporcionan una sensación de calma y curación, sino el calor de la bebida en sí. Por varias razones, hay algo muy reconfortante en una bebida caliente.

2. **Chocolate negro**

   Como todos los amantes del chocolate saben, el sabor y el olor del chocolate son suficientes para reducir el estrés. Además, el chocolate negro es rico en antioxidantes, que se sabe que combaten el estrés y protegen el cuerpo de los radicales libres. Si se toma diariamente, puede ayudar a mejorar la salud del corazón, reducir la presión arterial, prevenir algunos tipos de cáncer, así como producir endorfinas que mejorarán su estado de ánimo. Si lo tomas diariamente, no deberías tomar más de 30 gramos.

3. **Carbohidratos saludables**

   Los carbohidratos aumentan los niveles de serotonina, una sustancia química que mejora el estado de ánimo y reduce el estrés, lo que indirectamente mejora la función cognitiva. Sin embargo, hay carbohidratos saludables y no saludables. Para mejorar su estado de ánimo y reducir la ira inducida por el estrés, incluye los siguientes alimentos en tu dieta diaria: batata, arroz integral, avena, quinua, alforfón, remolacha, frijoles, garbanzos, zanahorias, mangos, plátanos, arándanos y manzanas.

4. **Aguacates**

   Rico en ácidos grasos omega-3, es una de las frutas más saludables que puedes comer. Se sabe que estos ácidos esenciales reducen el estrés y la ansiedad, aumentan la concentración y mejoran el estado de ánimo.

5. **Peces gordos**

   Otra gran fuente de ácidos grasos omega-3, que no sólo vencen el estrés, sino que alivian la depresión. La mejor fuente de ácidos grasos omega-3 son el atún, el fletán, el salmón, el arenque, la caballa, las sardinas y la trucha de lago.

6. **Nueces**

   Los frutos secos están llenos de vitaminas y ácidos grasos saludables. Son particularmente ricas en vitamina B, que neutraliza los efectos del estrés. Añade almendras, pistachos o nueces a las ensaladas de fruta o verdura, al muesli, al yogur o a las sopas.

7. **La vitamina C**

   Los altos niveles de vitamina C ayudan a reducir el estrés, por lo que hay que comer frutas y verduras frescas o tomar suplementos.

Nuestros cuerpos responden a las situaciones amenazantes enviando señales al cerebro de que está en problemas. El cerebro reacciona requiriendo comida que le ayude a pensar con más claridad y a estar listo para una respuesta física: lucha o huida.

La principal amenaza a la que nos enfrentamos hoy en día es la del estrés prolongado, ante el cual nuestros cuerpos reaccionan de la misma manera que cuando se enfrentan a un peligro físico. Sin embargo, después de que la amenaza ha pasado o después de que has escapado, tu cuerpo entra en un modo de recuperación caracterizado por un aumento del apetito para recuperarse del choque y el agotamiento. Es en esta etapa cuando muchas personas buscan alimentos reconfortantes para calmarse y recuperar la energía perdida durante una situación estresante.

Así es como la mayoría de nosotros luchamos contra el estrés. Sin embargo, hay un enfoque más saludable para el alivio del estrés.

3 consejos sobre cómo manejar el estrés con la dieta:

- En un día estresante, come menos y más a menudo.
- Come muchas frutas y verduras para obtener los nutrientes necesarios para combatir el estrés.
- Evita o limita los alimentos ricos en cafeína, como el café, el té, los refrescos y el chocolate.

Nutrición y control de la ira

El comportamiento de la ira va desde gritar en una almohada o salir a correr hasta el asesinato, y como muchas personas con problemas de ira terminan en la cárcel, no se deben ignorar ni siquiera los arrebatos de ira leves, especialmente si ocurren repetidamente. Hay diferentes maneras de tratar los trastornos de la ira, una de las más fáciles es con una dieta saludable.

Los estudios sugieren que los arrebatos incontrolables de ira son sólo uno de los muchos síntomas de varios trastornos del estado de ánimo, como la depresión, la ansiedad, el insomnio, la adicción, etc. Curiosamente, la mayoría de estos individuos tienen hipoglucemia, un problema de manejo del azúcar.

La razón por la que la hipoglucemia es común en las personas con ira crónica es porque esas personas suelen estar expuestas a niveles de adrenalina antinaturalmente altos. En situaciones de estrés, cuando el cerebro anticipa la inanición de energía, desencadena la secreción de adrenalina.

Cuando eso sucede, hay una descarga de adrenalina para alimentar el cerebro, así como la activación de la hormona de la lucha/vuelo. En tal estado, las personas se vuelven defensivas o agresivas.

Afortunadamente, este problema puede resolverse sin drogas a través de una dieta hipoglucémica basada en cuatro simples reglas:

1. Evitar el azúcar y los alimentos ricos en azúcar
2. Comer alimentos ricos en proteínas (pescado, huevos, pollo, carne)
3. Comer cada tres horas alimentos con carbohidratos complejos, incluyendo granos enteros, frutas, legumbres, vegetales verdes y vegetales con almidón, para ayudar a la liberación lenta de la glucosa.
4. Comer muchas verduras verdes y frutas frescas
5. Tomar suplementos como el complejo de vitamina B, vitamina C, vitamina D y probióticos.

Los que siguen una dieta hipoglucémica normalizan rápidamente sus niveles de azúcar en la sangre y las hormonas del estrés adrenalina y cortisol, que son responsables de los cambios de humor, la depresión, la ansiedad, el alcoholismo y otros trastornos mentales que a menudo conducen a arrebatos de ira.

Cada vez más científicos creen que lo que comemos contribuye a lo enojado que nos sentimos, y numerosos estudios muestran que una dieta alta en ácidos grasos trans está directamente relacionada con el aumento de la agresión.

Las grasas trans son grasas no saludables que se encuentran en las comidas que más disfrutamos: papas fritas, frituras y rebozadas, pasteles, palitos de margarina, manteca, escarchados, panqueques y waffles, helados, carne molida, carnes procesadas, galletas y pasteles, galletas, galletas saladas, cenas congeladas y chile enlatado.

Dejar de comer tus comidas favoritas no es fácil y es mejor hacerlo gradualmente durante un par de meses, de lo contrario es posible que no puedas hacer frente a los antojos. Sin embargo, si estás luchando con un problema de ira y sabes que la deficiencia de nutrientes es una de las principales causas de tus anormalidades de comportamiento, cambiar a un plan de alimentación saludable hará una mejora significativa.

La razón por la que los alimentos procesados son tan malos para la salud es que no son más que calorías vacías, que no sólo carecen de nutrición, sino que también contienen muchos aditivos de color y sabor poco saludables. Sólo con una dieta saludable tu cuerpo será capaz de producir las sustancias químicas y las hormonas que necesita para tener un pensamiento claro, un estado de ánimo saludable y unas emociones equilibradas.

En conclusión, puedes mantener tu problema de ira bajo control sin terapia si cambias tu dieta y te acostumbras a ella.

Prueba una dieta estabilizadora del estado de ánimo durante un mes y observa cómo cambia tu comportamiento y mejora tu estado de ánimo. Como señaló Bethenny Frankel, "Su dieta es una cuenta bancaria. Las buenas elecciones de alimentos son una buena inversión. "

Dieta estabilizadora del estado de ánimo:
1. Alimentos que estimulan el estado de ánimo: frutas y verduras, cuanto menos procesadas, mejor.
2. Muchos alimentos que producen dopamina: pescado, aves de corral, huevos y verduras de hoja.
3. Alimentos ricos en omega 3 para combatir la depresión: pescado, semillas de lino, semillas de chía, nueces
4. Alimentos ricos en magnesio para apoyar el sueño y la relajación: almendras, espinacas, semillas de calabaza, semillas de girasol
5. Alimentos ricos en vitamina D para prevenir los trastornos del estado de ánimo: pescado graso, yemas de huevo, hígado
6. Limitar el azúcar

Día 21
Poniendo todo junto

La idea de escribir este libro fue mostrar cómo puedes transformar tu vida tomando el control de tus pensamientos. Y cuando controlas tus pensamientos, puedes controlar mejor tus emociones y tu comportamiento.

En el tiempo estresante en el que vivimos, nuestra paciencia y tolerancia son a menudo desafiadas. El estrés típicamente lleva a más estrés, y los problemas de salud mental son a menudo el resultado de este círculo vicioso.

La negatividad es un efecto secundario común del estrés crónico, así como el mal manejo de la ira. Y la razón por la que las personas desarrollan una mentalidad negativa no es porque tengan una actitud negativa ante la vida, sino porque están abrumadas por el estrés y la ansiedad.

Entonces, ¿cómo se rompe este círculo de estrés-negatividad-más estrés-por-estrés-más estrés-más-negatividad? Entendiendo de dónde viene toda esta negatividad, y reconociendo que muchas veces no es el estrés, sino tus propios pensamientos autolimitados los que te hacen ver todo bajo una luz negativa.

Desafortunadamente, ser positivo no sucede de la noche a la mañana, ni puede suceder por sí solo. Es algo en lo que hay que trabajar, y que normalmente incluye tomar algunas decisiones importantes que cambian la vida.

Reordena tu mente

En una cultura obsesionada con la juventud, la belleza y la forma física, se recuerda constantemente cómo deben ser. Como resultado, tenemos una industria de salud y bienestar de un billón de dólares que se aprovecha de la idea de que no hay razón para que no todos tengamos cuerpos perfectos, hermosos dientes blancos y una piel impecable.

Sin embargo, si bien el cuidado de tu cuerpo es importante para tu bienestar, no significa que debas descuidar la parte que a menudo permanece bien oculta, a veces incluso de ti mismo: tu mente. Y el hecho de que tus emociones y pensamientos no se puedan ver, mientras que tus dientes, cuerpo y cabello sí se pueden ver, no significa que sean menos importantes.

En nuestro mundo superpoblado, rápido y competitivo, es fácil llegar a una etapa en la que te sientes tan abrumado por la vida que ya no puedes seguir el rastro de todos los cambios que se producen a tu alrededor. El cerebro no puede soportar mucho, y cuando ya no puede controlar la sobrecarga, puede responder desarrollando un trastorno de salud mental.

Si no puedes manejar tus pensamientos y sentimientos, empiezas a vivir con el piloto automático: apenas mantienes la cabeza por encima del agua, luchando para lidiar con el estrés, el miedo y la ira de los que tu vida parece estar llena. ¿Es sorprendente que los trastornos mentales se estén extendiendo como un incendio forestal? Algunos estudios incluso sugieren que la pobreza no es la razón principal del aumento de la delincuencia registrada, pero la verdadera razón es el creciente número de factores estresantes que la gente simplemente no está enfrentando.

Entonces, cuando llegas a un punto bajo en la vida, o mejor aún, antes de hacerlo, ¿por qué no haces algo para evitar que las emociones de ira, frustración y tristeza se apoderen de tu vida? Asume la responsabilidad de lo que estás pasando, pero no te rindas ante la derrota.

Si puedes permitírtelo, ve a un retiro de cambio de imagen mental. Si no puedes, puedes pasar página dándote un cambio mental sin dejar la comodidad de tu casa. Así como puedes renovar tu cuerpo, puedes rehacer tu mente con un nuevo enfoque de la vida.

Cambio de imagen mental

Las técnicas de cambio de imagen mental consisten en superar con éxito los desafíos, tomar el control de las emociones y mantenerse sano y feliz. Giran en torno a una alta autoestima y una actitud positiva.

10 consejos para el cambio de imagen mental:

1. **Conócete a ti mismo**

   Cuando te conoces, comprendes qué situaciones te hacen sentir incómodo y las evitas cuando puedes, o se te ocurren formas de lidiar con ellas de una manera emocionalmente inteligente. No hay una receta para la felicidad y la satisfacción, es bueno entender lo que te hace feliz para que puedas hacer más.

2. **Toma el control de tus emociones**

   Para una buena salud mental, es muy importante no guardar rencor o mantener las emociones reprimidas. Aunque la mejor manera de dejar ir las emociones no expresadas es hablar de ellas, si hay temas que no te apetece discutir o si no tienes a nadie con quien hablar, puedes elegir una forma no verbal de comunicación: escribir un diario, pintar, cantar o bailar. El truco es aprender a expresar tus emociones de una manera que no sea ofensiva para los demás o dañina para ti.

3. **Mantén tu cerebro en forma**

   La razón por la que la mente se deteriora tan rápidamente una vez que la gente se retira es que ya no está estimulada. Mientras trabajas, estás constantemente bajo algún tipo de estrés y presión, y aunque esto puede ser malo para tu salud, mantiene tu mente alerta.

   Para prevenir, o al menos retardar, el deterioro mental, piensa en juegos o actividades que mantengan tu cerebro ocupado. Si no tienes compañía, consigue una mascota. Si te gusta la lectura, únete a una biblioteca. Ve a conferencias, haz crucigramas, practica deportes, únete a un club, aprende un nuevo idioma o habilidad. Cuando cultivas nuevos intereses, abres la puerta a nuevas personas y nuevas experiencias en tu vida.

4. **Aprende a disfrutar de la vida**

   ¿Por qué es tan difícil? Algunas personas se sienten incómodas, incluso culpables cuando están disfrutando. Otros no saben cómo hacerlo. Algunos sienten que es un lujo que no pueden permitirse. Disfrutar de la vida se trata de encontrar placer en lo que haces, y no es un lujo porque no tiene que costarte nada.

   Dependiendo de tu situación financiera, puede ser algo tan extravagante como unas vacaciones exóticas o tan simple como quedar con un amigo para tomar un café, plantar algunas flores en tu jardín o participar en una exposición canina. Aprender a disfrutar de la vida es encontrar una manera de sentirse feliz, sin importar lo que hagas o dónde estés. Disfrutar de la vida es ser feliz por estar vivo.

5. Meditar

La meditación es una gran manera de calmar tu mente y detener la charla interna para que puedas "oír" las cosas importantes. La meditación diaria a largo plazo mejora tu salud, y de hecho recarga tu cerebro para que estés más tranquilo y puedas manejar mejor las situaciones difíciles. También te vuelves más abierto y capaz de ver las cosas desde el punto de vista de los demás. En otras palabras, te vuelves más inteligente emocionalmente. Puede sonar como un cliché, pero la meditación cambia a la gente.

6. Cultivar la atención

Si aceptas la atención como una forma de vida, eliges ser plenamente consciente de tus pensamientos y emociones. La razón por la que la atención plena es tan importante para tu salud mental es que te hace sentir "centrado" y te ayuda a hacer frente a cualquier cosa que la vida te arroje. También mejora tu salud física al aliviar el estrés, e incluso puede reducir el dolor crónico. Cuando vives de forma consciente, estás totalmente presente en cualquier situación en la que te encuentres.

7. Concéntrate en lo que quieres, no en lo que no quieres.

Una de las mejores maneras de desarrollar una mentalidad positiva es cambiar tu mente de lo que NO QUIERES y NO TIENES, y de lo que NO PUEDES HACER, a lo que sí quieres, tienes y sabes. Sin embargo, tienes que abordar esto con cuidado, porque el enfoque sin intención te da lo que no quieres.

8. Dieta saludable

La comida tiene un efecto muy real en nuestro rendimiento físico (al proporcionarnos energía), en la actividad mental (al proporcionarnos claridad mental a través de alimentos ricos en vitaminas y antioxidantes) y en las emociones (al calmarnos o alertarnos, como el chocolate, el azúcar, la cafeína y el té). Para un bienestar a largo plazo, elige una dieta que te apoye en todos los niveles de tu ser.

9. Aumenta la imagen que tienes de ti mismo

Un verdadero cambio de mentalidad es imposible si luchas con la baja autoestima. Se trata de cómo piensas en ti mismo, lo que tu apariencia dice de ti, y lo accesible que eres. Sin una imagen positiva de ti mismo, te será difícil llegar lejos en la vida. Tal vez la forma más fácil de mejorar tu autoestima es pensar en ti mismo como te gustaría ser. Como señaló Napoleón Hill, "Lo que la mente puede concebir y creer, puede lograrlo. "

10. Desarrollar la inteligencia emocional

Si tu vida no está demasiado desequilibrada, la mayoría de tus bloqueos mentales pueden superarse mediante el desarrollo de habilidades de inteligencia emocional, que puedes aprender de libros de autoayuda como este o de asistir a un curso de inteligencia emocional. Como persona emocionalmente inteligente, siempre estarás en contacto con tu mundo interior y confiarás en tu autoconciencia para que te guíe a la hora de tomar una decisión.

Tal vez, el éxito del cambio de imagen mental depende de cuánto creas en ti mismo. Como dijo Roy Bennett, "Eres más valiente de lo que crees, más talentoso de lo que sabes y capaz de más de lo que imaginas".

Libro #3
Terapia cognitivo conductual hecha simple

La guía paso a paso de 21 días para superar la depresión, la ansiedad, la ira y los pensamientos negativos

Introducción

¿Alguna vez has sentido que la vida parece deleitarse en extremo al tratarte brutalmente dandote resultados injustos? ¿Luchas por mantener algún tipo de relación en tu vida? ¿Has experimentado recientemente un vergonzoso arrebato emocional que aparentemente ocurrió sin ninguna razón en particular? Si puedes relacionarte con estos escenarios, entonces no estás solo. Millones de personas luchan con estas cosas en sus vidas a diario y no pueden encontrar mecanismos saludables para hacer frente a la situación. ¡Sin embargo, este libro te da el poder y te facilita tu viaje a un nuevo tú y en tan sólo 21 días!

La terapia cognitivo-conductual hecha simple: *La guía paso a paso de 21 días para superar la depresión, la ansiedad, el enojo y los pensamientos negativos* ofrece soluciones prácticas para lidiar con tus emociones. Como resultado, de cada página obtendrás una visión más profunda de quién eres como individuo y por qué probablemente actúas de la manera en que lo haces. Este libro logrará los siguientes objetivos:

- Un análisis profundo de la ira, la ansiedad, la depresión y los pensamientos negativos
- Los métodos más eficaces utilizados en la terapia cognitivo-conductual
- Pasos sencillos que puedes implementar diariamente para transformar tu vida en tan sólo 21 días
- Cómo controlar tus emociones y posteriormente tomar el control de tu vida
- Cómo ser asertivo sin ser agresivo en tus relaciones con los demás
- Una guía práctica para vivir tu mejor vida ahora

Muchos libros que hablan de la terapia cognitivo-conductual tienden a ser demasiado clínicos en su enfoque y esotéricos en sus métodos. A su vez, estos tipos de "jumbo jumbo médico" dificultan aún más que la persona promedio entienda claramente el concepto, y sobretodo que interiorice el mensaje lo suficiente como para aplicarlo al uso práctico en su vida cotidiana. Este libro pone en primer plano tus problemas emocionales comunes. Luego analiza la solución que es la terapia cognitivo-conductual, que esencialmente se trata de ponerte en un mejor control de tus emociones.

Para asegurarte de que obtienes el máximo de este libro, hay una guía paso a paso incluida en el libro para la aplicación diaria. Esos pasos te llevarán desde donde estás ahora hasta donde quieres estar exactamente, en el futuro. No hay ninguna magia en ello. Todo lo que se requiere es un poco de esfuerzo por tu parte, y comienza simplemente pasando a la siguiente página.

¿Listo para comenzar este emocionante viaje a un nuevo tú?

Lidiar con emociones abrumadoras

Hay días en los que te despiertas y estás súper emocionado por iniciar el día. Y luego tienes esos momentos en los que te despiertas, e inmediatamente te arrepientes de haberlo hecho. De repente se siente como si el sol fuera demasiado brillante, la cama demasiado blanda, los pájaros cantan demasiado fuerte, y otras personas son demasiado felices. Durante este tipo de escenarios, el mundo se siente injusto y cruel, y tú prefieres retirarte a los confines de tu edredón que enfrentarte a las injusticias del mundo.

Puede sonar un poco dramático, pero esta experiencia es la realidad para muchas personas. Si estás leyendo este libro, tal vez caigas en esta categoría. Lo que estás experimentando es probablemente una marea de emociones que te golpean al mismo tiempo con una intensidad tan alta. Es como ser golpeado por un avión, excepto que, en lugar de tener lesiones físicas, te golpeas emocionalmente y te agobias. El mundo en el que vivimos hoy en día hace que las cosas sean aún peores. La presión de lograr tanto en tan poco tiempo crea un estrés que es tóxico y dañino para la salud física y mental.

Nadie toma una decisión deliberada de vivir su vida de esta manera. Por lo tanto, es seguro decir que las personas con las que nos rodeamos y las experiencias que hemos tenido en la vida, juegan un fuerte papel en moldearnos y darnos forma en lo que somos y lo que sentimos actualmente. Piensa en las emociones como nuestros mecanismos de defensa psicológicos y mentales. Cuando nuestros cuerpos son infectados por un virus, nuestros mecanismos de defensa biológica se activan creando anticuerpos para combatir esos virus. En la misma línea, cuando tienes una experiencia negativa, las emociones estimulan para ayudarte a enfrentar la situación. Si estás siendo atacado, te asustas, por lo que el miedo desencadena tus instintos de supervivencia.

Cuando has sido violado o injustamente herido, es entonces que la ira se agita para ayudarte a defenderte. Pero fuera de la respuesta natural habitual a las situaciones de la vida, si estas emociones se activan con frecuencia y se convierten en un escenario predeterminado: y cuando el escenario emocional predeterminado comprende emociones negativas, la mente se convierte en un caldo de cultivo para más emociones negativas, que son incluso más peligrosas que la emoción inicial que generó todo el proceso. Es como un eslabón de la cadena. El miedo engendra paranoia, que a su vez genera desconfianza, que a su vez engendra ira, y así sigue adelante. Esta cadena de eventos te lleva a una espiral descendente que merece una intervención externa para ayudarte a rectificar.

Cuando llegas a ese punto en el que parece que estás sintiendo todo, estás totalmente abrumado por las emociones. Si se deja por sí solo, puede convertirse rápidamente en extremadamente tóxico. Pero no te desesperes, hay una solución. Pero antes de que lleguemos a ese consejo, veamos algunas de estas emociones negativas y el impacto que tienen en nuestras vidas.

Ira

La ira es una emoción que ha recibido una tonelada de prensa negativa. En su estado normal, es una emoción que responde a situaciones en las que se percibe un error. A veces, la ira es en respuesta a algo que se le hace a uno y en algunos casos, es en respuesta a algo que se le hace a otras personas. El mal en cuestión no tiene que ser algo físico real. Las palabras tienen una forma de provocar la ira. Tal vez tus creencias están siendo menospreciadas y pueden instigar la ira en ti.

La gente responde a la ira de diferentes maneras. Debido a la naturaleza volátil de la ira, algunas personas optan por internalizar su ira. Este enfoque es una medida temporal, pero el efecto a largo plazo podría ser tan devastador como un estallido espontáneo de ira. La ira, si se deja desatendida y sin tratar, puede hervir a fuego lento bajo la superficie, enmascarando así su verdadera intensidad hasta que un pequeño e insignificante incidente desencadena un violento estallido de emoción. Cuando sucumbes a estas violentas compulsiones, terminas hiriéndote a ti mismo y a los que te rodean.

Cuando la gente está en medio de estos estallidos violentos, se ve atrapada en esta neblina que parece robarles el control. Es como si las puertas de sus emociones se rompieran, y todo se precipita en enormes y masivas olas que barren todo y a todos a su paso. En ese caos, la persona que está enfadada es incapaz de distinguir entre amigo o enemigo, adulto o niño, y en casos extremos, la expresión violenta de la ira puede ser física. Pero tan rápido como esta neblina se apodera de una persona, se disipa en pocos momentos. En esencia, puede dejar un rastro de dolor y culpa.

Las personas que están en el extremo receptor de una neblina de ira no son los únicos que se sienten heridos por ella. Aquellos que expresan ataques de ira también son heridos por sus acciones y se avergüenzan de ello. Esta vergüenza desencadena la culpa. Y la culpa, a su vez, desencadena la ira, lo que te deja atrapado en un ciclo de ira. Cada vez que experimentas un arrebato de ira, hieres a otros y te sientes herido por el hecho de haberlo hecho. Como resultado, te sientes avergonzado, lo que te lleva de nuevo a la ira en un círculo vicioso.

Dicho esto, la ira volátil no es la única forma de expresión. Algunas personas son pasivas agresivas, y otras prefieren apartar a todos de sus vidas cuando están enojados; y luego hay personas que tienden a hacer una combinación de diferentes formas de expresión de la ira. Cualquiera que sea la categoría en la que te encuentras, hay una forma de controlar mejor tu ira.

El objetivo no es dejar de estar enojado por completo. No sólo es imposible, sino que además es insalubre. Recuerda, la ira es como cualquier otra emoción que experimentes, lo que significa que también tiene muchos beneficios. Lo que esperamos lograr al final del libro es que llegues a un punto en el que puedas expresar tu ira de una manera sana y positiva. Porque sí, es posible estar enojado, al recibir el mensaje que quieres transmitir y aun así asegurarte de que todo el mundo, incluido tú, tenga una experiencia positiva de ello.

Ansiedad

Al igual que la ira, la ansiedad es una de esas emociones negativas que en realidad actúa como un mecanismo de defensa para protegernos. Es una respuesta biológica al estrés. El concepto de estrés fue probablemente reintroducido en la sociedad hace una década, pero es algo que siempre ha estado presente desde que los humanos han existido. Si haces comparaciones, la principal diferencia entre las eras anteriores y la actual es la fuente de estrés. Hay numerosos desencadenantes de estrés en el mundo en el que vivimos hoy en día, y debido a la forma en que la sociedad moderna está estructurada, así como a los avances que hemos hecho en las áreas de la tecnología, estos desencadenantes de estrés están justo en nuestros hogares. Esto probablemente explicaría por qué el estrés es una de las enfermedades mentales más comunes en el mundo actual.

Los factores de estrés pueden ser cualquier cosa, desde tu trabajo, tu relación, tus problemas de dinero hasta la amenaza real de peligro. La ansiedad básicamente te ayuda a sobrellevar las situaciones estresantes, y no hay que confundirla con el miedo, que activa tus instintos de supervivencia en situaciones en las que sientes que tu persona está amenazada. Está bien sentirse ansioso por ciertas cosas. Te mantiene alerta y te ayuda a prepararte para lo que sea que te haga sentir aprensivo. Sin embargo, cuando estos sentimientos de ansiedad parecen paralizarte y te impiden realizar tus actividades rutinarias normales, es porque se ha convertido en un trastorno de ansiedad.

La ansiedad suele tener sus raíces en el miedo, y puede empezar a manifestarse desde la primera infancia. Otra causa de la ansiedad es una mala experiencia. Un feo incidente que te traumatizó puede hacer que tus niveles de ansiedad se disparen. Según los investigadores, las personas que provienen de familias en las que prevalecen los trastornos de ansiedad tienen muchas posibilidades de desarrollar ellos mismos un trastorno de ansiedad debido al componente genético. Cualquiera que sea la fuente de tu trastorno de ansiedad, puede tener un fuerte impacto negativo en tu experiencia de la vida diaria.

Como habíamos discutido en el capítulo anterior acerca de la ira, la ansiedad no es una emoción que debas erradicar por completo. La falta de cualquier sentimiento de ansiedad podría llevarte a una situación mental aún más peligrosa para ti con fuertes implicaciones físicas. Sin ninguna forma de ansiedad, es fácil volverse imprudente y mostrar un completo desprecio por la vida. Sin ansiedad, te inscribirías para saltar de un avión en pleno vuelo, sin prestar atención a las precauciones de seguridad.

El objetivo de este libro no es evitar que te sientas ansioso. El objetivo es llevarte a ese punto en el que te enfrentes abiertamente a esos miedos ocultos, y que al hacerlo, seas capaz de retomar el control en lugar de dejar que esos miedos te controlen a ti. Con cada paso que das en este programa, cambias activamente la narrativa de tu vida; de alguien cuya vida y decisiones importantes han sido moldeadas por sus miedos a alguien que está quitando deliberadamente las limitaciones puestas en su vida. Aquí es donde nosotros [por nosotros, quiero decir tú y yo] llegamos a ser testigos de una brillante transformación y lo único que puede asustar es el potencial que tienes para llevar una vida grande y aventurera que sólo está dictada por ti.

Depresión

Todo el mundo experimenta la depresión al menos una vez en su vida. La expresión de esta varía de una persona a otra, aunque hay síntomas clásicos y las circunstancias que rodean la depresión determinan en gran medida la intensidad y la duración de esta. La depresión se produce como resultado de una inmensa tristeza. Esto no quiere decir que cada vez que te sientas triste, te deprimirás. La tristeza es el nivel básico y en esta etapa, lo que experimentas es una reacción natural a un evento que causó daño o pérdida. Juega un papel activo en el proceso de curación después de una experiencia traumática.

Pero cuando la tristeza se prolonga demasiado tiempo, el resultado es la depresión: y cuando uno está en este estado, la vida se convierte en una tratar de existir en lugar de vivir. La depresión se manifiesta en las personas de manera diferente. Algunas personas son incapaces de realizar incluso la tarea más básica. Permanecen en sus camas, sin poder comer, beber o incluso reaccionar. Esto paraliza sus vidas tanto que hay una completa falta de interés en vivir. Su salud mental es inestable en este punto, ya que pierden las ganas de vivir. Si se les deja sin control y sin atención, podrían ceder al engaño del suicidio, creyendo que sólo la muerte tiene las respuestas.

Para algunos otros, su propia experiencia es todo lo contrario: son capaces de llevar la vida con toda normalidad. De hecho, puede que incluso los encuentres riendo, bromeando y entreteniendo a la multitud como el alma de la fiesta. Pero debajo de esa fachada feliz se esconde una tristeza y un dolor extremos. Usan su jovialidad para enmascarar su verdadero estado de ánimo. Sólo si se eres muy observador se pueden vislumbrar sus depresiones. E incluso entonces, "salen" de su vulnerabilidad emocional y reanudan su teatro hasta que ya no pueden soportar el peso de su depresión. Una vez más, si no se controla, el final podría ser tan desastroso como el de las personas del primer grupo. La única diferencia es que nadie ve venir sus acciones.

Y luego tienes a aquellos que exhiben un poco de ambos. En un momento están extremadamente felices, y al siguiente están abatidos por una tristeza abrumadora. Muchos de los que sufren de depresión también experimentan una mayor ansiedad y cambios de humor entremezclados con momentos de arrebatos de ira. Además del efecto emocional, la depresión también deja su marca física. Es probable que los que la padecen experimenten dolores de cabeza y de espalda, además de cansancio. Se sienten exhaustos todo el tiempo, tienen problemas para dormir, pensar e incluso hablar.

La depresión alcanza su punto máximo cuando el enfermo empieza a contemplar el suicidio. En ese momento, es importante buscar ayuda inmediatamente. La transición de la tristeza al punto de suicidio no ocurre de la noche a la mañana. Es un proceso que se acumula lentamente sin que el paciente se dé cuenta. Al igual que la ansiedad, puede ser hereditaria, así que busca los antecedentes familiares en cuanto a su salud mental. Con un mejor conocimiento, eres más capaz de luchar. En los próximos capítulos, aprenderás cuáles son los factores causantes del estrés y cómo controlarlos de manera que no terminen afectando negativamente tu salud mental y tu felicidad.

Pensamientos negativos

Todos tenemos diálogos internos con nosotros mismos. Nuestros pensamientos y opiniones sobre los eventos, la gente e incluso nosotros mismos son temas prominentes para estas discusiones internas. Cuando te observas a ti mismo en el espejo, no sólo termina allí con lo que viste de ti mismo. Tu mente almacena esa información y luego la procesa. Después de procesar la información, tu mente vincula los eventos y las cosas en general a esta información. Por ejemplo, si haces un poco más de esfuerzo para vestirte con tu jean favorito, tu mente lo relaciona con el ligero bulto que viste antes en el espejo y te dice que quizás, necesitas reducir los alimentos dulces ya que podrías haber ganado peso. A este nivel, tu razonamiento es perfectamente racional y dentro de los límites normales.

Sin embargo, las cosas empiezan a tomar un giro diferente cuando tu mente empieza a señalar eventos absurdos que no tienen nada que ver con la imagen que viste, y los vínculos suelen ser muy negativos. Por ejemplo, si entras en una habitación que estaba llena de conversaciones antes de que entraras y tu mente te alimenta con pensamientos que vinculan el silencio repentino con tu aumento de peso, eso es negativo. Tal vez experimentaste una pérdida o fuiste pasado por alto para un ascenso, y empiezas a pensar que es porque estás demasiado gordo, tu diálogo interno ha tomado un giro muy negativo. Estos ejemplos son sólo muestras triviales, pero expresan cómo funcionan los pensamientos negativos. Las situaciones que te rodean se procesan internamente y se te devuelven de una manera que te desmoraliza completamente.

Muchas personas se han visto impulsadas a tomar medidas que normalmente no habrían tomado por sus constantes pensamientos negativos. Inicialmente, rechazarías la información que te dan, pero cuando meditas continuamente en esos pensamientos a lo largo del tiempo, empezarías a creerlos hasta que casi se convierten en una realidad para ti. El albergar pensamientos negativos no sólo afecta tu psique mental, sino que también puede destruir tus relaciones. Esto se debe a que esos pensamientos negativos afectan tu capacidad de evaluar objetivamente tus relaciones. Tu reacción a esos pensamientos puede variar. Podría ponerte en un estado perpetuo de ira, que puede salirse de control. Ya sabemos lo que la ira incontrolable puede causar. También puede dejarte deprimido e incapaz de reaccionar a niveles óptimos.

En las relaciones en las que hay una ausencia total de confianza, la causa fundamental suele ser los pensamientos negativos alimentados por acontecimientos que se han interpretado mal o no se han resuelto. Es mentalmente agotador permanecer enfocado en los pensamientos negativos. Es como una nube oscura que borra el sol dejándote infeliz e incapaz de tomar nota de las cosas que realmente importan. Tal es la naturaleza de los pensamientos negativos. Pero por muy sombrío que sea este panorama, es muy posible volver a entrenarse para pensar en términos más positivos. Con una práctica consistente y un esfuerzo deliberado, puedes controlar cómo procesas la información y darte a ti mismo una retroalimentación positiva. La terapia cognitivo-conductual es clave en este proceso y el siguiente capítulo explora cómo.

Terapia cognitiva conductual

Piensa en ti como una pizarra que tiene tantas palabras, imágenes y textos garabateados sobre ella de una manera que hace imposible darle sentido a nada. No puedes saber dónde comienza un texto y dónde termina el otro, pero estás seguro de que todos están vinculados de alguna manera, pero no puedes averiguar cómo. Si te enfrentas a un tablero así, te entristecería su estado actual. No es como un rompecabezas que ya tienes una imagen clara de cómo es el producto final. Para darle sentido a esta pizarra, tendrías que llegar a la palabra raíz o frase inicial. Cuando encuentres esa base, puede que tengas que borrar ciertas palabras y reemplazarlas con alternativas adecuadas; en resumen, es sólo a medida que vayas añadiendo cada nueva palabra que empiezas a ver una apariencia de normalidad. Este proceso es lo que abarca la terapia cognitivo-conductual.

Cuando te encuentras actuando, pensando y hablando de maneras que no deberías debido a la ira excesiva, la ansiedad agobiante, la depresión abrumadora y el aumento de palabras negativas, sería imposible que la vida tuviera sentido. Esto se debe a que todo lo que haces se filtraría a través de estas emociones. Parecería como si todos en el mundo entero estuvieran en contra de ti. Cada paso que des parece estar fuertemente impregnado de plomo. Pequeños eventos encienden la rabia en ti tan volátil que parecería que llevas un pequeño huracán en tu interior que está haciendo girar todo fuera de control y destruyendo todo a su paso. Y no importa si está lloviendo afuera o el sol brilla, ya que tienes tu propia tormenta eléctrica personal con gruesas nubes oscuras y fuertes chubascos que están programados para eliminar cualquier pensamiento o sentimiento feliz. No es de extrañar que te sientas como lo haces. Tu pizarra está completamente desordenada.

Con la Terapia Cognitiva Conductual (TCC), empiezas a entender por qué te sientes como te sientes. Sólo al responder a la pregunta del por qué, puedes determinar cómo puedes inclinar la balanza a tu favor. No te despertaste de la noche a la mañana y empezaste a sentirte como te sientes. Incluso si tu condición es hereditaria, hay varios patrones de comportamiento que se han establecido a lo largo del tiempo que hacen que estas condiciones se establezcan. Con la terapia cognitiva conductual, puedes identificar esos patrones de comportamiento y compensar su influencia sustituyéndolos deliberadamente por prácticas conductuales más adecuadas. La TCC es más efectiva en las condiciones mentales mencionadas en el capítulo anterior. Aunque también se ha sabido que se utiliza en el tratamiento de dolencias de larga duración como el síndrome de intestino irritable, que puede ser controlado mediante un mejor comportamiento alimentario.

Sin embargo, es importante señalar que la terapia cognitiva conductual no está diseñada como una medida curativa, ni mucho menos. En su lugar, te ayuda a afrontar mejor esas condiciones, ayudándote eficazmente a tomar el control de tus emociones. Para que la TCC funcione, se requiere lo siguiente en igual medida:

- Consistencia
- Diligencia
- Voluntad
- Honestidad

En el contexto de este libro, estamos tomando una ruta ligeramente diferente. En lugar de sentarse en un sofá con un terapeuta, estarías yendo directamente a los problemas y tomando medidas proactivas para resolverlos. El objetivo es ayudarte a establecer nuevas conductas para controlar la ira, la ansiedad, la depresión y los pensamientos negativos. Dicen que toma 21 días desarrollar un nuevo hábito. Pero esa no es la razón por la que nosotros (tu y yo) estamos trabajando con los 21 días. Mira estas emociones discutidas en este libro y descubre que aunque nuestras experiencias difieren, hay ciertos factores fundamentales que pueden contribuir a agravar la situación. Al mismo tiempo, hay elementos específicos de comportamiento que pueden ser introducidos para revertir la experiencia y llevarte a un lugar donde seas más capaz de enfrentar lo que sea que esté sucediendo.

Estos ejercicios diarios son muy simples, pero el efecto es poderoso. Algunos deben realizarse repetidamente para tener un efecto. Sin embargo, si se hacen bien, se puede notar una diferencia significativa desde el primer intento. Otros deben combinarse en escenarios específicos para lograr el máximo impacto, y también los he señalado cuidadosamente. Para obtener los resultados deseados, es importante que seas deliberado al tomar cada acción. También ayuda a curar tu experiencia después de la acción. Esto te ayudaría a poner las cosas en perspectiva y te daría una idea de las áreas problemáticas. Recuerda la pizarra que usamos como ilustración al principio de este capítulo. Hay tantas cosas que están pasando en tu vida ahora mismo, y ninguna de ellas probablemente tenga sentido.

Nosotros (tu y yo) estamos usando la Terapia Cognitiva Conductual para volver sobre tus pasos, realinear tu comportamiento con los resultados emocionales que esperas lograr y en general llevarte a un lugar donde estés emocionalmente equilibrado y contento con quien eres y las experiencias que tienes en la vida. Porque afrontémoslo, la vida siempre tendrá esos incidentes terribles e injustos que nos suceden, aunque no seamos merecedores de esas situaciones. Pero no tenemos que dejar que esos incidentes nos definan. Cuando nos arraigamos en nuestra verdadera identidad, no nos será fácil escalonar por lo que sucede en el exterior. Habrá momentos en los que resbalarás. Y esa caída te desanimará para seguir adelante. Un deslizamiento momentáneo no es el fin del mundo. Esto es lo que te hace humano. La parte que te hace extraordinario es tomar la decisión de levantarte de esa caída, armar los pedazos que se rompieron y resolver ser más fuerte para ello. Estás hecho de mucho más, y en los próximos 21 días, ¡descubrirás lo increíble que eres!

Día 1

Seamos realistas con nuestras emociones

Un error que es una práctica común entre las personas que están luchando con problemas emocionales, como los que se han discutido anteriormente, es la necesidad de ocultar o enterrar sus sentimientos. Estamos programados para pensar que suprimir esos sentimientos o negarlos puede de alguna manera hacer que esos sentimientos se desvanezcan o desaparezcan con el tiempo. Irónicamente, lo que sucede es lo contrario. Cuando eliges esconder lo que sientes, simplemente se almacena en los huecos de tu mente. En ese rincón oculto, continúa creciendo. Y para facilitar su crecimiento, se alimenta de otros pensamientos positivos que ocupan esta sección de tu mente. Allí florecerá y nacerá una versión no tan dócil de la emoción original que la inició en primer lugar. Y en el siguiente impulso, se encenderá y superará tus impulsos causando que reacciones negativamente.

Por eso, en algunos casos asociados con la ira, parecería que es sólo un pequeño incidente el que desencadenó el estallido. El hecho es que esa ira ha estado ahí por un tiempo. Estaba hirviendo lentamente bajo la superficie, dándote la ilusión de que al no responder a ella la primera vez, eras capaz de aplastar la sensación cuando en realidad era todo lo contrario. Y esto se aplica a la ansiedad, la depresión y los pensamientos negativos también. La necesidad de enterrar nuestras emociones puede ser atribuida a varios factores como nuestra personalidad o educación social. Por ejemplo, las personas que odian la confrontación y actúan como personas complacientes son más propensas a no querer reaccionar con ira. Si has estado enojado en el pasado, ya sea en tu infancia o en tu edad adulta y te avergonzaste por esa muestra de emoción, las posibilidades de que reacciones con ira ahora o en el futuro son muy escasas.

Esto también explicaría por qué muchos hombres sufren secretamente de depresión. Desde que eras pequeño te dijeron que los niños no lloran. Así que, incluso cuando estás herido en lugar de responder a ese dolor, tiendes a embotellarlo y guardarlo. Cuando hablé de la depresión, especifiqué que la tristeza es una parte muy importante del proceso de curación. Así que, si no te permites sentirte triste, lo más probable es que nunca te recuperes del todo del dolor. Esto va a sembrar una semilla en tu corazón que te llevará a la depresión. Podría continuar y dar muchas ilustraciones sobre cómo embotellamos nuestros sentimientos y cómo el efecto resultante podría ser la inestabilidad emocional que estás experimentando ahora mismo.

Ocultar tus sentimientos es un hábito que debe ser roto inmediatamente, y puedo entender que esto puede no ser algo con lo que puedas lidiar de inmediato, pero no vine aquí por resultados a medias. Nosotros (tu y yo) vamos a hacer esto ahora, y comenzaré dándote algunos datos para ayudarte a aceptar la importancia de este paso.

1. Las emociones no son sensibles al género.

Contrariamente a lo que se te ha dicho, no hay emociones que sean exclusivas del género. Estar triste no es un rasgo femenino y tampoco lo es llorar. Si te han herido o estás sufriendo actualmente, acepta ese dolor. A nadie le gusta estar triste. Ni siquiera las mujeres que te han dicho que son propensas a la tristeza. Pero esto es parte de la experiencia humana. Lo mismo ocurre con la ira. La ira no te sucede simplemente porque eres de un género en particular. Si tus derechos han sido pisoteados, la ira te alerta de esto. A veces, puedes tener razón al sentirla o tal vez no. Pero esta no es la etapa para racionalizar los derechos o los errores. Lo sientes porque eres humano.

2. Las emociones no son una muestra de debilidad

Me parece muy irónico que sólo podamos descubrir nuestra verdadera fuerza cuando abrazamos nuestras emociones. Pero este es el hecho. Las emociones no sólo suceden. Se activan, y esos disparadores te alertan de cosas que son importantes para ti. Rendirse a esas emociones no disminuye de ninguna manera tu capacidad o potencial de fuerza. En su lugar, te mantiene enraizado en lo que valoras, y es cuando estás enraizado que puedes controlar tus emociones. Así que, para aprender a controlar tus emociones, tienes que aprender a abrazarlas.

3. Las emociones no son saludables para ti

No hay ninguna emoción que no sea saludable, y este sentimiento incluye la ira, la ansiedad, la tristeza e incluso los pensamientos negativos. Es tu reacción a ellos lo que se clasifica como no saludable. La ira te ayuda a defender tus deseos y necesidades, la tristeza te ayuda a sobrellevar la pérdida, la ansiedad te alerta del peligro en tu entorno y los pensamientos negativos te impiden construir castillos en el cielo. Negar estas emociones significaría refutar estos beneficios y esto es lo que resulta en los problemas que experimentas.

Ahora que tienes una mejor comprensión de la importancia de las emociones, estás en una mejor posición para abrazar tus verdaderas emociones. Sin embargo, esto no es una licencia para que te vuelvas loco. Este capítulo no es un boleto de "haz todo lo que quieras hacer". Tu objetivo es ayudar a mantenerte en contacto con tus emociones y controlar cómo respondes a ellas al mismo tiempo. Esto es lo que debes hacer:

1. Encuentra una liberación física.

La racionalización mental no siempre es la mejor manera de ser realista con tus emociones. A veces, necesitas hacer algo físico para liberarlas. Cosas como hacer ejercicio, gritar en una almohada o incluso romper algo (ten cuidado con esto último) pueden ayudar a aliviarte, especialmente cuando lo que sientes es muy intenso. Por eso es muy recomendable llorar. La gente dice que los clichés como el llanto no ayudan, pero eso es porque no saben qué hacer. Realmente ayuda.

2. Identifica correctamente tu sentimiento en el momento

Cuando estés en el calor del momento, piensa en lo que realmente sientes. Puede que estés mirando a la persona que posiblemente desencadenó tu ira y pensando que la odias, pero en realidad, lo que estás sintiendo no es odio. Te sientes enojado.

3. Dirige tus sentimientos apropiadamente

¿Tal vez acabas de romper con alguien, y estás en esa fase en la que piensas que todos los hombres son escoria o que todas las mujeres son horribles? Seguir esta actitud puede generar ira, ansiedad y posteriormente depresión. Lo correcto es centrarse en tu pareja que te ha hecho daño y sentir lo que sientes hacia él o ella. Usa esta misma estrategia en todos tus tratos.

Ser realista con tus emociones puede ser una perspectiva aterradora, pero cuando te pones manos a la obra, te ahorrarás una tonelada de dolor y confusión emocional a largo plazo.

Día 2
Pon tus sentimientos en palabras

Cuando era más joven, recuerdo que me metía en peleas con mis hermanos por las cosas más estúpidas y mi madre siempre intervenía. Recuerdo haber permanecido enojado y con la *cara de piedra* hasta el punto de que nos preguntaba qué había pasado. Entonces, como si fuera una señal, mi voz se quebraba de emoción y se abría la puerta de las lágrimas. Balbuceaba incoherentemente mientras trataba de contar el evento de la manera en que lo recuerdo. Esto ocurrió tanto si yo era la víctima como si no. Incluso como adulto, también he experimentado esto. Aunque rara vez me meto en altercados tanto como cuando era más joven, siempre he notado que cuando estaba en un estado emocional elevado y reaccionaba a él, si me pedían que narrara los eventos que llevaron a ese arrebato, siempre terminaba siendo extremadamente emocional. Estoy extremadamente seguro de que, si miras tu historia, este podría ser el caso para ti también.

De hecho, nunca me doy cuenta honestamente del verdadero alcance de mis emociones hasta el punto en que tengo que explicarlo. Este es el poder de articular tus emociones. Ahora que has dado el valiente paso de ser real con lo que sientes, el siguiente paso es ayudarte a explorar la profundidad de esos sentimientos. No tienes que hacer esto en presencia de la gente si no quieres que nadie sea testigo de tu momento emocional. Esto no se trata de los demás de todos modos. El objetivo es tratar de descubrir cuán profundos son esos sentimientos. A veces, al articular tus sentimientos, se te da una perspectiva de la situación que te permite ver las cosas objetivamente. Puede que te sorprendan las conclusiones que ofrece este nuevo objetivo.

Para empezar, al articular tus sentimientos, podrías filtrar tus emociones y descubrir qué es lo que realmente está poniendo a la abeja en tu capó, por así decirlo. En el calor de tus emociones, es difícil ver más allá de lo que sientes, pero expresarlo te obliga a hacerlo. Otra conclusión sorprendente a la que puedes llegar es el hecho de que puedes estar haciendo una montaña de un grano de arena. Eso no quiere decir que tus sentimientos sean triviales y no merezcan ser tomados en serio. Pero en situaciones en las que las emociones y las tensiones son altas, la más mínima cosa puede desencadenar una reacción desagradable. Así que, si te sigues centrando en tu reacción a este pequeño incidente, probablemente seguirás bailando alrededor del tema sin conseguir soluciones reales al problema principal.

Esto puede parecer contrario a la importancia de quedarse con el momento, pero te prometo que no lo es. En todo caso, está en consonancia con este buen consejo. Al articular tus sentimientos, eres capaz de permanecer en el momento porque estás hablando de lo que sientes en ese momento. Pero no termina ahí. Este proceso te ayuda a explorar de dónde vienen esos sentimientos, y no puedo enfatizar lo crucial que es para el crecimiento emocional y la estabilidad mental. Así que, ahora que hemos establecido de qué se trata, así como su importancia, ¿cómo se hace para expresar los propios sentimientos?

Puedo entender que esto no es algo que le resulte fácil a la mayoría de la gente. Ya estás en un lugar en el que parece que estás experimentando un caleidoscopio de emociones y que te pidan que las expreses puede requerir que profundices en esas emociones que pueden ser dolorosas. Sin embargo, vas a tener que aplicar el mismo coraje, también, para abrazar tus verdaderos sentimientos y tachar esto de tu lista de 21 días, y cuando llegue el momento, encontrarás que es mucho más fácil de lo que piensas, especialmente porque has enfrentado tus verdaderos sentimientos.

Así que, para llevar a cabo esta tarea con éxito, necesitarás un diario. Podrías intentar usar tu teléfono o cualquier otro instrumento tecnológico que esté disponible. Sin embargo, al usarlo, resiste la tentación de usar emojis y emoticones para describir tus sentimientos. El hecho de tener esos personajes puede parecer lindo en tu diario y tal vez reduzca a la mitad el tiempo que te tomaría escribir articuladamente tus pensamientos, pero también reduce los beneficios que habrías disfrutado al realizar el proceso de la manera prescrita. Un truco que funcionó para mí fue tener dos diarios: uno para hacer una crónica de mis emociones en el calor del momento y el otro para cuando quisiera reflexionar sobre cómo me sentí acerca de mi ataque emocional anterior.

A continuación, necesitarías encontrar un momento de tranquilidad para hacer tu diario emocional. Podría ser en cualquier momento del día. Sólo elige un momento en el que puedas reunir tus pensamientos. El lugar puede no importar mucho mientras puedas sentarte en silencio sin que nada ni nadie interrumpa el proceso durante al menos 15 minutos. Si como yo, decides hacer la ruta del doble diario, te ahorrarás el tiempo de silencio para reflexionar sobre tus pensamientos. Cuando intentas escribir un diario en el calor de las cosas, necesitas salir de la situación y encontrar un espacio para ti mismo. No te contengas cuando estés escribiendo. Tus emociones en este momento pueden parecer feas, e instintivamente quieres negarlas, pero hablamos de los peligros de hacerlo en el último capítulo. Abraza lo que sientes y escribe tus sentimientos en términos simples pero honestos.

Ahora, no tienes que ser un poeta para liberar tus sentimientos. Aunque, si te encuentras con una lírica mientras escribes tus sentimientos, eso también está bien. No buscamos la perfección ni el próximo libro que gane el premio Pulitzer. Todo lo que tienes que hacer es ser honesto con lo que sientes. Si al final del día las palabras apenas cubrieron un cuarto de página o tal vez terminaste haciendo tres páginas, está bien. Lo que importa es que las palabras allí reflejen el verdadero estado de tu mente. Además, sospecho que si sigues así de forma consistente (es decir, escribiendo tus sentimientos), las palabras te llegarán mucho más fácilmente. Cada entrada del libro se volvería más voluminosa que la anterior.

La etapa final de este proceso es leer lo que has escrito. Para ello, tienes que renunciar al trono del juicio, ya que tenemos la tendencia a juzgarnos con demasiada dureza. Al mismo tiempo, tendrás que quitarte las gafas de color rosa que puedas llevar. La honestidad es una necesidad si estos pasos van a funcionar para ti. La objetividad es otro requisito. Puede que te enfrentes a sentimientos de vergüenza, culpa y asco cuando leas lo que sientes, especialmente cuando leas el diario escrito en el calor del momento. Deja que esos sentimientos te inunden, pero no dejes que guíen tus acciones hacia adelante. Y si te encuentras abrumado por esos sentimientos, es hora de dar el siguiente paso.

Día 3
Habla con alguien

Nuestra necesidad de interactuar con otros humanos a menudo nos obliga a saltarnos los dos primeros pasos y a ir directamente a esta etapa. Si tienes la suerte de tener amigos comprensivos que hacen todo lo posible por llegar a donde ti y te proporcionan soluciones prácticas. Como mínimo, te darán palabras que te reconfortan y te consuelan. El problema es que esto sólo proporciona un alivio muy temporal de la confusión emocional por la que estás pasando. Y lo más importante, hay una gran posibilidad de que la conversación que tuviste con ellos sea unilateral y no honesta. Esto no es culpa tuya.

Sin dar los dos primeros pasos que recomendamos, puede que ni siquiera seas consciente de lo que realmente sientes. Tus conversaciones sobre tus sentimientos rozarían la superficie de tus emociones sin explorarlas en toda su profundidad. Y sin llegar a la raíz del problema, tu amigo o en quien confíes sobre estas cosas puede no ser capaz de ofrecer una solución que tenga resultados duraderos. Es decir, a menos que hables con un terapeuta profesional que te ayude en tu camino a través de la maraña de emociones para llegar a la raíz de lo que estás pasando e incluso entonces, tendrás que hacer las dos cosas que mencionamos anteriormente. La única diferencia es que tu terapeuta te guiará a través de ello.

Sólo puedes obtener todos los beneficios de tener esta charla con alguien cuando te hayas acostumbrado a lo que sientes. Ahora, el propósito de este paso es obtener una opinión externa sobre tu estado emocional. Una vez más, esto no se trata de juzgar o buscar validación para lo que sientes. Se trata de ayudarte a superar esas emociones peligrosas y llegar a un lugar donde puedas experimentar los verdaderos placeres y alegrías de la vida. Así que, teniendo esto en cuenta, es igualmente importante que seas muy selectivo sobre a quién te acercas en esta fase. El hecho de que hayan sido tus amigos más cercanos durante años o que compartan sangre contigo no los califica automáticamente para ocupar este importante puesto.

Hay cualidades que deben poseer; y aunque aprecio tu decisión por buscar a alguien con quien hablar, debo subrayar que hablar con cualquiera podría resultar más perjudicial para tu ya frágil estado emocional. Recuerda, comenzamos este viaje para poner un tope a estas emociones que parecen estar tomando el control de tu vida. Buscar a alguien que sólo es capaz de poner una bendita en una herida de bala te llevaría a un estado de falsa seguridad, dejándote así caer más profundamente en ese agujero de gusano emocional. Así que, para evitar este escollo, sé diligente en la evaluación de la persona que buscas.

Para empezar, esta persona tiene que ser alguien a quien respetes y que te respete. Es importante establecer esto desde el principio porque vas a un lugar donde vas a ser completamente vulnerable a ellos. En su estado natural, una persona que no te respeta sólo sería capaz de ver los defectos y no el potencial de lo que podrías llegar a ser. Y una persona que sólo puede ver los defectos en ti no puede de ninguna manera ofrecer las respuestas que buscas o incluso la compañía que necesitas porque sólo amplificaría el problema.

La persona a la que vas tiene que ser capaz de mostrar empatía emocional. Es incluso mejor si eres consciente de que él o ella ha pasado por una situación similar y ha sido capaz de salir de ella. La empatía emocional les ayuda a conectar con el lugar de dónde vienes sin juzgarlo. La ausencia de esto resultaría en una charla llena de críticas y esta es una de las últimas cosas que necesitas. Eso no quiere decir que la persona que reparte esas críticas lo haga por malicia u odio. Él o ella simplemente no entiende tu perspectiva.

Otra cualidad que debe poseer la persona a la que te diriges es la honestidad. A menudo confiamos asuntos como estos en personas que sabemos que nos aman, pero es muy posible que el amor que sienten por ti les impida o les ciegue ser honestos contigo. De hecho, su reacción al escuchar lo que estás pasando podría ser atarte, envolverte en las más esponjosas nubes de algodón y luego ponerte en una burbuja sin dolor donde ya no tengas que pasar por las cosas que estás pasando, otra vez. Estas son buenas intenciones, pero no ayudan a promover tu bienestar mental.

En cambio, necesitas a alguien que se enfrente a esos demonios y sea sincero en su evaluación. Pero ten cuidado con la gente que es demasiado honesta. Y por ser demasiado honesta, me refiero a la gente que suelta la primera cosa que le viene a la cabeza sin pensar en el efecto que puede tener en ti. La honestidad desde un lugar de empatía emocional es lo que necesitas.

Finalmente, esta persona tiene que ser alguien que en algún nivel instintivo puedas sentir que tiene tu mejor interés en el corazón. Tienes que haber tenido algún tipo de relación con él o ella para establecer este hecho. Y esta relación tiene que estar basada en la confianza. Puede parecer que estás pidiendo mucho cuando buscas todas estas cualidades en una persona, pero ten en cuenta que tu bienestar emocional está en juego. Además, si prestas mucha atención, esa persona puede estar más cerca de lo que crees.

¿Quizás un consejero en tu grupo de la iglesia local, un amigo cercano que puedes haber conocido durante años o incluso un pariente mayor al que está estrechamente unido? En algunos casos, esta persona puede ser alguien con quien tienes una amistad pasajera. Mantén la mente abierta y si sientes que no hay nadie que coincida con ninguno de los criterios, adelante y programa una sesión con un terapeuta. Él o ella también está en una buena posición para ayudarte a dar sentido a lo que sientes, y siempre puedes esperar una solución práctica.

Día 4
Siente la música

Me refiero a esto literalmente. La música tiene un inmenso efecto terapéutico en tu salud mental y no mucha gente entiende este poder. Antes de entrar en cómo la música te ayuda a sentirte mejor, hagamos un viaje por el camino de la historia porque, al contrario de lo que piensas, la terapia musical no es un nuevo concepto hippy que acaba de surgir. Su uso y prevalencia se puede encontrar en la mitología griega e incluso en elementos de la antigua egiptología. El dios griego del sol supuestamente usaba la música como un conducto para la curación. Por lo tanto, se creía ampliamente que para que uno posea salud y sea curado, debe haber una armonía correspondiente en la música y lo que sucede cuando las cuerdas del símbolo de Apolo, la lira, está afinada. De manera similar, en la antigua cultura egipcia, Asclepio, que se cree que es el hijo de Apolo, aparentemente cura las dolencias mentales con la música.

Dejando el reino de los dioses míticos y sus poderes, veamos la presencia de la terapia musical en nuestra cultura. Los nativos americanos creen que, para una salud completa, tiene que haber un equilibrio de armonía entre la mente y el cuerpo. Cuando un miembro de la tribu se enferma, se cree que este equilibrio está fuera de lugar. Para facilitar la curación, el chamán o curandero nativo usaría una combinación de hierbas, pociones y música. La música utilizada suele ser una mezcla de una canción, una danza y una rutina de azar con instrumentos musicales, y se dice que esta música suele estar inspirada en visiones y sueños. Esto nos lleva a una de las épocas más deprimentes de la historia de la humanidad; la primera y la segunda guerra mundial. Más allá de los estragos físicos de la guerra, estas batallas tuvieron un fuerte impacto emocional en los soldados, y es comprensible. Se registró que aparte del personal médico asignado a tratar a los soldados enfermos, los músicos ofrecieron sus servicios en los hospitales. Fueron a realizar su oficio para los heridos, y se observó que los pacientes mostraron una respuesta positiva a estas actuaciones.

No estás en lo profundo de las trincheras luchando con armas contra un enemigo que también busca destruirte, pero las batallas que luchas en tu interior pueden pasarte factura emocionalmente de la misma manera. Y las bajas de esta batalla interna pueden no ser de la misma escala que una guerra mundial, pero tienes mucho que perder. En esencia, hay demasiado en juego para no tomar conocimiento de cualquier solución que se esté proponiendo. La musicoterapia moderna ha avanzado más allá de una rutina de canto y baile. Con los estudios que se han realizado sobre el tema, la práctica es mucho más deliberada y precisa en su aplicación. Pero antes de hablar de cómo funciona la musicoterapia y cómo puede ponerla en práctica en su situación, veamos cuáles son los beneficios de la musicoterapia.

Para empezar, te ayuda a redirigir tu enfoque de la confusión emocional que estás experimentando. Cuando escuchas música, te cautiva la armonía de los sonidos y esta experiencia sensorial te transporta a otro mundo en el que tus sentimientos o estado de ánimo actual se desenfocan. Esto puede inmediatamente o gradualmente incitarte a cambiar tu estado de ánimo. Con el tipo de música adecuado, eres capaz de dominar esas emociones negativas porque justo después de distraerte de tu dolor, eres llevado a un estado mental relajado. Es desde este lugar que puedes empezar a dejar entrar las emociones positivas. Puedes motivarte en áreas en las que antes sentías que no podías hacer frente. Y es desde este lugar que puedes empezar a alimentarte con imágenes positivas que contrarrestarán las imágenes negativas que tenías anteriormente.

Además de los beneficios psicológicos, la terapia musical también tiene un buen impacto en tu salud física. Cuando estás estresado y experimentas ansiedad en los niveles máximos o quizás estás en esa neblina de la ira de la que hablamos, tu presión sanguínea también sube. Y cuando tu presión sanguínea se eleva, tu respiración también se ve afectada. Escuchar música puede reducir tu presión arterial y ayudarte a regular tu respiración. Y esto es sólo la superficie. Incluir la musicoterapia como parte de tu rutina contribuirá en gran medida a mejorar tu salud mental.

La terapia musical es un aspecto de la terapia cognitivo conductual, ya que te ayuda a reemplazar esos patrones de comportamiento negativos que te han llevado por el camino hacia dónde estás ahora. Al reemplazar esos comportamientos o procesos de pensamiento negativos, puedes salir de la proverbial madriguera del conejo. Ahora, esta medida es un paso que estás dando hoy, pero como todo lo demás que he incluido en esta lista, requiere una práctica repetida para obtener los máximos resultados.

Sin embargo, no te apresures a ir a tu lista de reproducción sólo para escuchar tu música favorita. Todos respondemos a la música de manera diferente y aunque ciertos géneros musicales pueden resonar profundamente en ti, el efecto psicológico puede ser lo contrario de lo que esperas lograr. Por ejemplo, si quieres relajarte cuando te sientes enojado o ansioso, escuchar música rock no te ayudará a conseguirlo, ya que amplifica tus sentimientos de ira y aumenta tus niveles de incomodidad. Lo mismo sucede cuando tienes dolor. La música clásica, por otro lado, es conocida por tener un efecto calmante en la mente. Si escuchas canciones típicamente usadas en meditaciones, escuchas una combinación de elementos musicales suaves como campanas de viento, flautas y similares.

Pero eso no quiere decir que tus opciones se limiten a la música clásica y a los cantos de meditación. Ciertos audiolibros también podrían ser útiles, así como tus artistas favoritos. Cuando escuches música, observa cómo reaccionas. Esto puede darte una pista sobre qué tipo de música funcionaría mejor para ti. Si tus niveles de dolor, ansiedad y enojo disminuyen, estás escuchando lo correcto.

Día 5
Salir fuera de ti

Uno de los patrones de comportamiento clásicos que ayudan a nutrir y preparar un ambiente en el que prospera el pensamiento disfuncional es el acto del aislamiento. Esconderse de la gente y del mundo en general te hace más propenso a tener pensamientos negativos y básicamente a vivir dentro de tu cabeza. Puede que te digas a ti mismo que, bueno, si sales, porque vas a trabajar, dejas a los niños en la escuela, e incluso haces las compras. Pero, si eres honesto contigo mismo, esas acciones no cuentan necesariamente como "salir".

A mucha gente le gusta usar la excusa de que son introvertidos y se sienten más cómodos en su propio espacio y así sucesivamente. Esto es sólo eso... una excusa. Es muy posible ser un extrovertido que asiste a todas las fiestas del vecindario y tiene toneladas de amigos que aún se involucran en conductas que no son saludables y parte de la recomendación para cambiar esas conductas no saludables sería salir. "Salir" en este contexto es más que sólo prácticas rutinarias o tus interacciones con la gente. Lo que quiero decir aquí es que salgas de tu zona de confort.

Casi puedo oír a los grillos haciendo lo suyo en tu mente después de que hice esa última declaración y esperaba totalmente tu reacción porque es perfectamente natural. Cuando nos enfrentamos a situaciones altamente emocionales como estas, es instintivo querer apegarse a lo familiar para confortarnos. Pero es necesario equilibrar esta experiencia de comodidad con nuevas experiencias que te alimenten el proceso de pensamiento. La ira, la ansiedad, la depresión y los pensamientos negativos son emociones que se alimentan de tus experiencias, especialmente de las pasadas. Te impiden disfrutar de tu vida en su totalidad. Y cuando estás en este estado, te privas de las maravillosas aventuras de la vida dejándote retroceder a esas viejas experiencias que alimentan la negatividad... ¿Ves el patrón establecido aquí?

Es un ciclo que se repite y que no hace nada por tu bienestar. Y ya que se trata de reemplazar los viejos hábitos con los nuevos, puedes ver la necesidad de salir de tu zona de confort. La perspectiva de salir al mundo por tu cuenta puede ser aterradora y desalentadora. Pero si sigues pensando que el mundo es un gran lugar lleno de incógnitas, te seguirá dando miedo y no te veo salir con tu mente en ese estado. Además, esto no significa que debas pasar de 0 a 100 de repente para tener una nueva experiencia, ya que eso podría resultar contraproducente de maneras terribles. Digamos que tienes miedo a las arañas. Sin embargo, saltarse todos los pasos para enfrentar tus miedos y dirigirte directamente a un museo de arácnidos es una locura y no es aconsejable.

Salir fuera de ti se refiere a hacer cosas que están más en línea con tus intereses. Digamos que tienes un interés en las artes, entonces puedes asistir a una exposición de arte. Puedes llevar las cosas un paso más allá asistiendo a un evento de arte que promueva un cambio social. Ver a la gente tomar esta cosa que te interesa y usarla para provocar un cambio positivo puede ser el estímulo y la inspiración que necesitas para salir de tu cabeza. Si tu vida gira en torno al trabajo, sal de tu entorno laboral. De hecho, las actividades relacionadas con el trabajo deben evitarse en este marco de tiempo que has asignado para disfrutar de estas nuevas experiencias.

No tiene por qué ser algo grandioso. El paracaidismo es una aspiración, pero mantengamos los pies en la tierra. Sal a dar un paseo tranquilo por el vecindario. Detente y huele las flores (literal y figuradamente), observa el cambio de colores en tu vecindario. Sal a ver el amanecer y la puesta de sol, haz una caminata por la playa, ve a tu restaurante favorito y pide algo que nunca hayas comido antes. Detente y observa a los artistas callejeros hacer lo suyo, sé voluntario en una ONG, etc. Esto es lo que significa "salir". Si tienes la intención de hacer nuevos amigos, adelante, pero eso no es un requisito previo para este proceso.

Este proceso se trata simplemente de hacer cosas nuevas. Y si encuentras ciertas actividades nuevas más atractivas, ve adelante y repítelas. Busca cosas que te den alegría, no importa cuán pequeñas sean. Cosas que te hagan sentir relajado sin experimentar ninguno de los sentimientos que te trajeron a este punto en primer lugar. Sin embargo, ten cuidado con ciertas actividades. Por ejemplo, si la fuente de las emociones negativas que experimentas está relacionada con tu peso corporal, el abusar con la comida puede hacer que te sientas culpable al final. Y todos sabemos cómo se manifiesta el ciclo de la culpa. Acepta tu amor por la comida, pero sé consciente del efecto que los comportamientos alimenticios no saludables tendrían en tu peso y en tu salud en general. Y luego, siguiendo con el tema de llevar las cosas afuera, busca un programa nutricional que te permita comer las cosas que quieres, pero de una manera más saludable.

Ten un día de recompensa en el que te deleites con un plato delicado que sea sabroso pero que esté dentro de los límites de lo que se considera saludable. Es un equilibrio delicado, pero cuando se llega a él, se trata de dejar cada momento y disfrutarlo. Esto te da cosas más positivas en las que pensar. Ten en cuenta que algunas de estas experiencias pueden no resultar completamente positivas y esto está bien. Cuando eso suceda y te encuentres hundiéndote de nuevo en ese lugar oscuro, comienza en el primer paso y vuelve a este punto en el que estás listo para probar algo nuevo. Recuerda, ¡las nuevas experiencias crean nuevos pensamientos!

Día 6
Conviértete físicamente

Los ejercicios tienen tremendos beneficios para la salud y uno de esos beneficios es un aumento significativo de tu bienestar mental. Puede que lo hayas escuchado incesantemente porque es verdad. Estos beneficios se experimentan sin importar tu edad. El impacto de los ejercicios es particularmente útil para las personas que sufren de ansiedad, ira, depresión y pensamientos negativos. Y lo mejor de este consejo es que no tienes que convertirte de repente en un aficionado al fitness para cosechar los beneficios. No tienes que inscribirte en un gimnasio o equiparte de pies a cabeza con ropa deportiva. En esencia, simples ajustes en la forma de hacer ciertas actividades físicas son adecuados para causar un impacto.

Los ejercicios no consisten en correr 5k, hacer cien flexiones de pecho de una sola vez o hacer algún tipo de hazaña física impresionante. Aunque, si puedes hacer estas cosas, eso es bueno para ti. Va más allá de eso. Una corta sesión de entrenamiento de cinco minutos puede proporcionarte beneficios instantáneos. De hecho, se ha demostrado que las formas de depresión de leves a moderadas pueden ser tratadas con ejercicios. La efectividad de estos ejercicios en esta forma de depresión es similar a la de tomar medicamentos antidepresivos y lo mejor de todo es que no se producen los efectos secundarios asociados a los medicamentos. Cuando se trata de la ira y la ansiedad, siento que no hay que pensar en ello, ya que el ejercicio proporciona una salida para esas emociones. Escuchas a la gente decir cosas como que se van a desahogar. Esto es exactamente lo que los ejercicios hacen para emociones como estas.

Con cada movimiento de tu cuerpo, estás liberando la tensión interna que sientes: y para cuando terminas, lo peor de la tormenta ha pasado. Esta correlación se debe a que cuando haces ejercicio, el cuerpo libera endorfinas en tu cerebro. Las endorfinas también se conocen como las hormonas de la felicidad. Ayudan a que te relajes y a mejorar tu estado de ánimo. Además, no olvidemos la conexión mente-cuerpo de la que hablamos cuando analizamos la terapia musical. El ejercicio pone a tu cuerpo en línea con tu mente, por lo tanto, hace que te concentres. La combinación de todos estos beneficios da como resultado un estado mental general saludable.

Después de escuchar todas las cosas buenas que puede hacer el ejercicio puedo ver cómo quieres correr al gimnasio más cercano. Sin embargo, si no has hecho ejercicio físico por un tiempo, tal vez quieras empezar muy despacio. Esto le daría a tu cuerpo algo de tiempo para ajustarse al proceso. Podrías experimentar dolores musculares y corporales después del primer intento. Da pasos de bebé y deja que tu cuerpo te guíe.

Día 7
Date permiso para sanar

En mi experiencia, no importa cuán egoístas seamos en nuestras acciones o incluso en nuestro trato con los demás, somos más críticos cuando se trata de tratar con nosotros mismos. Incluso las personas que tienen la tendencia a pasar la culpa a cualquiera menos a sí mismos, se encuentran atrapados en un ciclo de autoodio. Y si no se controla, ese autodesprecio se convierte rápidamente en emociones oscuras que los paraliza y los ata a vivir una vida que sólo puede describirse como infernal. Esto es aún peor para las personas que tienden a ser complacientes con la gente. Debido a que su confianza está ligada a su capacidad de asegurar que todos a su alrededor sean felices, cada fracaso se convierte en un marcador rojo en su libro de cuentas psicológico y continúa hasta que sus cicatrices emocionales se desgarran, lo que causa un tremendo dolor psicológico. Y este dolor nos lleva a donde estamos hoy.

Una de las muchas pepitas de verdad en este libro es que es imposible complacer a todo el mundo. Incluso *tú no puedes complacerte* el 100% de las veces. Aceptar esta verdad es vital para ayudarte con el tema de este capítulo. También debes tener en cuenta que el hecho de no complacer a alguien no disminuye tu valor o sentido de valor. Ahora que hemos sentado las bases de este capítulo, vamos a profundizar en lo que necesita hacer.

No tengo ni idea del dolor que has vivido hasta hoy. No conozco las batallas emocionales y la guerra psicológica que se libra en tu interior. He tenido mi justa parte de dolor: y mientras que puedes ser capaz de empatizar con mi dolor y viceversa, es seguro decir que nuestras cicatrices son diferentes. El dolor es una parte de la existencia humana. En algún momento, te sentirás herido, perderás a alguien que te importa profundamente y sentirás un dolor agudo que no tiene nada que ver con tu persona física. Pero junto con ese dolor, te acompaña la perspectiva de la curación. Es la forma en que la vida mantiene el equilibrio.

Cuando se produce una cicatriz física, casi inmediatamente, se activa el proceso de curación. Puede que todavía sientas el dolor durante unas horas, días o semanas, dependiendo de la extensión de la lesión. Pero esto no niega el hecho de que la curación está ocurriendo en algún lugar debajo de todo. Sin embargo, hay ciertas cosas que podrían retrasar o detener completamente el proceso de curación. Si la herida no es limpiada y tratada adecuadamente, podría infectarse y empeorar el estado de la herida. En algunos casos, sería necesario cubrir la herida para protegerla de elementos externos que podrían contaminarla y desencadenar una infección. En el caso de las heridas que son muy complicadas, es posible que tengas que buscar opciones médicas profesionales para facilitar la curación. Todos estos procesos se aplican también a las lesiones psicológicas.

Cuando se sufre un trauma psicológico, la onda expansiva del dolor y otras emociones elementales como el miedo, la ira y la tristeza te alertan de esto. Estas emociones primarias pueden ser experimentadas durante horas, días o semanas y, como las lesiones físicas de las que hablamos, la duración dependerá de la extensión del trauma. Muchos de nosotros tenemos una tendencia a frustrarnos en este punto y ¿quién puede culparte? Emociones como estas te obligan a revivir los momentos previos y durante el trauma y cada repetición es peor que el evento real que ocurrió. Si estás en esta fase, es hora de reducir cualquier actividad o proceso de pensamiento en el que te involucres que alimente el hábito de bloquear tus sentimientos. Piensa en ello como si estuvieras limpiando la herida por así decirlo. Cuando quieres limpiar y desinfectar una herida física, las posibilidades son que te duela. Pero si te saltas ese proceso porque quieres evitar la herida, dejas una puerta abierta a las infecciones y todos sabemos cómo terminaría eso.

Acepta que el dolor es necesario para la curación. Acepta que no vas a volver a sentirte "normal" de la noche a la mañana. Acepta que lo que ha sucedido es completamente trágico e injusto y que no puedes cambiarlo. Cuando te hayas abierto a esto, hay cosas que no debes hacer para asegurarte de que estas aceptaciones mantengan la puerta abierta para la curación. Es tentador querer saltar al futuro donde tu dolor se vuelve completamente entumecido o una pulsación sorda, por lo menos. No lo hagas. Al menos no hoy. Concéntrate en el ahora mismo. Mira el progreso que has hecho en los últimos días. Reconoce los éxitos que has alcanzado.

Esto ayuda a afirmar el hecho de que tienes el control de estas emociones y no al revés. Puede que te hayan pasado cosas, pero ahora has elegido que te pasen cosas. Si te enfrentas a imágenes, palabras o acontecimientos que te recuerdan el trauma que acabas de vivir y tu experiencia emocional te lleva a la zona cero donde sientes que estás reviviendo todo de nuevo, resiste el impulso de cuestionar tu progreso. Es como hurgar en el área alrededor de la herida cada 5 minutos y preguntarse por qué todavía sientes el dolor. Necesitas tiempo para sanar y necesitas darte permiso para hacer eso.

Cada uno tiene su propio ritmo de curación, sin importar la extensión del trauma. Lo que es importante para ti es dejar de lado tus expectativas de tu línea de tiempo de curación y centrarte en el progreso que estás haciendo. Puede ser bastante frustrante porque a veces es difícil ver lo lejos que hemos llegado; pero en realidad, cada paso que das en este viaje te lleva más lejos de la oscuridad que amenaza en tu interior. Sólo tienes que recordarte a ti mismo que la persona que eres hoy es mejor que la persona que eras ayer.

En el caso de las heridas profundas y dolorosas, la curación comienza en el interior, en lugares que no podemos ver, pero a medida que pasa el tiempo, se empieza a notar la diferencia en la superficie. La misma filosofía se aplica aquí. Sé paciente y mantente fiel al proceso.

Día 8

Empieza a soñar despierto de nuevo

¿Recuerdas aquellos días mucho antes de que la oscuridad se apoderara de tu mente y de tu vida? ¿tiempo en el que te sentabas y soñabas con una vida alternativa que te hiciera mejor a ti y a todos esos elementos de la vida que no puedes precisar exactamente? Pero de alguna manera, ellos te completan. ¿Recuerdas cómo te quedabas en esos sueños y tenías una sonrisa tonta en tu cara? Esos fueron los buenos tiempos, ¿verdad? Esos sueños se han convertido en algo relegado al fondo de tu mente o al final de tu lista de cosas por hacer por la edad adulta y las experiencias traicioneras de la vida. Pueden parecer reliquias de un pasado que ya no quieres reconocer. Tal vez, simbolizan tus fracasos o te recuerdan lo tonto que fuiste alguna vez.

Pero lo creas o no, esa tontería es exactamente lo que necesitas ahora. Parte de la raíz del trauma emocional que estás experimentando es el hecho de que has elegido centrarte en las experiencias desagradables que has tenido. Algunos de nosotros damos la excusa de "ser real". Bajo el disfraz de ser realistas, nos privamos de los simples placeres de las ensoñaciones y elegimos en su lugar alinear nuestros pensamientos con constantes recordatorios de la oscuridad de nuestros traumas. Este comportamiento nos atrapa en un ciclo interminable de penumbra y depresión.

Cuando se habla de sueños, la gente piensa en el escapismo. Una forma poco fiable de desconectarse de las responsabilidades del presente y sumergirse en un mundo que no existe. Y no podemos descartar estas preocupaciones. Mucha gente ha sido llevada por el camino equivocado con sus sueños y fantasías, así que harías bien en ser precavido. Sin embargo, la mayoría de los creativos, inventores e innovadores aprovechan el poder de las ensoñaciones para renovar su sentido de propósito, motivarse y desarrollar nuevas soluciones. Puede que tu no estés en ninguna de estas tres categorías, pero vamos a utilizar las técnicas que estos pioneros utilizaron para llegar a la siguiente etapa de este proceso.

Para los creadores e innovadores, el uso de visualizaciones y ensoñaciones proporciona una hoja de ruta hacia donde quieren ir o lo que esperan lograr estableciendo un tono de aspiración. Por ejemplo, una novelista visualizaría los personajes de su libro en detalle. Estos detalles suelen ser tan vívidos que, al final, este personaje completamente ficticio tiene un cumpleaños, peculiaridades de su personalidad y otros atributos que cuando habla de ellos en su libro, se hace casi difícil determinar si esos personajes nunca existieron en primer lugar. Hoy, vas a hacer lo mismo. Por supuesto, habrá algunas diferencias cuando veas cómo la novelista escribe sus historias, pero el objetivo será el mismo.

En lugar de pensar que es una fantasía, acércate a ella mientras reescribes tu historia. Ve a ese momento que más te duele o traumatiza. Es un viaje doloroso, pero es necesario. Ahora cuando llegues a ese momento, en lugar de repetir el papel de víctima, sé más asertivo. Esta es tu imaginación en el trabajo, estás en completo control de ello. Así que, recupera el poder que te fue arrebatado. Esto no altera la realidad física de lo que ha sucedido, pero el impacto de este proceso en tu psique es tremendamente beneficioso. Y estos beneficios pueden extenderse a los aspectos físicos de tu vida. Si estás buscando más razones para empezar a soñar despierto hoy, aquí hay algunas:

1. Los psicólogos creen que estas ensoñaciones de volver a soñar, como se les llama a menudo, tienen el poder de proporcionar tanto alivio como liberación cuando se está tratando activamente de resolver cuestiones de ira, culpa y frustración por una experiencia emocional traumática. Esencialmente, te ayudan a desahogarte.

2. Soñar despierto es una forma de autohipnosis, aunque en una capacidad muy diminuta. Si se canaliza correctamente, puede utilizarse para cambiar la percepción sobre ciertos escenarios. De hecho, es tan poderoso que puedes integrarlo para alterar los patrones de comportamiento que sientes o estás muy seguro de que tiene un efecto adverso en tu salud mental. Para un programa que busca ayudarte a transformar tu vida en sólo 21 días, esto es muy importante.

3. Complacerse en sueños puede hacerte más feliz como persona. Este enfoque se debe a que, a través de la realidad alternativa que has creado, eres capaz de visualizar lo que quieres y si esos sueños están enraizados en semillas positivas, te inspiras con una esperanza renovada. Con el tiempo, esta esperanza alimentaría un entusiasmo por la vida que eventualmente te sacará de cualquier depresión.

Estos beneficios están seleccionados específicamente para ti, pero hay mucho más que soñar despierto, que lo que he enumerado aquí. Si al volver a visitar el evento que te traumatizó te sientes abrumado, podrías tratar de enfocarte en el tipo de futuro que querrías para ti mismo. Por ejemplo, podrías tratar de imaginar escenarios que te molesten y enojen. Digamos un altercado con un colega en el trabajo. Ahora, intenta en la medida de lo posible no jugar un escenario de venganza en el que te dotes de esta fuerza sobrehumana que te permite defenderte físicamente, detener al colega ofensor en su camino y, al mismo tiempo, impresionar al resto de tus compañeros de trabajo.

Este tipo de fantasía puede dejarte temporalmente bien, pero no corrige el tipo de comportamientos que te meten en problemas, en primer lugar. El enfoque de la fantasía debe estar en un comportamiento específico. Digamos que tienes una tendencia a recostarte cuando estás siendo atacado. ¿Quizás te has convencido a ti mismo de que este comportamiento ayuda a mantener la paz? En la superficie, lo que esto hace es asegurar que evites meterte en altercados o situaciones que te hagan desagradar más a la gente. Esto te dejaría con sentimientos no resueltos de ira, vergüenza y, si no se controlan, depresión.

Lo ideal sería que soñaras con un escenario en el que hablaras por ti mismo. Al principio, te sentirías aliviado y luego, con una práctica constante, llegarías al punto en que te armarías lo suficiente de valor como para hablar en escenarios de la vida real. Y ese, querido lector, es el punto del proceso para conseguir que tomes un papel más activo en la transformación de tu vida. Tu imaginación y tus pensamientos han contribuido en gran medida a tu confusión emocional. Hoy, estás tomando las riendas, redirigiendo tus pensamientos a un camino más positivo y esgrimiendo el poder de los pensamientos en la transformación de tu vida. Me estoy emocionando sólo de pensar en las grandes cosas que puedes lograr desde aquí.

Día 9
Crear una lista de gratitud

Esto es bastante sencillo, pero el impacto en nuestras vidas es tremendo. Verás, la base de los pensamientos negativos que nos mueven en la dirección equivocada emocionalmente es nuestro enfoque en las cosas que sentimos que deberíamos tener, pero no lo tenemos. Estas cosas no siempre son materiales. Podría ser el amor y la atención completa de una pareja, el trabajo ideal que no te quita mucho dinero y mucho tiempo de vacaciones y la lista continúa. A veces, puede ser algo tan simple como escuchar a la persona que te ha hecho tanto daño ofrecerte una disculpa sincera y genuina.

Nos centramos tanto en estas cosas que queremos tener que, a pesar de las cosas que tenemos, nos volvemos impotentes e incapaces de seguir adelante porque hemos asociado nuestro sentido del valor con lo que no tenemos. Sin ese trabajo, no puedes ser un proveedor competente para tu familia, sin esa disculpa no puedes seguir adelante con tu vida, sin la atención de tu cónyuge, te sientes no querido y no deseado. Así que justificamos nuestro estado emocional negativo con la ausencia de estas cosas que anhelamos. Sé que no puedes ver esto ahora, pero mientras estés vivo, estás parado en el precipicio de grandes y maravillosas posibilidades cada día que estás despierto.

La felicidad está en tu puerta. Todo lo que tienes que hacer es abrir esa puerta. Sin embargo, cuando continúas pensando en los que no tienes y te valoras en consecuencia, te cierras a cualquier oportunidad que puedas tener de ser feliz. Si eres del tipo espiritual, tus oraciones se convierten en un bucle interminable de peticiones de aquellas cosas que deseas y cuando no las tienes, te decepcionas. Y cuando esto sucede a diario, te acabas de comprar un billete de ida a Depression-Ville.

Si has dado cada paso de este viaje hasta ahora, descubrirás un patrón común. Una verdad que es obvia pero que no muchos ven. El hecho de que el poder de cambiar todo esto está en ti. Tú tienes la llave. No es el trabajo que buscas lo que va a cambiar tu vida. El dinero que se paga proporcionaría algunas experiencias sorprendentes y tal vez hacer la vida un poco más fácil de manejar, pero puedo garantizar que incluso si se te ofrece este trabajo en los próximos tres segundos, tu felicidad no durará más allá del primer cheque de pago. Y esto es porque el trabajo es sólo un arreglo rápido, como una tirita para una herida quirúrgica. La fuente genuina de felicidad que puede llevarte por la vida está en ti y, afortunadamente, esto es algo que ya tienes.

Casi puedo oír los cambios de marcha en tu cabeza. "¿Yo?", probablemente te preguntes. Bueno, la respuesta es un rotundo sí. Tu felicidad está en ti. De nuevo, no nos distraigamos con los que no tienes. Pero tengo una barriga, tengo sobrepeso, si tan sólo fuera más delgado, etcétera. Eso es irrelevante. He tenido el privilegio de conocer a gente increíble que quedó completamente incapacitada por dolencias físicas debilitantes y, sin embargo, incluso en su estado de parálisis, fue capaz de encontrar la alegría y la felicidad. Su alegría era tan contagiosa que en el momento en que uno se presentaba ante ellos, no podía evitar ser infectado por ella. Así que, lo que sea que vayas a decir es sólo una excusa. Y tienes que dejar de poner excusas. ¡Eres más que eso!

En lugar de centrarte en los que no tienes, intenta ser más consciente de lo que tienes. Puedo entender e incluso empatizar con las tragedias que has tenido que sobrevivir en tu vida, pero ya hemos pasado esas dificultades. Han sucedido o pueden estar sucediendo. Hay muchas cosas buenas que suceden en tu vida todos los días si sabes dónde buscar. Una cosa que nos ayuda a orientarnos en la dirección correcta es la lista de gratitud. Como mencioné antes, esto es bastante sencillo. Es simplemente una lista de cosas por las que estás agradecido cada día.

Los artículos de tu lista de gratitud no tienen que ser grandes. Y tampoco tienen que ser mundanos. Deben ser cosas por las que estés genuinamente agradecido. No tienes que buscar demasiado lejos para estas cosas. Tengo esta maceta de flores amarillas en mi jardín. Tengo una mezcla de flores en ella y cuando ha florecido, ilumina todo el espacio. Incluso cuando las flores no están florecidas, esta maceta estrafalaria es un rasgo llamativo que me levanta el ánimo cuando la veo. Esta maceta siempre está en mi lista de gratitud. Mi jardín y los momentos que paso allí serían definitivamente más aburridos sin ella. Otra cosa que está en mi lista si la veo es un amanecer. No importa si es un espectacular amanecer digno de Instagram o sólo esta luz brillante que se asoma gradualmente al cielo, siempre me conmueve cuando lo veo. Es como ver el nacimiento del día.

Estas son sólo algunas muestras de lo que llega a mi lista. Por supuesto, es mucho más extenso que eso. Pero ya sea una sonrisa de un extraño, una palmadita en la espalda o el hecho de que hayas podido completar una tarea, siempre y cuando hayas obtenido algún tipo de alegría de ella, no importa cuán pequeña sea, debería abrirse camino hasta tu lista de gratitud. No importa cuán sombría sea tu situación, busca esos pequeños rayos de luz y grábalos. Antes de empezar tu lista, necesitas conseguir el tipo de diario adecuado. No tiene que ser grande y elegante, pero debe ser lo suficientemente estimulante visualmente como para que te entusiasme llenar sus páginas con las cosas por las que te sientes agradecido. Puedes tomar un diario soso y personalizarlo. Cuanto más personal te parezca el diario, más posibilidades tendrás de usarlo con frecuencia.

Cuando hayas comprado el diario, reserva una hora específica del día para hacer tu entrada en el diario, haz un ritual de ello si quieres. Me gusta hacerlo al final del día en la piscina mientras disfruto de mi cigarro [es un hábito caro, pero es uno de mis pocos placeres]. Elije un momento en el que te sientas más relajado y menos distraído. Apaga el teléfono, toma un postre favorito cerca, pon música. Básicamente, cualquier cosa que te ponga en un buen lugar. Luego haz tu entrada. No entres en pánico si no puedes llenar una página en tu primera entrada. Puede que lleve un tiempo adquirir el hábito, pero sigue haciéndolo. La consistencia es la clave. Y antes de que te convenzas de no hacer nada, aguanta y busca profundamente. Hay un montón de cosas que puedes apreciar. Sólo tienes que mirar de cerca.

Día 10
Medita

Para alguien que ha vivido en su cabeza por un tiempo, la idea de pasar más tiempo allí dentro puede no parecer la solución ideal, especialmente dada la situación negativa de las cosas allí arriba. Pero, para avanzar a la siguiente etapa, la meditación es una parte necesaria del proceso. Creo que los conceptos erróneos que la gente tiene sobre la meditación se basan en lo que los medios de comunicación nos dan. Escuchamos la meditación y pensamos en imágenes de una persona vestida de blanco y sentada en un lugar con una buena vista del sol, al son de los cánticos de los cristales que claman en algún lugar del fondo.

La meditación es más que los rituales que los entusiastas de la nueva era han usado para vender la idea al resto del mundo. Es una combinación de técnicas de control de la respiración que nos ayudan a canalizar conscientemente nuestros pensamientos internos y a regular la marea de nuestras emociones, llevándonos a un lugar en el que estamos completamente relajados, concentrados y en control. El objetivo de este ejercicio no es el control, aunque es un resultado deseable. El objetivo final es la concentración.

Cuando estás en un estado altamente emocional, eres atraído en un millón de direcciones diferentes. Te pierdes en el mar de emociones que experimentas y no puedes concentrarte en lo que es importante. Estar en este estado puede causar que tomes acciones que no tienen ningún beneficio valioso para ti. La meditación te saca de este borde de confusión creando lo que me gusta pensar como una tubería imaginaria que permite que esas emociones se filtren y luego te lleva a un punto cero emocional donde puedes empezar a aislar la causa del problema antes de reaccionar a él objetivamente. Eres capaz de hacer todo esto con la respiración guiada entre otras técnicas que se incluirán a medida que avances.

Los beneficios mentales de la meditación son infinitos, pero me quedo con los que realmente destacan en el contexto de su situación actual:

1. Es eficaz para sacar las emociones negativas que afectan a tu vida diaria.
2. Te permite identificar las verdades reales de tu situación.
3. Te ayuda a mantenerte más organizado.
4. Te impide tomar decisiones irracionales en el momento más álgido de tu confusión emocional.
5. Te ofrece más control sobre las emociones como la ira y la depresión
6. Te permite hacer frente a las secuelas emocionales de eventos extremadamente traumáticos.
7. Mejora la claridad mental.

La meditación no es sólo la moda del momento. Se pueden encontrar elementos de ella en casi cualquier religión, así que no tienes que preocuparte por imbuirte de culturas extranjeras que puedan violar tus propias creencias personales. La meditación puede ser un ritual activo para los budistas, hindúes y otros, pero todos podemos beneficiarnos de su uso. La diferencia es cómo seguimos en ella. Algunas personas requieren cantos, incienso, velas encendidas y un traje específico para hacerlo, pero puedes cosechar todos los beneficios de la meditación sin tener que pasar por esos rituales. Todo lo que necesitas es un lugar tranquilo que te permita calmar tus pensamientos y concentrarte en tu respiración.

La meditación tampoco está determinada por la hora del día. No es necesario el amanecer o el atardecer, ni siquiera la hora del día en que el sol está en su apogeo. Lo que necesitas es la hora del día en la que puedes oír tu propia voz más fuerte. Si eres soltero, vives solo y trabajas desde casa, tienes todo el tiempo del mundo para ti. Para los casados con hijos, determinar la hora exacta puede ser un poco más difícil. Justo antes de que todos en la casa se despierten y empiece el día, puede ser el momento perfecto. La casa está tranquila y las actividades necesarias para que las cosas vayan bien pueden esperar unos minutos más. Usa este tiempo para meditar. Algunas personas pueden preferir el final del día cuando todo está dicho y hecho y todo el mundo se ha arrastrado a la cama para descansar por la noche. El único problema que veo con esto es que puede que estés demasiado agotado para entrar realmente en modo de meditación.

Tengo un amigo que es un padre de familia. Jura que su tiempo de meditación perfecto es entre las 10 y las 11. Todos han salido de la casa, las tareas básicas están hechas e incluso ha hecho una rápida comprobación de esos importantes correos electrónicos. Así que, en lugar de usar ese tiempo para seguir con el resto de sus tareas o trabajo, él medita. Esto sólo ilustra que el mejor momento del día no depende de la hora o de la dirección del sol.

Ahora que has ordenado tu tiempo de meditación, lo siguiente es establecer el tono para ello. A algunas personas les gusta la luz brillante, de ahí la importancia del sol para ellas. A mí también me gustan las luces, pero cuando son demasiado brillantes, me distraen. En cambio, lo que hago es correr las cortinas, apagar todas las luces y sacar una vela. Me gustan las perfumadas porque me relajan, yo y la luz de la vela me ayuda a centrar mis pensamientos. Si estás en el trabajo, tal vez quieras hacer tu meditación alrededor de la hora de la comida, cuando las cosas generalmente se retrasan y la gente generalmente sale a comer.

Lo siguiente que hay que considerar es la duración de la meditación. Una hora, 30 minutos, diez minutos... Ninguna cantidad de tiempo es demasiado larga o demasiado corta. Siempre que no interfiera con tu rutina regular y se haga bien. Para un principiante o una persona muy ocupada, puedes empezar con 5 minutos al día. A medida que comiences a cosechar los beneficios, puedes aumentar ese límite de tiempo a lo que te convenga. Sólo asegúrate de que estás aprovechando al máximo tu tiempo. Después de elegir la hora ideal del día que te funcione, el siguiente paso es elegir un lugar. Una vez más, no se requiere nada grande. Puedes hacerlo en tu cama. Sólo asegúrate de que sea un espacio despejado que ofrezca un poco de privacidad.

A continuación, elige una posición de meditación. Puedes elegir entre acostarte, sentarte o adoptar la postura de meditación más tradicional si te sientes más cómodo con ella. La mayoría de la gente tiene dificultades para pasar a la siguiente parte que esencialmente implica sentarse por un período sin pensar. Hay cintas y aplicaciones de meditación para ayudarte con eso. O puedes simplemente encender una vela y fijar tu mirada en ella. Deja que todos tus pensamientos y sentimientos se dirijan a la vela. Haz esto de forma consistente durante unos días y empezarás a experimentar una mente libre de desorden, incluso si es sólo por unos minutos al día.

Día 11
Presta atención a tu dieta

Hay un dicho popular, eres lo que comes. Muchos entusiastas y expertos del fitness lo han traducido para dar a entender que tu salud física está determinada por lo que comes. Aunque esto es cierto, las cosas son mucho más profundas que eso. Tu dieta es fundamental para tu bienestar emocional y mental. Hay estudios que han indicado que las personas que siguen una dieta rica en vegetales, frutas, frijoles, pescado, así como grasas insaturadas como el aceite de oliva, tienen menos tendencia a sufrir de depresión. Esta investigación apenas cubre la superficie de lo que podría ser un enfoque revolucionario para resolver los problemas mentales.

Por supuesto, sería inexacto sugerir que cualquier problema de salud mental y emocional que tengamos es un resultado directo del tipo de comida que comemos, no podemos desdeñar el importante papel que juega nuestra comida en la contribución a nuestro estado mental. Hay situaciones en las que las personas desarrollan una relación poco saludable con su comida. Hay una razón por la que ciertos alimentos son etiquetados como alimentos reconfortantes. Alimentan nuestras necesidades emocionales en ese momento. Cuando experimentamos ciertas emociones, nos apoyamos en estos alimentos reconfortantes para ayudarnos a sentirnos mejor. Muchos, estos llamados alimentos reconfortantes no son 100% saludables en primer lugar. Atiborrarse de ellos en un intento de alterar nuestro estado emocional negativo sólo amplificaría el efecto negativo que estos alimentos tendrían. Y es esta dependencia emocional poco saludable de los alimentos lo que ha causado graves complicaciones de salud para algunas personas.

La adicción a la comida puede resultar en obesidad, alta presión sanguínea, diabetes e incluso enfermedades del corazón. Las personas que luchan con la adicción a la comida también se encuentran luchando con la falta de confianza, la depresión y la baja autoestima y esta batalla los lanza al ciclo continuo que comienza con una mala salud emocional y luego conduce a los malos hábitos alimenticios que causan complicaciones de salud y luego los lleva de vuelta a la salud emocional negativa. La adicción a la comida ocurre de dos maneras: los que se alimentan en exceso de estos alimentos reconfortantes y luego los que obtienen su placer de no comer en absoluto.

Si has leído revistas de salud física y artículos relacionados con la alimentación, es probable que te hayas encontrado con la palabra "anoréxico", que se refiere a un trastorno de la alimentación que hace que las personas sean súper conscientes de su peso y de lo que comen. Este es el extremo de lo que les pido que hagan hoy. Y la razón por la que estoy profundizando en esto es porque la gente tiene la tendencia a reemplazar un hábito poco saludable por otro hábito poco o nada saludable. Así que si digo que prestes atención a lo que comes, es muy posible que para escapar de tu confusión emocional, te fijes en el papel que juega la comida en tu bienestar mental y posiblemente lleves las cosas al extremo.

Para evitar eso, he decidido educarte sobre lo que podría salir mal si te encuentras llevando las cosas al extremo. En los casos de anorexia, las personas que la padecen se mantienen con muy poca comida en su intento de mantener su peso o hacen lo que generalmente se conoce como un atracón-purga en el que consumen mucha comida y luego se obligan a eliminar inmediatamente la comida de su sistema ya sea metiéndose las manos en la garganta para hacerlos vomitar o tomando laxantes. Esta forma de relación de alimentos no saludables también lleva a complicaciones de salud que pueden ser fatales. Los que sufren también quedan atrapados en un ciclo similar al que hablamos antes.

Ahora bien, aunque no pertenezcas a ninguno de los dos grupos, es importante que empieces a pensar más en la comida que comes. En lugar de comer para sobrevivir, haz tu misión el comer para prosperar. Prestar atención a lo que comes requiere que seas más consciente de lo que comes y cuándo lo comes. También significa comer el tipo de comida que es mejor para ti. Por ejemplo, si tienes una condición médica como la diabetes, hay ciertos alimentos que simplemente están fuera de los límites para ti. En otras palabras, lo que constituye como saludable para otra persona puede no ser adecuado para ti.

Por lo tanto, para iniciar este proceso, revisa tus registros de salud recientes y si no los tienes, ahora sería un buen momento para hablar con tu proveedor de atención médica. Conoce tu estado de salud actual y discute tus opciones con tu médico. No cometas el error de ponerte a la moda de las dietas sin consultar adecuadamente a tu médico. Aunque tus intenciones sean buenas, el resultado podría ser poco beneficioso para tu cuerpo. Si se te da un certificado de buena salud, la mejor dieta que puedes seguir es una dieta equilibrada.

Una dieta equilibrada asegura que se obtiene la cantidad correcta de todos los nutrientes que se necesitan y que se obtienen esos nutrientes en las proporciones diarias correctas. Si ya estás en una dieta restrictiva como la vegetariana, tendrás que trabajar duro para asegurarte de que compensas los aspectos de tu dieta que faltan. Completa la proteína que falta en tu dieta. La carne roja tiene sus beneficios, pero no significa que, si no comes carne roja, no puedas disfrutar de esos méritos.

Si eliges la ruta de la dieta, como la Whole 30, que se centra en eliminar ciertos alimentos de tu dieta durante todo un mes y luego reintroducirlos más tarde, o tal vez tu nutricionista te recomienda la dieta DASH [acrónimo de Dietary Approaches to Stop Hypertension (enfoques dietéticos para detener la hipertensión)], que es una dieta sin sal, es importante que tu dieta incluya frutas y verduras. Son vitales para tu bienestar físico y emocional. Tomar un papel activo en el control de lo que entra en tu cuerpo puede darte un buen impulso de confianza. Sin embargo, ten cuidado cuando establezcas el listón de tus expectativas de resultados. No esperes transformarte en el tamaño perfecto del cuerpo después de cada comida o suponer que tu estado de salud cambiará drásticamente de la noche a la mañana.

El objetivo no es transformar tu cuerpo, sino cultivar hábitos alimenticios saludables que te sirvan a largo plazo. Sin embargo, esto no debe impedir que disfrutes de los beneficios cuando lleguen. Además, no tengas miedo de dejar una dieta si notas que el efecto que tiene en ti está afectando negativamente a tu salud. Aunque algunas dietas pueden presumir de tener grandes beneficios para la salud, no garantizan exactamente que vayan a ser las adecuadas para ti. Debes estar abierto a explorar dietas, comienza con las que te recomiende tu médico o nutricionista. Lo más probable es que encuentres la mejor dieta para ti en sus listas. Y lo más importante, diviértete con tus comidas. Estar a dieta no es necesariamente aburrido.

Día 12
Desarrolla tu propio mantra

Si eres un ávido seguidor del hinduismo o del budismo, probablemente estés familiarizado con la palabra "mantra". Esencialmente, un mantra se compone de palabras o sonidos que se repiten durante la meditación para ayudarte a concentrarte. El largo y prolongado sonido "ohm" es uno de los mantras de meditación más populares. Los mantras son una parte muy importante de la rutina de la meditación. Sin embargo, para esta tarea hoy en día, el mantra adquiere un significado diferente, ya que no estoy hablando realmente de la meditación. El mantra al que me refiero tiene más que ver con la formación de tu vida y tu mentalidad en esta fase. Y hoy, tú y yo vamos a trabajar para que descubras tu mantra de poder.

Cuando se crea una empresa, una de las cosas en las que hay que trabajar es en la marca. Esto ayuda a tus clientes a identificarte en el mar de opciones disponibles para ellos. Mucho del trabajo que se hace en la creación de una empresa se centra más en el aspecto estético. Estas empresas se esfuerzan por influir en la opinión del mercado sobre ellas con la ayuda de los logotipos, los colores de la marca, así como las fuentes utilizadas en todos sus materiales de marketing. Sin embargo, el elemento que realmente define el funcionamiento de la empresa es el lema de la organización. En la misma línea, la ropa que se usa, la forma en que se lleva el peinado y todas las cosas físicas son sólo aspectos de la marca personal.

Puedes usar tu estilo para influir en la percepción que la gente tiene de ti. Pero lo que realmente define cómo interactúas con la gente, reaccionas a las situaciones y generalmente te comportas está fuertemente influenciado por tus creencias personales. Cuando escuchamos creencias, empezamos a pensar en la religión y la cultura. Y para ser honesto, nuestra religión y costumbres influyen fuertemente en nuestro comportamiento, pero piensa en esto por un segundo. Si nuestras creencias estuvieran realmente enraizadas en nuestra religión y cultura, hay una posibilidad muy fuerte de que las personas que comparten las mismas costumbres sean más como réplicas de una fábrica que los individuos únicos que somos.

El factor diferenciador para nosotros es en lo que creemos personalmente. Y aunque todavía no le hayas dado una definición, el hecho es que tienes un mantra. Cuando no haces el esfuerzo consciente de elegir el mantra que te define, la vida y todo lo demás que te pasa, tomará esa decisión por ti. Y esta es una de las razones por las que mucha gente está atrapada en un ciclo emocional destructivo. Hay un dicho popular que dice que, si no defiendes algo, caerás en todo. Hoy en día, tienes que tomar el paso audaz de definirte. Los errores que cometiste en el pasado, los fracasos que estás viviendo en el presente, así como tus miedos y preocupaciones por el futuro son aspectos de las decisiones que tomas que te han afectado o te afectarán. Pero no te definen.

En el capítulo anterior, hablamos de la frase "eres lo que comes". Al igual que la estética, esta premisa influye en un aspecto de ti. Los mantras son como tu alimento mental. Y porque sabemos cuán fuertemente la mente influye en nuestro comportamiento, esto es un gran caso para elegir definirte a ti mismo. Y ahora que hemos establecido eso, tenemos que ir al siguiente paso que es seleccionar el mantra.

Los mantras en este contexto podrían ser cualquier cosa, desde una cita favorita de una celebridad hasta algo sacado de tu filósofo griego antiguo favorito. Elijas lo que elijas, no caigas en ese tipo de cita socialmente moderna sólo porque creas que la gente pensaría que es genial. Como con todo lo que tiene que ver con tu bienestar emocional, la decisión final depende de ti. Desde el momento en que naciste, hay varias voces que compiten por un espacio en tu cabeza. Estas voces te dicen cómo hacer las cosas, cómo vivir tu vida y básicamente cómo existir.

Ahora es tu oportunidad para crear y entrometerte en tu propia voz. Deja que esta voz se arraigue en tu interior y ahogue cualquier otro sistema de creencias o voces que te hayan sujetado. El mantra debe resonar con tus pensamientos y deseos más íntimos. Así es como puedes decir que estás en el camino correcto. No tiene que ser "profundo". Pero debe ser algo que cada vez que escuches o digas las palabras, cambie tu semblante para mejor. Algo tan simple como "eres poderoso" puede ser todo lo que necesites para reunir tu confianza.

También puedes tener un mantra para diferentes situaciones. Por ejemplo, si vas a hacer una presentación en el trabajo o si tienes que hablar frente a una multitud, puedes elegir un mantra que te dé el coraje de dar un paso adelante y ser dueño del escenario que te dan. Para los momentos en que estás experimentando algunos bajos emocionales que son muy comunes si estás combatiendo cualquiera de las emociones negativas de las que hablamos al principio, puedes encontrar mantras que te darán el poder de mantener la oscuridad a raya.

Cuando encuentras el mantra correcto, lo siguiente que puedes pensar es en la frecuencia con la que tendrías que decir esas palabras para que tengan algún efecto. La única respuesta correcta a esa pregunta es "tan a menudo como lo necesites". "Un viejo amigo mío solía decir siempre, "la motivación es como un baño: lo necesitas cada vez que te ensucias". Y estoy de acuerdo con él al 100%. Tu mantra no va a ser una palabra de una sola vez que sólo dices, chasqueas los dedos y todo cae en su lugar. Desearía que hubiera una palabra o frase así, pero hasta que esa palabra no sea descubierta o inventada, vas a tener que hacer tu propio condicionamiento de comportamiento cada vez que creas que lo necesitas.

Di las palabras con convicción. Repítelas en secuencia si es necesario, pero asegúrate de que estás arraigado en estas palabras todos los días. A medida que evolucionas, es posible que tengas que asumir nuevos mantras. Pero siempre debes tener ese mantra que te define sin importar qué. Encuentra esas palabras, habla esas palabras, posee esas palabras y conviértete en esas palabras. Te llevaría un tiempo llegar allí, pero por hoy, ¡acabemos con activar el vencedor interior dentro de ti con tus propias palabras!

Día 13
Practica la respiración profunda

La respiración es una de esas actividades reflexivas que damos por sentado todos los días. Cuando nace un bebé sano, su primera reacción instintiva es llenar sus pulmones de aire simplemente inhalando y la misma respiración que exhala, libera su primer llanto. La respiración es un aspecto que caracteriza nuestra naturaleza, pero nunca nos damos cuenta de su importancia hasta que llega un momento en que nuestra respiración se ve comprometida. Ahora, no te asustes porque sé que la apertura de esta introducción suena como un preludio a una advertencia del día del juicio final. Al contrario, lo que intento decir es que hay más en la respiración que simplemente inhalar oxígeno y expulsar dióxido de carbono.

Antes hablamos de los beneficios de la meditación y de cómo podemos usarla para influir positivamente en nuestra salud emocional, y una de las cosas que la gente usa para canalizar su atención durante la meditación es su respiración. Esto aquí es llevar las cosas al siguiente nivel. Mientras que el concepto de respiración profunda puede sonar como una de esas tonterías de la nueva era, la verdad es que esto es algo que ha existido desde hace tiempo. El uso de la respiración profunda en la medicina moderna se remonta a los años 70. Sin embargo, mi investigación revela que esto ha existido por mucho más tiempo.

Antes de que consideres la respiración profunda como una tontería, he aquí algunos de los maravillosos beneficios de ella:

1. Te ayuda a desestresarte llenando tu cuerpo de oxígeno y luego haciendo que tu ritmo cardíaco vuelva a la normalidad cuando tus niveles de ansiedad estén por las nubes.

2. Juega un papel en la desintoxicación de tu cuerpo usando esas respiraciones profundas para hacer que tus órganos y sistemas sean más eficientes en la eliminación de toxinas del cuerpo.

3. En los días en que tus niveles de energía bajan en la escala, puedes usar la respiración relajada para darte un impulso de energía.

4. Puedes darle a tu corazón un buen entrenamiento cuando haces esos ejercicios de respiración profunda.

5. Puedes regular tu peso y quemar grasa con una respiración relajada y profunda.

Con este tipo de beneficios, te preguntarías por qué la gente no habla de esto tanto como debería. Lo más probable es que hayan estado hablando de esto. Simplemente no han estado prestando atención. Como nuestro objetivo es que cambies tus hábitos para mejorar tu bienestar emocional, vamos a aprovechar los beneficios emocionales de la respiración profunda.

El estrés es una de las experiencias de la vida de la que no podemos escapar. La fuente de estrés para cada uno es diferente, así como nuestro nivel de tolerancia al estrés. Sin embargo, cuando el estrés se desencadena en nuestros cuerpos, nuestras reacciones biológicas y emocionales son similares. La reacción física al estrés puede variar desde dolores de cabeza hasta una drástica disminución del deseo sexual. Emocionalmente, podrías experimentar ansiedad y arrebatos de ira. Algunas personas se vuelven retraídas cuando están bajo estrés y esto puede llevar a la depresión.

No podemos detener el estrés. Viene con el territorio de la vida. Pero, puedes detener las emociones adversas que suelen ser un subproducto del estrés en tu camino. La respiración normal para la mayoría de los adultos suele ser una respiración superficial que no pasa por el pecho. La respiración profunda llega hasta el abdomen. No tiene un efecto estético agradable ya que le da un aspecto de pez globo con la barriga hinchada y todo. Pero esta es la única manera en que puedes sacar el máximo provecho de tu respiración. Cuando se está en un estado emocional elevado debido al estrés, en lugar de reaccionar a esas emociones, puedes reducirlas a límites razonables.

Así que, la próxima vez que sientas una burbuja de rabia y quieras soltarla arremetiendo contra la persona o cosa más cercana, toma un profundo trago de aire y luego déjalo salir lentamente. Concéntrate en tu respiración cuando hagas esto. Cuando estamos molestos, tomamos respiraciones más cortas y esto limita el rango de movimiento del diafragma causando una restricción de aire oxigenado a las partes bajas de los pulmones. La manifestación física de esto es la ansiedad. La respiración profunda te ayuda a cultivar una respuesta saludable al estrés. Una de las respuestas más saludables al estrés se llama "respuesta de relajación". "

Según la revista de Harvard a la que se hizo referencia para la investigación sobre este tema, la respuesta de relajación es un estado de profundo descanso. Se sabe que las meditaciones, el yoga, así como los encantamientos repetitivos o las oraciones inducen esta respuesta de relajación. Otra forma simple pero efectiva de iniciar esta respuesta es la respiración profunda. Al concentrarte en tu respiración, puedes guiarte para liberar tus emociones de tus pensamientos y entrar en un estado de descanso profundo.

Respirar profundamente suena bastante sencillo, pero hay más que sólo tomar bocanadas de aire. Para hacerlo bien, lo primero que hay que hacer es alejarse inmediatamente de la fuente del estrés. Incluso si está en un lugar de trabajo, distánciate del trabajo estresante o del compañero de trabajo estresado. Puedes estar tentado de reaccionar inmediatamente, pero eso sólo va a empeorar la situación. En su lugar, encuentra un espacio tranquilo y aislado, como lo harías si fueras a meditar. Busca un buen lugar para sentarte o acostarte. Estar de espaldas es preferible, pero aun así puedes obtener buenos resultados si te sientas.

Cuando esté en posición, respira normalmente. Luego, inhala lentamente por la nariz y deja que tu pecho y la parte inferior de tu vientre se eleven mientras lo haces. Esto llena tus pulmones de aire. Luego, exhala lentamente por la boca. Mantente concentrado en tu respiración y repítelo hasta que empieces a sentir que la tensión se te escapa lentamente del cuerpo. Una vez que hayas practicado y clavado esta técnica de respiración, iníciala cada vez que te sientas estresado de alguna manera. Conseguir que te calmes al borde de un reventón es un hábito que a la larga dará sus frutos.

Aunque hay muchos beneficios en esto, hay una desventaja. Si tienes antecedentes de problemas respiratorios, debes hablar con tu médico sobre esto ya que puede causar complicaciones en situaciones no supervisadas.

Día 14
Gana maestría sobre tus emociones

En los días previos a tu segunda semana en este viaje para recuperar tu vida, estoy muy seguro de que has sido equipado con el conocimiento que asegura que ahora puedes distinguir con precisión tus emociones. Y si has seguido religiosamente los pasos diarios que se han enumerado hasta ahora, tienes un manejo justo de tus emociones. El ejercicio que hiciste ayer es sobre el aprendizaje para tener vuestras emociones bajo control. Hoy, me gustaría empujarte a llevar las cosas más lejos. En lugar de sólo poner una tapa a tus emociones, puedes dominarlas.

Las emociones de las que hablamos al principio, la ira, la depresión, el miedo y la ansiedad son emociones intensas que pueden amenazar con abrumarte cuando se experimentan en su punto álgido. Lo que has estado practicando hasta ahora actúa como un arrecife de barrera que impide que la ola de emociones se estrelle y te destruya completamente. Otra cosa que abordamos con estas emociones es que tienen un lado positivo. La ira sirve para envalentonarte, para defender tu derecho y lo que crees. La ansiedad y el miedo son tus mecanismos instintivos de defensa para protegerte cuando estás amenazado, mientras que la depresión y la tristeza te ayudan a sobrellevar la pérdida.

Dejar de lado estas emociones comprometería tu total bienestar porque sin ellas, te haces extremadamente vulnerable. Conflictos, crisis, calamidades y caos son cosas que todos experimentaremos más de una vez en nuestras vidas. Estas emociones son parte de la vida. Y estas emociones negativas están ahí para ayudarte a navegar a través de ese tipo de situaciones. Por lo tanto, hacer retroceder esas emociones sólo te sirve temporalmente. En las primeras etapas de este viaje, era más importante construir tus cimientos mentales y emocionales antes de dejar entrar las emociones oscuras. Ahora, estás listo para enfrentarte a tu demonio por así decirlo.

En este capítulo, abordaremos cada emoción discutida en los primeros 5 capítulos de este libro y luego veremos cómo puedes canalizar tu reacción a ellas para servirte mejor. A diferencia del Hulk verde de los famosos comics de Marvel, no intentamos encerrar al "monstruo". Oh no. Queremos que el monstruo entre en tu mundo. Sólo que tú serás el que esté en el asiento del conductor. No te preocupes por perder el control. Esto es algo que puede empezar un poco difícil para ti, pero con práctica y consistencia, es ciertamente algo que puedes hacer.

Ira

Cualquiera que haya reaccionado a su ira en un ataque de ira sabrá que la ira puede ser bastante venenosa. Su efecto tanto en la persona que está enojada como en la que recibe esa ira puede compararse al de un huracán. Se sabe que rompe relaciones, derriba imperios y conduce a guerras entre naciones. Pero ¿sabías también que puede inspirar la creatividad? Algunos de los más grandes movimientos que alteraron el curso de la humanidad fueron inspirados por la ira.

En otras palabras, la ira puede ser usada para tu ventaja. La próxima vez que sientas rabia, usa las técnicas que has aprendido hasta ahora, haz que las burbujas violentas se reduzcan a un suave hervor y luego haz lo siguiente;

1. Llega a la raíz de la ira. No reacciones al aguijón. Reacciona a la causa de la picadura en su lugar. De esta manera, obtendrás resultados más positivos.

2. Elije tus batallas con cuidado. Cuando estás enojado, algo que valoras ha sido violado. A menudo, esas cosas son menores y no vale la pena molestarse por ellas. Así que, sólo respira e ignora. A su vez, conservas energía para las cosas que importan.

3. Hazte cargo de tus sentimientos. Barrer las cosas bajo la alfombra para presentar una fachada de calma puede llevar a una erupción de rabia de proporciones volcánicas en algún lugar del camino. Como mínimo, admite que estás enfadado y busca formas constructivas de expresar tus sentimientos.

Ansiedad

El miedo activa tus instintos de supervivencia. Es la forma que tiene tu cuerpo de decirte que quiere vivir. Los expertos nos dicen que, sin la cantidad adecuada de ansiedad, hay una gran posibilidad de que seamos complacientes en la forma en que vivimos nuestras vidas. Una falta total de ella nos haría volvernos imprudentes en nuestro trato. El instinto de mirar antes de saltar estaría ausente y así nos encontraríamos constantemente en situaciones que comprometen nuestro bienestar emocional y físico.

Por otro lado, demasiado de esto puede paralizarnos completamente. Nos volveríamos paranoicos sobre todo y nos volveríamos incapaces de disfrutar de las alegrías más simples de la vida. Para dominar la ansiedad, primero debes abrazar lo positivo que te aporta. Ahora bien, tanto si tus miedos son reales como imaginarios, nunca debes dejar que te cierren. En lugar de reaccionar a tu miedo, actúa sobre él. Toma una decisión consciente de hacer algo.

Depresión

Esta emoción te obliga a reflexionar sobre tu dolor. Existe la opinión general de que nada positivo puede salir de tus reflexiones cuando estás deprimido. Por el contrario, hay psicólogos que creen que esto podría ser bueno para ti. Esto se debe a que, en la tristeza, estás en mejor posición para analizar lo que es realmente importante para ti que en un estado mental más feliz.

Teniendo esto en cuenta, puedes usar tu tristeza para poner el cuerno en las cosas importantes de tu vida haciendo las preguntas correctas. La pregunta habitual de la fiesta de autocompasión de "¿por qué yo?" no cuenta. Usar preguntas que impliquen "qué" y "cómo" puede ayudarte a determinar el problema, así como a desarrollar soluciones para ellos.

Pensamientos negativos

Esto se aplica a todo en cada una de estas tres emociones. El lado positivo de los pensamientos negativos es que pone en primer plano tus imperfecciones. Puede que nos guste pensar que somos perfectos, pero por desgracia, somos humanos. Vivir en esos pensamientos negativos es de donde viene el daño. En cambio, abraza aquellas cosas que no te gustan de ti mismo. Mejóralas si puedes. Pero no dejes que eso sea el foco de tus pensamientos. Cambia tu perspectiva sobre esas emociones que te persiguen y entonces podrás reescribir la narración. Así es como se gana el dominio sobre tus emociones hoy en día.

Día 15

Aumentar las cosas con nuevas técnicas de relajación

Hasta ahora, has practicado la meditación para aclarar tu mente, la respiración profunda para inducir una respuesta de relajación, y has adoptado una nueva perspectiva sobre esas emociones que una vez estuvieron colgando sobre ti como nubes oscuras. En consecuencia, estas técnicas te han dado una nueva oportunidad en la vida, pero el viaje está lejos de terminar. Aunque lo que estás haciendo puede ofrecerte algún alivio a corto plazo, necesitas lo que yo llamo "inyecciones de refuerzo" para que puedas llegar a largo plazo. Hasta este momento, hemos estado tratando con las cosas que colorearon tu pasado y activaron esas emociones. Ahora, tenemos que empezar a trabajar en los hábitos que te fortificarán contra lo que pueda pasar en el futuro.

Puede que tengas un ejército de psíquicos que pueden predecir el futuro para ti, pero sabemos que esas predicciones no ofrecen una certeza absoluta. Son sólo posibilidades, una serie de eventos que pueden o no suceder. La única certeza en la vida es el cambio. Las cosas siempre están cambiando. Las circunstancias siempre evolucionarán. Las cosas pueden parecer malas ahora, pero mejorarán y luego, en algún lugar del futuro, volverán a empeorar. Por supuesto, las situaciones podrían no repetirse nunca. Pero, tienes que prepararte porque se te presentarán nuevos desafíos. Los cuentos de hadas de nuestros libros siempre terminan con historias de vivir felices para siempre, pero la vida real tiene una versión diferente.

Las incertidumbres sobre el futuro no deben obligarte a vivir con miedo al mañana. Ese tipo de comportamiento es lo que te metió en este lío. Lo correcto sería equiparte con conocimientos y hábitos que te construyan emocionalmente para que, cuando llegue el momento, seas más capaz de lidiar con las situaciones y no vuelvas a caer en el ciclo destructivo del que ya hemos hablado. Desafortunadamente, no hay hechizos o pociones que nos puedan llevar rápidamente a individuos emocionalmente estables. Pero todo eso es parte de la diversión. Dicen que no se trata del destino, sino del viaje. ¡En este caso, el proceso que te lleva a convertirte en alguien más y mejor es vital!

Hay muchas técnicas de relajación que se practican en diferentes partes del mundo. Algunas de ellas han existido durante siglos y tal vez sólo se están descubriendo debido a que el mundo se está convirtiendo gradualmente en un lugar pequeño. Lo que esto nos dice es que la humanidad siempre se ha preocupado por su bienestar emocional. Su fuente de ansiedad puede haber sido diferente de las experiencias que tenemos hoy en día, pero la amenaza permanece. Hubo un tiempo en que la forma más eficiente de tratar los traumas emocionales podría haber implicado pastillas y un viaje a la silla eléctrica. Afortunadamente, esos tiempos han cambiado. A través de la integración cultural, ahora estamos siendo dotados con el conocimiento de cómo podemos manejar nuestras emociones y forzarnos a relajarnos en un mundo que parece funcionar en constante frenesí.

Hay varias técnicas de relajación adicionales por ahí, y te animo a que las explores. Sin embargo, nuestro enfoque para el ejercicio de hoy va a ser el yoga.

Yoga

El yoga se trata de encontrar el equilibrio y la serenidad. A través de una serie de ejercicios de respiración y movimiento corporal, puedes hacer que tu mente y tu cuerpo descansen conscientemente. Más allá de relajarte, si te encuentras en una rutina energética que típicamente ocurre al final de un largo y duro día, el yoga puede relajar tus nervios y dejarte sintiéndote revigorizado.

El yoga tiene diferentes poses que ofrecen beneficios específicos. Y porque nuestro objetivo es ayudar a nuestras mentes y cuerpos a relajarse, vamos a ver 5 poses que sirven a este propósito.

1. La Pose del Niño también conocida como Balasana

En esta postura, descansas el pecho y el abdomen sobre las rodillas/muslos con los pies estirados detrás de ti y las manos delante de ti. Deja que tu frente toque la estera. Esta postura fortalece tu respiración y tiene un efecto calmante. Recuerda hacerlo con el estómago vacío.

2. La Posa Reclinada de Peces también conocida como Supta Matsyendrasana

Aquí te tumbas de espaldas con los brazos extendidos a ambos lados a la altura de los hombros. Con una pierna estirada delante de ti, cruza la otra pierna sobre la estirada moviendo sólo la cadera y esa pierna. Gira tu cara en la dirección opuesta a la pierna cruzada y mantén la posición durante 30-60 segundos.

3. Las posición de las patas de la pared también conocida como Viparita Karani

Como su nombre indica, esta postura requiere que coloques ambas piernas en la pared mientras estás acostado en el suelo con los brazos estirados a cada lado a la altura de los hombros. Además de relajarte, funciona como una forma muy suave de antidepresivo. Normalmente es mejor para las mañanas.

4. La postura del cadáver, también conocida como Savasana

Dejando de lado los pensamientos morbosos, acuéstate de espaldas con los brazos y piernas separados. Quédate quieto y concéntrate en la respiración. Esta postura es simple pero muy efectiva para inducir el descanso. Es genial para después del entrenamiento ya que alivia los músculos doloridos y ayuda a estimular la circulación de la sangre.

5. La Pose de ángulo límite también conocida como Supta Baddha Konasana

De espaldas, levanta las manos por encima de la cabeza. Deja que el dorso de tus manos toque el suelo y deja que tus pulgares e índices se conecten. Y luego dobla las piernas hasta que tus pies se enfrenten y se toquen. Mantén esta postura durante 30-60 segundos. Esta postura mantiene a raya los dolores de cabeza, los ataques de pánico y la fatiga muscular. También es útil para bajar la presión arterial.

Todas estas son poses de principiante y son bastante sencillas de hacer. A medida que creces, puedes extender el período de tiempo y tal vez explorar poses de yoga más avanzadas que ofrecen los mismos beneficios. Mientras estás en cada pose, también puedes hacer tus ejercicios de respiración profunda para aprovechar al máximo las cosas. Esto amplificaría los resultados que obtienes. También ten en cuenta que esto no es algo que se haga de una sola vez. Es algo que debes practicar y sentirte cómodo haciendo casi todos los días. Mientras lo haces, también puedes investigar otras técnicas de relajación como el Taichi. Cada información que adquieras y practiques puede servir para construir una base más fuerte para tu bienestar emocional.

Día 16
Reflexionar sobre la experiencia

Hay un concepto erróneo general sobre la comunicación. Asumimos que las personas más difíciles de comunicar son los demás, como en las personas de nuestra vida. Pero en el verdadero sentido de las cosas, la comunicación con nosotros mismos es lo que encontramos más difícil. Esto se debe a que cuando se trata de nosotros mismos, generalmente falta la objetividad. Si alguien que no sea nosotros pasara por circunstancias similares a las nuestras y se nos llamara a intervenir, probablemente estaríamos en el punto de mira con nuestra evaluación emocional de la situación y tal vez incluso ofreceríamos soluciones procesables. Pero cuando se trata de nosotros, o corremos en círculos o, peor aún, nos estrellamos contra paredes de ladrillo.

Esto se debe a que a menudo carecemos de la objetividad necesaria para ver las cosas como son porque estamos nublados por nuestros propios sentimientos y emociones. Para ser objetivo, necesitas cambiar tu perspectiva y eso sólo puede suceder con la autorreflexión. Ahora la autorreflexión es muy diferente de simplemente sentarse a pensar en la situación. Pensar en una situación te arrastra más profundamente en el laberinto de tus emociones. La autorreflexión, por otro lado, analiza y aplica a propósito una solución práctica. En otras palabras, es una forma de autoevaluación. Este es un lugar en el que llegas a ser 100% honesto contigo mismo.

En el pasado, has necesitado echar la culpa a otros para poder asegurar el día. Para avanzar, ese tipo de pensamiento ya no puede aplicarse. Ya sea que las culpas asignadas a las diferentes personas estén justificadas o no, es importante que reconozcas tu papel en el evento. Ten en cuenta que tampoco se trata de asignarte la culpa a ti mismo. Ese barco ha zarpado. Se trata de reflexionar sobre el proceso que te ha llevado a este punto, volver sobre tus pasos, reclamar tu poder y redefinir el impacto que esta experiencia tendrá en ti. No nos damos cuenta de lo poderosa que es nuestra mente, pero todo eso está a punto de cambiar hoy.

Cuando uno autorreflexiona sobre una experiencia, no vuelve al pasado como víctima o como vencedor. No estás tratando de crear y luego vender una narración que sientes que pacificará tus emociones heridas. Estás revisando este pasado como un observador y nada más. Sí, has vivido con el dolor y sí, llevas las cicatrices, pero no estás obligado a aferrarte a ellas. Revisa el momento o evento en el que piensas que lo perdiste todo, traza los pasos que te llevaron a ese evento y luego sigue lo que pasó después del evento hasta dónde estás hoy. De nuevo, intenta no pensar en las preguntas del "por qué". Es más difícil obtener las respuestas a esas preguntas si hay otras personas involucradas. Sin embargo, si este evento en sí mismo es algo que puedes clasificar como autoinfligido, entonces puedes intentar analizar por qué lo hiciste.

Ahora, teniendo en cuenta que no puedes cambiar lo que ha sucedido, tendrías que aceptar la situación tal cual es antes de pasar al siguiente conjunto de preguntas que se centrarían en cómo podrías haber hecho las cosas de manera diferente. El propósito de esta línea de preguntas es determinar cómo puedes evitar situaciones como esa en el futuro. Esto evitaría que repitieras el mismo error. Tengo que enfatizar aquí de nuevo que este no es el momento de hacer valer las culpas. Reconocer tu papel en el evento y luego asignar las culpas son dos cosas diferentes. Una prepara el camino para la redención, mientras que la segunda genera culpa y autodestrucción.

Durante esta fase, evalúa tus fortalezas y tus debilidades. Este tipo de conocimiento te permite hacer los cambios correctos y relevantes que necesitas. Con este conocimiento recién adquirido de ti mismo, si alguna vez te enfrentas a circunstancias similares, hay una gran posibilidad de que tomes mejores decisiones. Y lo hermoso de estas elecciones que harás posteriormente es que no están enraizadas en el miedo o cualquier otra emoción negativa. Sino que se están haciendo objetivamente, lo que significaría que los resultados serían beneficiosos a largo plazo. Las lecciones adquiridas educarán los pasos que darás en el futuro.

Ahora que has hecho tu autoevaluación en relación con la experiencia, puedes reducir el impacto que la experiencia tendría sobre ti. Permíteme usar un ejemplo práctico aquí. Conozco a alguien que ha estado en una relación durante casi 13 años. Se conocieron en sus primeros años de universidad y mantuvieron esa relación hasta que entraron en el mercado laboral. Llamaré a la señora "Laura" porque es la que conozco. Para Laura, esta relación fue la primera y única en su momento. Y como habían estado juntos por tanto tiempo, ella asumió que esta unión la haría feliz para siempre. Construyó sus esperanzas y sueños alrededor de esta relación sólo para que su príncipe azul terminara abruptamente en lo que habría sido su décimo tercer año juntos. Pueden imaginar lo devastada que estaba Laura. Durante meses, sufrió de depresión y ataques de pánico.

Conocí a Laura durante este tiempo, y empezamos a trabajar en cambiar las cosas. Cuando llegamos a este punto, Laura notó su miedo a sacudir el barco en una relación y cómo eso le impedía hacer las preguntas correctas que le hubieran ahorrado tiempo y dolor. En lugar de subirse al carro de "todos los hombres son escoria". Su autoevaluación la ayudó a abrirse a nuevas perspectivas de relación e informó las decisiones que tomó de cara al futuro. Se tomó un año para salir con ella misma y al año siguiente, se involucró con un tipo bastante decente. Hoy en día, está casada y viviendo sus nuevos sueños. La lección moral aquí no es que haya encontrado la felicidad. Fueron las elecciones deliberadas que pudo hacer gracias a su evaluación objetiva de su experiencia. Así que hoy, coge un bolígrafo y un libro y ve por el camino de los recuerdos también.

Día 17
Concéntrate en lo bueno

¿Recuerdas la lista de gratitud que empezaste hace unos días? Bueno, ahora estamos a punto de intensificar las cosas. Supongo que es seguro decir que puede que hayas oído o te hayas encontrado con la expresión "vaso medio lleno". Se usa para ilustrar cómo es una perspectiva positiva y una perspectiva negativa de la vida. Dicen que la persona optimista siempre miraría un vaso que tiene un líquido y que está medio lleno en la parte superior, mientras que el pesimista miraría el mismo vaso como medio vacío. Todo se reduce a la perspectiva. La perspectiva que tenemos sobre la vida en gran medida determinaría nuestras experiencias.

Contrariamente a lo que pensamos, nuestra perspectiva de la vida no es ni genética ni hereditaria. Es una elección que hacemos y que tenemos que hacer continuamente. A veces, las experiencias de la vida nos condicionan para pensar y reaccionar de una cierta manera. Si has vivido un montón de experiencias negativas, es bastante comprensible que empieces a desarrollar el temor de que algún tipo de fatalidad o tragedia te esté esperando en cada esquina. Sin embargo, incluso en situaciones como estas, puedes tomar la decisión de ver las cosas a través de una lente más brillante. Ser optimista es el objetivo, pero eso no es algo que vaya a suceder durante el fin de semana. Comienza con un pequeño, pero muy significativo paso... ¡ver lo bueno en todo!

Los realistas pueden luchar con esto más que los pesimistas porque los realistas tienden a centrarse en cosas más grandes. Un realista no se impresiona tanto por el centavo que encuentra en el suelo porque piensa que podría alimentar su miedo a engañarse a sí mismo. El sol que se asoma por debajo de las oscuras nubes de aspecto enojado no es suficiente para darles la esperanza de que las lluvias se han evitado. Esas nubes oscuras tendrían que desaparecer antes de que se les ocurriera pensar en la esperanza. Ya sea que seas pesimista, realista u optimista, tienes que empezar a entrenarte para ver lo bueno, no importa cuán pequeño sea.

Sólo para aclarar las cosas, esto no quiere decir que debas ignorar las cosas malas o ser displicente con ellas. Se trata de obtener una perspectiva equilibrada. En cada situación, siempre hay un resquicio de esperanza. A veces es más difícil encontrar ese arco iris en medio de la tormenta, pero si sigues en ello, te garantizo que lo encontrarás. Cuando estaba haciendo este viaje durante un período muy doloroso de mi vida, solía alimentar mi "buena vista" con clichés comunes de Internet. Al principio, sonaban realmente terribles y poco útiles, pero a medida que los repetía, empecé a notar cambios positivos en la forma en que veía esto. Traigo esta experiencia a colación porque ver las cosas buenas no siempre se trata de la vista. Fue en la forma en que reaccioné a las cosas, así como en la forma en que percibí las situaciones.

Centrarse en las cosas buenas de tu vida es un intento deliberado de recuperar la esperanza en una situación que te lleva a la desesperación y hay muy pocas cosas tan poderosas como eso. Otra forma efectiva de centrarse en lo bueno es redefinir lo negativo. Por ejemplo, si la ira es un problema con el que estás luchando, en lugar de aferrarte a la etiqueta negativa que caracteriza tales comportamientos, date un giro positivo en las cosas. Elije en cambio verte a ti mismo como una persona intensamente apasionada por las cosas que le importan y, que, en este momento, está tratando de averiguar cómo expresar constructivamente su pasión de manera que todos los que le rodean puedan beneficiarse de ella. Esto no es autonegación. Sino que es una forma más productiva de ayudarte a recuperar tu esperanza y motivarte para hacer los cambios pertinentes.

Se realizó un estudio sobre el tema del resquicio de esperanza y se descubrió que el 90% de las personas que pudieron convencerse de que sus rasgos negativos eran fortalezas estaban más motivadas para trabajar más duro para alcanzar los atributos positivos de esas fortalezas. Esto de aquí es ciencia. Como dije antes, es increíble lo que eres capaz de lograr cuando te lo propones.

Un tema que he repetido a lo largo de este libro es el hecho de que hay que aceptar la situación tal como es. No puedes retroceder en el tiempo para cambiar lo que ha sucedido, pero puedes llegar al futuro para cambiar cómo te afectará ahora. Para hacer esto, necesitas hacer algunas proyecciones. ¿Qué te gustaría ver que ocurra? ¿Cuáles son las cosas de tu situación que, si cambiaran, te harían más feliz y te harían sentir más agradecido por la vida? Ahora imagínate en el futuro con esas cosas y el resultado que has proyectado. Con esto en mente, vuelve al presente. Ahora, pregúntate, ¿cuáles son las cosas que crees que puedes hacer ahora que te darían el resultado que deseas? Crea un plan que te lleve a ese punto, escríbelo en palabras claras y concisas y luego sigue adelante. Esta es otra forma de centrarse en lo bueno.

Estos pequeños pensamientos de bien te ayudan a redirigir tu enfoque y te dan algo que esperar. Cuando sentimos que no tenemos nada por lo que vivir, la oscuridad y la negatividad se apoderan de nosotros y nos llevan al abismo. Esta no tiene que ser tu historia. Ya sea que te estés redefiniendo, alcanzando el futuro o simplemente alimentando tu "buena vista", tienes que tomar activamente la decisión de permanecer en la luz todos los días. El futuro es incierto, pero cuando te envuelves en positivismo, no hay casi ninguna montaña que no puedas escalar para llegar a tu destino. Es hora de dejar que las cosas te sucedan. Levántate y empieza a sucederle a las cosas que te rodean. Es fácil encogerse de hombros y decir que la vida pasó, pero no lo hagas. Mírate en el espejo, encoge los hombros y di "pasó" en su lugar.

Día 18

Desarraigar las fuentes negativas

Hay una parábola cristiana acerca de un granjero sembrando sus semillas. Algunas de estas semillas cayeron en un suelo duro, por lo que se quemaron por el sol y no pudieron crecer. Algunas cayeron en suelo fértil y por supuesto crecieron, florecieron y dieron frutos. Y luego tienes las semillas que cayeron entre arbustos espinosos. El granjero intentó hacerlas crecer, pero los arbustos y las espinas les ahogaron la vida y se marchitaron y murieron. Tratar de ser optimista cuando estás rodeado de negatividad es como plantar semillas entre espinas y arbustos. La negatividad ahogaría la vida de la pequeña luz y la esperanza que has tratado de esculpir para ti mismo dejándote con la oscuridad.

Pero como todo lo demás, esto también es una elección. Has tomado el paso audaz de redefinirte a ti mismo y a tu propósito en la vida. Ahora tendrás que dar un paso aún más audaz para deshacerte de cualquier cosa que traiga negatividad a tu vida y a veces eso incluye a las personas. Es curioso cómo algunos de estos tipos de personas negativas en nuestras vidas se convencen a sí mismos de que sólo están diciendo la verdad. Usan clichés como "la verdad duele" o "la verdad siempre es amarga" para justificar las cosas malas que te dicen. Algunas personas ni siquiera vienen directamente con las palabras mezquinas. Usan comentarios sarcásticos y declaraciones indirectas para despistarte. Hoy en día, todo eso termina.

No es tu trabajo tratar de averiguar de dónde viene su amargura (es mejor que creas que tienen una fuente), pero te debes a ti mismo el cuidarte primero. Así que, si tienes personalidades tóxicas en tu vida, vas a tener que eliminarlas o por lo menos dejar de prestar atención a sus voces. Es muy importante que tomes un enfoque muy vicioso para eliminar a las personas negativas de tu vida porque la cantidad de energía necesaria para desmantelar el impacto negativo de las palabras tóxicas es más del triple de la energía necesaria para que desarrolles un nuevo hábito positivo. Si eliges tolerar ese tipo de personas en nombre de mantener las amistades, te encontrarás gastando energía en deshacer el daño que hacen diariamente en lugar de vivir tu vida. Y encima de todo, no son las únicas voces negativas que tendrás que silenciar.

La segunda fuente negativa en nuestras vidas se encuentra generalmente dentro de uno mismo. Cuando has luchado con situaciones que comprometieron tu confianza y te dejaron emocionalmente maltrecho, despierta una voz interior. La voz de la duda. Incluso cuando das pasos agigantados en la consecución de tus objetivos, seguirás escuchando esta voz gritando desde los recovecos de tu mente diciéndote que no puedes hacerlo. A veces, los gritos penetrantes de nuestra duda pueden tener un efecto paralizante en nosotros. Esto te dejaría atrapado en aguas turbias que te distraerían de otras cosas sorprendentes que podrías y deberías hacer. Para ahogar las voces de la duda, tendrías que activar otra voz. Recuerda esos mantras que has estado practicando, tendrías que subir el nivel de las cosas. Escucha las palabras que la voz de la duda está diciendo y busca mantras que contrarresten esas palabras positivamente. Cuanto más poder te hagan sentir, mejor para ti.

Fuera de las voces de la auto duda, vas a tener que desterrar otros pensamientos negativos que pueden haber sido programados por tus creencias, cultura y demás. Lo que crees tiene un fuerte control sobre ti. He escuchado la frase, "un hombre de convicciones es un hombre peligroso. "En otras palabras, porque alguien así está firmemente arraigado en lo que cree, así que sacudir a esta persona va a ser tan efectivo como usar una hoja de afeitar normal para cortar el acero sólido. Su creencia forma una pared sólida que es muy similar al acero que usé en la ilustración. Para cortarla, necesitarías más afirmaciones positivas, así como la redefinición de ciertas opiniones que has mantenido sobre algunas cosas.

También necesitarías una tonelada de pura fuerza de voluntad para salir adelante. Hoy, estarás ejerciendo un gran esfuerzo mental mientras intentas poner tu vida en orden. Piensa en ello como preparar el suelo para la próxima temporada de siembra. Si hay hábitos, materiales o imágenes que alimentan la negatividad que te rodea, es imperativo que seas brutal en su eliminación. No dejes que los sentimientos se interpongan en el camino. Algunas cosas o personas pueden ser fácilmente dejadas aparte tal vez debido a relaciones familiares o algún tipo de obligación. Tal vez, la fuente de la toxicidad en tu vida es tu lugar de trabajo, pero debido a consideraciones financieras, no estás en condiciones de cortar los lazos inmediatamente. En situaciones como esta, puedes idear un plan de acción para salir más adelante. Así que, incluso si no puedes salir de inmediato, tienes algo que esperar en los próximos días.

Sé que lo hago parecer más fácil de lo que es en realidad, pero esto haría una gran diferencia en todo. Cuando dejas ir cualquier cosa que pueda comprometer tu paz mental, estás contribuyendo a la creación de un ambiente emocionalmente estable que nutre a esta nueva persona en la que estás tratando de convertirte. Incluso más que eso, te ayuda a prosperar. A medida que desarraigas los elementos negativos de tu vida, asegúrate de reemplazarlos por otros más positivos. Abastécete de libros que te alimenten emocionalmente. Escribe pequeñas frases y citas positivas y colócalas estratégicamente en tu casa y en tu persona. Tropezar con ellas en momentos aleatorios puede inyectar un muy necesario aumento de la confianza.

Mientras dejas de lado los amigos negativos, conecta con la gente que te inspira y motiva. En esta era de redes sociales, puedes optar por asegurarte de que tu línea de tiempo esté llena de mensajes positivos siguiendo a las personas que exudan el tipo de contenido que resuena contigo. Recuerda constantemente que estás a cargo y que no puedes controlar lo que sucede. Sin embargo, puedes controlar cómo reaccionas ante ello y cuánto te afecta.

Día 19
Lleva la positividad a los demás

Cuando has sido el destinatario de algo bueno, lo mejor es pagarlo por adelantado. En los últimos días, te has beneficiado de la sabiduría de otros y no me refiero a las palabras de este libro. Estoy hablando de los mantras y las frases positivas que has investigado y adoptado como tuyas que son regalos de otros que vinieron antes que tú. Hoy, vas a tratar de sembrar semillas positivas en el mundo que te ha bendecido. Esto no significa que tengas que empezar a brotar palabras de sabiduría para que otros las disciernan. Sin embargo, hay cosas que puedes hacer para que la bola ruede en esa dirección... ...pero primero averigüemos lo que esto hace por ti.

Si nunca has hecho algo desinteresadamente por alguien, te sugiero que dejes este libro ahora mismo y lo pruebes. Más allá de ver la sonrisa en la cara de la persona para la que estás haciendo el bien, hay un sentimiento cálido que te llena. Los estudios han demostrado que los actos personales de bondad activan una parte de tu cerebro que disminuye los efectos de la ansiedad. Por supuesto que los resultados no son concluyentes, pero es un tema muy prometedor. Aun así, no vamos a esperar hasta que los resultados de ese estudio estén concluidos antes de actuar. Satisfacer la necesidad de otro ser humano es un aspecto fundamental de la naturaleza humana y esto debe ser fomentado.

En segundo lugar, hacer actos de bien te saca de tu propia cabeza. No hace falta mucho para encontrarse preocupado por los problemas que se enfrentan. Nos quedamos tan atrapados en nuestro propio mundo que olvidamos que hay todo un universo lleno de otros seres humanos que se enfrentan igualmente a su propio conjunto de problemas y aunque no son tu responsabilidad, ayuda mostrar un poco de empatía. Pasar incluso sólo 5 minutos con un oído atento podría revelar lo trivial que es tu problema en comparación con los demás. No sientas la necesidad de acaparar la atención cuando se trata de quién ha sido más injusto en la vida. Puede que te sientas como si fueras el único en el mundo, pero todo lo que tienes que hacer es extender la mano y te sorprenderás al descubrir que hay tanta gente dispuesta a llenar tu vida de amor.

De niño, mi abuelo me dio una ilustración de generosidad que me acompañó toda la vida. Habíamos ido a pescar y me pidió que me metiera en la cesta y le diera un poco de cebo. Justo cuando le di el cebo, mi abuelo me puso la mano encima de la suya y me dijo: "Los dadores siempre estarán arriba". Esta imagen siempre ha estado en mi mente todos estos años. Cuando pensamos en dar, nuestra preocupación suele ser lo que tenemos que perder. Ese abrigo favorito, ese dinero extra o incluso nuestro tiempo; tendemos a pensar en ello como una pérdida. Pero en realidad, estamos ganando mucho más. Y cuanto más damos, más ganamos.

Devolverle algo al mundo no es tan complicado como parece. Y no es necesario ir a una aventura al otro lado del mundo para poder dar. La caridad, dicen, comienza en casa. Puedes empezar en tu casa y luego llevar cosas a tu comunidad. Hay muchas ideas para dar y no todos los regalos tienen que involucrar la separación de dinero. Si te falta inspiración, deja que mi lista te dé una pista.

1. Ofrece voluntariamente tus servicios:

Busca una causa que te apasione y luego encuentra una organización que apoye esa causa en tu vecindario. La mayoría de las ONG suelen estar abrumadas por la demanda de los servicios que ofrecen, así que un par de manos extra de ayuda son siempre bienvenidas. Ofrécete a servir a la organización en el mejor modo que puedas hacerlo. No tiene que ser algo a largo plazo, así que no te preocupes por hacer un compromiso que no estés listo para aceptar.

El servicio que ofreces podría depender del tipo de organización para la que te ofreciste. Las ONG médicas requieren personal médico o al menos alguien con cierta formación médica y las organizaciones educativas requieren profesores. Por lo tanto, ten esto en mente cuando hagas tu solicitud.

2. Ofrece voluntariamente tu tiempo:

No a todos nos gusta trabajar con otras personas y si la idea de acercarte a una ONG te desanima, puedes poner tu granito de arena en tu comunidad donando minutos y horas de tu tiempo para el servicio comunitario. Tal vez el parque recreativo cercano a ti está siendo invadido por la basura. Coge tu equipo, camina por el parque y recoge la basura. También pueden elegir hacer esto a tu conveniencia.

Cuando ofrezcas tu tiempo, simplemente busca oportunidades que te muestren cómo puedes usar mejor tu tiempo para ayudar a tu comunidad. Incluso tomarse el tiempo extra para clasificar adecuadamente la basura en casa puede ser de gran beneficio para ti, la comunidad y el medio ambiente.

3. Actos de bondad aleatorios

Si no vas a poder ofrecer tu tiempo y/o tu servicio, tienes que subirte a este vagón que te permite escoger momentos esporádicos para actos de amabilidad con cualquiera, a pesar de que sea una cara conocida o un completo desconocido.

Ceder el asiento a una persona mayor en el autobús o en el tren, dar una sonrisa cálida y acogedora a tu nuevo compañero de trabajo o hacer un cumplido genuino; son todos actos de bondad.

Hoy en día, tu tarea es realizar al menos una buena acción para alguien que no sea de la familia. Sé creativo en la realización de la tarea. Posteriormente, haz de esto un hábito diario. Emite vibraciones positivas al universo y observa cómo el universo responde con bondad.

Día 20
Vive el momento

Las circunstancias actuales de tu vida pueden no ser las ideales y vivirlas puede ser una dolorosa experiencia diaria para ti. Pero quedarse atascado en un pasado glorioso o mantener la cabeza en las nubes de un futuro que no es seguro no va a hacer que las cosas mejoren. Cuando la gente da el consejo de "vivir el momento", nos imaginamos una vida que tiene muchas cosas buenas para esa persona que parece ser negligente con los "dones" que posee. Pero para las personas que están viviendo uno de los momentos más oscuros de sus vidas, esa declaración es una carga pesada de llevar. Parece casi imposible. Es por eso que mucha gente trata de escapar de sus vidas a través de las drogas, el alcohol y otras adicciones dañinas.

Tomar la decisión de vivir el momento a pesar de las duras circunstancias que te rodean es una decisión valiente y valerosa que aplaudo. Requeriría más ejercicio de tu fuerza de voluntad para mantenerte en el camino de esta decisión ya que hay muchas distracciones que pueden ofrecer un escape. E incluso cuando seas capaz de mantenerte alejado de las distracciones, de vez en cuando, te encontrarás con acontecimientos que te causarán ansiedad y te llevarán a preocuparte por el futuro. Estas preocupaciones nuevamente te alejan del presente y todo esto puede contribuir a crear una atmósfera de desesperación. Si no estás atento, podrías quedar abrumado por todo esto y perder de vista lo que es importante. Porque, no importa cuán oscuras se pongan las cosas en este momento, tu brillante futuro está enraizado en tu capacidad de cesar un momento en tu presente. Y sólo puedes reconocer ese momento si estás viviendo en él. Esta es la paradoja de la vida.

El primer paso para vivir el presente es reducir el ritmo. La vida de hoy se vive en el carril rápido. Siempre tenemos prisa por llegar a nuestro destino. Buscamos atajos para hacer el trabajo. Queremos que las cosas sucedan a la velocidad de la luz. La tecnología que se está creando para esta época está diseñada para satisfacer nuestra necesidad de un servicio más rápido. La ironía es que en nuestra molestia por llegar a donde vamos en el menor tiempo posible, terminamos corriendo en círculos. Nos volvemos como esos pequeños y lindos hámsteres sobre ruedas. Ellos sólo pedalean y pedalean, pero terminan yendo realmente a ninguna parte. Por eso dicen: "No se trata del destino, lo que cuenta es el viaje". No te concentres tanto en llegar a tu oficina a tiempo como para ignorar a las personas y experiencias importantes en tu camino. Abraza a tu compañero un poco más fuerte antes de salir por la puerta. Choca esos cinco con los niños. Sonríe y saluda al vecino mientras te diriges a tu auto. Disfruta de lo que ves y los sonidos de la ciudad mientras te abres paso entre el tráfico. Tu trabajo seguirá esperándote, pero este momento se te escapa para siempre. Detente y huela las rosas, literal y figuradamente.

El siguiente paso es estar más atento. Lo que esto significa esencialmente es que tienes que prestar más atención conscientemente a lo que está pasando a tu alrededor en este momento. La vida no ocurre al revés ni tiene un botón de avance rápido. Progresa con cada momento de vigilia. Tus miedos sobre el futuro no deberían interrumpir tus acciones en el ahora. No estoy insinuando que tus preocupaciones no estén fundadas y que no deberías planear para el mañana. Pero no te dejes atrapar tanto por esos planes al punto que descuides lo que está pasando ahora mismo. Haz un esfuerzo deliberado para prestar atención a las cosas que estás haciendo ahora. Incluso si son simples actividades mundanas que haces todos los días, enfoca tu mente para permanecer en la tarea. Por ejemplo, cuando te sientes a comer, no te límites a poner la comida en la boca, masticarla y luego tragarla. Saborea el sabor y la textura de la comida. Celebra la explosión de sabores en tu boca y esto puede sonar como si fueran extras, pero en realidad es sólo aprovechar los momentos de tu vida.

Por último, para vivir verdaderamente el momento, hay que realinear las prioridades con las realidades presentes. En cada etapa de nuestra vida, nuestras prioridades cambian, pero no muchos de nosotros lo reconocemos. Lo que era importante para ti a los 20 años puede que no tenga el mismo valor cuando llegues a los 30, pero nos aferramos a esto de todos modos. Un ejemplo típico sería el valor que le damos a nuestras carreras cuando estamos solteros y luego seguimos eligiendo la carrera por encima de otras cosas valiosas en nuestras vidas cuando nos casamos. Esto no sugiere que tu carrera tenga que terminar cuando te casas y empiezas una familia propia. Pero es un hecho innegable que se produce un cambio de prioridades. Tu familia se convierte en tu prioridad. Si no se hace esto, se producirán conflictos innecesarios que te quitarán la alegría de vivir el momento. Esto se aplica a todos los aspectos de tu vida. Debes dar prioridad a lo que valoras si quieres maximizar los beneficios de vivir en el presente.

Otro factor importante que puede arruinar tu capacidad de disfrutar del presente es mantener una actitud crítica hacia la vida. Vivimos en una época en la que todos tienen una opinión, sobre todo y todos pensamos que tenemos razón. Para añadir combustible a una llama ya ardiente, hay varias plataformas sociales que amplifican us opiniones, por lo que siempre estamos dispuestos a expresar nuestro disgusto en cada momento. El inconveniente de esto (entre un millón de personas en mi lista) es que nos volvemos intolerantes y estrechos de vista cuando nuestras creencias miopes se hacen eco de extraños en todo el mundo. Así que, en lugar de acercarnos a un momento con la mente y las manos abiertas, tomamos una postura crítica y nos perdemos los placeres que hay ahí fuera. Es vital estar enraizado en nuestras creencias, tener una voz que represente nuestros valores, pero es aún más importante vivir nuestras vidas con una mente abierta. Tener la mente abierta es lo que crea la oportunidad de disfrutar de las sorpresas contenidas en estos pequeños momentos que constituyen las experiencias de nuestra vida.

Día 21

Dejando todo atrás

Para concluir lo que sé que han sido 3 semanas emocionalmente difíciles para ti, estoy orgulloso de que ahora estés "dejándolo todo atrás". No hace mucho tiempo, pasaste el día deshaciéndote de cualquier elemento negativo en tu vida, así que se plantea la pregunta de "¿qué es exactamente lo que estás dejando ir hoy?" La respuesta es bastante simple. Hoy es el día en que dejas ir el dolor. Ahora, esta realización ofrece algunas buenas noticias, ¿verdad? Quiero decir, nadie quiere cargar con su dolor las 24 horas del día. Si hay una oportunidad de exorcizar físicamente el dolor emocional que sentimos, muchos de nosotros nos apuntaríamos en un abrir y cerrar de ojos. Pero si se nos da la oportunidad de dejar ir el dolor libremente, muchos de nosotros dudaríamos. Esta vacilación no se debe a que disfrutemos del dolor. Es porque a nivel subconsciente, nos hemos unido a nuestro dolor y esto se ha convertido en nuestra identidad. Dejar ir es una de las cosas más difíciles de hacer, por lo que lo reservé para el último consejo. Pero también es el paso más significativo para que sigas adelante con tu vida de forma consciente y saludable.

Aferrarse al dolor del pasado y tratar de aprovechar el futuro es como hacer una tortilla con huevos podridos. Tienes todos los ingredientes necesarios para una tortilla, pero poner algo que ya está contaminado arruina todo el sabor y los sabores que dan los otros ingredientes, aunque estén en buenas condiciones. A lo único que debes aferrarte de tu pasado son las lecciones que has adquirido. El dolor te enseñó las lecciones, pero no es el dolor lo que transformará tu vida. Son las lecciones. Aferrarse al dolor sólo arruinará cualquier experiencia maravillosa que puedas tener en el futuro. Los ejercicios que has estado haciendo en las últimas semanas te han preparado para este momento. Es aterrador, pero también es una de las cosas más valientes que puedes hacer hoy.

Para ayudar con la parte de miedo, en lugar de idealizar el dolor, ¿qué tal si pones el poder de tu mente a trabajar redefiniendo este momento. Si dejar ir suena un poco demasiado duro para ti, llamémoslo el momento en que rompes con el dolor. Eso suena mucho mejor y da un giro más positivo a las cosas. Ahora, vayamos directo al grano. El dolor no es como una cosa tangible que puedes recoger con un recogedor y luego vaciar en el cubo de la basura. Pero hay formas de lograr el mismo efecto cuando dejas las cosas atrás con este proceso paso a paso.

Paso 1: Deja de acariciar el dolor

Los humanos tienen mascotas por varias razones, pero la más común es la compañía. Cuando nos sentimos tristes y solos, nos acercamos a nuestros amigos peludos y los acariciamos para sentirnos mejor. Dejamos que nuestras mascotas absorban los sentimientos y recurrimos al amor incondicional que nos dan para mejorar nuestro estado de ánimo. Muchos de nosotros tratamos nuestro dolor como mascotas. Cada vez que algo negativo sucede, buscamos ese dolor y lo usamos para consolarnos. No es algo consciente que hacemos, pero si realmente quieres seguir adelante, vas a tener que dejar de mimar tu dolor.

Paso 2: Deja de poner excusas

Sabemos que este dolor y amargura que llevamos dentro no puede traer nada bueno, pero cada vez que se trata de dejarlo ir, empezamos a poner excusas como "el dolor es un recordatorio de lo que he pasado". "Clichés como ese, suenan como si fueran profundos, pero en realidad son sólo otra excusa para retener tu equipaje. Hay otras grandes maneras de recordarse a sí mismo esta experiencia. Algunos se hacen tatuajes, otros optan por joyas grabadas, y mi favorita es aquella en la que eligen un día del año para conmemorar la batalla que libraron y la bien ganada victoria que coronó su valentía. Sea lo que sea que elijas hacer, esfuérzate por asegurarte de que estás abrazando las cosas correctas por las razones correctas.

Paso 3: Deja de hacerte la víctima

Sabemos que esta cosa trágica y terrible te ha pasado y que no te lo mereces, pero llevar la insignia de víctima sólo para obtener la simpatía de todos no te va a ayudar a seguir adelante de ninguna manera. Para empezar, la insignia de víctima anula cualquier escenario en el que salgas como ganador. Lo único que te da es simpatía y aun así, hay una fecha de caducidad para la simpatía que tienes ahora. Esta fugaz "recompensa" no es una buena razón para aferrarse a una ilusión en la que el dolor te da lo que quieres. Este tipo de pensamiento funcionaría en contra de todos tus esfuerzos para seguir adelante. En las relaciones, podrías volverte desconfiado y manipulador. La gente puede quedarse contigo por simpatía, pero no puedes manipularlos por mucho tiempo.

Paso 4: Dejar de hacer comparaciones

Poner tu dolor en un pedestal y luego usar eso como una medida para definir los eventos que te suceden en el futuro puede hacer que las cosas se pongan feas muy rápido. No importa lo hermoso que intentes hacer que ese pedestal parezca, no funcionará mientras tengas ese dolor ahí arriba. Piensa en el huevo podrido de la analogía de la tortilla que usé antes. No importa si pones los ingredientes más elegantes en él. La sal marina, las especias marroquíes o incluso la forma más pura de aceite de oliva virgen no pueden cambiar el desagradable sabor u olor que el huevo podrido traería a la comida. Lo mismo ocurre con dejar que el dolor defina tu futuro.

Hoy en día, haz un esfuerzo consciente para dejar ir el dolor. Y mientras lo haces, intenta perdonar a todas las partes involucradas. Y lo más importante, perdónate a ti mismo. Si estás albergando sentimientos de venganza, tienes que dejarlos ir. Dejar ir no significa que dejes a la otra persona libre de culpa. De hecho, ya no se trata de ellos. Dejar ir es sobre ti y tu bienestar emocional. Cuando te aferras a un rencor o dolor, le das a esa persona o cosa poder sobre ti. Este viaje se trata de reclamar tu poder y elevarte por encima de tus batallas emocionales. Nadie ni nada debería tener tanto poder sobre ti. Déjalo todo y obsérvate a ti mismo crecer.

Abrazando al nuevo tú

¡Felicidades! Lo has conseguido. Estoy muy emocionado por la próxima fase de este viaje que estás a punto de hacer. Si te caíste en el camino, está bien. No nos definimos por nuestros fallos sino por nuestra capacidad de volver a levantarnos cada vez que caemos. En las últimas tres semanas, realmente te has puesto en marcha. Montaste la tormenta, enfrentaste tus miedos y reescribiste tu historia. Has despertado a tu verdadera naturaleza y has adquirido conocimientos que te servirán durante mucho tiempo. También estoy seguro de que has logrado sorprenderte a ti mismo en este período. Las revelaciones sobre ti mismo y tus experiencias en la vida han abierto la puerta que te ha llevado a una relación más íntima contigo mismo.

La revelación de esta nueva dimensión para ti es una experiencia extraordinaria. Sin embargo, todavía no has terminado este viaje. Esto es literalmente sólo la punta del iceberg. La parte de ti que acaba de salir a la superficie se extiende muy por debajo. Mientras la vida siga ocurriendo, tendrás que seguir en ella. Todo lo que has aprendido y practicado aquí debe ser repetido diariamente hasta que se convierta en una parte de ti. Llega a un punto en el que ya no necesitas hacer listas y recordatorios telefónicos para decirte qué hacer y cuándo hacerlo. Debería ser como respirar. No tienes que controlarte o recordarte a ti mismo que debes tomar la siguiente respiración, simplemente lo haces. No esperes hasta que haya una crisis para empezar otra rutina de 3 semanas. Prepárate para esos momentos ahora para que cuando lleguen (considera que esos momentos siempre llegarán), estés en la mejor forma para asumir las cosas y superarlo. Situaciones que antes te habrían visto desmoronarte, ahora te permitirán ser aún más fuerte.

Por mucho que te guste este nuevo tú y no puedas imaginarte ser otra persona (excepto quizás Bill Gates o Beyoncé), es esencial que mantengas una mente abierta porque cambiarás. Algunos de esos cambios son inevitables y es natural resistirse a ellos. Pero no lo combatas por mucho tiempo. Acepta esos cambios tal como te has acostumbrado a este nuevo tú. Ahora, mientras te esfuerzas en estos hitos que estás haciendo, cuida de las personas en tu vida. Si el nuevo tú manifiesta este cambio tanto física como emocionalmente, puede que se refleje en tu sentido de la vestimenta entre otras cosas. Tal vez tu eras el tipo conservador que usaba colores apagados y se mantenía alejado de las impresiones gráficas atrevidas, puede que te veas atraído por los colores brillantes y las impresiones más audaces. Esto puede ser un poco chocante para la gente que te conoce, especialmente para aquellos que comparten un sentido del estilo similar al de tus preferencias de estilo anteriores. Necesitas darles algo de tiempo para que se ajusten a tu nuevo yo.

Tal vez eras el tipo ruidoso y bullicioso que vivía un estilo de vida extrovertido, pero a medida que te has puesto en contacto con tu verdadero yo, te das cuenta de que este ya no eres tú. Así que te vuelves más introvertido. Los amigos y la familia que te han visto en tu mejor momento de extroversión tendrían dificultades para reconciliar a la persona que conocían con la nueva persona en la que te has convertido. Tendrás que estar abierto a la posibilidad de que no estén completamente emocionados con tu nuevo yo de inmediato. No trates de cambiarte a ti mismo sólo para que se sientan cómodos con tu transformación, pero tampoco fuerces a este nuevo tú a que "baje por sus gargantas". Sé paciente con ellos y confía en que eventualmente volverán en sí. A medida que continúes descubriendo más capas de ti mismo, también deberías hacer lo mejor para equilibrar las relaciones en tu vida a lo largo del proceso. Si el equilibrio de tus relaciones parece estar interfiriendo con lo que estás tratando de lograr, tal vez deberías tener una rápida charla con ellos explicando lo que estás haciendo y por qué puedes no ser tan accesible como normalmente eres. Esta charla rápida les hará saber que estás tratando de mejorar y que aquellos que realmente te aman pueden apoyar mejor sus esfuerzos y animarlo a seguir adelante.

Este es un período en el que se te permite ser un poco egoísta. Tu salud mental y emocional es importante. Así que incluso después de que completes este ejercicio de tres semanas, haz un punto de deber para encontrar tiempo todos los días para ti mismo. Estás en una mejor posición para amar y dar positividad si eres capaz de abastecerte de amor propio y energía positiva. Es imposible dar lo que no tienes. No te desvíes por las "distracciones". Internet es un gran recurso de información, pero si no tomas decisiones conscientes, podrías terminar siendo absorbido por su interminable laberinto de datos irrelevantes y sin sentido.

Acostúmbrate a practicar la alegría todos los días. Dicen que la felicidad es una elección y dado tu nuevo poder en las elecciones que haces, busca diligentemente la alegría en todo lo que haces. Puedes hacerlo empezando cada día con la mentalidad de que cada día que despiertas te presenta una pizarra limpia. La vida escribirá algunas cosas en esa pizarra, pero el autor principal eres tú. Y si resulta que no te gusta la narración que la vida está dando, coge el mando y reescribe ese capítulo.

Todas estas cosas que estás haciendo es para honrar a esta nueva persona en la que te has convertido. Ama a esta increíble persona que eres ahora. No te conformes con nada menos de lo que mereces. No dejes que esta sea una fase de tu vida. Debería ser un proceso continuo. Busca nuevas aventuras, enfrenta viejos miedos... sigue evolucionando. Hay tanto por lo que tienes que vivir y si alguna vez te quedas atascado en una especie de atasco emocional similar que te llevó a este libro inicialmente, recuerda esto. Has recorrido un largo camino, y hay un largo camino por delante. Pero si puedes llegar hasta aquí, puedes ir aún más lejos.

Confío en ti y en todos tus esfuerzos para hacer esta transformación, tanto que te insto a compartir tu experiencia personal con los demás. Tu historia podría elevarlos e inspirarlos a reclamar su propio poder. Recuerda, es al levantar a otras personas que levantamos nuestras comunidades. Al igual que las muchas personas que te han inspirado a ser mejor, puedes ser la inspiración para otros.

En una nota final, no tienes que esperar hasta el comienzo del Año Nuevo para implementar los cambios que quieres ver en tu vida. Cada día es un buen día y esta es una razón suficiente para salir de la cama y marchar hacia tu mejor vida. Los propósitos de Año Nuevo son geniales y todo eso, pero los propósitos de Año Nuevo son absolutamente las tendencias de autocuidado más calientes para intentar en este momento.

Cierre

Quiero agradecerte mucho por darme el honor de incluirme en su viaje. Gracias por dejarme ser una de las voces en tu cabeza que te anima a ser mejor. Permitirme entrar en tu espacio me hace sentir verdaderamente bendecido y humilde. Normalmente soy elocuente con mis palabras, pero en momentos como estos, me faltan las palabras que encapsulan con precisión mis pensamientos y sentimientos. ¡Basta con decir que me inspiras!

Es mi más ferviente deseo ver que la gente es capaz de construir relaciones con ellos mismos. Hay demasiadas personas rotas en el mundo: a pesar del advenimiento de Internet y la riqueza de información de la tecnología, todavía no hay suficiente conocimiento ahí fuera para ayudarles a curar sus heridas. Muchos de nosotros hemos quedado lisiados emocionalmente y mentalmente por las tragedias que hemos sufrido. Hemos pasado de vivir a sólo sobrevivir. Pero estamos hechos para más que eso. No sólo quiero vivir, sino que quiero prosperar y quiero estas cosas para todos nosotros.

La curación emocional comienza desde dentro y no hay ninguna cirugía que pueda arreglar eso. Sin embargo, ante esta situación aparentemente indefensa, se nos ha dado el poder de cambiar las cosas por nosotros mismos. El cambio de juego en todo esto es la elección. ¿Qué has decidido hacer con tu vida hoy? ¿Vas a sentarte y tomar todo lo que se te está echando encima? ¿O te vas a poner de pie y decir "basta"? "Estas son las elecciones a las que te enfrentas hoy, y tu respuesta determinará el resto de tu vida.

Espero que encuentres el valor para elegir tu vida cada día. No importa lo que el resto del mundo haya dicho de ti, la simple verdad es que te mereces algo mejor. Y aunque te hayas aislado en tus luchas, debes saber que nunca estás solo. Millones de personas en todo el mundo comparten historias similares a sus experiencias de vida. Y muchos de ellos han hecho más que sólo sobrevivir a esas experiencias. Han perseverado en la cima. Y lo notable de sus historias es que estas victorias que tienen no han sido fruto de la riqueza o de un cambio en sus circunstancias. Fue como resultado de un cambio en su actitud.

Reconocieron su poder y actuaron en consecuencia. El cambio no ocurrió de la noche a la mañana. Y el cambio no se detuvo en el momento en que obtuvieron su victoria. Es un proceso que ocurre todos los días y ellos prosperan en la plenitud de este. La mejor parte es que no tienen el monopolio de esto. También pueden reconstruir a partir de la pérdida que han experimentado y restaurar las relaciones que han sido dañadas. La tragedia y el trauma no tienen que caracterizar tu vida. Elije en cambio caracterizar aquellas cosas que han salido mal. Puedes transformar tu vida en 21 días y no hay mejor momento para comenzar este viaje que ahora mismo. Para aquellos que han comenzado, los celebro por adelantado. Sean consistentes, sean diligentes, y lo más importante, ¡sean deliberados!

Libro #4
Estoicismo

La sabiduría eterna para vivir una buena vida

Desarrolla el valor, construye la confianza y encuentra la paz interior

Introducción

"Es hora de que te des cuenta de que tienes algo en ti

más poderoso y milagroso que

las cosas que te afectan y te hacen

bailar como una marioneta."

Marco Aurelio

Recuerdo la primera vez que me encontré con esta cita. Estaba haciendo una investigación en línea para un proyecto en el que estaba trabajando y, por casualidad, me tropecé con una página con esta cita en la parte superior. Estaba experimentando uno de los puntos más bajos de mi vida. Estaba haciendo malabares con tantos proyectos al mismo tiempo y, como puedes imaginar, estaba muy tenso tanto mental como emocionalmente. Mi cuenta bancaria estaba sangrando profusamente ya que los proyectos se llevaban mucho de mi dinero. Estaba cansado, pero tenía demasiado miedo de parar, todo lo que estaba haciendo en ese momento era perder mi identidad. Además de eso, mi más querido amigo estaba luchando contra el cáncer. Si alguna vez te has enfrentado al cáncer, sabes que no sólo afecta a la persona afectada, sino también a sus seres queridos. Fue un período muy, muy oscuro de mi vida. Pero cuando leí estas palabras de Marco Aurelio, sentí que me había señalado en ese momento para hablarme específicamente a mí. Como un típico escéptico, asumí que iba a ser una de esas cosas retóricas que resuenan en ti, pero nunca tuvo un verdadero impacto. Aun así, estaba lo suficientemente desesperado como para averiguar más. Aunque odio parecer un cliché sobre esto, tengo que decir que desde que di ese paso, nunca he mirado atrás.

El estoicismo no se parece en nada a lo que pensé que sería y, al mismo tiempo, se convirtió en todo lo que necesitaba. Y todavía lo es, hoy en día. Explorarlo me llevó a alturas y profundidades de mí mismo que ni siquiera me di cuenta que estaban ahí. Y estas fueron las mismas palabras pronunciadas por un amigo mío de la infancia, que había servido en Irak cuando la crisis allí estaba en su apogeo. Este era un tipo que, cuando regresó, era una sombra de sí mismo. Muchos de nosotros tratamos de ayudarlo y fallamos. Éramos tan impotentes ante lo que estaba pasando, que afectó a nuestra amistad. Estuvimos fuera de contacto durante años, pero en los meses siguientes a mi primer contacto con el estoicismo, me encontré con él durante uno de mis viajes. No lo reconocí, así que fue él quien me llamó. Era muy diferente, pero de una manera muy buena. Se habían ido los ojos hundidos y privados de sueño que se habían convertido en su marca registrada. Delante de mí había un hombre de aspecto saludable que parecía más feliz de lo que nunca le había visto en mi vida. Era surrealista. Charlamos durante horas y compartimos nuestras experiencias, pero un comentario que hizo, realmente me llamó la atención. Dijo, "Cuando volví, era un hombre roto. Apenas vivía, y mi dolor diario era un diez constante. Y entonces, los estoicos me encontraron. Mi dolor sigue siendo un diez la mayoría de los días, pero mi vida es más rica que nunca. Incluso mejor que los días en que mi dolor era uno."

Este libro no cambiará las circunstancias que te rodean. Para cuando llegues a la última página, muchas cosas pueden haber cambiado, pero todo seguirá siendo igual. Pero escucha esto de mi parte: Si abres tu corazón a las verdades que hay dentro, te garantizo que el cambio más importante que necesitas que ocurra habrá ocurrido, y ese cambio serás tú.

Capítulo uno
Estoicismo 101

"Todo el futuro está en la incertidumbre:

Vive ahora mismo"

Séneca

Cuando escuchas las palabras "estoico" o "estoicismo", imágenes de una vida estricta y austera vienen a la mente. Piensas en una vida de abstinencia desprovista de placer o de cualquiera de las cosas buenas asociadas con una vida "robusta". Una persona que es considerada estoica es considerada como severa, poco amable, inflexible y sin mostrar ninguna forma de emoción humana. Típicamente se le atribuye como un rasgo masculino, pero hay mujeres que también "encajan" en esa descripción. En general, la perspectiva de la sociedad sobre el tema del estoicismo, aunque no es favorable, no es negativa. Y cuando la gente piensa en el estoicismo en una creencia o contexto religioso, la percepción general es que es extraño o pertenece a una de estas filosofías de la nueva era.

En los siguientes capítulos, entraré en detalles para abordar la tergiversación del estoicismo en nuestros tiempos, pero puedo decirte categóricamente que el estoicismo no es una tendencia de la nueva era. De hecho, los elementos del estoicismo están tan arraigados en nuestras culturas y formas de vida que ni siquiera somos conscientes de ello. Algunas de las frases más populares que se han convertido en clichés están en realidad enraizadas en el Estoicismo, o en citas directas de los propios fundadores del Estoicismo. Una de mis favoritas es "vive el momento". "Esta no es una cita estoica directa, pero es un eco parafraseado de una cita popular de uno de los grandes maestros del estoicismo.

"La verdadera felicidad es disfrutar del presente, sin depender ansiosamente del futuro, no para divertirse ni con esperanzas ni con miedos, sino para descansar satisfecho con lo que tenemos, lo cual es suficiente para el que es así, y no quiere nada. Las mayores bendiciones de la humanidad están dentro de nosotros y a nuestro alcance. Un hombre sabio se contenta con su suerte, sea cual sea, sin desear lo que no tiene."

Séneca

Comparada con esta larga cita, la versión de cuatro palabras parece una exageración, pero aquí hay otra frase de la cultura pop que es 100% estoica. "La suerte es lo que sucede cuando la preparación se encuentra con la oportunidad." Debes haber escuchado esto, o una versión de ello, al menos una vez en tu vida. Mi punto es que el concepto de estoicismo ha sido parte del tejido de nuestra sociedad desde hace tanto tiempo. Pero su práctica consciente es lo que se ha convertido en una novedad para nosotros. Dicho esto, ¿qué es exactamente el estoicismo? ¿Y es realmente relevante para nuestra época?

En términos muy simples, el estoicismo es una forma de vida que ensalza la virtud de enraizar la felicidad de uno en su propio comportamiento, en lugar de depender del mundo como la fuente de su felicidad. La vida es una complicada maraña de eventos que nos ocurren en serie. Estos eventos desencadenan emociones que van desde la ira hasta el celo. No hay un "interruptor de apagado" que pueda garantizar que estos eventos nunca ocurran. Como humanos, a menudo nos convencemos a nosotros mismos de que sólo tendremos salud, felicidad y paz en nuestras vidas cuando ocurran ciertos eventos.

Si pudieras conseguir ese trabajo perfecto, o si pudieras conseguir un aumento. Si pudieras ganar más dinero, o si pudieras encontrar a esa persona que te complete, o si pudieras tener un bebé. La lista sigue y sigue. Sin darnos cuenta, posponemos nuestra felicidad con este tipo de pensamiento. La idea de que la verdadera felicidad se puede encontrar en cualquier lugar o cosa menos en nosotros mismos nos envía en una búsqueda eterna para localizarla. A pesar del daño que esto nos trae, idealizamos estas búsquedas, adoptando clichés sociales que no tienen ninguna relevancia en lo que estamos atravesando, sólo para poder justificar nuestras elecciones.

Nos atribuimos títulos a nosotros mismos para sentir que estamos realmente en un viaje con un propósito. El "buscador de objetivos" tiene un conjunto de mantras para mantenernos en el camino de nuestro santo grial. Los líderes del pensamiento moderno se hacen eco de nuestros sentimientos con igual fervor, incitándonos a nuestros destinos. Y, la mayoría de las veces, llegamos a estos destinos. Conseguimos lo que queremos. Conseguimos el trofeo. Pero a menudo nos decepcionamos por lo que tenemos. El hombre o la mujer de nuestros sueños no es tan encantador, después de todo. El ascenso por el que trabajamos tan duro se está convirtiendo rápidamente en una pesadilla. Y el dinero no puede comprar la felicidad.

Sin embargo, esta comprensión no nos detiene en nuestro camino. En su lugar, simplemente recurrimos a viejos patrones, les ponemos nuevas etiquetas. "Tal vez si tuviera un trabajo en el que viaje siempre, o tal vez si me estableciera en un nicho de la industria. ¿Cuál es el mayor "tal vez" de todos ellos? "Tal vez si fuera más alta, o tal vez si se pareciera a tu MCM favorito. Tal vez si fueras un capricornio como tu mejor amigo. Tal vez, si todos estos "tal vez" fueran una realidad, tendrías una oportunidad de ser feliz."

Permitimos que las voces predominantes de la sociedad reflejen estas emociones. Canalizamos esas frases de "puedes hacerlo mejor, puedes ser mejor, o te mereces algo mejor" y dejamos que se conviertan en las voces de nuestras cabezas. Y con eso, pulsamos el botón de repetición sólo para terminar justo donde empezamos en primer lugar. Hay tanta gente que pasa por este ciclo de infelicidad sin darse cuenta de que no hay ninguna "cosa", ninguna persona o lugar, que pueda darte una felicidad genuina y duradera. Y esto es porque la felicidad no viene de fuera. Es desde el interior.

No puedes ser hipnotizado en un estado de felicidad. La euforia temporal, tal vez, puede funcionar, pero no hay ningún chasquido de dedos que pueda ponerte de repente en un lugar feliz. Ni siquiera las drogas pueden llevarte allí. Ciertas drogas pueden aflojar cualquier atadura emocional que te mantenga en ese oscuro túnel, pero nunca te liberarán realmente. En todo caso, esto enreda aún más las cosas, dejándote completamente dependiente de una droga para cualquier tipo de indulto, aunque sea temporal.

El estoicismo te lleva a un viaje a ti mismo eliminando pensamientos destructivos y patrones de comportamiento de los que probablemente no eras consciente. Y la belleza de seguir el proceso estoico es que el poder se vuelve a poner en tus manos. Permíteme ofrecerte una rápida ilustración: Tres damas salieron en un hermoso día soleado. De repente, las nubes se oscurecieron y una ligera lluvia comenzó a caer. La primera dama se había anticipado a esto, y sacó su paraguas y un impermeable. Incluso sus zapatos fueron elegidos para ese clima. Para ella, la crisis fue evitada. La segunda dama hizo un pobre intento de protegerse de la lluvia, mientras pensaba en cómo su ropa y todo el día se arruinaron. En su caso, la crisis fue afirmada. La tercera persona pensó en su pelo hinchándose como un pez globo si la lluvia lo toca, y se rió de la imagen mientras corría para cubrirse. Puede que se haya mojado un poco, pero en su caso, yo diría que la crisis se desvió.

Así que tenemos tres personas diferentes que tuvieron el mismo suceso, pero sus experiencias fueron diferentes. La lluvia cae sobre todos. Tu estatus, tu raza, y ni siquiera tu mente puede evitar que la lluvia caiga sobre ti. De la misma manera, la vida le pasa a todo el mundo. Es tu mentalidad la que determina las experiencias que tendrás en la vida. El estoicismo abre tu mente, te da poder para el viaje de la vida, y te pone en posición de determinar cuáles serán las experiencias de tu vida, incluyendo lo feliz que eres con tu vida.

Capítulo dos
Historia del estoicismo

"Si no se sabe hacia qué puerto se está navegando,

ningún viento es favorable."

Séneca

Para entender el estoicismo, es importante que viajemos atrás en el tiempo a la era del pensamiento revolucionario. Una época en la que el valor de un hombre estaba determinado por la solidez de su mente y la fuerza de su escudo. El estoicismo tiene sus raíces en la antigua Grecia. Muchos expertos creen que la primera voz del estoicismo fue el gran filósofo Sócrates que, irónicamente, se dice que también fue el padre de la filosofía del cinismo. Ambas filosofías comparten algunas similitudes, pero hay muchas diferencias entre las dos. El verdadero padre fundador del estoicismo es Zenón, quien tropezó con las enseñanzas filosóficas de Sócrates por accidente-literalmente.

Antes de fundar la escuela estoica de filosofía, Zenón era un comerciante muy exitoso que viajaba por los mares desde su ciudad natal, en lo que ahora conocemos como Chipre, a muchos lugares para comerciar. Uno de estos lugares era Grecia. En uno de sus muchos viajes, sobrevivió a un naufragio. Sobrevivir a algo tan aterrador como eso pone a la gente en un estado sobrio y contemplativo, y creo que este era su estado mental cuando decidió dejar de lado su plan de negocios y dirigirse a Atenas. Mientras Zenón estaba en Atenas, visitó la biblioteca de la ciudad, y mientras estaba allí, se encontró con manuscritos que hablaban del gran Sócrates.

Si no sabes quién es Sócrates, sus enseñanzas fundaron la filosofía occidental. Aunque él mismo no escribió nada, sus más ardientes estudiantes y discípulos Platón y Xenofonte documentaron sus enseñanzas. El manuscrito que Zenón descubrió fue escrito por Xenofonte, y Zenón amaba tanto el retrato de Sócrates que quiso encontrar y conocer a un hombre como él. Zenón estaba discutiendo esto con la persona que le había vendido el manuscrito cuando pasó Crates de Thebes. El librero llevoó a Zenón hacia él.

Antes de profundizar en la historia del estoicismo, es importante destacar la serie de accidentes que llevaron a Zenón a este punto. En primer lugar, estaba el naufragio. Luego fue su descubrimiento del manuscrito escrito por Xenofonte, y luego, el encuentro fortuito con Crates de Tebas. Se dice en una de las biografías de Zenón mientras bromeaba, "Ahora que he sufrido un naufragio, estoy en un buen viaje." En otras versiones, se citaba a Zenón diciendo: "He hecho bien, la fortuna, llevándome así a la filosofía." Este tipo de pensamiento, que convierte las experiencias de la desgracia de uno en una fuente de pura felicidad, es exactamente de lo que trata el estoicismo. Ahora, volvamos a la historia.

Crates de Tebas fue un conocido filósofo cínico y, en su época, el cinismo era bastante popular (no muy practicado, pero conocido) entre la gente. Nació en la riqueza, pero basado en sus creencias, Crates regaló todo lo que poseía para vivir una vida de pobreza en las calles de Atenas. Comía en las calles, dormía en las calles, defecaba en las calles, e incluso se sabía que se masturbaba en las calles. Como si esta forma de vida pública no fuera suficientemente mala, se decía que estaba cojo en una pierna y tenía los hombros encorvados. Por lo tanto, era un cínico extremo que era algo discapacitado, pero era muy respetado por la gente de Atenas. Su atractivo para la gente no era sólo porque noblemente regalaba su riqueza por la pobreza, sino el hecho de que, en ese estado desnudo y simple, vivía una vida alegre.

Un estudiante suyo lo dijo de esta manera: "Pero Crates con sólo su cartera y su capa andrajosa se rieron de su vida jocosamente, como si siempre hubiera estado en un festival. "

Tan querido era Crates que la gente lo apodaba "el abridor de puertas", porque podía entrar en cualquier casa y era recibido con honor en todos los lugares a los que iba. Siguió atrayendo a una rica heredera que renunció a su riqueza, se casó con él y se unió a él en la vida de la calle. Se sabe que Hiparchia le dio al menos dos hijos. Esto era notable, porque la idea de que una mujer, una mujer de alta cuna, eligiera vivir de esa manera era aborrecible. Pero lo hicieron, y su matrimonio funcionó gracias a ello.

Imagina este encuentro casual entre Zenón y Crates. Por un lado, tienes a este tipo que acaba de perder su riqueza en el mar y ahora está tratando de dar sentido a su vida, en un bajo estado emocional. Por otro lado, tienes a un tipo que tenía toda esta riqueza y parecía que estaría mucho más cómodo en su condición física si fuera rico, sin embargo, la regaló voluntariamente. Para colmo, era inmensamente feliz. ¡Qué impresión habría causado esto en nuestro joven Zenón!

Armado con el manuscrito sobre Sócrates, Zenón siguió a Crates y se convirtió en un ardiente estudiante suyo. Sin embargo, Zenón no siguió del todo los caminos de su maestro. Zenón se imbuía de la idea de vivir una vida sencilla, pero también creía en la modestia. Supongo que la vida en la calle no era para Zenón. También estudió con otros filósofos de su tiempo, pero Crates tuvo la mayor influencia sobre él. A diferencia de su alegre y humorístico profesor, Zenón era percibido como sombrío y retraído.

Escogió su compañía con cuidado y no le gustaba hacer largos y elaborados discursos. Era un hombre serio con un propósito, e incluso su muerte, según se informa, reflejó esto. Se dice que murió citando una línea del trágico cuento de Niobe, "Ya voy, ya voy, ¿por qué me llamas?" Todo tenía un propósito para Zenón, y esto fue enfatizado en sus enseñanzas. Empezó sus enseñanzas en un lugar llamado Stoa Poikile, que es donde el nombre "Estoico" se originó. Al principio, los poetas originarios de esta zona se llamaban estoicos, pero gracias a la influencia de Zenón, sus seguidores y discípulos fueron más tarde conocidos como estoicos.

Aquí estaba un hombre en el precipicio de su mayor tragedia. Había perdido una parte significativa de su riqueza en un viaje. Aunque nunca ha habido un momento en el que ser pobre haya sido fácil, creo que la gente de esta época probablemente lo haya tenido aún peor. La pobreza era considerada vulgar. La gente se aferraba a su riqueza como si sus vidas dependieran de ella. Su sentido de propósito, sentido de libertad y sentido de felicidad estaban determinados por el tamaño de sus carteras. No estamos tan lejos de este tipo de pensamiento en el mundo de hoy, la mayor diferencia es lo que consideramos como riqueza.

En aquel entonces, la calidad de la túnica se consideraba un indicador de riqueza. El número de campos que se poseían y el número de trabajadores que tenían, también eran signos de riqueza. Incluso el número de hijos que uno tenía jugaba un papel importante en la definición de su estatus social. Hoy en día, miramos el número de autos que se tiene. Cuanto más caro es el modelo, más puntos ganas. Nuestro sentido de logro depende del número de gustos y seguidores que podamos atraer en las redes sociales. Son conceptos diferentes, pero el contexto sigue siendo el mismo.

Los primeros maestros de esa época trataron de ayudar a la gente a eliminar las limitaciones impuestas a su felicidad por la riqueza o la ausencia de ella.

Capítulo tres
Estoicismo temprano

"El propósito de la vida es la felicidad, que se logra con la virtud,

viviendo de acuerdo con los dictados de la razón, entrenamiento ético y filosófico,

autorreflexión, juicio cuidadoso y calma interior."

Cita estoica

Dado que el estoicismo desciende en cierto modo del cinismo, es comprensible que los primeros practicantes del estoicismo hayan tenido que trabajar más duro para convencer a la gente de que son diferentes de los cínicos. Un famoso poeta, siglos después de la muerte de Zenón, se dice que dijo en broma en una de sus sátiras que la principal diferencia entre un estoico y un cínico era la elección de la ropa. Dado que Zenón estaba fuertemente influenciado por uno de los cínicos extremos de su tiempo (Crates), no se puede culpar a la gente por hacer esta suposición.

Sin embargo, los verdaderos seguidores entendieron la clara diferencia. Zenón, en su enseñanza, dividió la filosofía en tres áreas principales: lógica, física y ética. Él creía que estas tres cosas eran elementales para lograr una completa paz mental. Zenón no era un hombre de muchas palabras, pero el fundador del estoicismo escribió muchos artículos sobre el tema del control del hombre sobre su mente y sus ansias sin sentido. Lamentablemente, ninguno sobrevivió a través del tiempo. Tenemos fragmentos de sus declaraciones citados por otros escritores, pero son sus enseñanzas y principios, así como su visión de la sociedad estoica transmitida a sus estudiantes, lo que nos da su visión general de la vida desde una perspectiva estoica.

Lógica

En cuanto a la lógica, Zenón creía que hay cuatro etapas que una persona debe atravesar antes de alcanzar el verdadero conocimiento. Primero viene la percepción, o la impresión de una materia. La siguiente etapa es el reconocimiento de la persona de la materia, que Zenón denominó *asentimiento*. Después de la aceptación, la siguiente etapa de este viaje es la comprensión. Y es sólo después de que el individuo ha ganado la comprensión completa de la materia que puede realmente obtener el verdadero conocimiento de la misma. La lógica es un tema amplio que cubre no sólo las teorías de la percepción y el pensamiento, sino también la retórica y la gramática. Los pensamientos de Zenón sobre la lógica fueron influenciados por uno de sus profesores de la escuela de filosofía Megarian en Ática, donde estudió con grandes filósofos.

Ahora bien, mientras que las enseñanzas de Zenón iniciaron el movimiento estoico en su época, ciertos filósofos prominentes pueden haber sentido que sus enseñanzas, particularmente en el tema de la lógica, eran una versión algo diluida de lo que habían enseñado algunos de sus predecesores. Un hombre que expresó esta opinión fue Marco Tulio Cicerón, un filósofo y abogado que es considerado el mayor orador de Roma del siglo [I.] Pero la vida y los tiempos de Cicerón ocurrieron mucho después de la muerte de Zenón, y él hizo muy poco por la comunidad estoica. Sin embargo, Crisipo, que más tarde se hizo cargo de la dirección de la escuela de estoicos, en retrospectiva había protegido a la escuela de tales ataques. Llegaremos a él más tarde.

Física

En las enseñanzas estoicas, la física es más que la ciencia de las cosas. Explora la naturaleza en su forma más cruda e identifica el Universo como Dios. Su punto de vista no era otorgar cualidades humanas a los objetos inanimados. Razonaba que el universo es el todo al que pertenece cada una de las otras partes, y que el universo es una entidad de razonamiento divino que avanza y se extiende creando. Zenón creía que los universos experimentan ciclos de formación y destrucción, un proceso que comienza con la forma primaria del fuego del universo. A partir del fuego, se convierte en aire, que se convierte en parte agua y parte tierra. El agua se convierte en aire de nuevo antes de volver al fuego.

La parte interesante de la primera visión de Zenón sobre la física es que nuestras almas son todas parte del mismo fuego, que es la sustancia primaria del universo. Las diferencias en nuestro pensamiento, nuestro estatus, así como otros atributos físicos, es un resultado del proceso de transformación. Sin embargo, en el fondo, todos somos iguales. Y continúa diciéndonos que la naturaleza del universo está equilibrada. Se propone lograr lo que es correcto. Y, aunque nuestras acciones y elecciones puedan llevarnos por diferentes caminos y crear rutas alternativas a nuestro destino, Zenón reconoce el impacto del destino incondicional en su diseño para mantener el equilibrio frente al libre albedrío.

Ética

El tema de la ética es donde los primeros estoicos se distinguieron claramente de los cínicos. Los cínicos sostenían la creencia de que, si una cosa es moralmente indiferente, no puede tener ningún valor. Por lo tanto, ya que una casa es sólo una cosa para proporcionar refugio, no puede ser definida como buena o mala. Casi todas las posesiones mundanas toman la misma característica, por lo que la mayoría de los cínicos renegaban de cualquier riqueza que tuvieran. Los extremistas como Crates vivieron toda su vida sin nada a su nombre. Otro cínico extremista conocido en esa época es Diógenes de Sinope. Se decía que se ganaba la vida mendigando, y su casa en las calles estaba en un tarro de cerámica.

Zenón, a pesar de su gran respeto por Crates, no necesariamente estaba de acuerdo con él en este aspecto. Opinaba que las cosas que satisfacen nuestro instinto natural de autoconservación podrían tener algún valor relativo. Sin embargo, dejó ostensiblemente claro que el valor proporcionado por estas cosas no nos lleva de ninguna manera a la felicidad. Zenón sostiene en sus enseñanzas que la felicidad depende directamente de nuestras acciones morales, y que ninguna acción moral es más virtuosa que la otra. Nuestras acciones son buenas o malas.

Este tipo de pensamiento resuelve muchos conflictos emocionales que surgen del debate interno que tenemos sobre las acciones que realizamos. Este proceso de pensamiento es crucial para ayudar a eliminar los desafíos innecesarios que nos ponemos a nosotros mismos. En un mundo en el que estamos constantemente buscando etiquetas para nosotros mismos, nuestros pensamientos, y prácticamente todo lo que hacemos, la temprana vida estoica buscaba conectarnos con el fundamento de todo ello: nuestro sentido de la razón. Zenón identificó cuatro emociones negativas, y las tres correspondientes a estas cuatro. Zenón fue incapaz de encontrar ninguna emoción racional equivalente correspondiente al dolor. Así que tiene la "voluntad" positiva para el "deseo" negativo, la "precaución" para el "miedo" y la "alegría" para el "placer".

El deseo y el placer son palabras que no identificamos como negativas hoy en día. Sin embargo, son emociones que normalmente confundimos con la alegría en nuestra búsqueda de la felicidad. Deseas una cosa, la buscas, cuando la alcanzas, por un breve momento, eres "feliz", sólo para darte cuenta de que esta felicidad es fugaz. Y, como quieres retener este sentimiento de felicidad, desvías tus deseos a otra cosa y repites el ciclo. Zenón comprendió esto y, aunque su tiempo es diferente de nuestro tiempo, la interacción humana y la reacción emocional al mundo sigue siendo un proceso estático. Los primeros estoicos buscaron la paz en su sencillo modo de vida mientras preservaban el equilibrio con sus instintos naturales.

Capítulo cuatro
Estoicismo moderno

"No es lo que te pasa a ti,

lo importante es cómo reaccionas ante ello. "

Epicteto

En el último capítulo, hicimos un recorrido filosófico a través de los años 500 - 200 a.C., e incluso tocamos el primer siglo para establecer el comienzo del estoicismo. Conocemos la gente, la lógica y las ideas que influyeron en el Estoicismo en sus primeros años, y también sabemos que todas las obras de Zenón se perdieron. Pero, después de la muerte de Zenón, ¿cómo fue capaz el estoicismo de perseverar, evolucionar y arraigarse en la sociedad? ¿Y cuán relevante es la forma de pensar estoica en el mundo de hoy? Bueno, la respuesta a eso es simple: las grandes ideas sobreviven a la gente y a los tiempos en que fueron concebidas. Dicho esto, en este capítulo, estamos retrocediendo el movimiento estoico después del paso de Zenón y siguiendo los pasos de sus alumnos y discípulos a tiempos más convencionales. Ahora, estoy seguro de que viniste a este libro buscando la iluminación, no para una lección de historia, pero debo señalar que a veces, para llegar a donde se quiere ir, tienes que prestar atención de donde se parte (especialmente si estás perdido).

Y así, por unos minutos más, perdámonos en la ciudad de Atenas. Tras la muerte de Zenón, uno de sus alumnos más devotos, Cleanthes, se hizo cargo de la dirección de la escuela. Su historia fue tan trágica como la de Zenón: era un boxeador de cierta reputación en sus primeros años, pero cuando llegó a Atenas, apenas tenía dinero para alimentarse. Eligió estudiar filosofía con los grandes. Primero, con Crates el Cínico, pero pronto se enamoró de Zenón. Cleanthes vivió la vida estoica y fue considerado por muchos como un hombre de carácter. Hizo valiosas contribuciones al estoicismo, particularmente en el área de la física.

Cleanthes elaboró la noción de Zenón de que todo en el Universo es parte de uno. Él caracterizó al alma como una sustancia material, y afirmó que las almas siguen viviendo incluso después de la muerte. Y sobre el tema de la ética, enfatizó el papel que nuestra voluntad tiene sobre nuestras emociones. En otras palabras, lo que Zenón comenzó, Cleanthes lo completó, y lo hizo bastante literalmente en algunos casos. Por ejemplo, es una creencia general en la que se citó a Zenón diciendo, "la meta de la vida es vivir consistentemente", y se dijo que Cleanthes añadió, "con la naturaleza". Esto completa el popular mantra estoico, "la meta de la vida es vivir consistentemente con la naturaleza". "

Las contribuciones de Cleanthes ampliaron la visión de Zenón sobre el estoicismo, pero el verdadero cambio de juego vino de Crisipo. Lo mencioné antes, de pasada, pero ahora veremos su papel en esta historia. Puede que Cleanthes ampliara las teorías de Zenón, pero fue Crisipo quien las expuso, quien cristalizó los pensamientos de Zenón y puso el estoicismo en un camino que influyó en las mentes de algunos de los más grandes filósofos de las eras que siguieron, e incluso hasta hoy.

Su interpretación de las enseñanzas de Zenón hizo lo que en la terminología moderna se describiría como incendiar la escuela estoica. Para aquellos que no entendieron las enseñanzas del estoicismo en las etapas iniciales, este tipo lo dejó más claro. La práctica se extendió a través de las tierras y se transformó en el estilo de vida de muchas personas en ese tiempo. Esto sentó las bases para la integración del estoicismo en las culturas y la religión, aunque las personas que adoptaron los principios estoicos no se identificaron como estoicos. Esto explica por qué escuchamos ocurrencias estoicas aquí y allá. En esta época, el Estoicismo trascendió el hecho de ser la religión de la "nueva era" de la época. Crisipo estableció principios prácticos para la vida diaria. Enseñó cómo llegar a la raíz de los problemas emocionales y proporcionó una guía para ayudar a salir de las cadenas que nos hemos puesto con nuestras propias expectativas y ambiciones. Había tantas voces en ese momento, pero Crisipo creó una cohesión para estas diferentes opiniones, lo que probablemente explica por qué la gente lo acusó de citar a otros filósofos en sus escritos.

Su comprensión de las ideologías presentadas en ese momento hizo posible que el estoicismo tomara una posición definitiva. Sus logros y argumentos le valieron a Crisipo el reconocimiento como uno de los principales lógicos de Grecia, y algunos incluso lo colocan por encima de Aristóteles. Algunos estoicos competentes que se beneficiaron de sus enseñanzas y fueron reconocidos son:

Séneca

Este es un rico poeta y filósofo que es citado a lo largo de este libro; ofreció guías prácticas sobre cómo vivir la vida estoica. También es uno de esos estoicos que no renegó de la riqueza, al contrario, fue uno de los estoicos más ricos de su tiempo. Esto nos dice que el estoicismo no desprecia la riqueza, por lo que abrazar la vida estoica no significa abrazar la pobreza.

Epicteto

A diferencia de Séneca, Epicteto fue un esclavo que ascendió a las filas de filósofos muy respetados. Nació en la esclavitud en algún lugar de Turquía y tenía un amo que le permitía estudiar. Cuando se le dio la libertad, pasó a enseñar filosofía. Una de las personas en las que influyó fue Marco Aurelio.

Marco Aurelio

Se sabe que Séneca ganó más riqueza, poder e influencia por ser el tutor del joven que más tarde se convirtió en un emperador muy querido, pero Marco Aurelio se hizo poderoso porque era un emperador y también un estoico incondicional. Su reinado estuvo plagado de guerras y problemas y, a pesar del tremendo poder que ejercía, Marco fue considerado noble, justo y desprovisto de corrupción, lo que demuestra que un estoico puede tener poder y seguir siendo fiel a sus creencias.

Los líderes de pensamiento modernos que adoptaron el estoicismo incluyen a personas como Theodore Roosevelt, Robert Louise Stevenson y Bill Clinton. Sin embargo, en los siglos que siguieron al reinado de Marco Aurelio, el estoicismo fue visto públicamente con desprecio y no fue hasta el siglo [20] que regresó. Este regreso fue gracias al reconocimiento dado al estoicismo por su inmensa contribución a la lógica y a otros aspectos de la ciencia, particularmente las matemáticas.

Pero, no estamos aquí para discutir las matemáticas, la física y la ciencia del estoicismo. Estamos aquí para elevar nuestras mentes por encima de las circunstancias para lograr una completa paz mental. Quise que hiciéramos este viaje histórico por varias razones más allá de ayudarnos a entender el origen del estoicismo. Quiero que miremos a los hombres que fundaron el estoicismo. Eran hombres limitados por la ciencia de su tiempo. Fueron golpeados por la vida, pero a pesar de las tragedias que sufrieron, dieron forma al resultado de sus vidas e influyeron en su mundo elevando sus mentes. No sólo dijeron las palabras que hemos llegado a apreciar: vivieron esas palabras.

Su viaje a la elevación comenzó con la apertura de sus mentes. Y es hora de que abras tu propia mente. Con la historia fuera del camino, examinemos los principios estoicos y la lógica.

Capítulo cinco
La lógica estoica

"Mientras vivas, sigue aprendiendo a vivir."

Séneca

La lógica estoica en el contexto de los libros de texto es el sistema de razonamiento lógico formal que se ocupa de la aplicación práctica de la filosofía diseñada para ayudar a la gente a vivir mejor diariamente. La lógica estoica cubre todos los aspectos de la vida, desde el sexo hasta las emociones e incluso las interacciones sociales con los demás. El concepto de estoicismo es tan abarcador que estos principios todavía resuenan profundamente con nosotros hoy en día, aunque han existido desde 400 años antes de Cristo. Los fundadores del estoicismo estaban tan adelantados a su tiempo, que los avances realizados en la tecnología moderna en las áreas de la informática, la inteligencia artificial, y muchos otros son posibles en gran medida debido a los descubrimientos pioneros realizados por estos filósofos estoicos.

Más importante que la maquinaria de la que tanto dependemos es el impacto del estoicismo en nuestras vidas. De acuerdo con la lógica estoica, cuando se trata del comportamiento humano, todo lo que hacemos está determinado por nuestra capacidad de razonar. La lógica estoica es acerca de abrazar el poder de la toma de decisiones. El mundo en el que vivimos hoy nos ha vendido la idea de vivir de nuestros deseos. Cuanto más grande sea tu casa, más satisfecho estarás. Cuanto más caros sean los autos que conduces, más respetado serás. Cuanto más rico seas, más feliz te sentirás. Y así, estamos entrenados para querer más. Deseamos los últimos teléfonos, artículos de moda, y cualquier otra cosa que los medios nos vendan basados en la imagen que han pintado.

Sin embargo, también hay una escuela de pensamiento que, como la vieja escuela de los cínicos, desaprueba cualquier cosa que pueda añadir valor a tu vida. Bajo el disfraz de la religión y las creencias, la gente es manipulada para desalentar la búsqueda de la riqueza, el poder, el conocimiento, o cualquier cosa que podría ponerlos en una posición de ser de cualquier tipo de influencia. Este tipo de pensamiento les limita de alcanzar su verdadero potencial y hacer cualquier tipo de contribución valiosa al mundo. También los hace más susceptibles a la manipulación de los demás porque, nos guste o no, necesitamos estas cosas para preservar nuestra dignidad.

Además de estos puntos de vista conflictivos sobre la vida y nuestro insaciable apetito por más "cosas", estamos obligados a lidiar con la vida. Sabemos que la vida no va a quedar en suspenso simplemente porque estás tratando de ganar tu título, terminar ese proyecto, o construir esa relación. Vi una película en la que el actor dice que la vida es como una serie interminable de accidentes de tren, con sólo breves pausas comerciales de felicidad. No todos pasan por los mismos ciclos de felicidad intercalados con momentos de dolor. Para algunos de nosotros, el dolor viene en dosis cortas, mientras que para otros, el dolor continúa por más tiempo. Y luego, tienes personas que han lidiado con el dolor toda su vida. No importa quién seas, como mencioné antes, la lluvia cae sobre todos nosotros.

La gente dice que las circunstancias por las que pasamos en la vida nos forman y nos hacen mejores. Ese tipo de pensamiento puede funcionar en ciertas situaciones, pero ¿qué pasa con los acontecimientos que causan un dolor sin sentido? En esos momentos de dolor, eres incapaz de entender por qué te han pasado estas cosas y cómo se supone que te harán mejorar. Si tienes la suerte de hacerlo, podrás seguir adelante con tu vida, pero puedes quedar marcado por la experiencia. Siempre habrá residuos del dolor causado por el evento. Aquellos que no son tan afortunados pueden entrar en una guerra emocional que les causa daño a ellos mismos, así como a los que les rodean. Su incapacidad para encontrarle sentido a su tragedia los sumerge en una depresión y, hasta que lleguen a la raíz del problema, continuarán reviviendo este dolor diariamente. La idea de que sus circunstancias le dan forma le pone a disposición de la vida. Te dejas llevar por los caprichos de estos acontecimientos, como si estuvieras a bordo de un barco sin timón y sin capitán que lo guíe, irás a la deriva, sea cual sea la forma en que te arrojen las tormentas. Si no tienes cuidado, ese barco podría terminar rompiéndose.

La lógica estoica te entrena para dirigir tu barco con fuerza y convicción, incluso frente a las aguas tormentosas de la vida. Y si por casualidad las tormentas a las que te enfrentas te dirigen en una dirección que no estás tomando, con sabiduría y decisiones cuidadosas, puedes trazar tu curso para llevarte a donde quieres ir, o incluso hacerte una vida mejor en el lugar en el que te encuentras ahora. Con la lógica estoica, incluso en el ojo de la tormenta, tú estás a cargo. Tus decisiones vienen de un lugar de pensamiento racional, cuando eres capaz de pensar racionalmente, las opciones disponibles para ti se vuelven más claras.

Los fundadores y principales contribuyentes al avance del estoicismo son personas cuyas vidas y enseñanzas nos orientan sobre cómo alcanzar la perfecta paz mental, incluso cuando estamos pasando por dificultades. El objetivo es llegar a ese lugar donde se puede vivir la buena vida. Ahora, ¿qué es la buena vida? Hemos establecido que la riqueza y la acumulación de cosas no es la buena vida. Esto puede contribuir a mejorar tu calidad de vida, pero incluso con la ausencia de estas cosas, todavía puedes vivir la buena vida. Y eso es porque la buena vida es un estado en el que vivimos de acuerdo con la naturaleza. Esto definitivamente no presagia vivir en nuestro estado básico como los animales, porque tenemos la única cosa que los animales no poseen: la capacidad de razonar.

La buena vida para el estoico es donde todas las acciones son un subproducto de la aplicación de un razonamiento sólido. Es fácil confundir a un verdadero estoico con uno que está obsesionado con el control, porque parece que se quedan en sus pensamientos y rara vez toman acciones sin pensarlo bien. Sin embargo, la decisión de aplicar la razón a cada una de sus acciones proviene de un lugar donde reconocen las cosas que no pueden controlar, y en cambio se centran en lo que sí pueden. Con esta perspectiva, se puede encontrar que son mucho más fluidas, si no directamente opuestas a la impresión rígida que tenemos de ellas. La fluidez de los estoicos les permite ir con el flujo y reflujo de la vida sin estar necesariamente sujetos a ella.

Cuando la lógica estoica se reduce al objetivo de vivir la buena vida, suena bastante simple y sin complicaciones, pero estarías en lo cierto al asumir que es todo lo contrario. Es por eso que hay principios rectores para llevarnos a través de cada momento de nuestras vidas. En los siguientes capítulos, a menudo verás la palabra "virtud", esta palabra juega un papel importante en la lógica estoica. "Virtudes", en este contexto, se refiere a las cosas que aspiramos a ser y en las que nos convertimos.

Para aquellos de nosotros que estamos acostumbrados a vivir en el límite entre la luz y la oscuridad, en otras palabras, la gente que le gusta crear un poco de problemas de vez en cuando, el camino estoico puede parecer un poco desalentador. Puede que te preocupe convertirte en un santurrón. Sin embargo, aunque se espera que apliques la razón a cada acción, no significa que tu vida tenga que ser aburrida. Hay mucho espacio para divertirse y, lo que es más importante, hay mucho espacio para que seas mejor.

En lugar de vivir de las cursilerías de una sola línea, usa la lógica estoica para convertirte en la versión más auténtica de ti mismo, donde no hay compromisos en los valores y la integridad moral.

Capítulo seis
Conceptos erróneos generales sobre el estoicismo

"Todo nuestro conocimiento inicia con los sentidos,

procede entonces al entendimiento y termina con la razón.

No hay nada más elevado que la razón."

Immanuel Kant

Con el fin de derribar tu sistema de pensamiento, lo cual es crítico si se quiere que la lógica estoica sea eficaz para ayudar a alcanzar los objetivos que se han establecido, es importante examinar las nociones preconcebidas más comunes que la gente tiene sobre la lógica estoica. Hablé de algunas antes pero aquí, vamos a ser más específicos. Empezaré con las más comunes y continuaré a partir de ahí.

1. Que el estoicismo es demasiado austero

Creo que esta opinión surgió de los primeros años del estoicismo, que fue una época en la que el cinismo estaba de moda. El estilo de vida cínico consistía en renunciar a cualquier posesión mundana y vivir una vida piadosa. Aunque los primeros maestros estoicos hicieron una clara distinción en este sentido, ha tomado un tiempo para que su diferenciación se ponga de moda.

También es muy posible que la ausencia de un estilo de vida extravagante, típico de la mayoría de los estoicos, haga que parezca que no se divierten ni disfrutan de la vida. La verdad de esto es simple: La lógica estoica enseña que no se debe dar valor a la riqueza y a las cosas materiales, por lo tanto, no es fácil dejarse llevar por el materialismo. Más bien, aprecias las contribuciones hechas en tu vida, pero esto no controla tus acciones.

2. Que el estoicismo es una secta religiosa

De nuevo, en los primeros años, el estoicismo tenía seguidores como un culto, lo que probablemente instigó la idea de que era una secta religiosa. Sin embargo, más que una religión, es una forma de pensar y razonar. A diferencia de las religiones, en las que se requiere abrazar todas las facetas, el Estoicismo permite tomar ciertos elementos y aplicarlos de la manera que se considere conveniente.

En la aplicación de la lógica estoica, una deidad no dicta sus tratos en la vida. Lo que comes, cómo te vistes, así como lo que haces está dictado por tu sentido del bien y del mal. Sin embargo, tu perspectiva no es el único factor en el proceso de toma de decisiones. También tienes que considerar cómo tus acciones pueden afectar tus relaciones con los demás.

3. Que el estoicismo significa retirarse del mundo

Para practicar el estoicismo, no tienes que dejar tu trabajo diario, vender tu casa y establecerte en un monasterio oculto. No se requiere contemplar los misterios del universo desde el silencio de una cueva, y ciertamente no necesitas tomar un voto de silencio sólo para activar la voz del razonamiento interior.

Hay muchas personas, tanto del pasado como del presente, que participaron activamente en sus comunidades y mantuvieron una vida social vibrante, pero eran estoicos incondicionales o, al menos, practicaban los principios estoicos. Si necesitas tomarte un tiempo libre de las presiones de la vida, por supuesto tómalo. Esta es una necesidad humana primaria. Pero tampoco ignores la otra necesidad humana primaria de conectarse. La clave es el equilibrio.

4. Los estoicos no tienen emociones

Esto puede caer dentro del ámbito de la primera idea equivocada de la lista, pero tuve que separar esto de la austeridad debido a su importancia para nuestra vida cotidiana. El humano medio experimenta una variedad de emociones. Algunas de estas emociones son muy edificantes, mientras que otras son aplastantes para el alma. En el esquema más amplio de las cosas, algunas de estas emociones son la defensa biológica de nuestro cuerpo contra las amenazas a nuestra persona.

Elegir vivir sin estas experiencias emocionales es exactamente lo contrario de lo que enseña el estoicismo. La pena te ayuda a sobrellevar la pérdida, el miedo te mantiene alerta ante el peligro, e incluso la ira sirve para fortalecerte y protegerte. La lógica estoica te permite experimentar estas emociones, pero te entrena para evitar que dicten tus acciones - incluso cuando estás en tu estado más irritado, tus acciones serán guiadas por el pensamiento racional.

Claro, el estoico promedio no va a tener una rabieta cuando el camarero mezcle su pedido. Eso no significa que no se haya enojado por ello. Simplemente elige reaccionar de una manera que es más productiva para la situación. Así que, si por casualidad, te apuntaste a esto porque esperabas convertirte en un humano insensible, puede que tengas que reconsiderar tus opciones.

5. El estoicismo es duro

Creo que esto es más bien una cosa milenaria. Estamos tan acostumbrados a la vida con sólo apretar un botón que pasar por cosas que requieren un proceso puede parecer tedioso. Quieres ir a tu rincón de meditación, conectar tu pulgar con tu dedo, respirar profundamente y exhalar todos tus problemas.

El estoicismo no funciona así. Es un proceso de toda la vida. Cada día se vive con un esfuerzo concienzudo para ser conscientes de todo lo que hacemos. Si esperas corregir ciertos comportamientos, construir tu confianza y vivir la buena vida, tendrás que acostumbrarte a la idea de aplicar la lógica estoica todos los días.

6. La práctica del estoicismo elimina el libre albedrío

La lógica estoica abarca el papel que el destino juega en nuestras vidas. Esto significa esencialmente que tienes que aceptar tu lugar y posición en la vida. La mayoría de las personas ha interpretado esto en el sentido de que se espera que simplemente nos demos la vuelta y nos hagamos los muertos ante las circunstancias - esto no podría estar más equivocado.

La lógica estoica aboga por que la gente analice su situación objetivamente. En el proceso de análisis de lo que está pasando, son capaces de entender realmente lo que está bajo su control y lo que no. Este tipo de pensamiento los pone en armonía con la situación, porque han ganado comprensión de la verdadera naturaleza de lo que enfrentan. Y es con este conocimiento que pueden tomar acciones que traerán los resultados más deseables.

Capítulo siete
El estoicismo en la vida cotidiana

"Cuando te levantes por la mañana,

piensa en el precioso privilegio de estar vivo

para respirar, para pensar, para amar, para disfrutar."

Marco Aurelio

Practicar el estoicismo en los tiempos modernos no es tan diferente de ser un cristiano, un budista, o de practicar cualquier costumbre o creencia que prevalezca en tu comunidad. No es una religión, sin embargo, es una forma de vida. Los practicantes simplemente reflexionan sobre las enseñanzas, y luego intentan, en la medida de lo posible, involucrar sus mentes con temas y pensamientos que ofrezcan mejores opciones para sus vidas. Los estoicos son más proactivos en su vida cotidiana: no se acuestan, no se despiertan y no esperan a que la vida les suceda mientras realizan sus actividades del día. En cambio, hacen lo mejor que pueden para anticipar los desafíos del día y trazar las acciones correspondientes a esos desafíos.

Meditan en las cuatro virtudes cardinales: fortaleza, justicia, templanza y prudencia; y tratan de imaginar cómo pueden tener que emplear cada una de estas virtudes en el día. Esto no quiere decir que puedan predecir los eventos del día. Sin embargo, son capaces de programarse para manejar mejor las sorpresas que la vida les depara. La "programación" de la mente estoica se hace participando en diferentes ejercicios estoicos, que pueden incluir el imaginar el peor escenario posible para el día. Aquí, el estoico piensa en el peor evento que podría ocurrir ese día, y luego construye su mentalidad para ser indiferente a esta tragedia. Este ejercicio se llama el círculo de los Jerocles.

Esto no significa necesariamente que el estoico quiera que esta tragedia ocurra. Obviamente, preferimos que nos sucedan cosas buenas. Pero este tipo de entrenamiento pone tu mente en un estado en el que eres capaz de eliminar tu sentido de valor y autoestima del evento. Si eres como la mayoría de la gente, tu mayor temor sería la pérdida de tu fuente de sustento. Con la mentalidad estándar, una pérdida así podría llevar a la depresión, al pánico y a otras emociones negativas que pueden instigar reacciones negativas. Este ejercicio le ayuda a eliminar ese miedo. Así que, incluso si ocurre, eres capaz de vivir por encima de esta crisis.

Para algunas personas, este tipo de pensamiento puede parecer morboso, especialmente si su peor temor es su propia muerte. A menudo, estos miedos nos impiden vivir nuestro día a día. Conozco a una mujer que apenas escapó de su matrimonio por los pelos, debido a su marido abusivo. Con la ayuda de amigos y familiares, pudo llevarlo a la justicia y enviarlo a la cárcel. Fue una victoria temporal para ella, porque su sentencia se convirtió en un reloj de cuenta regresiva que le provocó ansiedad y ataques de pánico.

Ella saltaba de su sueño en un estado de miedo, pensando que ese día sería el día en que su marido saldría libre. No podía aceptar trabajos, tenía miedo de comprar una casa, y ni siquiera podía disfrutar de un simple momento con la familia porque en cualquier momento, su exmarido podría entrar por la puerta. Practicó el ejercicio del círculo de los Jerocles. En esos momentos de meditación, desenterró cada horrible versión de su pesadilla. Donde era arrastrada por su pelo en las calles, donde la asesinaba mientras dormía, era sangrienta y, en las etapas iniciales, era desconcertante.

Pero ella se mantuvo en ello. En sus propias palabras, las visiones se volvieron menos aterradoras con el tiempo hasta que se encontró tratando de inventar escenarios más aterradores para aumentar el nivel de miedo. Sin embargo, la verdad era que había vivido sus peores miedos y esto le abrió una nueva puerta. Se apuntó a clases de defensa personal, no porque quisiera luchar, sino porque le ayudaba a sentirse más segura. Se acercó más a su familia y se abrió más a sus amigos. La parálisis impuesta por el miedo cesó en el momento en que superó sus miedos. Este es sólo un ejemplo de cómo el estoicismo puede ser aplicado en su vida.

Otro beneficio relevante de la práctica del estoicismo es su capacidad de ayudar a centrarse en el presente. Hay tantas cosas que suceden a nuestro alrededor en la vida, tantas pasiones, tantos sueños, tantas oportunidades y, en la misma línea, tantos miedos. La incertidumbre del mañana es lo que nos impulsa a muchos de nosotros en un nivel fundamental. La perspectiva de pagar esas pesadas y recurrentes facturas nos tiene sentados en nuestros escritorios día tras día, trabajando en trabajos que no nos interesan. Nos conformamos con relaciones que nos causan más daño que bien, porque tenemos miedo de estar solos.

En situaciones en las que se supone que debemos hablar por nuestros derechos, permitimos que nuestros miedos nos silencien, pero más que nada, pasamos nuestros días preocupándonos. Nos preocupamos por lo que podría haber sido, lo que debería haber sido, y lo que habría sido. Algunos de nosotros nos preocupamos más por el pasado. Errores y acciones anteriores nos persiguen e impiden que disfrutemos de lo que está sucediendo ahora. Entonces, tienes gente que es exactamente lo contrario, que vive el momento, pero por razones equivocadas.

Estas son las personas que viven sólo para sus deseos y pasiones. Deben comprar ese nuevo abrigo de otoño. Deben tener el último teléfono. Si todo el mundo lo hace, debe estar bien que ellos también lo hagan. Es como tirar de cuentas a lo largo de una cuerda que no tiene fin. No paran de coger una cuenta tras otra. Nunca experimentan la felicidad, nunca disfrutan realmente del momento. Todo lo que hacen es querer más. Esta es la pesadilla de vivir en estos tiempos modernos. La práctica del estoicismo puede mantenerte en el presente. Séneca lo dijo de esta manera:

"Las mayores bendiciones de la humanidad están dentro de nosotros y a nuestro alcance. Un hombre sabio se contenta con su suerte, sea cual sea, sin desear lo que no tiene."

No necesitas abrazar el estoicismo en su totalidad. Puedes hacer ejercicios estoicos que sientas que te acercarán a tus objetivos. A lo largo del resto de los capítulos, compartiré algunos de estos ejercicios y ofreceré guías para ayudarte a integrarlos en tu rutina diaria.

Capítulo ocho
Las cuatro virtudes cardinales del estoicismo

"Todo lo que oímos es una opinión, no un hecho.

Todo lo que vemos es una perspectiva, no la verdad."

Marco Aurelio

No se puede practicar el estoicismo sin comprender primero sus virtudes cardinales. El origen de estas virtudes no está claro, pero son anteriores a las primeras enseñanzas estoicas. Tal vez yendo aún más atrás de los tiempos de Platón. Si miras en Internet, puedes encontrar diferentes variaciones de las palabras típicamente usadas como las cuatro virtudes cardinales. Esto se debe a la dificultad de traducir los antiguos textos griegos al inglés. También está el conflicto de perspectiva. El único diccionario filosófico que se conoce que ha sobrevivido de los tiempos del griego antiguo viene de la era de Platón, lo que significa que la definición se da desde una perspectiva platonista. Desafortunadamente, no hay definiciones de la era estoica.

Sin embargo, dados los materiales de que disponemos, podemos comprender mejor lo que pensaban los estoicos. Miraremos cada virtud individualmente:

Phronêsis: Prudencia o sabiduría práctica

Esta es la más importante de las virtudes estoicas y se refiere a nuestra capacidad de discernir el bien del mal. Se cree que la sabiduría es la única virtud, mientras que las otras tres virtudes cardinales que discutiremos en breve son simplemente sus aplicaciones primarias. Viendo que la sabiduría es esencialmente un razonamiento práctico, tiendo a estar de acuerdo con ese pensamiento.

La sabiduría es la base de toda la lógica estoica, porque no se pueden tomar decisiones y acciones acertadas si no se tiene una comprensión clara de lo que es bueno y lo que es malo. En esta aplicación, lo bueno no se refiere a lo que apela a los sentidos. El olor de un buen tazón de sopa caliente puede ser muy atractivo para quien lo percibe, pero eso no le atribuye automáticamente el valor moral del bien. El tazón de sopa pertenece a la categoría preferida de los indiferentes. Comer este tazón de sopa no te convertirá en una buena persona o una persona terrible, es la forma en que consumes la sopa, ya sea que la robes o la cocines, lo que se clasifica como bueno o malo.

La sabiduría es la comprensión de la verdadera naturaleza del bien. Con esta comprensión, eres capaz de atribuir valor a diferentes cosas externas de manera racional. Bajo las enseñanzas estoicas, un sabio no es sólo alguien que puede diferenciar entre el bien y el mal. Para que una persona se llame a sí misma sabia, debe ser capaz de ofrecerse a sí misma consejos sabios. En otras palabras, la sabiduría es un proceso internalizado.

Dikaiosunê: Justicia o moralidad

De nuevo, esta es un área en la que tenemos problemas con la traducción directa de la palabra. Cuando se escucha la justicia, se puede pensar que esto se refiere al sentido legal de la palabra, pero esa definición no es suficiente para encapsular la verdadera referencia estoica de esta virtud. Mientras que un aspecto de esta virtud implica un estado en el que somos obedientes a las leyes de la tierra, va mucho más profundo que esto.

La moral, por otra parte, tampoco abarca completamente el significado estoico de la palabra. En este caso, estamos hablando de hacer lo correcto o, como algunos quisieran decir, vivir una vida recta. Si eres del tipo religioso, puedes llegar a llamarlo rectitud. Sin embargo, entre la moralidad y la justicia, podemos entender de qué se trata esta virtud.

En términos prácticos, la justicia o la moralidad es la aplicación de la sabiduría en las interacciones sociales. Hemos establecido que la sabiduría es el conocimiento del bien y del mal, y la habilidad de distinguir claramente entre ambos. Una cosa es saber algo, y otra cosa es actuar sobre ello. En tu trato con la gente, la justicia/moralidad se refiere a la sabiduría que aplicas al relacionarte con ellos. Tu respeto y trato a los demás no se basa en su estatus, género o en los beneficios que ofrecen. Más bien, haces una elección deliberada para ser justo e imparcial.

Sôphrosunê: Templanza o moderación

En algunos libros, esto se conoce como autodisciplina o autocontrol. En la vida, casi siempre estamos en un constante estado de necesidad. Y, la mayoría de las veces, nuestros deseos no son siempre los mismos que nuestras necesidades. Nuestra carnalidad es impulsada, por lo que, en libros como la Biblia, se refieren como los "deseos de la carne". "

Toda la fuerza de ventas en el mundo está construida sobre este concepto. Enciendes la televisión para ver a un chico guapo corriendo y, sin tantas palabras, estás programado para pensar que, para conseguir ese cuerpo, necesitas correr y para que tu carrera se sienta bien, necesitas los zapatos que él lleva. Este estímulo de tu deseo es tan fuerte que incluso si tienes 10 pares de zapatos deportivos alineados en la parte de atrás de tu armario, todavía sientes que necesitas este zapato.

Este tipo de sentimiento se amplifica en áreas de nuestras vidas que tienen que ver con la satisfacción de nuestros impulsos de placer. Esta virtud se trata de templar esos instintos que impulsan nuestros deseos. Es, en esencia, la aplicación de la sabiduría al tratar con las tentaciones.

Andreia: Fortaleza o coraje

El miedo es otra prominente emoción impulsora detrás de la mayoría de nuestras decisiones. Encuentras gente que trabaja hasta los huesos porque tienen miedo de no poder permitirse las cosas que quieren. A veces viven una vida estancada y no progresiva, evitando deliberadamente los riesgos que los impulsan hacia adelante, incluso si esos riesgos están apoyados por su pensamiento racional o su sabiduría.

Esta virtud otorga la capacidad de actuar con la sabiduría que ha discernido, aunque no sea exactamente convencional. La sabiduría es fantástica, pero sin la aplicación de la sabiduría, es sólo otra cosa agradable que se piensa o se dice. Esta virtud también se asemeja a la resistencia. Pero de esa manera triste y sufrida que te hace víctima de las circunstancias. Pero de una forma envalentonada que te ve enfrentando tus más profundos miedos y no actuando sobre ellos. Más bien, lo superas para pensar y actuar lógicamente. Puedes decir que la fortaleza es la sabiduría aplicada en la adversidad.

Capítulo nueve
La práctica del infortunio

"Dígase a sí mismo en la mañana temprano:

Me reuniré hoy con los desagradecidos, los violentos,

hombres traicioneros, envidiosos y poco caritativos.

Todas estas cosas han llegado a ellos

a través de la ignorancia del verdadero bien y el mal...

No puedo ser dañado por ninguno de ellos,

porque ningún hombre me involucrará en el mal,

ni puedo estar enfadado con mi prójimo u odiarlo;

porque hemos venido al mundo para trabajar juntos".

Marco Aurelio

El optimismo es bueno. La esperanza es buena. Mantener una perspectiva positiva de la vida es bueno. Estas son herramientas vitales en el mundo en que vivimos hoy en día. Pero si quieres prosperar, si realmente quieres vivir la buena vida y te has encontrado luchando con esto, tal vez sea hora de tirar las gafas de color de rosa y entrar en la oscuridad por un minuto. Para las personas que se han caracterizado por su capacidad de mantener una actitud alegre hacia la vida, mirar a otro lado podría compararse con violar su naturaleza, pero escúchenme.

Durante mucho tiempo, se nos ha enseñado a creer en conceptos como la suerte, la gracia, las bendiciones sobrenaturales, etc. Mientras que algunos pueden negar la existencia de estas cosas, sería perjudicial vivir nuestras vidas con la esperanza de que una de ellas (si no todas) nos suceda. La realidad es que la vida se parece más a un juego de ajedrez, requiere estrategia y una planificación cuidadosa. Para desarrollar y ejecutar una estrategia bien pensada, hay que ver el cuadro desde todos los ángulos, anticipando los mejores y los peores escenarios. Esto puede sonar morboso, pero quédate conmigo.

El movimiento de *"hashtag blessed"*, tan extendido en las redes sociales, así como en nuestra vida cotidiana, no es lo que parece. Esa persona que parece haber tenido suerte pasó por un proceso del que usted no es del todo consciente. En el estoicismo, hay una creencia generalizada de que la suerte es simplemente una oportunidad de reunión de preparación. Excepto en la mayoría de los casos, estas personas "afortunadas" llegan a su temporada favorita sin ninguna preparación deliberada de su parte. Los estoicos no se tropiezan con su temporada. Se preparan adecuadamente y, cuando llega el momento adecuado, lo aprovechan. ¿Pero cómo se preparan para algo que no está exactamente dentro de su control?

Para empezar, tienes que dejar de pensar que eres sólo alguien a quien la vida le pasa. Obviamente, sería ilusorio pensar que tienes alguna forma de control sobre el universo. ¿Recuerdas la ilustración del barco en el mar que usé antes? No hay manera de que puedas dictar la dirección del viento o el movimiento de las olas, y ciertamente no la intensidad de la tormenta. Sin embargo, eso no significa que cada vez que tu barco zarpe, pierdas tu posición como capitán. El timón sigue en tus manos, sólo tienes que activar tu gorro para pensar. Aquí hay algunas cosas que puedes empezar a hacer:

1. Sal de tu zona de confort.

El dicho general, "si está roto, no lo arregles", es una mentira que alimenta la ilusión que muchos de nosotros llamamos "optimismo". "La realidad de la vida es la constancia del cambio. Si no determinas el cambio que definitivamente vendrá, el cambio que viene determinará tu destino.

2. Esperar lo peor, pero también esperar lo mejor.

Tenemos el hábito de tomar decisiones basadas en el mejor de los casos mientras vivimos con el temor de lo peor. Esta es la fuente de la ansiedad y el miedo. En cambio, desarrollar el hábito de tomar acciones basadas en los peores temores, viviendo con la esperanza de que ocurra lo mejor. Esto no quiere decir que tu miedo deba guiar tus acciones. Los ejercicios estoicos de los que hablaremos más adelante aclararán esto.

3. Sé deliberado en tus esfuerzos.

Cada día no debería ser sólo otra serie de rutinas sin sentido. Rompe los patrones, pero no seas impulsivo al respecto. Piénsalo bien y asegúrate de que al final de tu proceso de pensamiento, seas capaz de establecer de forma concluyente acciones que apoyen lo que has discernido.

Ejercicios estoicos que ayudan en la práctica de la desgracia

1. Practicar la pobreza

Casi puedo imaginarme esa ceja disparándose hasta la línea de tu cabello mientras lees esto. Quiero decir, después de todo lo que hice para convencerte de que el estoicismo no es un voto de pobreza, el primer ejercicio estoico que comparto es decirte que practiques la pobreza. Parece una locura, pero en un minuto, tendrá sentido. La comodidad es una forma de esclavitud, porque condiciona tu felicidad a las cosas que tienes. La pérdida de esas cosas resultaría en una gran perturbación de su vida. Más que eso, afectaría negativamente a tus emociones y te haría reaccionar de la misma manera. La cantidad de suicidios registrados durante la gran depresión financiera de Estados Unidos ilustra esto.

La práctica de la pobreza implica tomarse unos días al mes para vivir de forma conservadora, muy por debajo de sus posibilidades. Durante este período, comerías muy poco, e ignorarías esa cómoda cama para dormir en el suelo frío y duro. Si puedes, vístete con tus ropas más raíles. Esencialmente, deberías familiarizarte con el estado de necesidad. Los beneficios de este ejercicio son que te mantiene en contacto con la realidad y te ayuda a llegar a un lugar donde puedes apreciar las cosas que te dan consuelo sin depender de ellas como fuente de felicidad. Al hacerlo, eres capaz de ver esas "cosas" como lo que realmente son. Ya sea que se trate de tu trabajo, tu casa o tu riqueza, el objetivo es ser capaz de disfrutar de ellas, no ser esclavizado por ellas.

2. Practica lo que temes

Como humanos, es instintivo querer alejarse lo más posible de la cosa que tememos. Nuestra necesidad de distanciarnos de nuestros miedos es tan intensa que, a veces, nos lleva al punto de la negación. Nos negamos a reconocer la amenaza, y el precio que pagamos por esta negación puede ser muy alto. En el otro extremo del espectro, hay gente que va a extremos para evitar lo que más temen. De cualquier manera, nos privamos de vivir al máximo de nuestro potencial, porque estamos siendo retenidos por nuestros miedos.

Sé de alguien que vino de una familia donde el cáncer de mama era frecuente. Esta fue la época en que el manejo del cáncer no incluía algunos de los avances médicos que se hacen hoy en día. Esto significaba que había muchas muertes por cáncer en la familia, lo que hacía que las mujeres y algunos hombres vivieran con miedo. Durante mucho tiempo, esta mujer vivió a la sombra de la enfermedad. Se creyó el lema de "vivir en el momento", pero de la peor manera posible: gastaba el dinero tan rápido como podía ganarlo, y rara vez hacía planes más allá de la semana siguiente.

En la superficie, parecía estar viviendo la vida. Era divertida, enérgica, y siempre alegre. Pero en su corazón, sus miedos la carcomían. Rechazó trabajos, propuestas de matrimonio, y básicamente cualquier oportunidad que tuviera perspectivas de futuro. Por casualidad, se vio envuelta en un accidente que casi le quita la vida. Acostada con dolor en su cama de hospital la obligó a confrontar su miedo. Se dio cuenta de que el cáncer no era lo único que podía matarla. Así que, allí mismo, decidió hacerse la prueba. Pensó que, si podía sobrevivir a ese accidente, podría sobrevivir al cáncer. Así fue como se liberó de sus miedos.

3. Eliminar tu ignorancia

¿Alguna vez te has preguntado por qué tienes miedo? Tengo una intensa fobia a las serpientes. Normalmente se me describe como calmado y tranquilo, y soy capaz de mantener este ambiente incluso bajo la más intensa situación de alta presión. Pero si se añade una serpiente resbaladiza y viscosa, pierdo la calma de la forma más embarazosa que se pueda imaginar. Mi reacción fue inexplicable. Sentí como si fuera algo que estaba programado para sentir. Una noche, estaba viendo un documental, escuchando a este explorador hablar sobre las serpientes y su misión de asegurar la supervivencia de cierta especie. Me sorprendió que a alguien le importara lo suficiente como para hacer esto. Pero cuanto más escuchaba, más me daba cuenta de que, a su manera, las serpientes también son hermosas. Y sí, una fracción de ellas son venenosas, pero a través de los ojos de este explorador, pude ver su belleza.

Mi miedo a las serpientes se basaba en la información estereotipada con la que me alimenté toda mi vida. Pero en el momento en que sustituí esa ignorancia por el conocimiento de los hechos, mi miedo se redujo en un grado significativo. Pero no asumas nada, no hay posibilidad de que tenga una serpiente como mascota en un futuro próximo, y sigo pensando que la forma en que se mueven es súper espeluznante. Aun así, no estoy tan aterrorizado como lo estaba antes.

En este ejercicio, necesitas secar el pozo de la ignorancia que alimenta tu miedo haciendo las preguntas correctas. Por ejemplo, puedes tener miedo de perder tu trabajo, por el rumor de reducción de personal que has escuchado. Habla con tus colegas y revisa tu desempeño para ayudar a determinar si tus temores son válidos. Luego, has las preguntas difíciles. ¿Es la pérdida de un cheque de pago o la perspectiva de encontrar un nuevo trabajo lo que te asusta? Las respuestas que obtengas te darán la confianza para enfrentar el futuro y, lo más importante, desmitifica tu miedo. Porque la verdad es que lo que realmente nos asusta no es necesariamente la cosa o el evento en sí, sino la interpretación a menudo exagerada de nuestra mente.

Capítulo diez
El entrenamiento de la percepción

"Actuáis como mortales en todo lo que teméis,

y como inmortales en todo lo que deséis."

Lucius Annaeus Seneca

Cualquiera que me conozca sabe que soy un gran fan de los documentales de vida silvestre. Por supuesto, si me dieran a elegir, elegiría mi jungla de concreto cualquier día, pero eso no es ni aquí ni allá. El punto es que la vida silvestre me fascina. Así es como descubrí algo muy interesante sobre la forma en que los leones cazan en la naturaleza... y no se parece en nada a lo que nos mostraron en *El Rey León*.

Cuando los leones cazan, ya sea en manada o solos, acechan a su presa. Tienen un proceso de selección de esta presa, que podría basarse en una serie de factores como la conveniencia de la presa, su vulnerabilidad, etc. Y cuando el león pone sus ojos en la presa, se mantienen enfocados en ella hasta que sienten que el momento es el adecuado. Entonces, lanzan un ataque. Si este ataque ocurre donde la presa seleccionada está en medio de otra presa, se produce una estampida mientras los otros animales tratan de escapar del león.

En medio del caos, verás cascos volando a izquierda y derecha, pero el león mantiene su atención en la presa que ha seleccionado. Si examinan los fragmentos de estos ataques, encontrarán que, en el medio de la persecución, otras presas probablemente podrían haber llegado al plato del león con muy poco esfuerzo, pero debido a que no son la presa seleccionada, los leones pierden esa oportunidad. Este escenario también se presenta en nuestras vidas. Tenemos las cosas que deseamos, y a menudo las perseguimos con un enfoque único. En la búsqueda de nuestros objetivos, muchos de nosotros desarrollamos una visión de túnel, que hace imposible ver nada excepto lo que más deseamos. Y debido a esto, tendemos a perder oportunidades aún mejores, como el león.

Este tipo de comportamiento también prevalece en nuestras relaciones. El mundo tiene más de siete mil millones de personas viviendo en él, y aun así, tenemos millones de personas que están experimentando la soledad hasta el punto de la depresión. Esto no se debe a la ausencia de personas en su entorno, sino a su percepción de las personas que pone una barrera que impide la formación de relaciones genuinas. Para vivir la buena vida, es importante entrenarse para ver las cosas desde la perspectiva correcta. Cuando digo la perspectiva "correcta", no me refiero a lo bueno o a lo malo, simplemente hablo de una visión de la vida que te permite aprovechar y maximizar las oportunidades y las relaciones.

Este tipo de pensamiento puede ser aplicado a nuestras emociones también. Hoy en día, vivimos en un mundo en el que parece que todo el mundo es demasiado sensible a todo. En el coloquialismo moderno, la gente se desencadena fácilmente. Un padre que impone la disciplina puede ser fácilmente interpretado como una forma de violación o abuso de los derechos del niño. Su decisión de apoyar sus creencias personales puede ser vista como un acto de discriminación. Y a menudo, estamos en el extremo receptor de ese palo. Nos vemos a nosotros mismos como víctimas, y a veces lo somos, así que todo lo que oímos puede parecer un ataque directo a nuestra persona o a nuestra forma de vida. Las redes sociales se han convertido en una plataforma que amplifica las voces, ya sea tu propia voz o las voces de los demás. Y, dada la cantidad de tiempo que dedicamos a estas plataformas, no es sorprendente que parezca que estamos constantemente en un estado de activación.

Pero, como nos enseña la virtud estoica de la sabiduría, es nuestro deber discernir entre el bien y el mal y comprender la verdadera naturaleza de las cosas. Esto sólo puede hacerse si nos entrenamos para ver las cosas de manera un poco diferente. La percepción es la fuerza detrás de la creatividad. Con el tipo correcto de percepción, se puede crear una experiencia que levante e inspire alegría, independientemente de las circunstancias negativas que la rodean. Marco Aurelio lo expresó perfectamente:

"Elija no ser dañado y no será dañado. No te sientas dañado y sentirás que no lo has sido.
"

He esbozado algunos ejercicios estoicos que puedes aplicar diariamente para ayudarte a entrenar tu percepción.

1. Poner el obstáculo al revés

Este es un ejercicio que tiene como objetivo convertir una experiencia negativa en una fuente de bien. Funciona tomando algo que puedes describir como una enorme espina en tu costado y viendo cómo puede convertirse en una bendición para ti. Cuando pensé en una ilustración para esto, lo que me vino a la mente como padres. Si eres el padre de un niño de fuerte voluntad, entiendes lo que es estar al límite de tu ingenio, donde estás a punto de arrancarte el pelo de la cabeza porque no puedes conseguir que hagan algo tan simple como tomar un baño. Puede ser una experiencia frustrante, o puede ser una oportunidad para aprender y aplicar la paciencia. Tu jefe loco en el trabajo puede ser una oportunidad para aprender habilidades de gestión de personas, y tu miseria en el trabajo puede presentarte una manera de averiguar lo que te hace feliz.

2. Aclarar tus pensamientos

A menos que hayas vivido bajo una roca la mayor parte de tu vida, es probable que muchas voces se formen de la forma en que piensas. Las primeras voces fueron las de tu familia, pero también tienes a tus amigos y compañeros de la escuela, así como a tus profesores que usaron los libros (las voces de los demás) para impactarte. Y no olvidemos tus experiencias en la vida. Todas estas cosas te permiten mirar la estructura externa de una manzana y decidir si es saludable y suficientemente buena para comer. Sin embargo, también aplicamos estas cosas a nuestro trato con la gente, así como a nuestras experiencias en la vida. Esto nos sirve hasta cierto punto, pero también puede ser limitante a medida que desarrollas nociones preconcebidas de cómo deberían ser las cosas, cómo debería comportarse la gente, etc. Tu perspectiva estrecha de miras te limita a disfrutar de la gente o de los momentos. Para aclarar tus pensamientos, tómate un tiempo cada día para aislarte del mundo. Deja a un lado cualquier opinión personal que tengas sobre la gente y examina los hechos de la situación. Esto te da una visión pura, no contaminada por ningún prejuicio. Con esta percepción, puedes alterar la realidad de tu situación.

Capítulo once
Manteniendo el equilibrio con Eupatheiai

"La felicidad de tu vida depende de la calidad de tus pensamientos."
Marco Aurelio

Si nunca has deseado algo tanto que afecte a tu capacidad de dormir por la noche, no estoy seguro de si debo felicitarte o sentir lástima por ti. Pero mis pensamientos sobre el asunto están fuera de lugar. Sólo quería llamar su atención sobre la intensidad de nuestras pasiones y lo lejos que pueden llevarnos. Hay una clara diferencia entre la pasión y el deseo, aunque a menudo las usamos indistintamente. El deseo tiene más que ver con sus deseos, mientras que las pasiones son más una necesidad. Los deseos tienen un efecto más sedentario, mientras que las pasiones son conocidas por iniciar guerras globales. ¿Por qué hablo de esto, te preguntarás?

La vida estoica, como establecí antes, no es una vida sin pasiones. Es mi creencia personal que es imposible ser apasionado y estoico al mismo tiempo, porque el estoicismo se trata de ser fiel a su naturaleza y, como humanos, estamos creados para ser apasionados. El estoicismo te enseña a controlar tus pasiones, y la única manera de permanecer apasionado por la vida sin dejar que tus pasiones te controlen es encontrar el equilibrio. En el capítulo anterior, hablamos sobre el entrenamiento de tu perspectiva, y esto tiene un montón de grandes beneficios mentales. Uno de ellos es ayudarte a obtener una visión equilibrada. En un sentido general, los ejercicios discutidos aquí son útiles, pero si tu problema es más profundo que eso, necesitas ejercicios más enfocados.

La palabra griega para pasión describe la pasión como emociones que son irracionales, excesivas, y en su mayoría no saludables. Un ejemplo común de emociones que pueden caer en esta categoría es la ira. Todos experimentamos ira en algún momento, ya sea que ocurra como una irritación leve o una rabia consumidora. La intensidad de la ira depende de lo que se desencadene por el evento que la provocó en primer lugar. El verdadero factor distintivo es cómo reaccionamos a la ira que se desencadena en nosotros. Algunos tienen una reacción pasivo-agresiva mientras que otros pueden elegir ignorar el incidente con la esperanza de que la ira desaparezca. Pero la ira nunca desaparece realmente si no la manejas; sólo retrocede al fondo donde continúa acumulándose como el temporizador de una bomba hasta que, un día, hay un despliegue explosivo de ira.

Un ejemplo histórico de reacción a la ira en extremo es la historia de Alejandro Magno, que mató a uno de sus amigos más cercanos en un ataque de rabia. Inmediatamente se arrepintió de sus acciones y estaba tan consumido por el dolor, que no pudo comer ni dormir durante tres días. Puede que no hayas llegado a este extremo para expresar tu rabia, pero sin control, podrías hacer algo de lo que te arrepentirías más tarde. Emociones como los celos y la codicia también pueden tener un efecto devastador. Los griegos llamaron a todas estas pasiones "patéticas". Para controlar lo patético, tienes que reemplazarlas con eupatheiai, que son exactamente lo opuesto. Un buen ejemplo de una emoción que puede ser clasificada como eupatheiai es la alegría. Viendo que no podemos eliminar quirúrgicamente esas emociones negativas y reemplazarlas por otras felices, hay ejercicios estoicos que puedes hacer para frenar tus impulsos y, como mínimo, ralentizar tus reacciones. Si te encuentras luchando con la ira, la envidia y la depresión, hay una gran posibilidad de que tu capacidad de ser racional se haya visto comprometida. Su mente, en este estado, se tambalea hacia pensamientos que promueven la auto agencia, por lo tanto, es probable que estés desequilibrado. Para nivelar la escala, intenta los siguientes ejercicios:

1. Recuerda que todo es temporal

Nada en la vida dura para siempre, y esto se aplica a las cosas que nos hacen emocionales de una manera no saludable. Vuelve a tu adolescencia, cuando sentías que, si no asistías a esa fiesta de la que tanto se hablaba, morirías. Tus padres se mantuvieron firmes y tú no asististe, pero ¿adivina qué? No te moriste. Y puedo apostar que, si tuvieras la oportunidad de asistir a esa fiesta como tu actual yo, lo encontrarías bastante patético. Lo que quiero decir es que, ahora mismo, lo que te preocupa puede parecer abrumador, pero en unos días, meses o años, ni siquiera importará. No tiene sentido tomar acciones que puedan tener un efecto duradero para algo que es efímero. Recuerda siempre que esto también pasará.

2. Recuerda que eres pequeño

A veces, nuestra riqueza y estatus en la vida nos hace pensar que somos increíblemente importantes. La incapacidad del mundo para tratar a todos por igual alimenta esta tontería. Puede que encuentres hombres y mujeres que son tan obviamente bellos, que piensan que su propia existencia es un favor para el resto del mundo. A medida que el orgullo se establece, pueden comenzar a tratar a la gente de maneras horribles. Pero la verdad es que, en el gran esquema de las cosas, somos una mancha tan pequeña que ni nuestra presencia ni nuestra ausencia afecta a la vida. Puede que seas tan rico que tengas mucha gente cuyo sustento depende de ti, pero estarías terriblemente equivocado si piensas que en el momento en que salgas de sus vidas, dejarán de vivir. La ira es a veces un subproducto del orgullo. Recuerda el infinitesimal papel que juegas, y podrías ser capaz de mantener esas malsanas emociones bajo control.

3. Deja que la historia sea tu maestro

Esta vez no hablo de tu historia, sino de la de los grandes hombres y mujeres que le precedieron. Sus mayores logros, así como sus mayores fracasos, podrían ayudarte a alimentar tu ambición y, al mismo tiempo, a humillarla. Pero nunca uses la historia para justificar tus acciones. Si tus objetivos te llevan al punto de una obsesión enfermiza, una lección de historia podría ser lo que necesitas para ayudar a mantener tu ambición viva sin comprometer tus valores. La historia es como una especie de espejo y si te miras de cerca, podrías encontrar tu reflejo en las vidas de aquellos que te precedieron. Pero también expone una verdad evidente: las acciones de las personas son lo que les sobrevive. Egipto tuvo hermosos edificios arquitectónicos durante su tiempo, pero nadie recuerda quién los construyó. El tiempo puede hacerte obsoleto, independientemente de tus logros.

4. Ten en cuenta que la muerte llega a todos

Hemos establecido que todo es temporal. Todas esas cosas bonitas que quieres con tanta pasión tienen una fecha de caducidad. Incluso si eres capaz de obtenerlas, la propiedad de esa cosa es temporal. Incluso la vida que vives no puede durar para siempre. Así que, cuando te sientes deslizándote en ese espacio donde tu ambición supera a tu virtud, reflexionar sobre el hecho de que la muerte es el final de todo puede ayudarte a mantener tus emociones bajo control. Reflexionando sobre estas verdades, puedes someter gradualmente tu pateiai y abrir la puerta para que tu eupatheiai reine.

Capítulo doce
El punto de vista de Platón

"Si uno ha cometido un error y no lo corrige,

uno ha cometido un error aún mayor."

Platón

Platón, como sabes, fue uno de los grandes. Sus enseñanzas fueron estudiadas por los primeros estoicos y aunque no estaban de acuerdo con él en ciertas cosas, sus obras sentaron una buena base para algunos principios estoicos. Por el bien de este capítulo, nos centraremos en el punto de vista de Platón sobre el idealismo. El idealismo es un aspecto de la filosofía donde la realidad se afirma como la conocemos a través de nuestra propia construcción mental. En otras palabras, creamos nuestra propia realidad. La palabra en sí misma nació de la palabra griega *idein,* que significa "ver". "En términos más amplios, el idealismo está destinado a representar el mundo como podría ser o como debería ser. No lo confundas con el optimismo, que es esencialmente la esperanza en el futuro éxito de algo. El idealismo reconoce el estado actual de las cosas, pero toma acciones basadas en lo que la situación tiene el potencial de llegar a ser.

Con esto establecido, traigamos las cosas de vuelta a nuestra situación de la vida real. Voy a usar nuestras relaciones para ilustrar esto. Típicamente tenemos una idea firme de cómo nos gustaría que se desarrollara cada relación en nuestras vidas. Estos ideales de relación son los que forman la base de nuestras expectativas. Queremos que nuestras parejas, amigos, familia e incluso perfectos extraños piensen, actúen y se comporten de cierta manera. Tener ideales y expectativas para las relaciones es bueno, pero si estos ideales se extraen del lugar equivocado, simplemente te estás preparando para el fracaso. Hablemos del romance.

Durante años, Hollywood y los escritores románticos nos han dicho lo que el amor está destinado a ser. Las damas quieren ser barridas de sus pies, y los hombres han sido programados para buscar a esa damisela en apuros. Todos entramos en relaciones con estas expectativas. Pero entonces, la realidad nos muestra un lado diferente de las cosas. Los hombres están tan ocupados tratando de ser proveedores que tienen muy poco tiempo para atender las necesidades emocionales de sus parejas. Lo único que buscan es una señal obvia de angustia, que los lleve a intervenir y mostrar su virilidad. Las mujeres, por otro lado, ya no esperan ser rescatadas, se han vuelto mucho más fuertes. Aunque ahora hay menos escenarios en los que se encuentran en apuros, sus necesidades emocionales siguen siendo muy altas. No muchos hombres reconocen esto, por lo que a menudo se encuentran mujeres que no están emocionalmente satisfechas en sus relaciones.

Los ideales que Hollywood nos ha transmitido hacen difícil prestar atención a las cosas que realmente importan, como la forma en que nuestros socios resuelven los conflictos, la forma en que manejan el rechazo y la calidad de nuestra comunicación. En cambio, nos centramos en el sexo, los regalos materiales, y todo lo demás glamoroso de las películas que amamos. Así que, cuando conocemos a nuestras parejas potenciales, las vemos a través de gafas de color rosa que las hacen parecer perfectas. Nuestros instintos pueden advertirnos de ciertas cosas que parecen fuera de lugar, pero normalmente preferimos aferrarnos a esa idea de perfección en lugar de enfrentarnos al problema en cuestión. Es como una mujer que entra en una tienda de diseño para comprar un bonito par de zapatos rojos de la talla 12, pero se va con un par verde de la talla 8 y espera que para cuando llegue a casa, se transforme mágicamente en lo que realmente quiere. Esto suena ridículo, pero esto es lo que hacemos en la mayoría de nuestras relaciones.

El enfoque estoico para resolver esto es sacar primero tus ideales del lugar correcto. Hay muchos libros y recursos que hablan de las relaciones y ofrecen consejos para escapar de los obstáculos que la mayoría de las parejas encuentran. Pueden parecer el lugar correcto para extraer los ideales de su relación; sin embargo, debe recordar un hecho crucial. Cada relación tiene su propio ADN. Cualquier recurso que encuentres sobre el tema sólo puede ofrecer una perspectiva única, así que tienes que ir a algún lugar que te dé una visión a vista de pájaro de las cosas. Y una persona que realmente nos enseña a hacer esto es Platón (y ahora sabes por qué lo mencioné al principio).

La vista de Platón se denomina vista desde arriba porque cuando la canaliza correctamente, es capaz de ver todo a la vez. Esto ayuda a reorientar tu juicio sobre la gente. También humilla tu evaluación de la situación, lo cual es muy útil si eres el tipo de persona que oye un saludo de una posible pareja e inmediatamente empieza a oír campanas de boda. Identifica tus prioridades en una relación con este ejercicio estoico que ayuda a obtener la vista de ese pájaro:

Intenta ver todo de una vez

Esto es difícil, ya que tenemos la tendencia a ser miopes. Aunque te hayas entrenado para pensar a largo plazo, tus objetivos pueden ser tu propia autopreservación. Y, en la escala universal de las cosas, ese tipo de pensamiento en sí mismo es miope. Ver todo a la vez es mirar las cosas desde todos los ángulos que se pueden explorar. Cuando Marco Aurelio describió la visión de Platón, lo expresó de esta manera:

"Siempre que quieras hablar de la gente, es mejor tomar la vista de pájaro y ver todo a la vez - reuniones, ejércitos, granjas, bodas y divorcios, nacimientos y muertes, salas de justicia ruidosas y espacios silenciosos, cada pueblo extranjero, vacaciones, monumentos, mercados - todo mezclado y dispuesto en un par de opuestos."

El mundo, dicen, es ahora una aldea global y hasta cierto punto, esto es cierto. Pero ver el mundo a través de estas "lentes" reduce nuestra perspectiva de la vida. Digamos, por ejemplo, que estás tratando con las opiniones negativas de los demás. Damos crédito a estas voces y limitamos nuestro potencial a estas críticas porque sentimos que estas opiniones son importantes.

Tómate un momento para acallar las voces y piensa en la bulliciosa vida que se desarrolla a tu alrededor. La interminable charla, el ciclo de la vida, las simples actividades mundanas de la gente... ¿Influyen o afectan estas opiniones negativas a la vida en lo más mínimo? No. Claro, las palabras pueden doler, pero son como aviones de papel lanzados a una roca. Sólo pueden tener un impacto si amplificas el sonido. Esta vista aérea te da una perspectiva que revela la grandeza del universo y minimiza la ilusión de los papeles individuales de la gente dentro de él. Esencialmente, las opiniones de otras personas no son realmente tan importantes.

Capítulo trece
Memento Mori (Recuerda la muerte)

"No es la muerte lo que un hombre debe temer,

más bien debería temer no empezar a vivir nunca."

Cita estoica

Uno de los ejercicios estoicos de los que hablé antes tenía que ver con recordar que la muerte llega a todo el mundo. Memento Mori pretende llevar ese concepto un paso más allá. Más que ser un símbolo de cambio, busca iniciar una reflexión sobre la propia mortalidad. Una vez leí un libro de relaciones que llevó a los lectores más profundamente en los recovecos de la mente masculina. El objetivo del libro, esencialmente, era ayudar a las mujeres a entender cómo trabajan los hombres, y utilizar esa información para manipular a los hombres para que les den lo que quieren. Muchas de las cosas discutidas en el libro son cosas con las que yo estaría de acuerdo, hasta cierto punto, pero también soy de la opinión de que, aunque esas cosas puedan ser verdaderas, no son correctas.

Un tema que destacó fue la idea de que el valor de un hombre está determinado por su trabajo. En otras palabras, si un hombre ama su trabajo, es probable que este hombre se ame a sí mismo, y viceversa. Mi desacuerdo es el hecho de que atribuimos esta cualidad a un género específico. Esta es una generación y una época en la que el valor de una persona está determinado por la sustancia que posee, independientemente del género. Esto no quiere decir que este tipo de pensamiento comenzó hoy, de hecho, esto ha sido frecuente a través de los tiempos. Se da un trato preferencial a los que tienen más. Si usted está en el extremo receptor de este tratamiento preferencial, es fácil que este poder se le suba a la cabeza.

Puedo verle sentado en su silla y juzgando a alguna figura política por hacer exactamente esto, pero, verá, los dedos apuntan hacia usted - este abuso de poder no se limita a la élite. También perpetuamos este comportamiento en nuestros rincones del mundo. ¿Cómo se ha comportado desde que obtuvo ese ascenso en el trabajo? ¿Se ha aprovechado de su posición a expensas de los demás? Hay una razón por la que dicen, "el poder corrompe, y el poder absoluto corrompe absolutamente." De la misma manera que dicen, "el dinero amplifica el carácter de un hombre." Así que, si tienes un problema con el ego cuando apenas te las arreglas financieramente... ...hacerte rico sólo hará que ese defecto de carácter sea aún más notorio. Cuando tenemos este tipo de poder, empezamos a sentirnos invencibles. Empezamos a pensar que estamos exentos de la ley y que ciertas cosas no se aplican a nosotros. Esto es muy peligroso, porque puedes empezar a actuar de forma imprudente. Y cuando eres imprudente, corres el riesgo de autodestruirte. Por eso cuando la gente aparentemente normal consigue una posición de poder o riqueza, simplemente la "pierden".

Sin embargo, es crítico que mencione aquí que ni la riqueza ni el poder son malos ni buenos. Esta es una perspectiva estoica, y nadie ilustra esto mejor que el propio Marco Aurelio. Este hombre era uno de los más poderosos en un imperio que se consideraba uno de los más poderosos del mundo en ese momento. El tipo de poder que él ejercía sólo puede ser descrito como ese poder absoluto, que es famoso por corromper a los que lo poseen. Sin embargo, Marco era humilde, justo en todos sus tratos y un hombre de verdadera fuerza de carácter. Demostrando que es posible ser poderoso, rico y aun así ser una fuerza para un bien increíble. Y, aunque puede sonar como si estuviera hablando de un personaje fantástico sacado directamente de un cómic de Marvel, te aseguro que hay gente normal como esa en nuestra vida diaria y no, no nacieron de esa manera - requiere una inmensa autodisciplina a diario. Los ejercicios de los que hablamos pueden ayudarte en el área de frenar el comportamiento insalubre excesivo, pero si te encuentras tomando decisiones imprudentes que te ponen en peligro a ti y a los que te rodean, o quizás tu ego está compitiendo con el universo, necesitas una saludable dosis de humildad.

En el estoicismo, por cada virtud que buscamos, hay un vicio correspondiente que hay que desarraigar. El objetivo es sustituir el vicio por la virtud. Ahora, tú y yo comenzamos este viaje porque quieres vivir la buena vida. Hemos definido lo que es la buena vida desde una perspectiva estoica. Un elemento crucial de esta vida es mantener la armonía con el universo. Hice este rápido viaje de vuelta al principio para centrarnos, porque la humildad es algo con lo que muchos de nosotros luchamos. He oído a la gente cuestionar el propósito de la humildad. Creemos que es una cualidad que nos mantiene en la cuneta con la gente que consideramos indeseables. Pero sin humildad, puede que nunca puedas salir de tu zona de confort. Durante demasiado tiempo, hemos identificado el miedo como la razón principal por la que muchos de nosotros queremos quedarnos donde estamos, y sí, el miedo puede detenernos. Pero el ego es lo que te hace estar estancado. Cuando empiezas a pensar que lo sabes todo, que lo tienes todo, creas cadenas que te anclan a ese punto de la vida. Para romper esas cadenas, pasa tus mañanas meditando en escenas guiadas por los siguientes procesos de pensamiento:

1. Ver tu muerte vivamente

Leí sobre un grupo de estoicos primitivos que ocasionalmente celebraban un banquete en presencia de un cadáver. Esto es una locura, al igual que la idea de ver tu muerte, pero sólo si no lo entiendes. Y el punto aquí es encontrar la respuesta a esta pregunta. ¿Qué tan grande será tu ego cuando estés a dos metros bajo tierra? Nadie mira un cadáver y se maravilla de su inteligencia o de lo rico que era. La mejor cualidad que se le puede atribuir a un cadáver es que se ve "descansado", y ni siquiera las habilidades artísticas del mejor funerario pueden cambiar esto. A pesar de la creencia común en la vida después de la muerte, su influencia sobre los vivos cesa el día que mueren. El efecto de la muerte en el cuerpo de una persona rica e influyente es exactamente el mismo que en el de un pobre don nadie. La muerte, que es el final concluyente de todas las cosas, no presta atención a las cosas que te hacen pensar que eres mejor que todos. En lugar de reflexionar sobre esas cosas superficiales que alimentan tu ego, medita sobre tu muerte y reconoce que, al final, ninguna de esas cosas importa, todos encuentran el mismo fin.

2. Reconocer que el mañana no está garantizado

Si eres una de esas personas a las que les gusta postergar las cosas, meditar sobre esto podría ayudarte a ser más proactivo. Si también estás luchando con tus relaciones, este ejercicio de meditación puede ayudar a poner las cosas en perspectiva. Tenemos una tendencia a dar las cosas por sentado. Abusamos de la gracia de despertarnos para ver cada día. No apreciamos a los que están en nuestras vidas, porque damos por sentada su presencia. ¿Qué es lo que más lamentarías si murieras ahora mismo? Si puedes hacer algo al respecto ahora, hazlo y deja de postergarlo. Dile a los que te importan cuánto los aprecias.

Capítulo catorce
Reconocer los límites

"La vida es como una obra de teatro: no es la duración,

sino la excelencia de la actuación lo que importa. "

Séneca

La oración de la serenidad fue escrita en algún momento de los años 30 y se ha convertido en un mantra muy importante para cualquiera que busque corregir ciertos patrones de comportamiento. Y aunque tiene orígenes cristianos (la versión original fue escrita por un teólogo), tiene mucho en común con algo que Epicteto escribió en su época. Si no estás familiarizado con la oración de la serenidad, aquí está:

"Dios, concédeme la serenidad para aceptar las cosas que no puedo cambiar,

Valor para cambiar las cosas que puedo,

Y la sabiduría para saber la diferencia".

Epicteto, por otro lado, escribió:

"Haz el mejor uso de lo que está en tu poder, y toma el resto de lo que está en tu mano mientras sucede. Algunas cosas dependen de nosotros y otras no. Nuestras opiniones dependen de nosotros, y nuestros impulsos, deseos, aversiones, en resumen, lo que sea que hagamos. Nuestros cuerpos no dependen de nosotros, ni nuestras posesiones, nuestras reputaciones, o nuestras oficinas públicas, o, es decir, lo que sea que no hagamos."

Las palabras son diferentes, pero el significado implícito es el mismo, a pesar de que una fue escrita unos pocos siglos antes de Cristo. Es un mundo de alta presión en el que vivimos. El pedestal del éxito es muy alto y como el éxito es obscenamente celebrado, sentimos aún más presión para lograr más. Para cada industria, hay un estándar y, tristemente, estos estándares son en su mayoría irreales e inalcanzables - aun así, eso no nos impide alcanzar esas cosas. La belleza, por ejemplo, se define ahora por tener pómulos altos y prominentes, labios gruesos y cejas perfectamente arqueadas. Vemos estas bellas modelos en las revistas y en la televisión, y las usamos como un criterio para definir nuestra belleza.

Creo que es que o bien elegimos ser ignorantes o simplemente no prestamos atención al hecho de que estas supuestas bellezas alcanzaron esa perfección con la ayuda de un maquillador que ha esculpido artísticamente el rostro de la modelo con las herramientas a su disposición. Y, en las áreas donde las habilidades del maquillador se quedan cortas, los fotógrafos profesionales usaron luces y sombras para realzar los mejores rasgos de la modelo. Y donde el fotógrafo no podía alcanzar la perfección, estaba el artista gráfico que usaba la tecnología para pulir cualquier defecto. En otras palabras, lo que hemos adoptado como la medida de la belleza es el producto de un grupo de personas cuyo objetivo es venderle un producto. Excepto que terminas comprando tanto el producto como su concepto de belleza.

El mismo proceso se aplica a la imagen corporal. Compramos una idea poco realista de la perfección y casi nos matamos, literalmente, para alcanzarla. Cuando éramos niños, nos programaron para ir a la escuela, obtener buenas notas, graduarnos como los mejores de nuestra clase, y tomar trabajos bien remunerados para atender un estilo de vida de alto perfil. Como si eso no fuera lo suficientemente estresante, todavía tienes que hacer tiempo para tener la vida amorosa perfecta, casarte y crear ese hogar ideal donde los niños se comporten bien las 24 horas del día y tu pareja te adore las 24 horas del día. El fracaso en lograr cualquiera de estas cosas activa condiciones como la depresión, la baja autoestima y una visión general negativa de la vida.

La realidad es que entrar en la vida con perfección como su expectativa se está preparando para la decepción. No existe la perfección. Aunque puede haber momentos que son perfectos, son sólo un fragmento en el tiempo. Si pasas tus días obsesionado con las cosas que quieres que sucedan, te perderás esos gloriosos momentos perfectos, y tu vida puede parecer una serie de acontecimientos tristes; incluso cuando tengas éxito en ciertas áreas, tu victoria sabrá a ceniza en tu boca porque no puedes superar tus emociones el tiempo suficiente para apreciar y celebrar tus hazañas.

Este ejercicio te ayuda a liberarte de la carga de estos momentos estresantes para que pueda conectarse con lo que es realmente importante. Al reconocer lo que está dentro de tu control, eres capaz de canalizar productivamente tu energía y recursos en actividades que mejorarán significativamente la calidad de tu vida.

1. Estar desnudo contigo mismo

Lo digo literal y figuradamente. ¿Cuándo fue la última vez que te paraste frente a un espejo de cuerpo entero para mirarte? Estar desnudo sin ropa, maquillaje o pelucas. No metas tu barriga, inclina tu cabeza para un mejor ángulo, o trata de cubrir cualquier defecto. En el estoicismo, se nos enseña a aceptarnos a nosotros mismos como somos. Puedes creer en la lógica general que justifica nuestra discriminación personal contra nosotros mismos con la necesidad de convertirnos en una mejor versión de nosotros mismos. Sin embargo, esta lógica no tiene ningún valor si no eres capaz de apreciarte como eres. Mientras que tu cuerpo puede no estar a la altura de los dictados actuales para el cuerpo perfecto, todavía tienes muchas cosas que apreciar del cuerpo que tienes. Mientras haces este ejercicio, también tienes que recordarte a ti mismo que las tendencias se desvanecen. Para las mujeres, hubo un tiempo en que el cuerpo delgado era la delicia del momento, y eso hizo la transición a la era que dirigió sus lentes de perfección al tipo de cuerpo más voluptuoso. Tienes que tratar de no tomar las tendencias demasiado en serio, porque tu cuerpo te va a servir por el resto de tu vida natural.

2. Haz las preguntas correctas

El estrés ha recibido mucha mala prensa por ser el precursor de las enfermedades cardíacas, los problemas de presión arterial, y un sinnúmero de otras enfermedades crónicas. Se sabe que el estrés proviene de nuestra participación física, emocional o mental en actividades que nos llevan fuera de nuestra zona de confort. Aunque salir de la zona de confort es esencial para el crecimiento, el proceso de transición no siempre es fácil. Cuando te encuentres en situaciones altamente estresantes, da un paso atrás y pregúntate a ti mismo, ¿sobre qué tengo control? ¿Qué puedo hacer realmente sobre la situación, y debería hacerlo realmente? Las respuestas pueden ayudarte a determinar lo que depende de ti y evitar que te obsesiones con lo que no.

Capítulo quince
Diario

"El ocio sin libros es la muerte y el entierro de un hombre vivo."

Lucius Annaeus Seneca

Todos hemos escuchado esto en algún momento. Cuando era niño, solía ver este ejercicio como la forma más importante de tratar con mis emociones. A medida que crecí, leí más, y en general obtuve más conocimiento, he llegado a ver el diario como una de las maneras más efectivas de no confrontar las emociones. Llegué a esta conclusión mucho antes de que me diera cuenta de los grandes estoicos que, resulta que, están de acuerdo. Antes de seguir explicando cómo se desarrolla esto en nuestras vidas y lo que los profesores estoicos tenían que decir, me gustaría disipar la noción de que el diario es algo femenino. Muchos de nosotros asumimos que el diario es un "querido diario", y la mayor oda de Hollywood a los diarios masculinos es el Diario *de un niño debilucho* que no hace mucho para eliminar el estigma de género que lleva consigo. En realidad, fuertes figuras históricas como Albert Einstein, Charles Darwin, Leonardo da Vinci, y Thomas Edison eran conocidos por llevar diarios. Por lo tanto, no dejes que la idea de que el diario puede ser emasculante, se interponga en tu camino.

En el estoicismo, se espera que empieces el día visualizando el resultado (para mí, este es uno de los ejercicios estoicos más geniales), y que termines el día reflexionando sobre todo lo que ha sucedido. Puede sonar agradable sentarse con una buena copa de vino y repasar los acontecimientos del día, pero si realmente quieres hacer todo el asunto de la vida deliberada -que es de lo que trata el Estoicismo- tendrás que sacar un bolígrafo y un cuaderno y empezar a escribir. Aprecio que algunos de nosotros tenemos la memoria de un elefante y podemos recordar hasta los más pequeños detalles, pero el diario te ayuda a tener una visión más amplia de las cosas. Pero ese no es el único beneficio de los diarios:

1. Proporciona una salida para tus emociones

Una de mis amigas de la infancia que luchaba contra la ira pudo controlar sus arrebatos y mejorar sus relaciones con los demás a través del diario. Siempre que se sintió provocada, en lugar de arremeter contra ella -que era su típica reacción cuando se sentía así- optó por verter todos sus sentimientos en su diario. Al principio, era como una tabla pintada de emociones crudas. Pero a medida que evolucionó, se dio cuenta de que empezó a escribir descripciones más constructivas de sus emociones, lo que le dio una visión más objetiva de la situación. Su ira nunca desapareció por completo, pero fue capaz de reaccionar de forma menos agresiva.

2. Ayuda a promover la conciencia de ti mismo

Ciertas cosas de ti mismo saldrán a la luz cuando empieces a escribir un diario, y puede que te sorprendas. Por ejemplo, puede que haya situaciones que te molesten y con las que hayas tenido que luchar. Pero debido a que está lidiando con los síntomas y no con la causa principal del problema, nada parece estar funcionando. Y, la mayoría de las veces, no eres consciente de esto. El diario te conecta con tus pensamientos más íntimos y, aunque el cuadro completo puede no aparecer con sólo una noche de diario, obtendrás las respuestas que necesitas con consistencia.

3. Ayuda a empujarte hacia tu objetivo

Nada hace más clara tu visión que escribirla. Cuando tienes todas estas cosas que quieres hacer y lograr, pero la vida sigue lanzando obstáculos y desafíos, puede terminar distrayéndote si no estás concentrado. Escribir tus objetivos te da claridad de propósito, y cuando tienes un fuerte sentido de propósito, eres capaz de hacer estrategias efectivas para alcanzarlos.

Podría escribir un libro entero sobre los beneficios de los diarios, pero tiene sentido seguir con ellos para el propósito de este libro. Escribir un diario es sólo una mitad de la ecuación, leerlo es la otra. Para disfrutar de todos los beneficios de los diarios, tienes que imbuirte del hábito de escribir y leer lo que has escrito. Puede ser un poco tedioso, ya que eres el autor y ciertamente sabes lo que pones en tu diario. Sin embargo, el objetivo de este ejercicio es obtener una visión más profunda de lo que haces y por qué lo haces. Para ayudarle a obtener los máximos beneficios de esto, aquí hay algunas cosas que puede hacer:

1. Elije un tema para escribir

Tienes la libertad de escribir sobre cualquier cosa que ocurra en tu vida, pero ganas más de la experiencia si reduces el tema. Puedes empezar con tus pensamientos y esperanzas del día, y cómo piensas lograr tus objetivos diarios. O, podrías decidir escribir sobre tu último incidente emocional. Hablar sobre tus reacciones y por qué crees que reaccionaste de esa manera.

2. Usa tus palabras

Tu diario no tiene que competir con el último bestseller del mercado. No necesita llenarlo con una impresionante lista de palabras difíciles de pronunciar sólo para parecer inteligente al lector (que probablemente sólo seas tu). Este es un momento íntimo contigo mismo, y no necesita ser adornado. Todo lo que necesitas es honestidad. Esta es otra oportunidad para estar desnudo contigo mismo. Usa las palabras con las que te sientas más cómodo, y deja que vengan a ti. Además, no te preocupes si apenas estás llenando una página las primeras veces. Eso también vendrá con el tiempo.

3. No leas para criticar tu trabajo

Lo más probable es que encuentres un montón de momentos de temor cuando revises tu diario. Tal vez fue la forma en que reaccionó a algo, o alguna idea equivocada previa que tenía sobre una persona o situación. De cualquier manera, vas a encontrar algunos momentos no tan orgullosos. Abraza esos defectos y véalos como una oportunidad para crecer y ser mejor. Dicho esto, obsesionarse con unas cuantas "I" que se olvidaron de puntear y las "T" que se olvidaron de cruzar es una total pérdida de tiempo. Guarda esa actitud para proyectos escolares o comunicaciones con empleadores y clientes.

4. Elegir tiempos específicos para el diario

Si eres el tipo de persona que es capaz de concentrarse en medio del caos, te felicito. En su mayor parte, escribir un diario requiere un tiempo y un espacio tranquilo donde puedas pasar tiempo a solas con tus pensamientos y sentimientos. Pero el momento adecuado depende de lo que quieras lograr. Por ejemplo, puedes escribir un diario al principio o al final del día si quieres ser consistente en la consecución de tus objetivos. Si escribes un diario cuando te sientes emocionalmente activado, tu objetivo es ejercer control sobre tus reacciones.

Capítulo dieciséis

Premeditatio Malorum (La premeditación del mal)

"Deberíamos llamarnos cada noche a una cuenta;

¿Qué enfermedad he dominado hoy?

¿Qué pasiones se oponen? ¿Qué tentaciones se resistieron?

¿Qué virtud he adquirido?

Nuestros vicios se abortarán por sí mismos si son llevados todos los días al altar".

Lucius Annaeus Seneca

Este es otro de esos ejercicios que pueden sonar mórbidos o espeluznantes cuando se toman al pie de la letra: Se espera que anticipes las mismas cosas que inconscientemente esperas que nunca te pasen. Incluso puedo entender por qué, aunque la gente respetaba a los primeros estoicos, se sentían más cómodos manteniéndolos lejos de sus hogares. Pero si te sientas y consideras este tema por un minuto, comienza a tener mucho sentido. La buena vida se trata de tener un equilibrio saludable. Mantener el enfoque en lo positivo en lugar de planificar lo que se ha etiquetado como "lo malo" te hace estar mal preparado para esas situaciones, que a menudo llegan, lo queramos o no. Por supuesto, nunca se desarrolla completamente de la forma en que lo imaginamos, pero sucede de todas formas.

Una verdad de la vida que nunca estamos dispuestos a aceptar es que nos pasan cosas malas incluso cuando hemos trabajado duro para ganar las cosas buenas de la vida. De hecho, no puedo pensar en ninguna persona (con corazón) que se acerque a alguien que esté experimentando una tragedia y diga que se merece lo que está recibiendo, aunque la persona que se enfrenta a esos tiempos difíciles sea increíblemente cruel y en general no le guste, aun así no le deseamos lo peor. Si nos sentimos así con las personas que no nos gustan, es fácil imaginar cómo nos sentiríamos con nosotros mismos y con los que amamos, especialmente cuando se encienden nuestros instintos de autoconservación. Y, si soy sincero, no hay nada malo en querer lo mejor para uno mismo, pero te estarías haciendo un gran perjuicio si no te preparas para lo peor.

Si el nombre del ejercicio te molesta, en vez de llamarlo la premeditación del mal, piensa en él como un ejercicio de seguridad. Casi todos los edificios públicos de cualquier sociedad civilizada tienen un simulacro de seguridad, que normalmente consiste en una serie o secuencia de rutinas que están pensadas para ser ejecutadas en caso de un incidente que amenace la seguridad del edificio o de las personas en él. Para que estas rutinas de seguridad se desarrollen y perfeccionen, las personas que las establecen deben anticiparse a algo terrible que pueda comprometer la seguridad. Eso no quiere decir que esperaran activamente que ocurrieran cosas terribles. De hecho, se puede ver que están haciendo todo lo posible para asegurarse de que la tragedia no suceda. Pero reconocen que un cambio en el estado de seguridad del edificio es inevitable, y en lugar de hacer girar sus pulgares, pusieron medidas de seguridad en su lugar. A menudo, incluso van más allá para conseguir que el personal recree situaciones potencialmente amenazadoras y luego llevan a cabo una rutina que mantendría a todos a salvo.

De esto se trata este ejercicio. Ya sabemos que la única constante en la vida es el cambio. Así que, aunque vivamos en esta burbuja fortificada que nos hace sentir seguros y protegidos de cualquier cosa que pueda dañarnos, lo sabio es apreciar con qué hemos sido bendecidos mientras nos preparamos para el evento que podría quitarnos todas esas cosas. Ahora bien, sólo porque te anticipes a las cosas negativas no significa que debas entrar en el modo de apocalipsis completo. Desde que la humanidad existe, siempre hemos vivido con el temor de ese día sombrío en el que el mundo entero se consumiría de un solo golpe. Algunos dicen que será una especie de desastre natural de enormes proporciones. Otros dicen que será un fenómeno religioso que separará lo bueno de lo malo. Mientras que el mundo ha tenido su justa cuota de desastres naturales, ha sobrevivido a través de los tiempos. En esencia, esto no debería ser tu preocupación. El huracán de la vida nos afecta a cada uno de nosotros individualmente, en diferentes fases de nuestras vidas.

Séneca tiene esto que decir sobre los males premeditados:

"Nada le sucede al sabio en contra de sus expectativas... ni tampoco todas las cosas le salen como él quería, sino como él pensaba y, sobre todo, pensaba que algo podía bloquear sus planes."

Lo que está diciendo, en esencia, es que este ejercicio te ayuda a prepararte para cualquier cosa que pueda interrumpir tus planes, mientras que te ayuda a averiguar cómo utilizar esas interrupciones en tus planes para tu beneficio. Así que, ya sea que tengas una pérdida o una ganancia, estás bien preparado para ello. ¿Cómo haces exactamente este ejercicio?

1. Ensaya tu día

Comienza tu día visualizando cada aspecto de él. Piensa en lo que les pasaría a tus seres queridos si de repente sufrieras una tragedia. ¿Serían atendidos? Digamos que tienes una presentación que hacer en el trabajo. ¿Qué pasaría si hubiera un fallo en el sistema informático? ¿Cómo sería capaz de hacer una presentación excelente, a pesar del contratiempo? ¿Qué pasa si al cliente no le gusta lo que se está presentando? ¿Tienes un plan de respaldo? Revisa cada evento importante que pueda ocurrir a lo largo del día.

2. Practica la calma

Frente a la calamidad, tendemos a perder el ingenio, pero gastar nuestras energías de esta manera es una pérdida de tiempo improductiva - esto no hace nada para cambiar la situación. Parte de este ejercicio tiene como objetivo ayudarle a aceptar las realidades alternativas de su circunstancia. Aunque no está garantizado que esas cosas sucedan, debe prepararse para ellas emocional, mental y físicamente. Enfrenta tus miedos aceptando estas posibles realidades y planea en consecuencia.

3. Toma medidas.

Revolcarse en pensamientos de lo que podría o no suceder después de haber hecho tus proyecciones es imprudente. En su lugar, haz planes concretos y crea un "simulacro de seguridad" propio que tenga en cuenta las contingencias que has puesto en marcha, por si acaso algunas cosas no salen como has planeado. Sin embargo, mantén la cita de Séneca en el fondo de tu mente. Incluso con tu exquisito y bien pensado plan de respaldo, puede que las cosas no salgan exactamente como deseas, pero tus visualizaciones te preparan mejor para lo inesperado.

Capítulo diecisiete
Amor Fati (Destino de amor)

"Acepta las cosas a las que te ata el destino,

y ama a la gente con la que el destino te une,

pero hazlo con todo tu corazón."

Marco Aurelio

El destino es un concepto peligroso. La idea de que ciertos eventos en nuestras vidas están predestinados a suceder es algo con lo que todos luchamos. Nos hace sentir impotentes en nuestro intento de cambiar los eventos que dictan nuestra experiencia diaria, e incluso cuando llegamos a un lugar de aceptación, lo hacemos con abatimiento, tristeza y una actitud de "por qué yo". Ahora, cuando hablo del destino, no me refiero a lo que desayunaste. No, no estabas destinado a comer cereales esta mañana. Cosas como el desayuno están dentro de tu control porque tuviste la oportunidad de elegir. Un diagnóstico de algo terrible que no esperabas es el destino. Ganar la lotería del powerball en tu primer intento también implica la mano del destino. Básicamente, cualquier cosa que te pase sin que hayas elegido es el destino. Aunque hay excepciones, el destino no necesita tu permiso.

En línea con la costumbre de doble estándar de hoy en día, tendemos a celebrar el destino cuando nos favorece. No cuestionamos las abundantes bendiciones que recibimos, incluso cuando sabemos que no hicimos nada para ganarlas o merecerlas. Sin embargo, en el momento en que las cosas se tuercen, nos enojamos. Estos desafortunados reveses nos llevan a una espiral emocional descendente de la que tal vez nunca nos recuperemos realmente. Muchos de nosotros hemos hecho varios intentos de luchar contra el destino. Esta rebelión nos pone en un camino que claramente no tiene fin, pero nos comprometemos totalmente con él con la esperanza de que, de alguna manera, podamos frustrar el destino. Después de perder tanto tiempo y energía, llegamos a un punto en el que finalmente nos rendimos y nos entregamos, excepto que la mayoría de las veces, nos damos cuenta de esto un poco tarde, o después de haber perdido tanto tiempo y recursos tratando de evitar lo que debería haberse abrazado desde el principio.

No estoy diciendo que debas darte la vuelta y hacerte el muerto cuando algo que no predijiste te pase a ti o a la gente que amas. Ese sería un consejo ridículo. Pero una escena de una serie de televisión médica muy popular a menudo me viene a la mente cuando pienso en el destino, y creo que es la mejor ilustración del punto que estoy tratando de hacer.

En esta escena, había un padre soltero que vino al hospital con su hija enferma terminal. Esta dolencia fue diagnosticada desde que esta niña era un bebé y desde entonces se encargaron de su cuidado. Sin embargo, la niña sufrió una gran crisis de salud en esta escena y según los médicos, no había nada más que se pudiera hacer médicamente para mejorar las cosas para ella. De hecho, no pensaron que ella pasaría la noche. El padre preocupado comprensiblemente se negó a aceptar el veredicto condenatorio. En su lugar, salió corriendo, dejando a su hija al cuidado de los médicos mientras él se lanzaba a la búsqueda de una cura. Se quedó sin dinero, sin tiempo y sin ideas, pero estaba dispuesto a intentar cualquier cosa que ofreciera la posibilidad de salvar la vida de su joven hija. Naturalmente, fue desgarrador. Para un padre, es instintivo querer proteger a su hijo y él sólo siguió su instinto, pero al hacerlo, casi se perdió un momento que nunca hubiera podido perdonarse por haber desaparecido. Así que, si este momento era importante para él, ¿por qué estaba ahí fuera luchando contra ello? Porque no abrazó el destino.

Estamos preparados para esperar milagros, y aunque se sabe que los milagros ocurren, también caen dentro del ámbito de las cosas que no controlamos. No se puede manipular un milagro, al igual que no se puede manipular el destino. Pero al abrazar el destino, no asumes el papel de dormido, aunque lo parezca. La realidad es que tu aceptación te da poder. Marco Aurelio lo expresó de esta manera:

"Un fuego ardiente hace llamas y brillo de todo lo que se arroja en él."

El fuego es tu potencial. Los obstáculos, los desafíos y los caprichos del destino son las cosas que se lanzan al fuego. Tu decisión de no aceptar estas cosas no evitará que te sucedan. De hecho, podrías ver las brasas de tu potencial quemándose más rápido porque eres incapaz de llevarte a un lugar de aceptación. Séneca, que fue un esclavo, un lisiado, y más tarde se convirtió en uno de los hombres más influyentes de Roma, pongámoslo así:

"No busques que las cosas sucedan como tú quieres, sino que desea que lo que suceda, suceda como suceda; entonces serás feliz."

Tengo algunos ejercicios mentales que ayudarán a despertar una mentalidad dentro de ti que abraza esta filosofía estoica:

1. Ser equilibrado en tu pensamiento.

Cuando te pasan cosas, buenas o malas, entrénate para no reaccionar emocionalmente. Aunque tus instintos pueden ser egoístas, no siempre sirven a un bien superior. Piensa racional y objetivamente, y deja que tus acciones sean guiadas por esto. Durante tu proceso de pensamiento, evalúa la situación sopesando los peligros y riesgos que amenazan tu objetivo. Haga las preguntas correctas que proporcionen soluciones a los riesgos que ha enumerado, y luego actúa en consecuencia.

2. Ponte cómodo con la incomodidad.

Ya que has aceptado que no puedes cambiar lo que ha sucedido, pregúntate cómo puedes hacer que funcione a tu favor. Este ejercicio es particularmente bueno para las personas que han sufrido algún tipo de trauma. Por trágico que haya sido, ya ha sucedido. No hay vuelta atrás, no hay deshacer, y ciertamente no hay que olvidar. Pero tienes una opción: aceptarlo y redefinir tu experiencia, o luchar contra él y dejar que controle tu experiencia. Has escuchado la expresión, "Si la vida te da limones, has limonada. "Esto sólo significa hacer lo mejor de tu situación. Recuerdo haber perdido a un amigo cercano y, sí, su muerte fue dolorosa. Estaba atormentado por el dolor y no pude funcionar durante días. Pero mientras reflexionaba sobre su vida, me di cuenta de que podía celebrar su vida, que era gloriosa, o revolcarme en su muerte. Elegí la vida, y aunque todavía me duele no tenerlo aquí, puedo encontrar alegría al saber que tuve el privilegio de conocer a esta increíble persona.

Capítulo dieciocho
El poder de imponer el cambio

"Es el poder de la mente de ser inconquistable."
Séneca

Si lees la biblia cristiana, estarás familiarizado con la única historia que me parece un estoico moderno. Esto ocurrió durante una de las enseñanzas de Cristo, que era generalmente desagradable para los fariseos y saduceos - esencialmente los líderes de pensamiento espiritual y filosófico de su tiempo. Pero Jesús no necesariamente les temía y sus palabras explicaban por qué el hijo de un carpintero se mantuvo firme ante sus amenazas, su ira y sus acusaciones. Parafraseando, amonestó a sus seguidores a no temer a la persona que puede hacerles daño físico; en cambio, debían temer a quien puede dañar sus almas. Este no es un libro religioso, pero me inspiro en grandes líderes de pensamiento y, en su tiempo, Jesús fue uno de ellos. Lo que él dijo fue absolutamente poderoso y poderoso al mismo tiempo.

La mente es el arma más poderosa que posee la humanidad. No es su habilidad para llevar las mejores ropas lo que lo separa de los primates. No es tu músculo lo que te hace más poderoso que un león adulto, que es conocido por ser un fuerte y feroz depredador. Es tu mente. Si lo acicalas y lo alimentas bien, puede ponerte en una posición intocable en la vida. No es como si la vida no te pasara a ti. Por el contrario, cuando tu mente se ejercita de forma estoica, parece que experimentas la vida incluso más que una persona normal. Tu mente es la llave para desbloquear los verdaderos poderes del universo y, lo más importante, el proceso de apertura de tu mente está en tu mano. Nuestro concepto de poder universal fluctúa entre el cómico intento de Pinky. [de *Pinky y El Cerebro*] de seguir las órdenes de su amo en su intento de dominar el mundo, y las eternas batallas intergalácticas entre los humanos y otras especies. No culpo a la gente por pensar de esta manera; culpo a Hollywood. De acuerdo con las enseñanzas estoicas, todos somos parte del universo y alcanzar el poder universal simplemente significa dominar tu propio rincón. Y cuando digo dominar, no me refiero a la flota de coches en tu garaje o al exquisito jet privado que se encuentra en tu hangar, o incluso a las mansiones que posees en todos los continentes. Todas esas cosas son agradables de tener, pero es posible ser dueño de todas esas cosas y aun así no vivir la buena vida, y mucho menos dominar tu universo.

En general, la vida es muy dura, incluso para aquellos que parecen tener todo lo necesario para hacer frente a sus complicaciones. Aplicar los principios del estoicismo ayuda a trabajar con la mano dura con la que la vida nos trata a diario. Lo más desconcertante para mí cuando me encontré por primera vez con el concepto de Estoicismo fue el hecho de que, en el papel, suena tan simple. Quiero decir, todo lo que se espera que hagas es sentarte en tu casa y pensar en las cosas, y luego dejar que el resto suceda. Pero cuando se trata de la aplicación, es un proceso muy complicado. Creo que lo más desafiante para cualquiera es el hecho de que tienes que desenterrar y descartar los patrones de comportamiento y procesos de pensamiento que han estado arraigados en ti durante décadas. Se te ha enseñado a esperar y planificar las cosas buenas de la vida. Sabemos que no queremos que sucedan cosas malas, así que no planeamos para nada. Entonces, tienes este principio que te dice que te sientes y pienses en todo lo que podría salir mal antes de que el sol se ponga, y no sólo eso, se espera que planifiques esas cosas.

Cada principio estoico es algo que va en contra de la veta de nuestra educación, y por eso va a ser una tarea difícil. Vas a tener que trabajar muy duro para empujar el pesado barril de tu mente a la cima de esa colina. Es una batalla extremadamente dura, pero también es una experiencia muy gratificante cuando eres capaz de llegar a la cima. Sin embargo, la batalla no termina cuando llegas allí, sólo cuando llegas a la cima te das cuenta de que hay más colinas para subir y, en la verdadera tradición estoica, no puedes permitirte el lujo de sentirte demasiado cómodo con la colina que acabas de conquistar. Tendrás que arremangarte y aceptar el nuevo desafío. Con cada nueva colina que alcances, harás un avance en tu vida.

Otra cosa que encuentro particularmente fascinante de las enseñanzas estoicas es que tu experiencia, tu proceso y tu viaje es personal. Incluso si estás casado con hijos y tienes una gran familia muy unida, el estoicismo es un camino solitario. Ese proceso de "subir la colina" es uno que tomas solo. Puedes obtener información de otras personas, tal como lo hemos hecho con los grandes filósofos estoicos que mencioné en este libro. Puedes inspirar a otros de la misma manera que otros te han inspirado a ti, pero no importa cuán cerca estés de una persona, esto es algo que experimentas en solitario.

Para la gente que nunca se ha aventurado a nada por su cuenta, esto puede ser un proceso aterrador, pero el poder no es algo a lo que temer. Especialmente porque este no es el tipo de poder que se ejerce sobre la gente, sino sobre sus experiencias en la vida. Si has luchado con problemas de confianza, es probable que hayas dejado que las voces de los demás controlen tus pensamientos y acciones durante tanto tiempo que las tuyas se han quedado en silencio permanente. Sabes cómo te sientes, y tal vez lo que quieres, pero las voces de otras personas en tu cabeza te descalifican automáticamente, así que tímidamente te sientas y dejas que la vida haga lo suyo. Al reconocer la verdad -que estas voces no importan y que sus opiniones no controlan el resultado para ti- es posible bloquearlas y gradualmente potenciar la tuya que, en realidad, es la única voz relevante para tu viaje.

Puedes sacar fuerza haciendo eco de las palabras de los líderes de pensamiento que apoyan tus objetivos, pero al final del día, es tu voz la que ayudará a tu mente a crear la experiencia que quieres. De la misma manera, si has lidiado con la pérdida, puedes encontrar alegría al darte cuenta de que la muerte no es la finalidad de la vida. Si cambias tu percepción y ves las cosas desde la perspectiva de Platón, tu mente puede convertir esa experiencia en una que te dé un nuevo comienzo, y a todas las personas que quieras que se vean afectadas por ella. El fundador de Alcohólicos Anónimos convirtió su lucha contra la adicción en un programa que ha impactado y continúa impactando las vidas de millones de personas en todo el mundo. Este es el poder de tu mente.

Capítulo diecinueve
Estoicismo en la terapia cognitiva conductual

"Si realmente quieres escapar de las cosas que te acosan,

lo que necesitas es no estar en un lugar diferente,

pero ser una persona diferente."

Lucius Annaeus Seneca

A veces, las profundidades a las que nos hemos hundido en la vida nos hacen rezar fervientemente por una pizarra limpia que nos ayude a empezar de nuevo. La verdad es que, incluso si se te da una pizarra limpia, sin abordar realmente los problemas que hay a mano, es probable que termines creando exactamente los mismos líos de los que estás tratando de huir. La cuestión, entonces, no es la pizarra por la que rezamos, sino por nosotros mismos: las cosas que hacemos, las cosas que decimos y la forma en que actuamos, son los principales problemas que hay que arreglar. Desafortunadamente, no tenemos un botón de reinicio que podamos pulsar cuando comencemos a experimentar fallos, y luego simplemente volver con el programa. Pero si lo piensas, no es realmente desafortunado que tal botón no exista. Si Thomas Edison hubiera presionado el botón de reinicio después de cada uno de sus fracasos científicos, nunca habría podido convertirse en el inventor que reconocemos y respetamos hoy en día. Nos habló de sus muchos experimentos fallidos, pero no lo recordamos por eso. De hecho, sus errores le ayudaron a mejorar sus experimentos. De la misma manera, los errores que cometes como resultado de tus tendencias de comportamiento no necesariamente te definen. Y, como Edison, puedes mejorar. En unos pocos minutos, descubrirá cómo.

La terapia cognitivo conductual, o TCC, básicamente implica tomar una decisión consciente y un esfuerzo deliberado para corregir ciertos comportamientos que están teniendo un impacto negativo en su vida y retrasando su rendimiento en el área de los logros. La TCC no se limita a patrones de comportamiento específicos, sino que aísla los patrones que quieres reemplazar y aplica los principios estoicos. Antes de entrar en el meollo de esto, debes saber que es algo que requerirá esfuerzos deliberados de tu parte. El estoicismo es generalmente discutido como filosofía, pero tiene un efecto terapéutico muy fuerte porque se enfoca en reformular la mente. Se dice que Epicteto declaró que "la escuela de filósofos es la clínica del médico". Las enseñanzas del estoicismo tienen un enfoque preventivo y proactivo en la TCC, y en el centro de esto está el entrenamiento de la resiliencia emocional, clave para reemplazar los malos comportamientos con buenas prácticas. En lugar de simplemente responder a los instintos y reaccionar a las emociones, se enseña a dar un paso atrás, evaluar las emociones y, lo más importante, obtener una mejor perspectiva de la situación.

Hay tres áreas centrales que necesitan ser influenciadas por el Estoicismo para ponerte en el camino que efectivamente te ayude a corregir tus comportamientos, y eso es exactamente lo que vamos a explorar en el capítulo. Estas áreas centrales son tus pensamientos, tu voluntad y tus acciones. Presta atención a cada una de ellas, porque es casi imposible hacer un progreso genuino si estás experimentando un retroceso en un aspecto. Toma lo que aprendes aquí y aplícalo con sabiduría.

Tus pensamientos

Dicen que, de la abundancia del corazón, la boca habla. En otras palabras, lo que dices es un subproducto de lo que has estado pensando. Lo mismo ocurre con tus acciones. Tus pensamientos controlan tu visión del mundo y cómo percibes a la gente que te rodea, y es desde el asiento de tus pensamientos que se transmiten tus interpretaciones de las experiencias de la vida. Las cosas que haces están dictadas por lo que piensas. Por ejemplo, si te encuentras reaccionando con ira cada vez que alguien usa una determinada palabra o frase, esa reacción es simplemente una proyección de tus pensamientos sobre esa palabra o frase. Si reaccionas a una crisis emocional comiendo en exceso, es porque te has convencido de que la comida ayuda.

El fundamento de los principios estoicos implica reemplazar el vicio con la virtud, y esto se aplica también a lo que piensas. Entonces, necesitas considerar cómo piensas. Muchos de nosotros cometemos el error de pensar después de haber actuado, y esto impacta en nuestro comportamiento. Para poner tus pensamientos en el camino correcto:

1. Alimenta tu mente con materiales que promuevan el pensamiento positivo. Si debes leer algo que contiene elementos negativos que podrían comprometer tus emociones, sé objetivo en tu evaluación.

2. Haz preguntas. El hecho de que las cosas siempre se hayan hecho de cierta manera no significa que esta sea la manera correcta. Toma el punto de vista de Platón de la situación: mira todo desde todos los ángulos y haz tu evaluación desde esta perspectiva.

3. Maneja tus pensamientos de manera efectiva. Con tantas cosas luchando por nuestra atención, es fácil distraerse. Usa un diario para ayudarte a mantenerte enfocado en tus pensamientos. El diario también te ayuda a aislar los pensamientos problemáticos que alimentan las energías negativas.

Tus acciones

En nuestra configuración por defecto, reaccionamos más de lo que actuamos. Algunas reacciones son instintivas, pero otras son hábitos que hemos establecido durante un largo período de tiempo. Si alguna vez has sido abusado físicamente, puedes sentirte a la defensiva si alguien entra en tu espacio físico. Esta es una reacción instintiva. Para corregir las conductas instintivas, primero debes empezar a sentar las bases psicológicas. Empieza por llegar a la raíz del problema, en este caso, trata tu vulnerabilidad para dejar entrar a otras personas.

Para corregir los comportamientos habituales, es necesario tomar una decisión deliberada para implementar medidas accionables. Por ejemplo, si te encuentras durmiendo menos de cuatro horas cada noche, necesitas mirar las cosas que haces que te quitan el tiempo de sueño. Cosas como los hábitos telefónicos, las rutinas para dormir e incluso la dieta pueden jugar un papel importante. Cuando haya descubierto lo que le impide dormir, tome las medidas necesarias para corregirlo. La clave es llevar a cabo tus planes y hacer observaciones sobre la marcha.

Para cambiar efectivamente la forma en que haces las cosas, debes hacer lo siguiente:

1. Piénsa bien

No deberías despertarte una mañana, chasquear los dedos y decidir qué vas a cambiar la forma de hacer las cosas. A menudo, terminas chocando o perdiendo el interés mucho antes de lograr tus objetivos.

Digamos, por ejemplo, que quieres perder peso. No te subas a la cinta de correr más cercana o te inscribas en el primer programa de dieta que tengas en tus manos. Piensa un poco más a fondo. ¿Por qué quieres perder peso? ¿Quieres un programa de pérdida de peso adecuado para tu estilo de vida? Estas preguntas te ayudarán a comenzar a elaborar el plan de acción adecuado.

2. Tener una visión clara

No importa cuán nobles sean sus intenciones, sin una visión, lo más probable es que te distraigas o, peor aún, que abras paso a la oscuridad en un intento de alcanzar tus objetivos. Consigue un diario y escribe lo que esperas lograr con tus acciones. Esto te ayuda a controlar tus actividades y también puede servir como fuente de inspiración que te motivará y te empujará hacia tu objetivo. Recuerda, para cambiar tus hábitos, tienes que ser más deliberado sobre las acciones que tomas.

3. Ser coherente.

Para crear hábitos sostenibles de por vida que sean beneficiosos para ti y para los que te rodean, vas a tener que ser constante. Los mejores atletas del mundo realizan una serie de actividades rutinarias a diario. Este entrenamiento puede ser brutal para el hombre promedio, pero para el atleta, la excelencia requiere de sacrificios, y el sacrificio exige compromiso. No puedes hacer algo hoy, luego ignorarlo y volver a ello con la esperanza de que puedas alcanzar tus objetivos. El estoicismo no funciona de esa manera, y si realmente quieres usarlo como parte de tu entrenamiento de TCC, necesitas disciplinarte para ser consistente y persistente.

Tu voluntad

Tienes tus acciones en un extremo del espectro y tus pensamientos en el otro. Tu voluntad es como el mediador entre los dos. Para que tus pensamientos se traduzcan en acciones, necesitas tu voluntad. Hay momentos en los que puedes sentir que no puedes ir más allá, o que tus objetivos ya no valen los sacrificios que tienes que hacer para llegar allí. Es tu voluntad la que te mantendrá en el juego, por así decirlo. Tu nivel de consistencia y tu capacidad para seguir siendo persistente incluso cuando no sientas que se puede atribuir a tu fuerza de voluntad.

Querer o desear hacer algo es muy diferente a tener la fuerza de voluntad para hacerlo realmente. Para fortalecer tu fuerza de voluntad, te recomendaría practicar el ejercicio estoico de entrenar tu perspectiva. Voltea el guion viendo los obstáculos que amenazan tu habilidad para seguir con el proceso como una oportunidad para transformarte. Cuando los atletas compiten, se enfrentan a oponentes que parecen más fuertes y más adecuados físicamente para el desafío, así como a aquellos que parecen más débiles y con menos probabilidades de ganar. Pero no los ves de nuevo fuera de la carrera simplemente porque se preocupan de que sus contrapartes puedan derrotarlos. Y, al mismo tiempo, no se vuelven arrogantes porque piensan que son mejores que sus oponentes. Simplemente entran en el juego centrándose en su propio rendimiento.

De la misma manera, cuando entras en el campo de la vida, tienes que mantener tu enfoque en ti mismo. Cuando los pensamientos negativos y los desafíos físicos vienen a distraerte, deja de luchar o de ceder a tus miedos. En su lugar, ve esto como la oportunidad que realmente es y úsala para encender tu ambición de ser mejor.

Capítulo veinte
El estoicismo en el tratamiento del dolor

"El que es valiente es libre."
Séneca

Cualquiera que le diga que el dolor es sólo un estado de ánimo debería recibir una bofetada en la cabeza, o mejor aún, debería ser enviado a la sala de partos para ver a una mujer dar a luz. El dolor es una reacción a un daño físico, mental o emocional. Y es un proceso perfectamente natural. Sin embargo, con la aplicación de los principios estoicos, puedes controlar la intensidad del dolor que sientes, así como la extensión del daño que puede causar. Es un concepto muy difícil de aceptar, pero no es tan extraño como pensamos. Hemos escuchado historias de personas brillantes que trabajan con agencias de inteligencia y están entrenadas para soportar las formas más horribles de tortura sin romperse. Se rumorea que las personas que trabajan en el ejército, la fuerza aérea o la marina reciben un entrenamiento similar de manejo del dolor en caso de ser capturados. Ahora, no vamos a ir todos en esto como la gente que trabaja con las agencias de seguridad del gobierno, pero hay algunos tipos de dolor que necesitan ser manejados.

Para este tema, discutiré los dos tipos principales de dolor que experimentamos: el dolor emocional y el dolor físico. En mi opinión, todo dolor proviene de estos dos tipos de dolor, y si puedes equiparte para lidiar con él, estás en una mejor posición para lidiar con todas las demás cosas. Pero antes de entrar en ello, hay algo que debes tener en cuenta. El dolor no es tu enemigo. No hagas que tu misión sea buscar formas de adormecerte. Hay una razón por la que tu cuerpo y tu mente fueron construidos con receptores de dolor. Pueden ayudarte a reconocer tus límites. Sin esos receptores de dolor, corres el riesgo de lastimarte más allá de la reparación. Sin dolor, pierdes la capacidad de funcionar como un ser humano normal. En un mundo que glorifica a los superhéroes, podemos aspirar a una vida en la que vivamos más allá del alcance del dolor. Pero si miras de cerca, verás que tus héroes favoritos también sufren. No viven más allá del dolor; simplemente han aprendido a vivir por encima de él. Abraza tu dolor, y cuando lo hagas, recuperarás el poder que tiene sobre ti.

Dolor físico

No dejes que nadie te diga que el dolor que sientes está en tu cabeza. Todos experimentamos el dolor a diferentes niveles. Mis seis podrían ser tus dos y tus diez podrían ser los cinco de alguien más. Esto no es algo para entrar en una competición. Es sólo una de esas realidades que vas a tener que aceptar. Dicho esto, hay varias técnicas que se pueden usar para controlar el dolor físico sin depender de la medicación. Estas prácticas se remontan a milenios atrás. Las mujeres emplearon estas técnicas para ayudarlas a sobrellevar los dolores del parto. Obviamente, las mujeres tienen muchas opciones de alivio del dolor para esto ahora, pero en el pasado, todo lo que tenían era un paño para masticar y algunos juegos mentales para superarlo. Ni siquiera voy a intentar comparar los dolores de una mujer en trabajo de parto con nada, porque se me ha dicho que a menos que uno lo supere, no lo va a entender. En su lugar, usaré un tipo de dolor más relacionado. Y lo encontré en uno de los más grandes emperadores que Roma haya conocido: Marco Aurelio.

Ahora, aquí estaba un hombre que sufría de úlceras estomacales crónicas, que le impedían comer ciertos alimentos y comer en ciertos momentos. También se sabía que tenía dolores en el pecho y tenía problemas para dormir. Es difícil diagnosticar con precisión lo que Marcus estaba pasando, pero basta con decir que tenía una cantidad increíble de dolor, con el que vivió la mayor parte de su vida. Su resistencia ha sido atribuida a su entrenamiento estoico. En unos pocos pasos, puede construir su propia resistencia mental al dolor.

1. No juzgues el dolor

Tenemos la tendencia a identificar el dolor como malo, pero cuando lo haces, desarrollas una respuesta instintiva que puede angustiarte aún más. Así que, el primer paso es salir de la caja del juicio. Como señalé antes, el dolor no es tu enemigo. Tampoco es tu amigo. Separa tu juicio del dolor de la experiencia de éste.

2. Cambia tu perspectiva

El dolor no te daña realmente en el sentido estoico, ya que no daña tu moral. Sin embargo, lo que te afecta es cómo reaccionas ante él, y revolcarse en el dolor se considera una reacción negativa. Así que, si no te está dañando realmente en las áreas que importan, ¿puede realmente lastimarte? La respuesta es no, a menos que lo permitas. En otras palabras, el dolor requiere tu permiso para causar daño de verdad.

3. Permanecer en el presente

Hay dos cosas que debe considerar al controlar su dolor. La primera es la percepción de su capacidad para afrontarlo, y la segunda es su percepción de la gravedad del dolor. Si crees que el dolor es demasiado grande y no puedes afrontarlo, lo más probable es que tu anticipación del dolor aumente el dolor en sí mismo. Deja de entrar en pánico y haz que tu mente se relaje. Manténgase concentrado en cada momento, porque cada momento le hará pasar al siguiente.

Estas técnicas estoicas ayudan a construir tu resistencia mental, así como tu nivel de resistencia. Puedes combinarlas con métodos de alivio del dolor físico como la respiración concentrada y ejercicios de meditación. Otras cosas que puede hacer para complementar sus esfuerzos incluyen el registro de su dolor. Sabemos de los dolores físicos de Marco Aurelio porque escribió sobre sus experiencias. Esto le da una mejor comprensión de lo que está tratando. Cuanta más comprensión tengas, mejor equipado estarás para afrontarlo. Los expertos médicos también recomiendan mantener un estilo de vida saludable, que incluye menos alcohol, más ejercicio (que libera endorfinas, el analgésico natural del cuerpo), y una dieta equilibrada.

dolor emocional

Si pensabas que medir el dolor físico era difícil, la complicada naturaleza del dolor emocional te dejará muy confundido. Decir que todos estamos conectados genéticamente de diferentes maneras es un hecho obvio, pero esto también influye en la forma en que manejamos nuestras emociones. Reaccionamos a los traumas emocionales de manera diferente, y a veces, nuestras reacciones a estos traumas pueden limitar nuestra capacidad de funcionar como un ser humano. He tenido días en los que levantarme de la cama parece ser lo más difícil de manejar. Las personas que sufren de depresión pueden llegar a un punto en su dolor emocional cuando vivir ya no parece ser una opción viable. Las personas cuyo dolor emocional fue desencadenado por un trauma físico se describen a sí mismos como atrapados en el lugar de su trauma. Para ellos, la vida parece haberse detenido desde el mismo día en que experimentaron ese evento traumático. Se sienten congelados en el tiempo, agobiados por el dolor y atrapados en su pesadilla. Este es el alcance del daño que puede causar el dolor emocional.

Es muy posible experimentar un dolor emocional insoportable sin pruebas físicas. Puedes enmascarar tu dolor con una sonrisa, y eso es lo que lo hace más peligroso que el dolor físico. Por otro lado, hay dolores emocionales que pueden manifestarse físicamente. He oído de casos médicos en los que la angustia emocional del paciente se presenta como un ataque al corazón. Los médicos pudieron atender la emergencia y remendar al paciente, pero no hay píldoras o cirugías que puedan ayudar a lidiar con el dolor que está dentro de su cabeza. Sin embargo, si adoptamos el principio estoico que nos impulsa a cambiar nuestra perspectiva, podemos ver esto como una gran ventaja. Para empezar, la ausencia de píldoras que te ayuden a deshacerte del dolor significa que puedes entrar en ese vacío y ser tu propia píldora.

Estar en un estado de dolor emocional significa que ya no estás en armonía con tu verdadera naturaleza, y sabemos lo importante que es en el estoicismo mantener ese equilibrio. La solución obvia sería restaurar ese equilibrio y volver a estar en sintonía con la naturaleza. Inicie el proceso haciendo lo siguiente:

1. Acepta la realidad de tu experiencia

No estoy hablando de amor fati o destino amoroso aquí. Me refiero al principio estoico fundamental que nos dice que nuestras experiencias no son ni buenas ni malas. Más bien, caen en la categoría de una de esas cosas indiferentes que no se consideran un vicio o una virtud. Es un factor externo neutral que sólo puede perjudicarte si lo permites. Sí, lo que le has sufrido es trágico y doloroso, y te encantaría que se reconociera ese hecho, pero insistir en él sólo amplifica su influencia sobre ti. Esta es la realidad a la que necesitas despertar.

2. Reconocer los límites

Cuando pensamos en los límites, nuestro primer pensamiento es nosotros mismos y los límites de los que debemos ser conscientes. Pero los acontecimientos que nos rodean también tienen sus límites. Pueden desencadenar angustia, causar un dolor significativo, y crear temporalmente una interrupción en tu vida, pero eso es lo más lejos que pueden llegar. Por muy trágico que haya sido, no puede perjudicarte de verdad. En última instancia, tienes el poder de apagarlo.

3. Toma la opinión de Platón como tu posición

Me encanta el poema de William Blake, *ver un mundo*. Cuando pienso en la visión de Platón, el primer verso de este poema es lo que me viene a la mente.

"Para ver un mundo en un grano de arena

Y un cielo en una flor silvestre

Sostén el infinito en la palma de tu mano

Y la eternidad en una hora"

No reduzcas el viaje de toda tu vida a este único momento doloroso. Tienes una vida increíble por delante, y sólo hace falta un cambio de enfoque desde el dolor presente a las poderosas posibilidades que la vida tiene para ofrecerte para que lo reconozcas. La vida puede llevarte a través de varios giros y vueltas, pero no hay un solo momento que te defina. Tú eres el que define el momento.

Capítulo veintiuno
El estoicismo en la creciente inteligencia emocional

"Sufre más de lo necesario,

sufre antes de que sea necesario."

Séneca

Si hay algo que hace el estoicismo es que te da un sentido más fuerte de ti mismo. Se obtiene una mejor comprensión de sus fortalezas y debilidades, y se entiende por qué actúa de la manera en que lo hace. Ciertos rasgos y patrones de comportamiento que exhibes comenzarán a tener más sentido a medida que explores este viaje hacia ti mismo. Más que eso, también disfrutas de los beneficios de este proceso, que incluye una mayor confianza. Una mejor comprensión de sí mismo también ayuda mucho a mejorar las relaciones en su vida. Sin embargo, creo que uno de los beneficios más importantes de la práctica constante del Estoicismo es la comprensión que te da de los sentimientos de los demás.

A medida que el mundo pasó de pequeñas comunidades locales a una gigantesca aldea global, creo que perdimos el contacto entre nosotros. Nos hemos absorbido tanto en nosotros mismos y en nuestras vidas que podríamos estar literalmente rodeados por cientos de personas y todavía sentir que vivimos en una isla que está en un planeta en el lado oscuro del universo. Los eventos familiares que se supone que tienen que ver con la conexión se convierten en una comunión silenciosa, donde el ritual implica mirar a las pantallas de nuestros teléfonos durante largas horas. Incluso las cenas íntimas no se salvan de este tratamiento. Y es mucho más fácil llegar a la persona de al lado a través de su manija de redes sociales que diciendo su nombre.

Cuando se trata de la resolución de conflictos, nuestra inteligencia emocional es tan pobre que afecta a nuestra capacidad de ver cualquier lado de la historia más allá del nuestro. Incluso la difusión de la información ha seguido el mismo camino. Hubo un tiempo en que la integridad del periodista o escritor importaba más que las historias que contaban. Antes de que se publicara una historia, tenía que ser examinada e investigada a fondo. La verdad es lo que se compartía en los medios de comunicación. Hoy en día, la gente está más interesada en hacer dinero con sus historias. Se sabe que las historias sensacionales llaman la atención, y cuando se puede llamar la atención, se atrae el dinero. Por lo tanto, se le está dando prioridad a las historias insípidas apuntaladas por titulares sensacionales, hechas sin la verificación o investigación adecuada. Y no podemos culpar a los medios de comunicación, somos igual de rápidos en compartir esas historias con la gente de nuestras redes. Y a veces, estas historias que compartimos son tan salaces y perjudiciales para las personas involucradas en ellas, pero no lo pensamos dos veces antes de correr la voz.

Para ser emocionalmente inteligentes, necesitamos aplicar cada uno de los principios estoicos que has aprendido. Para empezar, deja de actuar sin pensar bien tus acciones. Cuando te tomas el tiempo de considerar cada ángulo de la situación, tus puntos de vista, sus puntos de vista, así como la verdad, deben ser abordados objetivamente. Aplica el concepto de premeditación del mal a otros también. Piensa en cómo tus acciones podrían afectarlos negativamente. ¿Vale la pena? Toma este enfoque de la vida. Otro principio estoico que podría ayudar a mejorar tu coeficiente intelectual emocional sería el reencuadre de perspectivas y emociones. No puedo enfatizar lo suficiente o lo mucho que esto me ha ayudado en mis relaciones, especialmente en los momentos calurosos cuando me siento exasperado por sus acciones.

Nuestras relaciones con la gente son más vulnerables cuando nos sentimos despreciados o heridos. Y esto puede suceder más a menudo de lo que prevemos, porque otro indicador de los tiempos que vivimos es que nos hemos vuelto sensibles a las cosas que realmente no importan y, al mismo tiempo, insensibles a las cosas que deberían ser importantes para nosotros. Nos encontramos discutiendo sobre cosas que no tienen ninguna relación real con nosotros mismos y caminando sobre cáscaras de huevo cuando se trata de temas que podrían dar forma a nuestras vidas. Reencuadrar tus emociones te da una nueva perspectiva y puede hacerte más tolerante. Ser tolerante con los puntos de vista, comportamientos y creencias de otras personas viene de un lugar de iluminación emocional.

La inteligencia emocional también se refleja en lo lejos que puedes empujar a la gente. En nuestras relaciones de trabajo, uno de los mayores problemas que tenemos, especialmente como líderes, es la incapacidad de evaluar con precisión los potenciales de sus colegas. Nosotros infrautilizamos o sobre utilizamos sus habilidades. El concepto de límites y fronteras nos es ajeno, por lo que terminamos con empleados y colegas que se sienten frustrados. Aplicando el principio de entender los límites, eres capaz de identificar los botones de presión de las personas en tu lugar de trabajo, y con esa información, entiendes mejor sus límites y eres capaz de delegar tareas que les motivan lo suficiente como para querer seguir en ello, pero que siguen siendo lo suficientemente duras como para mantenerlos en pie. En situaciones en las que eres incapaz de complacer a la gente sin importar lo que hagas, usando el amor del destino, puedes abrazar la animosidad del entorno y potenciarte para sobresalir. Una vez más, con la percepción correcta, esos desafíos pueden ser afilados en las mismas herramientas que traerán tu avance.

Debes tener en cuenta que tener inteligencia emocional no significa necesariamente que le vayas a gustar a la gente automáticamente. El objetivo no es convertirse en la persona más querida de la habitación, sino asegurarse de que eres capaz de tener relaciones sin complicaciones y sin enredos que estén, como mínimo, basadas en la verdad y el respeto mutuo. Es un punto en el que el valor que le atribuyes a la gente no se basa en su valor neto o su estatus en la sociedad. El mismo respeto que le das al CEO de la compañía es el mismo respeto que le das al conserje. En otras palabras, no eres superficial en tu trato con la gente.

En una nota final, cuando usas el estoicismo para aumentar tu inteligencia emocional, eres capaz de disfrutar de los beneficios de tener a la gente en tu vida sin depender de ellos como la fuente de tu felicidad. Este es un error que cometemos mucho. Nos creemos la noción de Hollywood de que necesitamos a alguien para completarnos, y cada relación potencial se establece con el objetivo de llenar los agujeros que faltan en nuestras vidas. La verdad es que no puedes subcontratar tu felicidad. Disfruta de tus relaciones sin poner la presión de cumplir con tu felicidad en ellas.

Capítulo veintidós

Ejercicios y prácticas estoicas para empezar

"Hasta que hayamos empezado a ir sin ellas,

no nos damos cuenta de lo innecesarias que son muchas cosas.

Las hemos estado usando no porque las necesitáramos

sino porque las teníamos. "

Lucius Annaeus Seneca

La mayoría de los ejercicios estoicos, en la práctica, requieren meditación. Debes meditar en las ideas y filosofías del estoicismo para absorberlas en tu sistema y hacerlas parte de ti. Si no has inculcado el hábito de la meditación, esto es algo en lo que tienes que entrar hoy. La meditación sólo requiere tu tiempo, un espacio tranquilo y un diario. También requiere consistencia en tus mediaciones diarias. Ahora que hemos establecido el tono para un estilo de vida estoico y le hemos dado una mirada profunda a cómo los principios estoicos pueden impactar en su vida diaria, aquí hay algunos puntos finales para empezar. Estos son ejercicios simples que son más adecuados para un principiante, o alguien que busca reconectarse con sus raíces estoicas. Para crecer y alcanzar una mayor iluminación, les insto a ampliar esta lista. Si han sido capaces de mantenerse exitosamente en esta lista por lo menos seis meses, les insto a leer más libros sobre los temas. Los libros que ofrecen extractos o enseñanzas basadas en los escritos de grandes estoicos como Marco Aurelio son un excelente lugar para empezar.

Para establecer metas:

1. Toma un bolígrafo y un cuaderno y escribe tu visión. Puede ser una visión para tu familia, tu carrera, o incluso la renovación de tu casa. No intente levantar ninguna barrera mental, no mire nada que crea que pueda impedir su éxito. Imagina que estás en una pista de carreras, sin competencia a ambos lados. Eres solo tú, la pista vacía, y tu destino. Llena esas páginas con tus visiones del futuro, sin barreras.

2. Después de escribir claramente tu visión, usa una hoja separada para escribir las cosas que potencialmente podrían ser un obstáculo, cosas que o bien retrasarían tu progreso o amenazarían tu visión por completo. No te sientas amenazado por estos obstáculos. Básicamente están ahí para ayudarte a ver dónde deberías gastar tus energías y recursos.

3. Traza la mejor ruta para lograr tus objetivos, teniendo en cuenta los obstáculos que has previsto. Pregúntate qué debes hacer para llegar a tu destino. Si tu objetivo es el avance de tu carrera, ¿cuáles son las relaciones que debes construir en el trabajo para ayudar con eso? ¿Qué nuevas habilidades crees que serían relevantes para el puesto al que aspiras?

Para aumentar tu autoestima:

1. Define lo que significa la autoestima para ti en este momento. ¿Sería esa una versión más adecuada y saludable de ti? ¿O te gustaría estar más a la moda? Quizás quieras ser más asertivo en tu trato con la gente. Sea lo que sea, escríbelo con palabras claras. Si no estás seguro de cómo empezar, empieza tu frase con "La confianza para mí significa..." Complétala con lo que quieras. Intenta escribir cinco o seis oraciones que se centren en lo que quieres.

2. Evalúa objetivamente lo que quieres y evalúa lo que es alcanzable y lo que no. Pregúntate qué factores están bajo tu control y cuáles no. Tal vez tu objetivo sea tener el cuerpo de una superestrella famosa. Mira tu cuerpo y pregúntate si es realmente mejorable. Si no es así, opta por ser más saludable, en su lugar-quizás tu objetivo podría incluir la pérdida de una cantidad específica de peso.

3. Antes de crear un plan de acción que te lleve a tus metas, comienza una relación amorosa contigo mismo. Escribe las cualidades que amas de ti mismo, así como las cualidades que otras personas han apreciado en ti. No importa cuán pequeña o insignificante creas que es esa cualidad, escríbela y comienza a enamorarte de ti mismo. Mira lo bien que tu cuerpo, tu carácter y tu personalidad te han servido a ti y a los demás en tu vida. Acepta eso, y sólo cuando te sientas cómodo con eso deberías avanzar en la creación de un plan para convertirte en la versión más segura de ti mismo.

Por ser más generoso o dar [filantropía]:

1. Comienza este proceso meditando sobre tu percepción de otras personas. Para poder ser más deliberado con la distribución de tu riqueza, ya sea tiempo, dinero o conocimiento, primero tienes que empezar a pensar en las personas como una extensión de ti mismo. Mientras la gente siga siendo desconocida para ti, no podrás preocuparte lo suficiente como para preocuparte genuinamente por su bienestar.

2. Mira las ataduras que te unen a tus posesiones. Típicamente no podemos dar porque hemos formado apegos malsanos a las cosas que poseemos. Recuerda que nada es para siempre. Puede que nunca te quepa la camisa que llevas puesta, así que ¿por qué no dársela a alguien que se pueda beneficiar de ella ahora mismo? Además, aplica algo de meditación del mal en este proceso. Si de repente perdieras todo, ¿qué tan bien te serviría a ti o a la gente que te rodea? Esto te ayuda a desprenderte de las cosas que posees. Disfruta de los beneficios que te traen, pero no les des ningún valor.

3. Regala algo a alguien sin necesidad de que te lo pidan. Si, al principio, el proceso se siente raro, puedes empezar dando un regalo a los más cercanos. Puede ser una llamada telefónica rápida que se centre en su bienestar, en la que escuches y ofrezcas el apoyo que necesitan. Averigua cómo están, qué está pasando en sus vidas. Pasa unas horas con tus abuelos. Haz alguna tarea extraña en la casa, o simplemente siéntate y conversa con ellos. Sé voluntario en tu comedor de beneficencia local. Puede que te sientas un poco extraño, al principio, pero sigue haciéndolo mensual o semanalmente. Saludar a un extraño al azar y hacerle un cumplido también son tareas diarias o semanales que podrías asignarte a ti mismo.

Capítulo veintitrés
Tomando posesión de tu vida

"El más poderoso es aquel que se tiene a sí mismo en su propio poder."
Séneca

Si te has pasado la vida culpando al resto del mundo por cualquier injusticia percibida, puede que nunca seas capaz de hacer ningún progreso real. Sí, lo que te ha sucedido puede haber sido cruel e injusto, pero el poder que la persona o personas en cuestión tenían sobre ti terminó el día o el período en el que te infligieron ese daño o trauma. En el momento en que saliste de eso, el poder volvió a ti. Y, en este momento, no me refiero a la charla general sobre la energía negativa que rodea a la incapacidad de perdonar, aunque eso tiene su propio tipo de veneno emocional. Hablo de someterse subconscientemente a un dolor una y otra vez. Excepto que esta vez, estás sosteniendo en tus propias manos el arma que está infligiendo el dolor.

A lo largo de este libro, el mensaje subyacente ha sido que el poder definitivo para transformar nuestras vidas y vivir la vida que deseamos está en nosotros. Y todo lo que tienes que hacer es extender la mano y tomar ese poder. Por supuesto, para hacerlo de la manera estoica, tu primer obstáculo tendría que ser revisar los años de patrones de pensamiento y comportamientos que has aprendido a lo largo de tu vida. Este proceso no es fácil, pero tampoco es complicado. En unos pocos párrafos, voy a repasar ciertos pilares de pensamiento que tendrás que derribar para que estos nuevos principios que estás tratando de imbuir puedan informar las decisiones que tomes. Esta no es una lista completa, pero cubre lo básico. A medida que evolucionen, harán nuevos descubrimientos. Incluya esos descubrimientos en su propia lista.

1. Eres responsable.

Cuando oímos una frase así, pensamos en términos de obligaciones y deberes. Pensamos en tareas específicas que caen dentro del ámbito de lo que sentimos que es nuestra "descripción del trabajo". En esta nueva vida, ser responsable va más allá de las tareas diarias o de los deberes asignados en tu papel de esposa, esposo, padre, amigo o empleado. Significa que eres el agente principal de todo lo que sucede en tu vida. Esto es enorme, especialmente si siempre has creído que todo lo que te ha pasado hasta ahora es obra del poder divino. Pero aquí está la verdad: Ese poder divino todavía existe y, en el gran esquema de las cosas, hay eventos que han sido diseñados sólo para ti. Sin embargo, eres tú quien define esas experiencias. Así que, si quieres explorar todo tu potencial, tienes que aceptar que eres el responsable de las elecciones, acciones y experiencias de tu vida.

2. Deberías esperar que te pasen cosas terribles.

Dicho de esta manera, suena como algo horrible de decir, pero estas son algunas de las cosas para las que tendrás que prepararte psicológicamente. Cuando te enfrentes al futuro, no sólo busques las nubes blancas y esponjosas, la olla de oro al final del arco iris y el unicornio. Habrá dragones y oscuridad y cosas que preferiríamos no estar allí, pero negar su existencia no hará que dejen de existir. En su lugar, vea estas cosas como herramientas necesarias para acelerar su proceso de vivir la buena vida. Tu poder reside en tu habilidad para usar tanto lo bueno como lo malo para tu beneficio.

3. Tu idea de lo que es bueno y lo que es malo se ha distorsionado.

Hay verdaderas virtudes, como has aprendido, y también hay vicios. Pero lo que se clasifica como bueno o malo se conocen como indiferentes preferidos o indiferentes no preferidos. Ese impresionante trabajo que tanto amas es un indiferente preferido, y perder ese trabajo sería definido como un indiferente desagradable. Ese trabajo tiene beneficios que, hasta cierto punto, te ayudan a mantener tu dignidad ya que paga tus cuentas, te mantiene alimentado y vestido. Así que prefieres tener un trabajo que no. Sin embargo, no afecta a tu virtud porque si la perdieras mañana, aún podrías encontrar la felicidad. En otras palabras, muchas de las cosas que has tenido cerca de tu corazón como las cosas que definieron tu vida y bienestar son en realidad sólo contribuyentes positivos. Son marcadores de posición para la cosa real, hasta que seas capaz de llegar a ese lugar donde entiendas el verdadero valor de tus propios pensamientos. Tu poder o sentido de autoestima no está en las cosas que deseas.

4. Tu experiencia es esencialmente lo que permites.

Esto va en la misma línea de que tú eres el responsable, pero tuve que crear una sección separada para esto porque muchos de nosotros hemos pasado por experiencias que nuestros compañeros no pueden ni siquiera empezar a imaginar. Y a menudo, sentimos que estas experiencias justifican el dolor que vivimos a diario. Cometemos errores que tienen consecuencias graves, y no podemos superar el dolor que hemos causado a otros. Por lo tanto, sentimos que, al castigarnos a nosotros mismos, podemos de alguna manera expiarlos. Son mentiras que nos decimos a nosotros mismos para ayudarnos a sentirnos mejor por lo que ha pasado, pero el sentimiento es temporal, y continuamos este ciclo de autolesiones. Las cosas que la gente te ha hecho no tienen poder sobre ti. Al igual que los errores que has cometido no tienen poder sobre ti. Este es un concepto con el que lucharás, especialmente si las voces que te rodean han hecho eco de tus pensamientos. Abraza el destino, y todo lo que ha sucedido, y abraza tu potencial para ser más.

Puedo escribir 50 libros sobre los principios estoicos, y el mismo Séneca puede levantarse de su tumba para ser tu mentor en este mismo tema, pero si eres incapaz de admitir estas verdades básicas y aceptar los poderes que vienen con ellas, hay una clara posibilidad de que no seas capaz de vivir todo tu potencial, y mucho menos de alcanzar los objetivos de tener más confianza, vivir más conscientemente y disfrutar de la buena vida. No hay muros, ni barreras, ni personas que puedan impedirte vivir tu mejor vida. Como dicen, la única persona capaz de interponerse en el camino de tu éxito eres tú. Y eso es porque tienes el poder definitivo.

Cierre

Me gustaría dejarte con estas sabias palabras de uno de los más grandes maestros del estoicismo, Séneca:

"Preparemos nuestras mentes como si hubiéramos llegado al final de la vida. No pospongamos nada. Equilibremos los libros de la vida cada día... el que da los últimos retoques a su vida cada día nunca está corto de tiempo."

Típicamente vivimos nuestras vidas tratando valientemente de posponer nuestro encuentro con la muerte. Queremos vivir para siempre, un concepto noble, pero nos deja con el miedo al mañana. Entre un grupo de amigos, surgió el tema de la mortalidad. Descubrí que muchos de nosotros estamos más entusiasmados con la vida después de la muerte. Nos aferramos a la perspectiva de ir al cielo y, obviamente, nadie quiere hacer su cama en el infierno. Hablamos de vivir una vida en la tierra que nos haga dignos del cielo. Uno de nuestros compañeros más traviesos hizo la pregunta: si las proverbiales trompetas sonaran hoy y se hiciera el llamado a todos los santos para ir al cielo, ¿estarías dispuesto a dejar todo atrás y responder a ese llamado?

Un silencio mortal cayó sobre la mesa. A esto le siguió un fuerte despeje de gargantas y risas incómodas. Ninguna persona estaba preparada para enfrentarse a la muerte, incluso después de haber descrito el cielo como este maravilloso lugar. No se cuestionaba la existencia del cielo o del infierno, ese no era el verdadero problema. La cuestión era que muchos de nosotros estamos atados a la tierra, a pesar de nuestra piadosa afiliación y devoción al cielo. Tampoco hay nada malo en ello. Sólo que, para un grupo de gente que no tiene idea de cuándo llegará la muerte, damos por sentado que se vive.

La forma de vida estoica te prepara para la inevitabilidad de la muerte mientras te asegura que vivas tu vida al máximo. La incertidumbre del mañana no debería impedirte vivir ahora, y sólo porque estés viviendo ahora no significa que no debas prestar atención al mañana. Vive bien, con la gente de la que te rodeas. Haz cosas que te den un sentido de propósito, en el sentido de que estás jugando tu parte en el esquema universal de las cosas. Toma todo lo que te da la vida y conviértelo en un bestseller que será tu vida. De eso se trata este libro.

Epicteto describió la vida como "dura, brutal, castigadora, estrecha y confinada, un negocio mortal". El estoicismo tiene como objetivo ayudarte a dar sentido a tu viaje. Con él, encontrarás fuerza frente a la adversidad, descubrirás las oportunidades en tus obstáculos, y alcanzarás una perspectiva que te ve elevándote por encima de tu dolor.

Libro #5
Hablar en público

Habla como un profesional

Desarrolla la confianza, mejora tus habilidades para persuadir y conviértete en un máster de las presentaciones

Prefacio

¿Has sido llamado a hablar en un evento recientemente y la idea de hacerlo te está dando noches de insomnio? ¿Estás buscando dejar tu marca en el mundo de la oratoria, pero no tienes idea de por dónde empezar? Ya sea que hables como el padrino de la boda de tu amigo, dirijas una presentación de tu equipo en la próxima reunión de la junta directiva o hables ante una audiencia de gente ansiosa, este libro, Hablar en público: *Habla como un profesional; Cómo destruir la ansiedad social, desarrollar la confianza en ti mismo, mejorar tus habilidades de persuasión y convertirte en un super presentador* es justo lo que necesitas.

Profundiza en los temas centrales que podrían estar afectando tu autoestima. Obtén consejos prácticos sobre cómo dar tu discurso y superar tu ansiedad social con la gran cantidad de información disponible en una plataforma accesible. Desbloquea el increíble potencial que llevas dentro en pasos rápidos y sencillos. En este libro encontrarás:

- Consejos para sacarte de tu zona de confort
- Formas efectivas de definirse a sí mismo como un orador público
- Una guía para crear una estrategia ganadora para tu presentación sin importar la ocasión
- Cómo vestirse como un orador público profesional
- Herramientas que te ayudarán a tener éxito en tu presentación
- ¡Y mucho más!

El orador público promedio gana hasta 104.000 dólares anuales en los Estados Unidos. Los tipos en el escalón superior de esa estadística tienen ganancias anuales que llegan hasta <u>los 300.000 dólares</u> en el mismo período de tiempo. En esencia, esta es una profesión que es valorada por mucha gente y si se hace bien, puede conseguir crear un ingreso sostenible que puede establecerte para el resto de tu vida. Pero el camino que te lleva desde donde estás hasta el punto en el que estás obteniendo un ingreso de seis cifras anualmente está pavimentado con obstáculos que no muchos libros o recursos de oratoria han abordado.

Este libro, "Hablar en público": *Habla como un profesional. Cómo destruir la ansiedad social, desarrollar la confianza en ti mismo, mejorar tus habilidades de persuasión y convertirte en un super presentador*, te proporciona una perspectiva sana para convertirte en un orador público que es eficaz, práctico y perspicaz. El objetivo de este libro no es sólo convertirte en un orador público, sino en uno que sea lo suficientemente audaz como para pararse en cualquier escenario y compartir su verdad con su audiencia. Tus miedos no deben tener el poder de impedir tus sueños. Llega a ti mismo y libera todo tu potencial con este libro, una página a la vez. No dejes que ese increíble talento que tienes se desperdicie. Pasa a la siguiente página y comienza el siguiente capítulo de tu vida.

Introducción

Recuerdo la primera vez que subí al escenario para hablar. Tenía sólo seis años y estaba destinado a ser un árbol muy malo en una obra escolar. La clave para interpretar hábilmente ese papel residía en que yo frunciera el ceño durante la mayor parte de la escena y que dijera mi línea (sólo una línea) perfectamente. Asistí a todos los ensayos. Practiqué mi línea. Iba a aplastarla ese día. Después de usar mi disfraz, mi maestro me llamó el árbol más lindo de la historia. Estaba convencido de que lo tenía bloqueado. Pero cuando llegó el momento de entregarlo, me quedé completamente congelado. Incluso ahora, puedo ver todo lo que está pasando delante de mí en cámara lenta. Primero, el disfraz del árbol se volvió demasiado caliente para mí, así que me puse sudoroso e inquieto. Escuché a algunas personas del público reír (quizás pensando que todo era parte de la obra) y esto me agitó aún más. El pobre Billy (que interpretaba al príncipe) no se dio cuenta de lo inestable que era yo cuando se metió en una de mis extensas raíces y se tropezó.

Billy sobrevivió a la caída. Yo no sobreviví a la humillación. Las historias sobre mis travesuras en la etapa "epiléptica" se pedaleaban por toda la escuela y se sentía como si en todas partes donde iba, la gente se burlaba y se burlaba de mí. Afortunadamente, mis padres nos trasladaron a otra ciudad, lo que significó una nueva escuela, nuevos amigos y un comienzo limpio. Pero el nuevo ambiente no hizo nada para calmar mi creciente paranoia con la gente. Cada vez que me pedían que hablara con alguien, incluso con aquellos con los que estaba familiarizado, me callaba y empezaba a sudar profusamente. Mi padre pensó que era una cuestión de edad, así que me aseguró que a medida que envejeciera, esos sentimientos pasarían. No lo hicieron. Las cosas se intensificaron hasta el punto de que viví como un recluso total. Este fue el punto más bajo de mi vida. Han pasado más de dos décadas desde ese incidente y mi vida ha pasado por un completo 360º. Ahora soy un autor, orador y un exitoso hombre de negocios.

¿Cómo pasé de James el ermitaño a esta persona que ama y vive para ser el centro de atención? La gente no debería ser capaz de cambiar eso drásticamente, ¿verdad? Bueno, equivocado. Soy la prueba viviente de eso y estoy emocionado de compartir mi viaje y mi proceso. Comenzó con mi primer trabajo como telemarketer independiente para una compañía de seguros. El trabajo me convenía porque mi interacción con la gente se limitaba a conversaciones telefónicas. Todo lo que tenía que hacer era llamar a la gente y hacer una presentación. Sé que la gente odiaba recibir esas llamadas, pero en realidad lo disfrutaba porque yo era el que hacía esa llamada. Esto me llevó a un descubrimiento bastante interesante sobre mí mismo... soy un vendedor increíble. Debajo de ese exterior dolorosamente tímido había un tipo con una personalidad amable y una voz que hacía que la gente se sintiera a gusto. Fue como descubrir que tenía este superpoder.

Posteriormente, mis superiores me llamaron para que asumiera más responsabilidades, una de las cuales era hablar con un equipo de telemercaderes y compartir con ellos mis consejos sobre el éxito. ¡Oh, vaya! Inmediatamente fui transportado de vuelta a mi momento de pesadilla en el escenario. No había manera de que me pusiera voluntariamente en ese espectáculo de terror. Sin embargo, mis supervisores no lo estaban teniendo. Tenía un mes para prepararme para ese evento de charla. En mi cabeza, eso significaba que tenía un mes para poner mis asuntos en orden y mudarme a otra ciudad. Si mi presupuesto pudiera permitírselo, no me habría importado mudarme a otro país. Cuando volví a casa ese día, compartí la noticia con mi padre. También le dije lo que planeaba hacer. Simplemente asintió con la cabeza como todos los padres sabios que conocía y luego me hizo una sola pregunta: "¿Cuánto tiempo vas a seguir corriendo, James?"

Esta pregunta provocó un flashback de mis años de instituto y universidad. Cada vez que me asignaban tareas de habla, me escapaba de ellas. No lo veía como una huida en ese momento. Pero mientras estaba allí con mi padre, esos recuerdos me llegaban en flashes. Era como un montaje en una película muy mala. Sabía que tenía que dejar de correr y ese momento parecía la oportunidad perfecta para empezar. Estaba aterrorizado. Pero empecé investigando sobre cómo hablar en público. Encontré algunos cursos que prometían transformarme en un orador prolífico en un mes si tenía al menos 500 dólares. A mi edad y nivel de dinero en ese entonces, era como pedirme que pagara millones. Obviamente, esa ruta no iba a hacerlo por mí. Tuve que revisar horas de videos y artículos sobre el tema para obtener información sobre cómo hablar en público. Muchos de ellos eran vagos o escritos para vender un producto o servicio. Ninguno de ellos profundizaba en el tema por completo.

Pasé por este proceso durante semanas y para cuando llegó el día de mi discurso, estaba tal vez un 35% listo. Me gustaría decir que pasé por ese evento como un jefe y lo clavé totalmente pero no, ese no fue el caso. Nadie cayó en el escenario ese día y aunque estaba empapado de sudor cuando terminé, lo hice con una apariencia de mi dignidad intacta. Sin embargo, en las notas que hice después del evento, comparé mi actuación allí con cortar el césped. Seguí zumbando como una cortadora de césped y cortando mis puntos de la misma manera. Era insípido, aburrido y poco inspirador. Hubo un montón de momentos que me hicieron sentir avergonzado, pero tuve una gran ventaja: Anunciaba el comienzo de mi carrera como orador público.

Más de once años después, he trabajado en muchos proyectos que me han llevado a hablar en el escenario frente a compañeros y colegas. Todavía me golpea el miedo escénico cada vez que me acerco al escenario, pero superar mis miedos y subir al escenario de todos modos se ha hecho más fácil con cada intento. Si estás leyendo esto, hay una parte de ti que se identifica con mi viaje. Tienes un don que debe ser compartido con el mundo, pero tu timidez, ansiedad y falta de confianza en ti mismo te han permitido tomar la decisión de mantenerte a ti mismo. Voy a hacerte la misma pregunta que me hizo mi padre: ¿Cuánto tiempo vas a seguir huyendo?

Tienes la oportunidad de salir de tu caparazón y no hay mejor momento para empezar que ahora. Antes de pasar al siguiente capítulo, aquí hay algunos consejos sobre cómo usar este libro con éxito:

1. Tómate su tiempo para leer cada capítulo y procesar la información. Aquí se requiere diligencia, no velocidad.
2. Toma notas al margen mientras estudias. Esto te ayuda a asimilar mejor.
3. Completa los ejercicios al final de cada capítulo. Te empujan suavemente fuera de tu zona de confort.
4. Pon en práctica la información que obtengas. La práctica es la clave para perfeccionar tu oficio.
5. Mantén una perspectiva positiva. Esto alimenta tu estima y alimenta tu determinación de ver esto hasta el final.

Quiero que tengas éxito y no estoy solo en esto. Si prestas atención, encontrarás a mucha gente que está de tu lado apoyándote. Para tener éxito, tienes que recordar que esto no es una lectura de ocio. Se trata de tomar medidas, y tu primera tarea es pasar al siguiente capítulo. Nos vemos en el otro lado.

James Williams

Primera parte
La batalla interior

Capítulo uno
La burbuja del introvertido

"Nunca cambias tu vida hasta que

salgas de tu zona de confort;

el cambio comienza al final de tu zona de confort."

Roy T. Bennett

Vivir en su zona de confort

Todos tenemos ese espacio donde somos la versión más auténtica de nosotros mismos. En este espacio, no hay lugar para la duda, la preocupación o el miedo. El mundo se desvanece en el momento en que entramos en este lugar y experimentamos una sensación de calma. Este lugar se conoce como nuestra burbuja y en esta burbuja, las cosas suceden sin esfuerzo. La burbuja no siempre es un lugar real. Podría ser ciertas cosas o actividades o incluso relacionadas con el tiempo. Esta calma que experimentamos dentro de nuestra burbuja no es sólo aleatoria. Y las cosas que hemos etiquetado psicológicamente como nuestra comodidad no nos dan realmente la sensación de calma que creemos que tienen. Por ejemplo, las personas cuya zona de confort está relacionada con la comida podrían inclinarse a pensar que la comida es lo que les hace estar tranquilos cuando en realidad, simplemente están proyectando las emociones que anhelan en la comida.

Su sofá puede ser el espacio que ha elegido como su zona de confort. Sus acogedores asientos de felpa te envuelven en un abrazo de bienvenida cada vez que te sientas en él. La proximidad del sofá a todas tus cosas favoritas, como la televisión, la mesa de café que también alberga tus aperitivos y libros favoritos (y no lo olvidemos, el mando a distancia) son sólo una de las muchas cosas que hacen que parezca que el sofá te da todo lo que necesitas para sentirte emocionalmente cómodo. Pero la palabra operativa aquí es "elegir". Tú "eliges" ese sofá. En esencia, tu zona de confort es un lugar de tu elección que alimenta lo que los psicólogos se refieren como una posición neutral de ansiedad.

Es una muy buena sensación estar en su zona de confort, pero déjeme desglosar el costo real de su "alquiler" si decide permanecer en su zona de confort. Cuando tu nivel de ansiedad es neutro o mínimo, tu nivel de estrés baja y esto es porque no tienes que lidiar con ninguna crisis, ninguna incertidumbre y obviamente tienes más control. Con la ausencia de estas cosas, tu nivel de rendimiento es constante. Si se hiciera una comparación entre su nivel de rendimiento en su zona de confort y cuando está fuera de ella, habría una diferencia sorprendente. Imagina que hemos dibujado un gráfico de líneas para mostrar la diferencia entre tus niveles de rendimiento dentro y fuera de tu zona. Ahora déjame describir cómo se vería.

Las líneas de la actuación "en zona" serían una línea perfectamente recta que no se desvíe o fluctúe. Los números estarían por debajo del radar, pero se mantienen estables. Las líneas del rendimiento de la "zona exterior" serían lo opuesto. Estaría en una línea ondulante que asciende y a veces desciende. Cuanto más empujas más allá de tu zona de confort, más alto asciendes. Dije que la línea a veces asciende y desciende, pero lo interesante es que no importa cuán bajo descienda, no baja de la línea estable que es tu desempeño cuando estás en tu zona de confort. ¿Cuál es el sentido de todo esto? Bueno, llegaré a ello en un segundo.

Los introvertidos tienen una propensión a quedarse en su zona de confort. Y esto afecta a su capacidad de hablar en público. Lo sé porque viví en uno durante años y no fue hasta que pasé esa zona que pude descubrir algo del potencial que tengo. Sin embargo, también he observado que los introvertidos no son los únicos que operan desde este lugar. Mucha gente (posiblemente usted incluido) está en un lugar de su vida donde generalmente se sienten cómodos. Tus habilidades y talento actuales son celebrados, tienes un trabajo o diriges un negocio que asegura que todas tus necesidades son atendidas y estás rodeado por la gente en la que confías... así que esto plantea la pregunta, ¿por qué necesitarías arriesgarte a hacer algo en lo que no eres realmente bueno? La respuesta es el cambio. Discutiré esto extensamente en los capítulos siguientes, pero permítanme ponerlo en perspectiva aquí.

El cambio es una de esas cosas inevitables en la vida. Alterará la vida en tu zona de confort y si no estás preparado para ello, te afectará profundamente. La única manera de adelantarse al cambio es salir de tu zona de confort y superar tus límites. Ya que estás leyendo este libro, estoy bastante seguro de que la tarea que te está llevando fuera de tu zona es hablar en público. Esta es la razón por la que estás aterrorizado. No porque seas terrible en ello o porque te preocupe que lo seas. Sólo estás siendo sacado de tu zona de confort. Deja de pelear. Sólo respira profundamente y acepta el desafío. Hoy, estás dejando tu zona de confort. ¿Próximo desafío? Averiguar dónde está la verdadera batalla.

El amigo o enemigo ficticio

En el instituto, había una chica que me gustaba mucho. Era inteligente, increíblemente hermosa y lo mejor de todo, era muy buena conmigo. Tomamos algunas clases juntos donde nos sentamos e intercambiamos miradas de amor (y sí, esto es algo) durante todo el tiempo. Nuestras casas estaban en la misma calle, así que caminábamos juntos a casa todos los días después de la escuela, que no estaba muy lejos. No hablábamos mucho, ya que yo era dolorosamente tímida, pero ella parecía estar de acuerdo. Tampoco hablaba mucho, pero siempre me miraba con una sonrisa. Un día no volvió a casa conmigo. Pensé que era extraño, pero luego vi a sus novias, Leah y Sophie, esperando detrás, así que asumí que tenían uno de esos eventos de chicas en fila. Pueden imaginar mi horror cuando llegué a la escuela al día siguiente para escuchar la noticia de que mi Gina estaba saliendo con el mariscal de campo "cara de idiota" Derek. Estaba destrozado y con el corazón roto y escuché mucha música triste durante meses.

Esa historia que puse ahí arriba estaba toda en mi cabeza. Gina y yo nunca salimos juntos. Claro, vivíamos unos cuantos edificios separados, de ahí la parte de casa caminando juntos, pero nunca fue realmente "juntos". "Ella caminó unos pasos adelante con su amiga y un primo. Gina le sonreía a la gente en general porque era una persona agradable por naturaleza. Y en realidad, probablemente sólo me sonrió una o dos veces. Lo grabé en mi cabeza y lo reproduje una y otra vez hasta que parecía que me sonreía todo el tiempo. Lo que me lleva al punto que estaba tratando de hacer. Inventé toda esa relación en mi cabeza. Me gustaba mucho Gina, pero no había manera de que yo hablara con ella, y mucho menos de que hiciera algo al respecto. Así que creé una relación de fantasía basada en pequeños trozos de realidad y terminé con el corazón roto por ello.

Muchos de nosotros inventamos esta batalla ficticia en nuestras mentes y reaccionamos con miedo a esta batalla imaginaria que tenemos en marcha. Esta es una de las principales luchas internas que tenemos cuando nos llaman a hablar frente a una multitud. Antes de subir al escenario, imaginamos la reacción de la multitud. No importa si vas a hablar con tus compañeros, un grupo de personas con las que ya compartes alguna similitud o extraños. Nos imaginamos esa cara de desaprobación en la multitud. Escuchamos las risas burlonas y las bromas groseras que se hacen sobre nosotros mientras hablamos. A veces, incluso llegamos a imaginar un fallo eléctrico que incendia el podio y hace que la multitud se ría a carcajadas. La humillación de todo esto paraliza nuestro valor y nos hace entrar en pánico. Pero como yo y mi novia del instituto de fantasía, todo esto está en nuestra cabeza.

La verdadera batalla no es enfrentarse a la multitud que está empeñada en tu humillación. El verdadero enemigo, en este caso, eres tú. Como humanos, hemos sido dotados de una imaginación activa y este don puede ser usado de dos maneras. Puedes usar tu imaginación para alimentar tus sueños o para potenciar tu pesadilla. En este caso, estás usando tu imaginación para forzarte a volver a tu zona de confort, y ya hemos repasado lo que pasa allí. Algunos de ustedes podrían decir, "Oh, esto me pasó en el pasado", pero no les está pasando ahora mismo, ¿verdad? No. Sólo están inventando otra excusa para justificar sus miedos. El arma más poderosa en el arsenal de un orador público no son sus habilidades de oratoria o su gran sentido del estilo (aunque estos también son importantes). No es la ausencia de miedo escénico o sus grandes habilidades con la gente. Es su habilidad para aprovechar el poder de su imaginación a su favor.

El atleta estadounidense Michael Strahan dijo: *"Somos nuestro peor enemigo. Dudas de ti mismo más que nadie. Si puedes superar eso, puedes tener éxito."* Estoy de acuerdo con él al 100%. En la batalla interior, el enemigo al que debemos enfrentarnos es a nosotros mismos. Deja de promover teorías que amplifican tus miedos. En vez de eso, hazte tu aliado. Esto puede requerir desaprender ciertos hábitos que has adquirido a lo largo de los años. En unas cuantas páginas, obtendrás la primicia completa de cómo hacer esto. Por ahora, cambiemos el enfoque de los pensamientos negativos a encontrar refuerzos positivos.

Encontrar las conexiones correctas

En un intento por conseguir que hiciera más amigos cuando era más joven, mi madre invitó a sus amigos que tenían hijos a venir. Eso o me llevaba de la mano a sus casas para una visita. Como era de esperar, siempre fui reacio. No porque los otros niños no fueran agradables o acogedores. Sólo que estar cerca de ellos me hizo más consciente de mi timidez, lo que empeoró mi ansiedad. Nunca me comporté mal, pero mi madre siempre me encontraba sentada sola en un rincón. Suspiraba y me decía: "Ningún hombre es una isla, James; tienes que estar rodeado de gente. "Escuché esta frase mucho cuando crecí y al principio pensé que se trataba de tener gente a tu alrededor. Quizás podrías llegar a poner la etiqueta de "amigo" en algunas de estas personas.

Pensé que nuestras conexiones con la gente eran principalmente sobre nuestra interacción externa con ellos hasta que nuestro perro, Jojo, murió. Quédate conmigo en esto. Sé que empecé con el niño triste en el patio y ahora tienes al niño triste cuyo perro murió. Tengo un punto que estoy tratando de hacer aquí. Como puedes imaginar, la muerte de Jojo me afectó mucho. Estuve triste durante mucho tiempo y mi madre me animó a escribir sobre mis sentimientos para superarlo. A regañadientes, lo hice. Y recuerdo las palabras que escribí.

"Jojo nunca me dijo una palabra. Yo hablaba casi todo y, aun así, nunca dio ninguna indicación de que entendiera las palabras que yo decía. Pero Jojo era mi mejor amigo en el mundo y teníamos una conexión especial."

Escribí muchas otras cosas después de eso, pero no fue hasta un par de años después, cuando estaba revisando mis cosas, que esta última frase realmente me impactó. La amistad no se trata de la gente que tienes a tu alrededor, sino de las conexiones que haces. No importa cuán reclusos seamos, este es un aspecto importante de nuestra naturaleza; llámalo una programación biológica que ansía esta conexión. Algunos de nosotros encontramos difícil hacer esas conexiones con los seres humanos, así que se las otorgamos a los animales o a los objetos inanimados. Conozco gente que está profundamente conectada con su fe y algunos que encuentran esta conexión en sus trabajos. ¿Por qué es importante esta conexión y qué tiene que ver con hablar en público? Verás, las conexiones que haces en la vida tienen una forma de sacar lo mejor, o a veces lo peor, de ti. Cuanto más profunda es la conexión, mayor es el efecto. Ahora mismo, no me estoy centrando simplemente en nuestras conexiones con otras personas. Estoy mirando las cosas en nuestras vidas que influyen en nuestro comportamiento.

Hay mucha profundidad en este tema y no quiero aburrirles con los detalles, así que sólo voy a repasar la superficie y darles una idea de cómo esto afecta a su capacidad de hablar en público. Cuando nos conectamos con algo, nos conectamos psicológicamente de una manera que permite que dicha cosa influya en nuestros pensamientos y por lo tanto, en nuestro comportamiento. Tomemos a Jojo por ejemplo. Este perro sacó un lado de mí que no mucha gente llegó a ver. Sus payasadas, aunque frustrantes a veces, encendieron la parte divertida de mi cerebro y me hicieron reír como si no hubiera un mañana. Perderlo afectó mi capacidad de volver a encender esa parte.

Tu paranoia de hablar en público puede derivar del hecho de que no tienes ninguna conexión con nada de lo que gira en esa parte de tu cerebro. Para mí, mi conexión fue activada por el amor a mi trabajo como vendedor. Todo ese proceso en el que conoces a una persona, le hablas del producto o servicio que estás vendiendo y luego la convences de que haga una compra fue muy precipitado. No identifiqué el hablar en público con esta conexión que tenía con mi trabajo al principio. Cuando hice la investigación para mi primera tarea de hablar en público, entendí en un nivel básico que había un vínculo entre hacer ventas y hablar en público. Pero cuando lo personalicé estableciendo esa conexión, me abrió todo un nuevo universo.

¿Qué te abre a la gente? ¿Cuál es ese tema o asunto que en el momento en que empiezas a hablar de él, de repente caes en un ritmo que es tranquilo y reconfortante y puedes montar esa ola para siempre? ¿Es el trabajo que haces? ¿O la gente con la que trabajas? ¿Cómo puedes conectar eso con lo que estás a punto de hablar públicamente? Cuando encuentres la conexión correcta, encontrarás tu voz. Y cuando encuentres tu voz, es hora de dejar que ese pájaro vuele libre.

Tomando tu libertad a saltos

Hasta ahora, hemos hablado de tres grandes cuestiones internas que podrían afectar a su camino hacia la oratoria, incluso antes de poner un pie en esa parte. Estos son temas muy arraigados que pueden tardar meses o años en cambiar. Esto puede darte una pausa y entiendo por qué. Vivimos en una época en la que todo se hace rápidamente. Así que tiene sentido que queramos que nuestra transformación ocurra también de la noche a la mañana. Bueno, déjame reventar tu burbuja justo ahí. Eso no va a suceder. No si quieres un resultado que sea sostenible a lo largo de tus años. Porque esto no es algo que sea exclusivo para ayudarte a ser un mejor orador público. Si se hace bien, puede ayudarte a ser mejor en muchas otras cosas.

Sin embargo, el hecho de que el proceso vaya a durar mucho tiempo no significa que debas aplazar tu misión u objetivo de hablar en público hasta que creas que estás "arreglado". "Incluso si tienes una tarea mañana, te insto a que la cumplas. Puede que no sea tu mejor actuación, pero te acercará a tu objetivo.

El objetivo ahora mismo es ir paso a paso. Antes de pasar al siguiente capítulo, vamos a revisar los puntos más importantes de lo que hemos hablado, y luego también tendrán algunas tareas simples que pueden llevar a cabo hoy para ayudarles a avanzar en la dirección correcta. Estas tareas no son cosas puntuales que simplemente tachen de su lista de cosas por hacer. Te ayudan a construir hábitos que te ayudarán a crecer.

Dicho esto, esto es lo que hemos aprendido hasta ahora:

- Nuestra zona de confort es donde nuestro nivel de rendimiento está en su punto más bajo.
- El cambio es lo que estimula nuestro crecimiento.
- La auto duda, más que nada, es lo que nos hace caer.
- La mayor herramienta para hablar en público es la imaginación.
- Para ser un gran orador, necesitas encontrar tu conexión con lo que te hace querer hablar en primer lugar.
- La transformación no ocurre de la noche a la mañana. Comienza con un paso deliberado a la vez.

Sus tareas:

1. Di que sí a una invitación a un evento social al menos una vez al mes.
2. Tener una conversación con un perfecto desconocido cada semana (unas cuantas cadenas de frases cuentan).
3. Escoge cinco cosas o personas con las que tengas una conexión. Deben ser clasificados bajo las cosas de las que te gusta hablar o con quién/qué te gusta hablar de las cosas. Escribe por qué y cómo te hacen hablar.
4. Investiga un poco sobre algunos oradores famosos. ¿Con quién te identificas más y por qué?
5. Incluye algo muy diferente en tu rutina de hoy. Hazlo un día sí y otro no, y no debes repetir estos ejercicios.

Capítulo dos
Espacios ampliados

"Los animales salvajes huyen de los peligros que realmente ven y

una vez que han escapado de ellos, no se preocupen más.

Nosotros, sin embargo, estamos atormentados por lo que ha pasado y lo que está por venir.

Algunas de nuestras bendiciones nos hacen daño,

porque el recuerdo trae de vuelta la agonía del miedo

mientras que la previsión lo hace prematuramente.

Nadie limita su infelicidad al presente."

Séneca

Ansiedad social 101

En el capítulo anterior, la atención se centró principalmente en los conflictos internos que impiden nuestra capacidad de hablar en público. En este capítulo, vamos a examinar los factores externos que pueden obstaculizarnos.

Mi tía, que era una católica devota, solía decir: "Un pecador corre cuando nadie lo persigue". "Básicamente, algunas de las cosas que más tememos se basan en nuestra imaginación más que en la existencia de la cosa o evento real que nos asusta. Para la gente que sufre de ansiedad social, el hombre del boogie es a menudo la multitud. Y si vas a pasar a ser un excelente orador público, tendrás que dejar atrás tu miedo a las multitudes. Esto es más fácil de decir que de hacer y lo sé porque he estado en la madriguera del conejo y déjame decirte que no es bonito. Para vencer el miedo de uno, primero debes entenderlo.

En términos muy sucintos, la ansiedad social es una forma de estrés provocada por la interacción social con las personas. Muchas veces, la gente confunde la ansiedad social con la timidez. Todos experimentamos una reacción desagradable cuando nos vemos involucrados en una situación social, especialmente si se trata de conocer gente nueva por primera vez. Se pone aún peor si se espera que hables o te dirijas a estas nuevas personas que conoces. Nuestro pulso se eleva, nuestras palmas sudan y experimentamos esta sensación de hundimiento en nuestro estómago. Todo esto es perfectamente natural. Sin embargo, la diferencia entre el estrés normal experimentado cuando estamos en esas condiciones sociales y la ansiedad social es que puedes superar el estrés normal. Pero la ansiedad social te paraliza completamente.

Es tan intenso que ha sido clasificado como un trastorno mental. Por lo tanto, si usted se encuentra incapaz de funcionar de alguna manera cuando está en un ambiente social, es probable que esté sufriendo un trastorno de ansiedad social y es muy importante que consulte a un médico al respecto. Ahora bien, esta recomendación no significa que sus sueños de hablar en público sean un tema prohibido hasta que su médico le diga que está mejor. Lo que digo es que el primer paso para eliminarlo es ver a un médico. Hay varias razones por las que la gente sufre de ansiedad social y el grado en que la experimentan puede estar influenciado por varios factores. Para empezar, hay un elemento biológico en ella. Tener un pariente que sufre el trastorno de ansiedad social aumenta el riesgo de padecerlo. Si tiene antecedentes de abuso, especialmente si este abuso comenzó a una edad temprana, su riesgo se duplica.

En algunos casos, ciertas inseguridades que tenemos sobre nosotros mismos pueden desencadenar un ataque. Si esas inseguridades son físicas o visibles, se pone aún peor. Podría ser una cicatriz fea, una marca de nacimiento, o quizás el sonido de nuestra voz. Sentimos que estos atributos nos hacen destacar de una manera muy fuerte y que la gente no aprobaría esta diferencia. Así que nos anticipamos a su juicio y esto nos pone en un estado de ansiedad. Para aquellos que experimentan esto intensamente, preferirían no ponerse en ese tipo de juicio de todos modos.

En cualquier caso, el camino hacia la recuperación comienza con el reconocimiento de la existencia de un problema y luego se hace un viaje introspectivo que lo llevará a la raíz del problema. Para las personas que han pasado por algún tipo de trauma psicológico en el pasado, puede haber muchos problemas emocionales sin resolver. Trabajar con un psicólogo capacitado puede ayudarte a llegar a un punto en el que aceptes lo que ha sucedido y luego liberes la carga de aferrarte a ese recuerdo. También es posible que necesite someterse a una terapia del comportamiento que le ayude a volver a entrenar su reacción instintiva a determinadas situaciones. De esta manera, su cuerpo no tiene que pasar por la respuesta de pelear o escapar cada vez que se enfrente a situaciones que desencadenen su memoria.

Las personas cuyo Trastorno de Ansiedad Social proviene de un proponente biológico, como tener la porción de su cerebro que controla la función del miedo en modo hiperactivo, pueden necesitar tratamiento médico para tenerlo bajo control. Esto también requiere una consulta con un médico. Ahora bien, si su ansiedad es el resultado de alguna forma de inseguridad o de baja autoestima, puede hablar con psicólogos para que le ayuden a aceptar quién es usted. Y si se trata de algo que se puede arreglar, no estaría de más reunirse con alguien que esté cualificado para hacerlo. Sólo recuerda, sólo pueden arreglar lo que está afuera. He visto casos en los que la gente tenía estas inseguridades sobre ciertas partes de su cuerpo, lo arreglaron perfectamente, pero aun así lucharon con sus inseguridades. Se convierte en ese miembro fantasma del que hablan los médicos.

No se puede llegar al punto de poder hablar en público cómodamente sin antes superar cualquier forma de ansiedad social que pueda tener. Este es un proceso delicado que puede abrir algunas heridas emocionales profundas, pero la sanación es lo que sigue después.

El Ciclo Espantoso

Habiendo visto lo que es la ansiedad social, quiero que veamos su impacto en hablar en público más allá de los síntomas físicos de los que hablamos. Hemos explorado el *qué* y hemos tocado un poco el *por qué*. Ahora entraremos en el *cómo*. Cuando era niño, uno de mis momentos favoritos con mi padre fue cuando estábamos en el garaje juntos, jugando con cosas. Podría ser un motor, un aparato eléctrico o lo que sea que mi padre tuviera en sus manos. El objetivo era separarlo, entender cómo funcionaba cada una de las diferentes piezas y luego volver a armarlo. La mayoría de las veces, las cosas que armamos no volvían a funcionar como estaban diseñadas. O bien recibió la "Mejora de Williams" o terminó haciendo ruidos extraños mientras hacía lo que estaba diseñado para hacer.

Para poder "actualizar" con éxito un dispositivo, tendríamos que comprender a fondo el papel que cada parte tenía que desempeñar en el proceso y luego averiguar cómo hacía lo que hacía. Entonces tendríamos que romper el ciclo. O bien sacábamos algo por completo o lo sacábamos y lo reemplazábamos por algo mejor. Cuando se trata de un trauma emocional, utilizo el mismo enfoque. La ansiedad, como la mayoría de las emociones que ocurren en el extremo, pasa por un ciclo. Este ciclo se compone de una serie de eventos que te llevan del punto A al punto B y a veces hasta el punto D antes de llevarte de nuevo al punto A. Y luego el proceso continúa. El punto de partida de este ciclo es la mente. No hay angustia emocional que enfrentemos hoy que no empiece primero en la mente. Hay factores externos que pueden poner en marcha las cosas, pero mucho antes de que esas cosas sucedieran, la mente jugó su papel.

Cuando te sucede un evento, la emoción que sientes como resultado, ya sea buena o mala, se registra en tu mente y se identifica con ese evento. Ese recuerdo y el sentimiento que lo indujo está encerrado en tu mente con ciertos marcadores que pueden ser la vista, el sonido o el olfato. Es por eso que un olor específico puede llevarte de vuelta a tu infancia. Sorprendentemente, este evento registrado no tiene que ser una experiencia de primera mano. Es posible que hayas presenciado algo que haya bloqueado ese evento en tu mente. También es posible que te hayan contado un evento tan intenso emocionalmente que se haya encerrado en tu mente. Y luego tienes el caso en que inventaste una experiencia y de alguna manera convenciste a tu mente de que es una posibilidad real, que también encierra ese falso recuerdo. Te lo dije antes, la mente es una herramienta muy poderosa.

Ahora que tu mente ha bloqueado este recuerdo, la siguiente secuencia de este ciclo es el evento que desencadena el recuerdo bloqueado en tu mente. En este caso, es la multitud con la que estás tratando de interactuar. La multitud en sí no es el problema. El problema es la forma en que tu cerebro interpreta lo que está viendo porque tu mente le está dando información basada en los recuerdos desbloqueados. En el caso de la ansiedad social, los recuerdos desbloqueados suelen estar relacionados con relaciones poco saludables con las personas. Ya sea que este recuerdo sea real o proyectado, si es desagradable, el cerebro interpreta la situación social como una amenaza. Cuando el cerebro percibe una amenaza, se pone en alerta y sus instintos naturales de preservación se activan. Esencialmente, las señales que están siendo alimentadas a su cuerpo están diciendo a sus impulsos que no está en un espacio seguro y que necesita salir de allí.

Estas señales se manifiestan como un aumento de la frecuencia cardíaca, problemas de respiración y tensión de los músculos, entre otros signos. Estos síntomas pueden amplificar la información que llega a tus sentidos. Una risa inocente o una sonrisa a algo general puede parecer como si estuviera dirigida a ti. Una persona que camina hacia ti puede parecer que está haciendo un avance amenazador. Esto te devuelve a tu mente, donde todo el proceso se repite. Todas estas cosas pasan muy rápido. El punto en el que entraste en la habitación en el momento en que estás virtualmente hiperventilando puede suceder en cuestión de segundos. A medida que el ciclo se repite, las emociones experimentadas te golpean como olas. Cada una más intensa que la anterior, hasta que la situación se intensifica o se te quita de ese momento por completo.

Para algunas personas, la ansiedad surge en el momento en que entran en una habitación llena de gente. Para otros, subir al escenario es lo que desencadena el ataque. Entender la secuencia que se enumera aquí es clave para crear soluciones que te ayuden a liberarte, y aquí es donde vamos a seguir.

Cómo llegar a un punto de equilibrio

En la primera sección de este capítulo, hice mucho hincapié en la importancia de consultar a un especialista para ayudar a superar la ansiedad social. Eso no ha cambiado, pero es sólo el primer paso.

Necesitas un médico por muchas razones, siendo la principal obtener un diagnóstico adecuado y posiblemente la causa principal del problema. Sigue el plan de tratamiento y manejo.

En el caso de las personas cuya ansiedad social se encuentra dentro del espectro de leve a moderada, es posible que deba asumir un papel más proactivo en el control de sus problemas de ansiedad. Para empezar, los expertos creen que lo que tienes está relacionado con la ansiedad de desempeño. Esto está relacionado con la ansiedad social, pero está relacionado con su desempeño, no sólo con el hecho de estar en un entorno social. Si este es el caso, entonces son buenas noticias. La ansiedad de desempeño, también conocida como miedo escénico, es muy común y la sufren millones de personas en todo el mundo. Usted no está solo. De hecho, sus oradores favoritos sufrieron de ansiedad de actuación en algún momento de sus vidas. Uno de mis ejemplos favoritos es el presidente más apreciado de nuestro país, Abraham Lincoln.

A pesar del discurso que dio en Cooper Union en Nueva York, a Abe le aterrorizaba hablar frente a una gran multitud. Su temor era tan grande que rechazó la oportunidad de hablar en un evento que habría llevado su carrera política a la cima. Su nota sobre el tema aludía a algunos problemas de ansiedad. Por supuesto, se convirtió en uno de los más grandes de América, pero eso requirió que aceptara el desafío. Otros famosos oradores que tuvieron problemas similares son Joel Olsten, Thomas Jefferson e incluso Warren Buffet, de quien se rumorea que no pudo levantarse y decir su propio nombre en clase.

Ahora que sabemos quiénes son y lo prolíficos que son al hablar, es difícil reconciliar esta imagen de ellos con los que tenían miedo de hablar. Pero la historia nos pinta un cuadro claro. Pero lo que más me habla es el hecho de que si ellos pueden superar su ansiedad de desempeño, también pueden hacerlo ustedes.

Para romper el espantoso ciclo de la ansiedad de desempeño, vas a tener que empezar primero con tu mente, que controla todas las secuencias del ciclo. Los recuerdos que desencadenan tus emociones, que pasan a activar ciertos impulsos, necesitan ser reemplazados. Si tuviste una experiencia escénica trágica, no puedes olvidar que nunca ocurrió o borrarla de tu memoria. No es así como funciona esto. Sin embargo, vas a tener que alejar tu atención de esos recuerdos. Recuerda lo que dije antes sobre el poder de tu imaginación.

El experimento de Darwin sobre el tema es una perfecta ilustración de esto. Presionó su nariz contra una jaula de cristal que contenía una víbora venenosa en su interior. Cuando la serpiente golpeó su nariz desde el interior de la jaula, Darwin saltó hacia atrás a pesar de que sabía que no había manera de que la serpiente pudiera llegar a él. De la misma manera, somos conscientes de que la multitud con la que vamos a hablar no nos va a hacer daño. Sin embargo, instintivamente reaccionamos como si lo hicieran. Así que, deja de ver a la multitud como tu enemigo y el escenario como una zona de muerte. En vez de eso, imagínalos como personas que comparten tus preocupaciones e intereses, porque lo hacen. Si no, ¿por qué otra razón vendrían a oírte hablar? Tienes algo que decir que les gustaría escuchar, así que aprovecha la oportunidad y dilo.

He mencionado mucho aquí para tratar de explicar el *cómo*. Así que decidí simplificar todo lo que he dicho en puntos de acción:

1. Deja de huir. Necesitas enfrentar tus miedos de frente. Puede requerir cada onza de disciplina en ti para hacerlo la primera vez, pero se hace más fácil con el tiempo.
2. Prepárate. Hay muy poca gente que pueda dar grandes discursos en un abrir y cerrar de ojos. Todas esas cuidadosas y artísticas actuaciones en el escenario requieren horas de ensayo, al menos.

3. Concéntrese más en su discurso y menos en la multitud. No puedes hacer nada con la multitud de todos modos.
4. Ten más confianza en tus habilidades.
5. Sé positivo.

Adelántate y sé escuchado

Se dice que cuando Thomas Jefferson habló durante sus discursos públicos (sólo dio dos de ellos a lo largo de sus ocho años de mandato), lo hizo en tonos muy bajos que requerían que se esforzaran los oídos antes de poder oírlo. Mahatma Gandhi también era así. Pero no dejaban que sus voces se ahogaran en el mar de gente con la que tenían que rodearse. Lo que hicieron fue mantener sus palabras concisas pero muy efectivas. No todo el mundo tiene el don de la palabra, sin embargo, cuando se trata de hablar en público, es mejor mantener su mensaje sucinto pero impactante que seguir hablando sin parar.

A medida que avanzamos en este libro, aprenderemos el arte de hablar en público, pero no antes de superar el miedo a hablar en público. Además, si vas a esperar un momento en el que ya no te sientes ansioso por hablar antes de hacerlo, nunca lo harás. Esto se debe a que esos sentimientos de nerviosismo causados por la ansiedad nunca desaparecen. Ha pasado casi una década desde mi primera tarea de hablar, pero todavía me pongo sudoroso y tembloroso justo antes de ir frente a la multitud. Y he sido un orador público en más de cincuenta ocasiones. La única diferencia es que el miedo no es tan paralizante como solía ser. Sólo tienes que abrazar el miedo, no dejes que te envuelva. Ponga sus pies en el suelo y dígase a sí mismo que hoy, usted está haciendo esto.

Y en esa nota, aquí hay un resumen de lo que este capítulo ha sido:

- El Trastorno de Ansiedad Social es un trastorno mental provocado por el estrés de estar en una multitud. La ansiedad de actuación es una forma de ansiedad social asociada con el miedo al escenario o a hablar delante de una multitud.
- La ansiedad social es muy común, pero es tratable, manejable y muy posible de superar.
- Los mensajes que alimentan su mente determinarán su reacción en una situación social. Si te alimentas con mensajes relacionados con el miedo, reaccionarás con miedo.
- Aplazar su discurso público a una fecha posterior en la que se sienta más cómodo sólo prolongará su tormento. Es mejor morder la bala proverbial ahora.

Sus tareas:

1. Hable con un médico sobre su ansiedad. Puede que no consiga una solución de inmediato, pero el hecho de saber que está haciendo algo al respecto puede ser muy tranquilizador.
2. Toma el hábito de meditar por lo menos treinta minutos al día. Esta práctica le enseñará cómo hacer que su cuerpo se relaje incluso cuando está bajo presión.
3. Encuentra un mantra que puedas decir repetidamente para calmarte en situaciones estresantes. Podría ser una frase, palabras de afirmación o estímulos de confianza. Me gusta "Hakuna Matata".
4. Todas las mañanas, mírate en el espejo y hazte un cumplido. Puede parecer incómodo al principio, pero esa sensación pasa con el tiempo.

5. Mantener un contacto visual más prolongado con la gente. Para los extraños del otro lado de la habitación, una mirada de tres segundos está bien. Para la gente con la que está conversando, trate de mantener el contacto visual lo más posible. No mires fijamente. No mire fijamente.

Mantener el contacto visual le ayuda a desarrollar la confianza en sus habilidades de interacción social, y nos adentraremos más en la construcción de la confianza en el próximo capítulo.

Capítulo tres
Construyendo bloques de confianza

"¿No sería maravilloso

si te enamoraste tan profundamente de ti mismo

qué harías casi cualquier cosa

sí supieras que te haría feliz?

Esto es precisamente lo mucho que la vida te ama

y quiere que te alimentes.

Cuanto más te amas a ti mismo,

más el universo afirmaría tu valor.

Entonces puedes disfrutar de una aventura amorosa de por vida

...que te traiga la más rica satisfacción de adentro hacia afuera".

Alan Cohen

Las mentiras que nos decimos a nosotros mismos

Al crecer, se nos enseñó a ver lo malo de decir mentiras a otras personas. Siempre hubo honor en decir la verdad. La razón que se nos dio la mayoría de las veces fue que hacía difícil que la gente confiara en ti si tenías el hábito de decir mentiras. Mentir es un rasgo auto conservador y esto no es algo para lo que estés entrenado. Simplemente te llega de forma natural. Es por eso que un niño de tres años diría una mentira descarada. El objetivo principal de la mentira es dar una narración que sirva mejor a nuestros propósitos e intereses. Si la mentira se convierte en un hábito, entonces se convierte en un problema serio y podría haber algún ángulo psicológico para eso. Mentir es tan complicado porque nunca termina con una sola mentira. Crece de una pequeña falsedad en una red gigante y enredada de mentiras que atrapa a la persona que dice las mentiras y encuentro esto muy interesante porque cuando se trata de mentir, no sólo se ve afectada la persona a la que se le miente.

De hecho, las mentiras afectan aún más a la persona que las dijo. Y no me refiero a la visita nocturna del karma que la mayoría de la gente cree que juzga a los que han errado en el lado equivocado de la humanidad. Estoy hablando del impacto en la psique de la persona que perpetró las mentiras. Si alguna vez has estado en el otro extremo del palo, sabrías cuánto duele darse cuenta de que te han mentido. En otras palabras, cuando se dice una mentira, tanto la persona que miente como la que es engañada terminan realmente lastimados. Este dolor puede que no salga a la superficie inmediatamente. De hecho, puede que incluso te des cuenta de que te han mentido, pero en algún nivel instintivo, lo percibes y eso hace que el dolor persista y se encone, lo que conduce a una relación muy precaria en el mejor de los casos. Sabiendo todo esto, me gustaría que reflexionaran sobre la siguiente pregunta que voy a hacer. ¿Qué sucede cuando la persona a la que se le miente y la persona que dice las mentiras son la misma persona?

Hay mentiras que nos alimentan y tristemente, no muchos de nosotros estaban preparados para las consecuencias de esto. El mayor problema con las mentiras que nos decimos a nosotros mismos es que las mentiras no suelen ser nada grandiosas. Son pequeñas piezas de información que asimilamos en pequeñas dosis durante un largo período de tiempo. En otras palabras, lo hacemos sin darnos cuenta de lo que estamos haciendo. A veces, las mentiras son un reflejo de lo que la sociedad nos dice. Estamos marcados por la cultura, el estatus, la raza e incluso el género. Luego usamos estas etiquetas y dejamos que definan nuestro potencial. Cuando tu capacidad de rendimiento se caracteriza por la etiqueta que llevas, te enfrentarás a una lucha más interna en tu intento de triunfar. Algunas personas pueden argumentar que las etiquetas ayudan a darte una mejor comprensión de ti mismo. Estoy de acuerdo con esas personas, pero hasta cierto punto. Verás, a menos que seas tú el que se dé la etiqueta, en lugar de adoptar la que te ha puesto la sociedad, siempre acabarás defraudándote a ti mismo. ¿Qué quiero decir con esto?

Asumamos que tus padres te han etiquetado como "dolorosamente tímido". "Vieron ciertos rasgos y comportamientos que exhibiste cuando eras mucho más joven y luego lo identificaron con la timidez. A partir de ese momento, esta es la información que reforzaron. Si se reunían con amigos y dudabas en socializar, inmediatamente se disculpaban y luego enfatizaban el mensaje, "Lo sentimos, pero nuestro chico es increíblemente tímido". "Probablemente escucharon esto mucho en los ambientes sociales y asimilaron el mensaje. A medida que crecías, personalizabas ese mensaje. Tu excusa para la incomodidad que experimentas cuando socializas es excusada por tu "timidez". "Tu aceptación de este mensaje es tan sana que caracterizas todo lo que haces con la etiqueta. Así que cuando se te presenta la oportunidad de hablar frente a tus compañeros, sin pensar mucho en lo que implica, juegas con la etiqueta y te escabulles para salir de ella.

Mentiras como estas actúan como una barrera para tu crecimiento. La excusa de Abraham Lincoln era que había una enfermedad que corría en su familia que le impedía hablar en público. Imaginen lo que hubiera pasado si Abe hubiera levantado las manos y abrazado las limitaciones que le imponía esta enfermedad. Probablemente habría vivido una vida normal sin nada fuera de lo común que lo diferenciara de los hombres de su época. Pero tenemos el privilegio de saber en qué se convirtió y es imposible imaginar a Abraham Lincoln como alguien menos que la persona fenomenal que fue. Las mentiras que nos decimos a nosotros mismos sólo sirven para amplificar nuestros miedos y aumentar la duda en nuestras habilidades. Decirse a sí mismo que no puede hablar en público es sólo para protegerse de la posibilidad de fracaso si lo intenta. Es usted diciéndose a sí mismo que no está cualificado para la tarea. Veamos las implicaciones de esto.

La vida en los lugares rocosos

¿Has visto alguna vez una flor floreciendo en una planta que crece a través de las rocas? Es increíblemente hermosa y al mismo tiempo alucinante. Lo veo como un milagro porque bajo circunstancias normales, esa planta no está destinada a estar ahí. Para que una planta crezca, necesita tierra, luz y agua. Las rocas tienen cantidades muy limitadas de esas, por lo que no se ven plantas que prosperen en esos lugares. Pero entonces tienes situaciones extraordinarias como estas en las que la naturaleza decide desafiar las probabilidades. La planta en cuestión no sólo creció en un lugar rocoso. Prosperó, floreció y se convirtió en una cosa de belleza que se admira. Tan excepcional como esta historia es, el mensaje principal es que nada es imposible si pones tu mente en ello.

No sé el tipo de ambiente en el que naciste y te preparaste. Pudo haber sido un lugar rocoso que no ofrecía lo esencial que necesitabas para prosperar. Eso o tu entorno era un suelo rico y fértil que te ofrecía todo lo que necesitabas para triunfar en la vida. Cualquiera que sea el caso, aquí hay una verdad evidente:

Ninguno de estos entornos enumerados puede hacerte fracasar o triunfar en la vida. Lo único que pueden hacer es hacer más difícil el éxito o el fracaso. Y esto se debe a que el ingrediente clave que determina hasta dónde llegas en la vida es con lo que te alimentas. Y esto nos lleva de vuelta a las mentiras que nos decimos a nosotros mismos. Imagina el tipo de conversación que esa planta debe haber tenido consigo misma en ese lugar oscuro, seco y sin vida donde echó raíces como semilla. Debe haber escuchado el mensaje de que sólo las plantas en suelo fértil pueden crecer. Las rocas deben haberle dicho que se rindiera porque había muy poco sol y agua que llegaba. Sin embargo, la planta no internalizó esos mensajes a pesar de que reflejaban con precisión la realidad de la situación en el exterior. Para prosperar, habría tenido que buscar en su interior los recursos para aprovechar. Creo que, si la planta hubiera mirado hacia adentro y hubiera encontrado la misma dureza en el exterior reflejada en el interior, se habría doblado y muerto.

Pero no lo hizo. En su lugar, encontró un oasis en el interior que lo hizo resistente a las condiciones externas de sequedad. El crecimiento puede haber sido más lento que el de sus pares, pero en el momento en que se abrió paso hasta la superficie, ese proceso se aceleró. En este punto, el mundo exterior comenzó a ajustarse a lo que ya estaba en el interior y el resultado fue una flor tan distinguida como una pieza de arte impresionante. Volvamos al dilema actual de hablar en público. Si quieres liberar el potencial de tu interior, debes dejar de prestar atención a lo que te alimenta tu entorno. Tal vez estás viendo tu inexperiencia en el tema propuesto, tu supuesta naturaleza tímida, tu problema de habla y así sucesivamente como las cosas que limitan tu capacidad de éxito. Centrarse en estas cosas automáticamente establece parámetros sobre lo que puedes conseguir y hasta dónde puedes llegar. En lugar de ello, céntrate en tu objetivo.

Haz que tu negocio sea manejar tu mente consciente (también conocida como tu voz interior) y recuerda que puedes lograr el éxito que deseas al hablar en público. Esos otros temas de los que hablamos pueden ralentizar tu proceso o hacerlo mucho más difícil para ti, pero el factor determinante al final del día eres tú.

Construyendo pilares con piedras

Todos tenemos nuestras respectivas luchas en la vida. Algunos de nosotros somos muy buenos para disfrazar nuestro dolor. Otros llevan sus corazones en las mangas. Sea cual sea la categoría a la que pertenezcas, reconoce que la lucha es real. Sin embargo, también recuerde que su éxito es igualmente real. Puede que hayas tenido que lidiar con la ansiedad social, el miedo escénico, la baja autoestima y la falta de fe en tus habilidades para llegar a ese punto desde el que puedas hablar cómodamente. Tanto si es la primera vez como si es la milésima, hay obstáculos que ha tenido o tendrá que superar para dejar su huella. El propósito de este capítulo es guiarte a ese lugar donde estos obstáculos pueden convertirse en los cimientos sobre los que construir tu pretensión de éxito.

Ahora que es consciente de que está al mando de sus asuntos y no es necesariamente víctima de algún factor biológico o psicológico, no puede permitirse el lujo de quedarse al margen. Tendrá que hacer esfuerzos conscientes para dejar ir primero algunas "verdades" en las que ha creído. Amplíe su horizonte con su mente. Tengo un cuadro en mi casa que considero una de mis compras más valiosas y esto no es por la cantidad de dinero que tuve que poner para ello. Es lo que simboliza para mí. El artista en cuestión es un hombre indio que nació sin ninguna función en sus brazos. Usando sus pies y su boca, es capaz de crear un arte tan increíble. Cada vez que miro la pintura, me recuerda las posibilidades.

Las posibilidades no siempre nacen de la disponibilidad de lo que se necesita para tener éxito. Nacen en el momento en que te decides a seguir adelante para alcanzar tus objetivos a pesar de las piedras que la vida te ha lanzado. En ese momento, en lugar de dejar que tus debilidades te paralicen, dejas que te inspiren a ser más grande. Cuando tus miedos y dudas son los que más gritan y te dicen que no puedes, levantas la voz en tu cabeza y gritas que sí puedes. En el momento en que puedes hacer esto, nace tu guion de éxito.

Recuperar y retener la corona

Si en este momento no puede decirse a sí mismo que puede hacerlo, le sugiero que deje de leer más y vuelva al principio de este libro y empiece de nuevo. No estoy diciendo que sus miedos hayan desaparecido o que no tenga ninguna duda sobre usted mismo. Porque siempre estarán ahí. Y si por alguna razón no tienes miedos o dudas, diría que deberías volver y leer el capítulo uno porque definitivamente suena como si estuvieras de vuelta en tu zona de confort. En este punto, deberías seguir sintiendo cierta presión sobre el siguiente paso que estás a punto de dar, pero al mismo tiempo, deberías ser capaz de decir que puedes hacerlo.

Reclama tu corona afirmando positivamente tus habilidades y mantén la corona, y así evitarás las voces de la duda. No hay píldoras que puedan llevarte a este punto. Y no hay ninguna cantidad de tiempo en el sofá del psicólogo que pueda arreglar esto. Esta es una decisión que tienes que tomar al 100% por tu cuenta. Todo lo que he dicho aquí sólo puede inspirarte a dar el siguiente paso, pero sin dar ese paso, siempre estarás al otro lado de la línea. Tenemos un obstáculo más que cruzar antes de pasar a la siguiente parte donde realmente empezamos a prepararnos para hablar en público. Pero requiere que admitas que puedes hacerlo. Aun así, ¿necesitas un pequeño empujón para acercarte a la línea?

Aquí hay un resumen de lo que hemos aprendido hasta ahora:

- Las palabras que te dices a ti mismo tienen un efecto más poderoso que cualquier otra cosa que alguien pueda decirte. Necesitas empezar a "regarte" desde dentro con palabras positivas.
- La única razón por la que no puedes hablar en público es que te has dicho a ti mismo que no puedes.
- Nada es imposible en el momento en que te lo propones.
- Usted controla los límites de su potencial. Sólo puedes rendir tan bien como crees que puedes hacerlo.
- La afirmación positiva es una forma de tomar los retos que la vida te lanza para construir tu éxito.

Sus tareas:

1. Imagínate actuando en el escenario. De principio a fin, deja que toda la experiencia sea positiva. Medita en esta imagen al menos una vez a la semana.
2. Escriba con detalle cómo le gustaría ver su actuación como orador público. Coloque este artículo escrito en algún lugar accesible y léalo en voz alta todos los días. Modifícalo a medida que crezcas.

3. Piensa en tu vida y encuentra una experiencia que te permita superar un desafío. No tiene por qué ser algo grandioso. Si has estado cumpliendo con las tareas asignadas en el capítulo anterior, deberías tener algo en tu lista. Si no es así, ponte a ello.

4. Pide a tres personas de tu círculo que te conozcan de algún modo que enumeren tus cualidades y tus "debilidades" en dos hojas separadas. Estudia esa lista y averigua cómo hacer que te ayuden a conseguir tu objetivo. No interiorice las debilidades percibidas; en su lugar, empéñese en ellas. Por ejemplo, si alguien dice que usted está retirado en las multitudes, dígalo de otra manera para significar que le gusta observar su entorno.

5. Enumera tres cualidades que tienes y cómo crees que esas cualidades te han servido en tu trabajo, en tus relaciones y en la vida en general.

El capítulo final de esta sección reflexiona sobre el viaje que hemos hecho hasta ahora y nos sitúa en un espacio mental que desafía lo que hemos aceptado como el status quo. Entramos en las mentes de los campeones y descubrimos lo que les hace funcionar.

Capítulo cuatro
Eliminando los obstáculos

"El mayor obstáculo

...que tienes que superar es tu mente.

Si puedes superar eso,

puedes superar cualquier cosa".

Desconocido

Bloqueos emocionales

Esta cita me recuerda una cita que escuché de un héroe poco probable. Soy uno de esos adultos que disfrutan del entretenimiento de los niños. Se puede decir que, en el fondo, todavía soy un niño grande. Algunos de mis héroes favoritos no son de Marvel o DC Comics. Residen en Dream-Works o en el estudio de animación Pixar y ahora mismo, los chicos de *Kung Fu Panda* son los mejores. En la última serie, hubo una parte en la que uno de los personajes le dice a sus estudiantes "antes de la batalla del puño viene la batalla de la mente". Puedo intentar establecer la premisa para esta declaración, pero eso llevaría a un libro totalmente diferente y ambos sabemos que no te apuntaste a eso. Además, dado el título de este tema, creo que ya tenemos más que una idea justa de a dónde quiero llegar con esto. Pero mantén ese pensamiento por un momento. Dejemos la arena de los niños y vayamos a la arena de la lucha o del boxeo.

¿Has notado que antes de una pelea (por cierto, no soy un gran fan de ellas, pero es una excelente ilustración), las personas que se pelean entre sí son puestas en la misma sala frente a un pequeño público donde se les da una bofetada? Para los organizadores del evento, es una gran manera de promover el espectáculo y hacer buenas ventas. Para el público y cualquiera que lo vea, es un gran entretenimiento y un incentivo para ver la pelea. Para los luchadores, su objetivo es diferente. Algo siniestro, algunos pueden decir. Para ellos, esta charla es una forma de meterse en la cabeza de su oponente y sacarlo de su juego. Antes de la batalla del puño viene la batalla de la mente.

Ahora déjenos devolverle esto. Al salir al escenario es donde su "batalla" ocurrirá, pero la lucha comienza mucho antes de que usted entre en ese escenario. Y como estoy seguro de que ya lo sabes, la persona contra la que luchas es contra ti y esa suele ser la pelea más dura porque conoces todos tus puntos débiles emocionales, así que cuando te metes en una sesión de "charla" contra ti mismo, te noqueas a ti mismo antes de subir al ring. Una típica charla entre dos personas normalmente se centra en las debilidades del otro. Lo que sucede en una pelea es que estas dos partes se burlan de cosas que a veces son muy personales para el equipo contrario. En tu situación, no te estás burlando de ti mismo (aunque algunos de nosotros usamos el humor para criticarnos a nosotros mismos), sin embargo, estás haciendo un muy buen trabajo al socavar tus habilidades. Digamos, por ejemplo, que tienes un problema con la forma en que pronuncias ciertas palabras; cuando tienes esa charla interna de bofetada contigo mismo, cada insulto o comentario negativo que has recibido sobre este defecto se amplifica y se convierte en el centro de atención. Esto se vuelve peor cuando se te pone en una situación que requiere que uses esta cosa de la que la gente se ha burlado de ti antes incluso de prepararte para salir al escenario.

En general, toda inseguridad que hayas enfrentado tendrá su momento en el centro de atención y en el juego de las mentes, esto te hará aún menos confiado y menos dispuesto a ir a la ofensiva. Parecería como si te pusieras a ti mismo para que otras personas te juzguen cuando en realidad, la única persona que juzga eres tú. Estos comentarios negativos pueden pesar sobre ti debido a tu conexión emocional con ellos. Para ayudarte a superar tu obstáculo emocional, decidí seguir las indicaciones del rey de la bofetada ya que estamos en el tema. Si eres un fanático de la televisión basura, puede que te hayas encontrado con algo llamado "Yo Mama". "Es una forma de hablar de la heroína en la que la gente hace bromas tontas sobre su oponente empezando con "Yo mama". Solía pensar que no había una estrategia y que se trataba de tener los mejores chistes. Pero estaba equivocado. Imagina esto. Tienes una situación en la que una persona se enfrenta a un golpe personal que se convierte en una broma y todo el mundo se ríe porque es una broma muy buena. Y luego la persona que recibe la broma no la toma como algo personal, sino que le da la vuelta y regresa con ella, a veces noqueando a su competencia en el proceso.

Luego tienes a la otra persona que escucha este chiste sobre algo que le hace sentir inseguro y se siente aplastado por ello. En esta situación, son incapaces de ver más allá de la intención de la otra persona y por lo tanto salen del juego antes de lo que deberían. La diferencia entre los dos no está sólo en la forma en que reaccionaron a las bromas hechas sobre sus inseguridades. Es cómo escucharon el chiste. La primera persona vio una oportunidad en esos insultos, y la usó para volver, mientras que la segunda persona no lo hizo. Es lo mismo cuando tienes una charla de bofetada mental contigo mismo. Necesitas separarte emocionalmente de lo que sea que tengas contra ti mismo. Busca una laguna jurídica y luego hazte regresar con ella.

Con la nueva información que acaba de recibir, volvamos a la hipotética inseguridad que tiene con su forma de hablar. Lo más probable es que le preocupe que cuando suba al escenario, su defecto de habla se haga evidente. En lugar de hablar de ti mismo fuera del juego, piensa en ello como una oportunidad para educar a la gente que te rodea sobre los problemas del defecto en el habla. Lo que este tipo de pensamiento hace por ti es que te ayuda a reconocer esas cosas que consideras defectos y a aceptarlos. Y no sólo lo aceptes como una debilidad. Mira cómo puedes convertirlo en tu fortaleza. En este escenario hipotético, tu fuerza sería un conocimiento de primera mano sobre algo que mucha gente ignora. Tomando esta perspectiva, el escenario ya no se convierte en una arena para mostrar tu debilidad. En su lugar, se convierte en una plataforma que enmarcaría tu fuerza. Supongo que lo que estoy tratando de decir en todo esto es que, en primer lugar, tienes que aceptar tus defectos. Esa es la primera batalla emocional que tienes que superar. Si aceptas tus defectos, nadie puede usarlos en tu contra, ni siquiera tú mismo.

La Crítica

Cuando se trata de la crítica, siento que el mundo del arte es el mejor lugar para usar como ilustración porque los artistas se enfrentan a muchas críticas por el trabajo que hacen y, sin embargo, de alguna manera superan las expectativas de sus críticos y sobresalen en su juego. Un ejemplo de uno de estos artistas es el gran Pablo Picasso. Cuando Picasso mostró por primera vez su técnica de arte al mundo, recibió muchas críticas por ello. Algunos llegaron a describirlo como demoníaco y sus dibujos como algo de otro mundo. Muchas de esas personas no pensaron que llegaría lejos en el mundo del arte. Pero lo hizo y la generación actual lo considera probablemente uno de los más grandes. ¿Y sus críticos? Bueno, digamos que su reclamo a la fama son las palabras que usaron para describir su arte, lo que no refleja bien su legado en absoluto.

Cuando te enfrentas a la oportunidad de hablar en público, el segundo obstáculo emocional que tienes que superar es la crítica. En este sentido, primero, tenemos que culparnos a nosotros mismos ya que somos los peores críticos. Y luego tienes las críticas de los segundos partidos. Pero en mi opinión, la crítica de los segundos partidos no es realmente importante en este momento porque lo que dicen es generalmente un eco de lo que piensas. Además, hay formas constructivas de crítica que te construyen. Así que esto nos lleva de vuelta a ti. Es tu responsabilidad evitar que caigas en la trampa de las críticas. Tienes que llegar al punto en que entiendas que esto no se trata de ti o de tu actuación. No vas a subir al escenario para ser juzgado, aunque lo parezca. Estar de pie frente a un grupo de extraños se siente como si te abrieras para que los del otro lado te critiquen, pero esto está lejos de la verdad. Tienes que cambiar la perspectiva de esto si quieres superar el problema de la crítica. La gente que viene a oírte hablar está ahí para quitarte algo de lo que dices y la única vez que criticarán es cuando te pones ahí y no dices nada. Incluso en eso, encontrarías gente que consideraría tu silencio como una declaración muy vocal.

La conclusión es que no puedes controlar lo que la gente va a pensar de ti y por lo tanto, ¿por qué querrías desperdiciar tus recursos mentales en lo que se puede o no se puede decir? Si alguien como Pablo Picasso, cuyo arte es muy buscado hoy en día, pudiera ser criticado por su trabajo, yo diría que todos estamos en juego. Así que, para este segmento mi consejo es el siguiente: En lugar de preocuparse por las opiniones de otras personas, concéntrese en su arte. Céntrate en lo que vas a decir (ya hablaremos de ello en capítulos posteriores). Así es como se superan los obstáculos asociados a la crítica. Ahora sé que esto no es fácil y es exactamente por eso que usé el mundo del arte como una ilustración. En el arte, la perfección existe, pero la perfección se basa en la perspectiva. ¿Ha oído el dicho de que la carne de un hombre es el veneno de otro hombre? Siempre habrá puntos de vista opuestos en todo. No importa lo bueno que seas, siempre habrá gente que no valorará lo que haces. Incluso la persona que está clasificada como el mejor orador público en el mundo todavía tendría una secta de personas que pensarían que no valen nada. En conclusión, acepta el hecho de que a algunas personas no les vas a gustar de todos modos, sin embargo, no vas a subir al escenario para que te gusten. Concéntrate en tu objetivo y cuando las críticas lleguen después de que hayas terminado, recuerda las lecciones del segmento anterior y sigue con los golpes.

El poder de la imaginación

Hubo algo que aprendí muy pronto en la vida y esto es gracias a la relación que tuve con mis padres. Ellos me inculcaron la apreciación de esta verdad fundamental y me he llevado esta verdad conmigo en todo lo que hago. Es muy simple, realmente, y estoy seguro de que, en algún momento de su vida, puede que lo haya escuchado. La verdad es ésta: Usted es un producto de su imaginación. En palabras ordenadas, si puedes pensarlo, puedes serlo. Si no puedes pensarlo, no puedes serlo. No importa cuán educado seas. No importa cuán conectado estés. Sólo puedes ser tan poderoso como tu imaginación. Si hay algo que he tratado de establecer desde el principio de este capítulo hasta este punto, es el hecho de que la mente es donde se crea casi todo lo que experimentas. Si vas a imaginar cosas negativas, debes esperar tener experiencias negativas. Si todo lo que puedes imaginar en este momento, después de todo lo que has aprendido hasta ahora, es cómo vas a subir al escenario y ser terrible en ello, mi querido amigo, está garantizado que vas a ser terrible.

Así de influyente es tu imaginación. Ahora bien, si te imaginas subiendo al escenario y haciéndolo excelentemente bien, es probable que esto sea una realidad para ti. Sin embargo, tu trabajo no se detiene en imaginar los resultados. Tiene que haber algún trabajo que asegure que lo que imaginas se convierta en realidad, y de eso trata el resto de este libro. Quiero llevarte a ese punto en el que estés completamente emocionado de estar en el escenario. No te concentres en calificar tu actuación (al menos no hasta que termines). Todo lo que puede hacer por ti es ralentizarte. La idea de usar tu imaginación para alimentar tu actuación no se trata de obtener el 100% de tu puntuación o los aplausos que recibes. Se trata de subir al escenario y disfrutar de la experiencia. Cuando disfrutas de la experiencia, no importa lo que los demás piensen de tu actuación. Ahora bien, si se combinan las expectativas de la experiencia con las directrices prácticas de preparación a las que llegaremos más adelante en este libro, se incrementan las posibilidades de que la gente disfrute viéndote en el escenario de esta manera. Hasta ahora, todo lo que he hablado ha tenido que ver con la reorientación de su mente. Quiero que te metas en el espacio donde tienes la mentalidad de ganador. Así que, esto es lo que deberías sacar de este segmento: No tienes que tener los mejores chistes. La gente sólo necesita ver que estás ahí arriba y pasándola bien, y empiezas ese proceso imaginándote ahí.

Satisfacer sus miedos

Siguiendo con el tema de este capítulo, hay algunas preguntas que quiero que se hagan. Preguntas como ¿qué es lo peor que te puede pasar en el escenario? ¿Qué es lo más loco, lo más insano, fuera de este mundo que puede pasarte en el escenario para arruinar tu experiencia de hablar en público? Cuanto antes encuentres las respuestas a estas preguntas, más rápido podrás superar tus miedos. El concepto de satisfacer tus miedos no se trata de centrarse en lo negativo. El hecho es que a menudo, las cosas que más tememos son las que no hemos pensado realmente. Es como el hombre del saco. Tenemos esta vaga noción de esta entidad y no nos enfrentamos a esta vaga noción. En su lugar, sólo aceptamos la realidad de su existencia. Pero luego cuando lo enfrentas de frente, te das cuenta de que no había ninguna razón para tener miedo en primer lugar.

Esto es lo que significa satisfacer tus miedos. Hazte esas preguntas con las que no te sientes cómodo y asegúrate de obtener las respuestas. ¿Tienes miedo de que cuando subas al escenario la luz caiga sobre ti? ¿O tal vez temes que tu ropa desaparezca mágicamente de alguna manera? Suenan como preguntas tontas, pero te sorprenderá cómo estas preguntas tontas dan forma a nuestros miedos. Así que hoy, ahora mismo, toma una hoja de papel y pregúntate a ti mismo a qué le temes exactamente y haz lo mejor que puedas para ser honesto con las respuestas porque es de las respuestas de donde obtienes la solución. Cuando tus miedos se satisfacen, pierden su control sobre ti y cuando ya no lo tienen, te vuelves libre. Y en este caso, eres libre de ser el mejor orador público que puedas ser.

Este capítulo trataba de ayudar a dar sentido a las luchas emocionales que tienes y de darte una pequeña visión de las consecuencias de tus pensamientos porque sí, las cosas en las que piensas pueden dar forma a tus experiencias. En este resumen, vamos a centrarnos en los cuatro principales obstáculos emocionales a los que nos enfrentamos y en cómo podemos superarlos:

- Socavan sus habilidades al enfocarse en sus debilidades. Para ganar en el escenario, primero debes ganar la batalla de la mente. Acepta tus defectos.
- Tu miedo a las críticas puede sacarte lo mejor de ti. Concéntrate en tus esfuerzos en vez de intentar predecir las opiniones de los demás.

- Sus expectativas de su actuación en el escenario marcan el tono de todo. Espere grandes cosas.
- Los miedos tienen un efecto paralizante. Libérese enfrentando esos miedos.

Sus tareas:

1. Escriba una descripción vívida de cómo imagina que sería su experiencia escénica. Sólo hay dos reglas para esto. La primera regla es que no te limites a ti mismo de ninguna manera. No importa cuán tonto creas que pueda ser un concepto, si quieres que sea parte de tu experiencia escénica, inclúyelo. Un ejemplo sería que imaginas que tu pelo en el escenario sería perfecto como el de una estrella de cine. No importa si tienes pelo o no, sólo inclúyelo como parte de la experiencia. La segunda regla es que no se permite ninguna forma de negatividad. No puedes incluir ningún elemento negativo en esta narración de tu experiencia escénica.

2. Haz una lista de todas las cosas que crees que pueden salir mal en el escenario. Esta lista debe ser escrita en un formato de preguntas y respuestas. Así que, en lugar de imaginar lo que piensas que puede salir mal, hazte una pregunta sobre ello. Por ejemplo, en lugar de decir "Me preocupa que se apaguen las luces", pregúntate: "¿Por qué se apagarían las luces cuando estoy en el escenario?" Y luego tratas de responder a esas preguntas lo más posible. Cuando termines de recopilar las preguntas y respuestas, el siguiente paso será evaluar esos temores.

3. Mira las preguntas y luego delibera sobre ellas. Decida si un miedo (expresado aquí como una pregunta) está en la misma categoría que el hombre del saco o si cae dentro del reino de la posibilidad. Al lado de cada pregunta, escriba su conclusión sobre el tema. Si cree que es válida, indíquelo. Si no, escriba la palabra *"irracional"* al lado. Esto te ayudará a ordenar tus miedos en categorías.

4. Lee esta lista todos los días antes del día en que tengas que subir al escenario.

5. Para las preguntas que considere válidas, cree un plan de acción para resolverlas.

Segunda parte
Preparando el escenario

Capítulo cinco
Entendiendo los porqués

"Su preparación para el mundo real

no está en las respuestas que ha aprendido,

pero en las preguntas ha aprendido cómo

preguntarte a ti mismo."

Bill Watterson

Encuentra tu propósito

Ahora que hemos superado algunas de las luchas internas que están teniendo, es hora de empezar a hacer las preguntas más difíciles y tomar una postura más firme sobre las cosas. Antes de este capítulo, diría que hemos dado pasos de bebé para sentar las bases de la siguiente etapa. Y ahora, este es el punto en el que te haces preguntas como, "¿Por qué estás haciendo esto, de todos modos?" Hay una gran diferencia entre querer hacer algo y entender por qué tienes que hacerlo. Y esa diferencia es el factor de motivación que te llevará a través de las partes más tormentosas de este viaje. Sabemos que la vida siempre vendrá con desafíos y con este tema, no me refiero sólo a hablar en público. Es algo que se aplica a todas las áreas de tu vida también.

Lo loco de estos desafíos, en mi opinión, es que no están destinados a descarrilarte o sacarte del camino en el que crees que debes estar. De hecho, creo que están destinados a impulsarte hacia adelante porque los desafíos que atraviesas en la vida es lo que te ayuda a definir la razón por la que lo estás haciendo en primer lugar. Ahora volvamos a hablar en público. Me resulta difícil creer que subas al escenario para marcar un elemento de tu lista de cosas pendientes. En teoría, podría ser una idea genial, pero ¿por qué lo hizo en su lista de todos modos? Esa pregunta es para que la respondas si esa es tu situación. Para cualquier otra persona, diría que cualquier razón que no resuene profundamente dentro de ti no es suficiente para que sigas adelante, especialmente cuando llegan los desafíos (te garantizo que lo harán). Si entiendes por qué tienes que hacer algo, aunque no sea exactamente algo que te haya gustado en primer lugar, te mantienes motivado para hacerlo.

Recuerdo que cuando era muy joven, mi padre estaba muy involucrado en un proyecto comunitario que ayudaba a los jóvenes a conseguir trabajo. Había un evento semanal del que él estaba a cargo y solía hacer que yo lo acompañara. Lo odiaba porque teníamos que levantarnos temprano para llegar a donde íbamos para obtener los recursos que necesitábamos para usarlos más tarde en el día para este evento semanal. Era un gran desafío porque estos lugares estaban en extremos opuestos de la ciudad. En un extremo, tenías los recursos y en el otro extremo, tenías el evento. Y mi padre sólo tenía este día de la semana para hacerlo porque tenía que trabajar a tiempo completo cada dos días. Yo, en su mayoría, lo odiaba y no puedes culparme, no entendía por qué tenía que estar involucrado en esto de todos modos. No es que mi padre y yo tuviéramos ningún momento especial de unión durante el curso de esto (o eso pensaba). Siempre lo vi como algo que mi padre quería hacer y no ayudó que mi madre lo llamara la mascota de mi padre de esa manera tan negativa que sólo las madres pueden hacer. Pero a pesar de los desafíos asociados con la realización de cada evento semanal, nunca vi que retrasara a mi padre de ninguna manera. Nunca faltó a una semana y, por lo que recuerdo, siempre fue puntual. Era casi como si con cada desafío, estuviera más inspirado para hacerlo. En la mañana de uno de esos días de eventos, me despertó y como de costumbre me quejé y me quejé. Entonces se me metió en la cabeza hacerle esta pregunta pertinente: "¿Por qué nunca te cansas?" Su respuesta fue simple pero muy profunda. Dijo: "Por Tim y por todos los demás Tim que están ahí fuera. "

Ahora la historia de Tim viene con un montón de carga emocional para mi familia, especialmente para mi padre, así que no voy a entrar en eso aquí. Sin embargo, recuerdo su respuesta porque su vívida descripción de su propósito me hizo entender inmediatamente por qué mi padre seguía siendo obstinado con su trabajo. Apuesto a que cada vez que tenía que arrastrarse fuera de su cama en un día en el que debería haber estado descansando, la imagen mental de Tim pasaba por su mente y se levantaba en un instante. Hablar en público no es algo que debas hacer por la influencia o para impresionar a algunas personas. No a menos que estés de acuerdo en hacerlo esa vez. Pero si quieres hacer una vida de esto e ir lejos, si realmente quieres superar los desafíos que te esperan, tienes que entender por qué lo hacías y cuando entiendas el *por qué*, los desafíos que te esperan no serán suficientes para detenerte.

Moverse con la multitud

Antes de entrar en este segmento correctamente, me gustaría comentar cuantas contradicciones hay en la vida. En un extremo, tienes gente que te dice que es importante para ti ser un individuo. Dicen que no hay que ir con la multitud. Y en el otro extremo, hay gente que dice que la voz del pueblo es la voz de Dios, así que cuando la multitud habla, sólo tienes que escuchar y seguir. Es difícil discernir qué es lo que mejor se aplica en este escenario, especialmente si todavía estás luchando con muchos problemas personales dentro de ti mismo. Si no te has definido a ti mismo y aún así llegas a ese lugar donde no aprecias el valor que tienes para ofrecer al mundo, es difícil decidir si vas a quedarte solo o simplemente mezclarte con la multitud.

Cuando se va a hablar en público, este es uno de esos casos en los que tenemos que aplicar un poco de ambos, y por ambos, me refiero a su individualidad y a las opiniones de la multitud. El hecho es este: La gente viene a oírte hablar y cuando la gente trabajadora se toma el tiempo de su día para venir a escucharte, es probable que haya un mensaje que esperan obtener de lo que les digas. Ahora bien, no sé en qué plataforma vas a hacer esta cosa de hablar en público; tal vez sea un proyecto de trabajo o tal vez quieras afinar tus habilidades para ser el maestro de ceremonias en los eventos. Podría ser algo tan simple como hacer un discurso de padrino en la boda de tu amigo o quizás algo un poco más complejo como tu primera incursión en el campo de la política... sean cuales sean tus razones, tienes que tener en cuenta que la multitud está ahí por una razón y si no eres capaz de llevarla en tu mensaje, la perderás.

Dicho esto, tampoco creo que debas complacer todo lo que la gente quiera. Tengo experiencia en mercadeo como probablemente sabes, y hay algo que aprendí de mi mentor en el campo que es muy clave para ejecutar una campaña de mercadeo exitosa. Nos enseñan que a menudo, el cliente no sabe lo que quiere. Al menos no hasta que se lo propongas. Siento que tendría sentido aplicar esa sabiduría aquí. Tu público puede venir a tu evento con una cosa en mente, pero hay una forma de lanzar tu individualidad a ellos que haría que se interesaran. Así que ahora ves por qué digo que tienes que seguir la línea entre tener un poco de tu individualidad en exhibición y atender las necesidades de la multitud. En los capítulos siguientes, veremos cómo puedes mover a la multitud, pero antes de llegar a ese punto, aquí es donde se establecen los cimientos centrándose en cómo quieres transmitir el mensaje utilizando los dos ingredientes esenciales para hablar en público: tu individualidad y las necesidades de la gente.

La verdad contra tu verdad

Después de decidir cómo quieres pasar el mensaje, lo siguiente importante es centrarse en lo que el mensaje va a ser. ¿Sabes cómo dicen que hay dos lados en cada historia? De la misma manera, cuando se trata de hablar en público, hay múltiples perspectivas. Sin embargo, hasta que no entiendas las complejidades de esto, hay dos perspectivas que son las más importantes. La primera es la verdad. Siempre es importante que cuando subas al escenario, no importa lo desagradable que sea, compartas esa verdad por lo que es. Si no por cualquier razón, hazlo por el bien de tu integridad. Cuando subas al escenario y hables frente a una multitud que es una campana que no puede ser desarmada, tienes que asegurarte de que cada palabra que pongas ahí fuera esté apoyada por la verdad. Si estás tratando de encontrar el valor para decir la verdad, debes empezar con la suposición de que la gente con la que estás hablando va a ser muy inteligente. Si ha prestado alguna atención a los debates políticos, verá que los candidatos vienen bien preparados con hechos y cifras.

La gente no va a venir al evento y tragarse todo lo que digas anzuelo, línea y plomada. Tienes gente que va a tomar notas, gente que va a analizar todo lo que has dicho y lo más probable es que quieran implementarlo en sus propias vidas. Si parte de lo que has dicho o todo lo que has dicho es falso, pones en peligro sus posibilidades de éxito y socavas tu propia integridad. Este no es un récord que quieras establecer para ti mismo. En las noticias, hemos oído hablar de quienes han obtenido ingresos por vender mentiras al público - y algunos de ellos han tenido mucho éxito en ello también - pero al final del día, sus mentiras los atraparon. En el otro espectro, hay gente que ha mantenido su integridad en el comercio y aun así ha amasado una fortuna en el proceso. Dicho esto, nuestro objetivo aquí no es la riqueza que viene de jugar en el campo. En general, se dice que un buen nombre es mejor que las riquezas. Esta oportunidad de hablar que se le ha dado lo pondría en una plataforma que puede elevarlo a un escenario global. Traerá oportunidades que transformarán tu vida. Muchos cambios ocurrirán, pero lo único que no debería cambiar es la integridad asociada a tu nombre. Y esto me lleva a la segunda perspectiva: tu verdad.

Ahora, en la aplicación de la verdad que va a compartir con la multitud, estoy muy seguro de que hay lecciones personales que aprendió en el camino. Como orador público para cualquier propósito, es importante que infundas estas experiencias personales con la verdad que ya está ahí fuera o que acabas de descubrir en el camino. Esto te da autenticidad y si eres lo suficientemente fiel a tu persona, te conectará mejor con tu público. Por favor, presten atención aquí, ya que esto es algo muy importante. La mayoría de la gente puede no querer identificarse con la verdad que has puesto ahí fuera, pero si te quedas en esa verdad y eres auténtico en ella, serías capaz de tamizar a través de la multitud de errantes para encontrar el tipo exacto de multitud con la que quieres compartir tus ideas. La gente piensa que tener una gran multitud es un testamento de tu éxito como orador público, pero en realidad, es el número de personas en esa multitud que eres capaz de impactar con éxito lo que habla de tus logros. Y creo que el tipo de gente que caería en esa categoría son aquellos que se conectan contigo. Son los que estarían dispuestos a implementar esas ideas que compartes. Así que, en conclusión, mantén el rumbo con la verdad y por todos los medios mantén tu autenticidad al compartir esa verdad.

Defínase

¿Alguna vez te has sentado sola en la oscuridad y te has preguntado: "¿Quién soy? ¿Por qué estoy aquí? ¿Cuál es mi propósito? "Creo que en algún momento de nuestras vidas, todos hemos tenido lo que el mundo describe hoy como una *crisis existencial*. En este estado, nos cuestionamos prácticamente todo sobre nosotros. Esto es bueno. Excepto que cuando se tiene una crisis existencial, no se opera exactamente con el estado de ánimo adecuado. Así que las respuestas que tienden a surgir surgen del miedo, la ansiedad y a veces la pérdida. Para responder a la pregunta de quién eres, necesitas alejarte de la circunstancia. Porque, si te dejas definir por la circunstancia que te rodea, no podrás alcanzar todo tu potencial. Hay mucho más en ti que tus experiencias y si conozco algo de la vida, es el hecho de que las experiencias cambian según el estado de tu mente. Es por eso que ciertas cosas que te causaron tanto dolor hace algunos años pueden ser objeto de risa cuando las miras ahora. Así que, si tus experiencias te van a definir, significa que eres esencialmente lo que estás experimentando en un punto específico de la vida. Esto sería muy triste porque significaría que hay una posibilidad de que se nos describa por una suma total de nuestros fracasos, nuestros éxitos, nuestra vergüenza y nuestras glorias.

No es así como me imagino a cada persona. Siento que tenemos mucho más que ofrecer. Y como un orador público que está empeñado en decir la verdad y sólo su propia verdad, necesitas la fuerza de carácter para lograrlo. La fuerza de carácter viene de estar enraizado en la verdadera versión de uno mismo. Sólo puedes ser la verdadera versión de ti mismo si te tomas el tiempo de reflexionar sobre estas preguntas que hicimos al principio de este segmento y proporcionas respuestas que están fuera de las experiencias que estás teniendo en este momento. Esto puede ser mucho pedir, pero en el segmento de tareas de este capítulo, he dado un proceso detallado paso a paso sobre cómo puedes definirte a ti mismo.

Recuerda, la confianza no viene de saber todas las respuestas o de ser querido por todos. La confianza viene de saber la respuesta correcta a la pregunta de: ¿Quién es usted? Responde a esta pregunta y no hay ningún escenario que sea demasiado grande o demasiado pequeño para ti.

Para terminar este capítulo, repasemos los puntos más destacados:

- Conéctese con la oratoria teniendo una clara comprensión de por qué lo hace. No tiene que ser algo grandioso. Pero deja que sea lo suficientemente vívido como para sacarte del sofá y subirte al escenario cada vez que te llamen.
- La combinación ganadora para ganarse a la multitud es decir lo que quieren oír y hacerlo de la manera que sólo tú puedes.
- Mantén tu integridad diciendo la verdad. Muestre su individualidad siendo auténtico.
- Define tu personalidad y luego usa esta personalidad para conectar con la gente.

Sus tareas:

1. Empieza por identificar tus pasiones. Escriba una lista de cosas que estaría más que feliz de hacer, aunque no le paguen por ello. Ponga esta lista a un lado.
2. Haz otra lista de las cosas que te gustaría hacer y sientes que si las hicieras te haría feliz.
3. Crea un plan de acción sobre cómo puedes hacer esas cosas y date dos semanas para seguir con este plan de acción.
4. En la marca de las dos semanas, mira las cosas que has marcado en esta lista y las que no. Las cosas que has hecho, escribe cómo te hicieron sentir. Las cosas que no has hecho, escribe por qué no las has cumplido.

5. Ahora clasifica las cosas que has hecho y que te gustaría hacer, y añádelas a la primera lista que has creado para esta tarea. Para las cosas que no has hecho, archiva eso en una carpeta de "curiosidad".

Las respuestas a las que llegues darán pistas sobre tu personalidad. Puede que aún no estén relacionadas con la oratoria, pero a medida que esta lista crece, se obtiene un mejor conocimiento de sí mismo. Cuando te conoces mejor, desarrollas una relación más saludable contigo mismo y es a partir de aquí que puedes responder con confianza a las preguntas de por qué, qué y quién. En el próximo capítulo, vamos a quitarte el enfoque y ponerlo en el tema sobre el que piensas hablar. Prepárese.

Capítulo seis
Eligiendo sus peleas cuidadosamente

"Elija sus batallas sabiamente. Después de todo, la vida no se mide

por cuántas veces te has levantado para luchar.

No es ganar batallas lo que te hace feliz,

pero es la cantidad de veces que te diste la vuelta y elegiste

para buscar una mejor dirección.

La vida es demasiado corta para gastarla en la guerra.

Lucha sólo contra los más, más, más importantes, dejar ir al resto."

C. JoyBell C.

Cómo decidir el qué

Antes de profundizar en este tema, es importante que reconozcamos el viaje que han hecho hasta ahora. Dupliquen los reconocimientos si han seguido todas las tareas dadas en cada capítulo. Al apreciar lo lejos que has llegado, eres capaz de potenciarte mentalmente para el viaje que tienes por delante. Y aunque sientas que has retrocedido en ciertas áreas y no has superado tus miedos, no dejes que eso te disuada. En cuanto a los miedos, no sé si han escuchado esto, pero seguiré adelante y lo compartiré con ustedes. El coraje no es la ausencia de miedo, sino la elección de seguir adelante y hacer lo que hay que hacer de todos modos. En otras palabras, *ese* miedo siempre va a estar ahí. La única diferencia es que, con el tiempo, será más fácil de superar. Desde el momento en que te invitan a hablar hasta el segundo en que sales del escenario, experimentarás esa sensación de nerviosismo que hace que parezca que tus piernas se han vuelto gelatinosas y tu estómago se está hundiendo. Pero con cada discurso, se vuelve aún más experimentado en ignorarlos. Con esa seguridad, abordemos nuestra siguiente tarea del día.

Ahora, este capítulo en particular es otro paso muy importante en este viaje porque aquí es donde se decide lo que se va a poner en escena verbalmente. La gente subestima la cantidad de trabajo que implica la preparación de un discurso. Cuando vemos a nuestros oradores favoritos hacer lo suyo en el escenario, debido a su excelente elocuencia y suavidad en la entrega, muchos de nosotros (incluido yo mismo) asumimos que esto es algo que les sale naturalmente. Pero la verdad es que los mejores discursos están bien pensados y ensayados con días, si no meses, de antelación. No conozco a mucha gente que suba al escenario y "improvise", como dicen. No a menos que seas un profesional e incluso los profesionales se toman ese tiempo para practicar. Anteriormente, usamos los debates políticos como una ilustración, y voy a volver a ello otra vez porque siento que esta es la forma más brutal de hablar en público y si puedes hacerlo bien aquí, puedes hacerlo bien con todo lo demás.

Cuando miras los debates políticos, ves a estos candidatos discutiendo sus puntos entre ellos, pero lo que no llegas a ver es lo que sucede entre bastidores. Antes de la fecha del debate propiamente dicho, hay varias recreaciones del debate y el objetivo es que el candidato llegue a ese punto en el que pueda hablar cómodamente sobre los posibles temas que puedan plantearse. Quieren ser capaces de argumentar sus puntos mientras se aseguran de que sus opiniones sean escuchadas. Las personas que los entrenan a través de estos simulacros de debate subrayan la importancia de atenerse a los hechos mientras muestran su personalidad. Puede que no vayas a un debate político, pero si quieres sobresalir como orador público, tienes que imbuirte de las mismas prácticas. Tómese su tiempo para planificar su discurso y luego ensaye tan a menudo como pueda.

Lo más probable es que ya se le haya dado un tema con el que trabajar. Si ese es el caso, la mejor manera de sentar las bases de un discurso interesante es realizar una investigación exhaustiva sobre el tema. Recuerden, la integridad es importante, por lo tanto es esencial que la verdad sea infundida en su narración del tema. El siguiente paso sería combinar los hechos que ahora conoces con tu experiencia. En una situación en la que no se le ha dado un tema, sino sólo un tema general, lo que se quiere buscar, o mejor dicho, la primera pregunta que hay que hacerse es: "¿De qué me gustaría hablar?" Al tomar tu decisión, debes tener en cuenta que cualquier tema que elijas debe estar en línea con el tema del evento. En contextos formales, mantén tu tema en cuestiones relevantes para el tipo de organización que organiza el evento. En las ocasiones informales, tal vez quieras actualizar tu discurso para incluir noticias de moda relevantes para la ocasión. Luego tienes que averiguar cómo puedes alinear lo que estás hablando con el tema. Te recomiendo que empieces por centrarte en tu área de especialización. Siempre tendrás un conocimiento de primera mano sobre el tema e información que probablemente no sea de conocimiento común para tu audiencia.

Presta atención a las estaciones

Estoy bastante seguro de que sabe que no me refiero al clima. El mundo en el que vivimos hoy en día es un lugar muy sensible. Hay tantas cuestiones sociales que han salido a la superficie que el nivel de corrección política que uno debe dominar le hará sentir que está caminando sobre cáscaras de huevo o, peor aún, un campo de minas emocional donde un solo paso en falso verbal puede causar una reacción catastrófica con enormes repercusiones. Al apegarse a la verdad, también hay que ser sensible a la conciencia social de su entorno emocional y mental. E incluso si estás hablando en un lugar donde sientes que la conciencia social está atrasada, tienes que recordarte a ti mismo que con la presencia de la tecnología, ha derribado los muros que una vez separaron a las naciones. Las noticias viajan a la velocidad del "ahora". Puedes estar hablando a una audiencia local sin darte cuenta de que has sido puesto en un escenario global. No quieres volverte viral por las razones equivocadas. Ahora sé que esto puede parecer una presión añadida, pero en lugar de verlo de esa manera, piensa en ello como una forma de hacerte aún más equipado para tu discurso.

Tu conocimiento de las estaciones te daría una mejor conexión con la gente de tu audiencia. El hecho es que los tiempos han cambiado... mucho. La gente está pensando y sintiendo las cosas de manera muy diferente a como lo hacían en los siglos anteriores. Sé que a lo largo de este capítulo y en los capítulos anteriores a este punto, he hecho y seguiré haciendo hincapié en apegarme a la verdad por el bien de la integridad. Pero mi enfoque en este segmento es abrirlos a la verdadera naturaleza de la verdad, especialmente en estos tiempos modernos. Hemos oído decir muy a menudo que la verdad es un trago amargo. Esto es cierto y entregar la verdad desnuda en ciertas ocasiones no te dará ningún punto extra. Más bien, puede llevarte al fracaso total, lo cual no es bueno, especialmente si quieres vivir de hablar en público. Entonces, ¿cómo navegas por este turbio terreno y sales sin una mancha en tu nombre?

En primer lugar, debes tener una buena comprensión de los tiempos en los que estás. El tema del género, la sexualidad y la igualdad debe ser un factor en la verdad que estás diciendo. No puedes continuar con la misma narrativa del pasado y esperar que el presente la cumpla. En segundo lugar, debes darte cuenta de que la verdad no es finita. Hay diferentes perspectivas sobre el mismo tema y la verdad depende del punto de vista en el que se está adoptando. Por lo tanto, asegúrate de incluir tantas perspectivas como sea posible en la narración de tu verdad. Lo que estoy tratando de decir es que tienes que ser delicado cuando dices tu verdad. Sean empáticos con la gente y la atmósfera emocional de su entorno. Digamos, por ejemplo, que están presentando un tema relacionado con un proyecto de ciencia. Factor en las opiniones de algunas personas que pueden estar preocupadas por el daño potencial que este proyecto de ciencia puede causar al medio ambiente. Presente un punto de vista que aún así ofrezca la verdad y los hechos de lo que quiere hablar, pero al mismo tiempo haga un intento de abordar las preocupaciones planteadas por otras partes. Es imperativo que su discurso sea inclusivo. Utilice su voz para decir la verdad (recuerde la parte de ser auténtico) pero intente en la medida de lo posible evitar declaraciones que hagan que ciertas partes se sientan excluidas. Porque si no lo haces, no sólo tu discurso será interpretado como ofensivo, sino que también limitarás el potencial de crecimiento de tu público objetivo. El arte de desarrollar el tipo de discurso que puede apreciarse en el clima actual puede compararse con el del artista de performance que tiene que caminar por una cuerda floja a través de una larga distancia mientras hace malabares con tantos objetos como sea posible al mismo tiempo. Es difícil, pero se puede hacer.

Una cosa que siento que debo advertirte es que te guardes de ser demasiado políticamente correcto para que pierdas la capacidad de hacer cualquier impacto con la plataforma en la que estás parado. Algunos expertos contratan a profesionales para que escriban el discurso por ellos y luego tienen otro equipo que lo repasa y accede al contenido del discurso. Si puedes permitirte tener tanta gente en tu nómina, esta es una solución genial. Si no, mi regla para esto es muy simple. Intento responder correctamente a estas dos preguntas:

1. ¿Estoy tratando demasiado duro de ser querido que estoy tratando de compartir soluciones prácticas?
2. ¿Esto es una controversia de cortejo o poner demasiado aerógrafo en la verdad?

El mejor lugar para responder a esta pregunta es en algún lugar intermedio.

Creando una estrategia ganadora

Tienes que recordar que el objetivo aquí es ganar. Y cuando digo ganar, no me refiero a una medalla de honor que se daría al final de la etapa porque no hay ninguna. Tampoco es para salir de cada etapa con los aplausos más fuertes (aunque sería totalmente genial si eso también sucediera). El objetivo es superar tus miedos, subir al escenario, mantener a la multitud en tu sitio (aunque sea durante cinco minutos) y luego salir del escenario sabiendo que has logrado las cuatro cosas y que puedes volver a hacerlo si te llaman a hacerlo. Diría que hemos conseguido que la primera parte se bloquee. Esas pequeñas inseguridades susurrando razones por las que no puedes y no debes ser silenciadas y reemplazadas por las voces que te dicen que puedes. Entre esas voces, tu voz debe ser la más fuerte. Ármate con afirmaciones diarias diseñadas para encenderte desde el interior para las tareas que te esperan. Escoge palabras que resuenen profundamente contigo. Al principio, puede sonar un poco inusual viniendo de ti. Para sentirme cómodo con las afirmaciones positivas, empecé escuchando o viendo videos de mis celebridades favoritas haciendo su discurso de motivación de los lunes por la mañana. Hay algunos que son tan optimistas que de repente te sientes como un león al final. Busca lo que funciona para ti y sigue su ejemplo.

La estrategia para subir al escenario es simple. Simplemente hazlo. En el momento en que tu nombre sea invocado en el escenario, no te congeles y ciertamente no pienses en ello. Sólo súbete ahí y cada cosa que has estado practicando vendrá a ti. Puede que incluso te sorprendas a ti mismo con algunos trucos que no tenías ni idea de que conocías. Para mantener a tu público en control, piensa en ti como el mago y en tu discurso como el acto. Debes tener la introducción asesina, varias partes que se desglosan claramente para llevar a tu audiencia de un punto a otro y luego la gran salida.

Comencemos con su presentación. A algunos oradores públicos les gusta empezar con humor (hablaremos de esto dentro de unos capítulos) y a otros les gusta empezar con hechos muy dramáticos. He conocido oradores que empiezan con una biografía comprimida sobre sí mismos. Elija la que le resulte más cómoda. El humor no tiene por qué ser de la misma calidad que el de Comedy Central, pero debe ser capaz de arrancarles una sonrisa. A menos que hayas perfeccionado el arte de la sincronización de la comedia, no recomendaría ir por esos chistes clásicos en los que te paras para que la multitud se ría. Hice ese paso en falso una vez y hubo un silencio total. Sin embargo, también estaba preparado para eso. Después de un segundo o dos de no reírme, simplemente seguí diciendo, "Qué público tan duro. Obviamente, nadie vino aquí por los chistes, así que me meteré de lleno. "Esto provocó algunas pequeñas risas y seguí adelante. Ahora, lo convierto en una rutina. Doy una broma muerta y luego me divierto con que nadie se ría y me pongo a hablar. Si vais a por hechos dramáticos, empezad por decir estadísticas que no están relacionadas con el tema que estáis discutiendo y que no son de uso común. Incluso si lo están, puedes cambiar tu perspectiva interpretando esas estadísticas en términos relacionados. Así, en lugar de decir "De 100 millones de personas, sólo 10 millones de personas se lavan los dientes por la noche", puedes intentar decir "De las diez personas que se sientan cerca de ti, posiblemente sólo una se fue a la cama con aliento fresco". "Esto inmediatamente trae su enfoque al tema y despierta un interés personal en el tema.

Si lo que he hablado te parece un poco demasiado dramático, está bien empezar con una biografía muy, muy corta sobre ti mismo. Puede ser sólo tres frases y si fue escrita en un libro, no debe exceder de tres líneas. Además, recuerde que su introducción debe coincidir con el tema de la ocasión. El siguiente debe ser el tema del discurso. No dé una larga declaración que lea palabra por palabra. Divídanlo en segmentos y discutan sobre cada punto. Puedes tener pequeñas notas y tarjetas de referencia que contengan los puntos principales. Si tu presentación se hace con un proyector y una pantalla para que la audiencia la vea, mejor aún. Escribe tu discurso en viñetas en la pantalla y añade una imagen de vez en cuando. Esto los mantiene visualmente comprometidos. A los seis o diez minutos (depende de la duración del discurso para mí), les doy un poco de humor. Me gusta usar caricaturas divertidas o imágenes que parezcan extrañas, hilarantes y fuera de lugar y cuando la multitud se ríe o se ríe, hago un "oops" falso y luego lo ato al resto de la presentación. Trato de terminar antes de tiempo para poder hacer preguntas (si el evento lo permite) y normalmente llevo pequeños recuerdos conmigo. Cualquier miembro de la audiencia con la respuesta correcta obtiene un recuerdo al instante. Es una forma divertida de mantener a mi gente entretenida y me da mejores vibraciones cuando salgo del escenario. Encuentra una rutina que funcione para ti, practica y clávala.

Prepararse para el conflicto

La frase "espera lo peor y espera lo mejor" solía ser algo que me asustaba mucho. No quiero esperar lo peor. Quiero que sólo me sucedan las cosas buenas. Mi sentimiento hacia esta declaración se amplifica incluso cuando pienso en hablar en público. Pero esto fue antes de mi experiencia con la oratoria. Después de mi primer debut exitoso en el escenario (lees sobre mi anterior desastre), me di cuenta de que cuanto más preparado estuviera, mejor sería mi experiencia en el escenario. Todo esto era divertido y bueno hasta que se añadió un segmento de preguntas y respuestas a uno de mis eventos de oratoria. Esto fue mientras aún trabajaba en la empresa de marketing. No estaba listo para responder el tipo de preguntas que me llegaron ese día en el escenario. Se sentía como si fuera un ataque personal. La mayoría de las preguntas eran de empleados descontentos que sentían que yo representaba a la compañía ya que hablaba por ellos en el escenario. Por supuesto, fue injusto que me atacaran de esa manera, pero en retrospectiva, si hubiera llegado al escenario mejor equipado, habría sido capaz de plantear esas preguntas de una manera mejor y más apropiada.

No importa lo agradable, cálido, creativo o inspirador que seas, todavía hay gente que se te acercará con preguntas que te harán perder el juego. No puedes evitarlo intentando ser más agradable, cálido, creativo o inspirador de lo que ya eres. La única manera de combatirlo es anticipando la resistencia, anticipando sus preguntas y preparando sus respuestas de antemano. Intente en la medida de lo posible no tomar algunas de estas preguntas como algo personal, ya que la resistencia no siempre está dirigida a usted. En algunos casos, la gente del público puede tener alguna noción preconcebida sobre usted y al recibir su mensaje, lo filtran a través de la lente de esa noción que tienen sobre usted y responden de esa manera. En otros casos, tal vez, el problema tiene más que ver con el mensaje que con su persona.

En cualquier caso, no intente explicar sus acciones. En su lugar, haga lo posible por volver a centrar la atención en el mensaje que está tratando de transmitir. Y en el caso de que se le haga una pregunta a la que no tenga ni idea de cómo responder, puede desviar o admitir que no lo sabe. El problema de desviar es que podrías perder una oportunidad de aprendizaje tanto para ti como para la persona que hizo la pregunta. Y sólo recomendaría la desviación en los casos en que la pregunta formulada sea incitante y odiosa. Pero si viene de un lugar de genuina curiosidad, podrías decirle a la persona que la pregunta que hizo es muy intrigante y que te encantaría tener el tiempo para explorar ese tren de pensamiento aún más. Da un paso más pidiéndole que se ponga en contacto contigo a través de tu dirección de correo electrónico profesional para que puedas compartir tus hallazgos con ellos. Lo más probable es que con una respuesta como esta, ganes más gente para tu "base de fans". "En una situación en la que el conflicto no se expresa en el lugar, encontrarás algunas personas que se conectan para expresar su disgusto. De nuevo, no lo tomes como algo personal. Si no está dañando su reputación, le insto a que no lo piense dos veces. Si se han hecho críticas constructivas, mírenlas cuidadosamente y aprendan de ellas. Este es un proceso de aprendizaje para usted. Intenten tanto como sea posible aprender, adaptarse y evolucionar.

Después de completar este capítulo, llegué a una conclusión no tan sorprendente. No puedes complacer a todo el mundo por mucho que lo intentes. Lo mejor que puedes hacer es asegurarte de complacer a la mayoría y esa mayoría debe incluirte a ti mismo, a los organizadores del evento en el que hablarás y a una mayor parte de la audiencia. Si puedes hacer esto, deberías estar bien. Dicho esto, veamos cómo he llegado a esta conclusión basándome en las lecciones de este capítulo:

- Al decidir sobre qué hablar, hay que asegurarse de que el tema, ya sea dado o elegido, es la verdad envuelta en torno al tema del evento o viceversa.
- Sea sensible al clima emocional y guarde sus palabras con diligencia.

- Tener un plan estratégico que te lleve desde el punto de tu miedo escénico hasta el punto en que sales del escenario. Usar afirmaciones, planes de discurso y presencia escénica para construir una rutina escénica ganadora.
- Siempre habrá algo negativo que ciertas personas dirán. Reconocer que el objetivo no es gustar a todo el mundo, sino dar un excelente discurso en público.

Sus tareas:

Haga estas tareas antes de cualquier evento público:

1. Identifique la naturaleza del evento en el que va a hablar. Obtenga detalles específicos.
2. Averigua todos los detalles que puedas sobre el tipo de gente que vendría para el evento. Información como la edad, el género, la etnia, etc. tendrá un papel clave.
3. Relacione los detalles de uno y dos con su pericia y su experiencia.
4. Piensa en al menos cinco temas diferentes que encajen con toda la información mencionada anteriormente y redacta tu discurso en torno a ellos. Cuanto más preparado estés, menor será la posibilidad de que te tomen por sorpresa.
5. Practica tu discurso durante al menos dos horas todos los días antes del evento.

Capítulo siete
Mirando la seccion

"Todas las marcas de moda tratan de verse bien.

Ser humano es también hacer el bien.

Y puedes hacer el bien por el simple hecho de

deslizarete en una camiseta o en un par de vaqueros".

Salman Khan

Dirigiéndose a su vestimenta

Cuando subes al escenario para hablar frente a la multitud, tienes la única oportunidad de impresionar y sabes lo que dicen sobre que las primeras impresiones duran más tiempo. La ventana para crear una impresión es sólo de unos diez segundos (esto es para una multitud muy generosa) y si te equivocas, en la mente de tu público, podrías terminar pasando el resto de tu discurso tratando de compensar esa mala impresión (si es que eso es posible). No importa cuán inteligente, listo o elocuente seas. Ni siquiera importa si tu discurso fue escrito por el gran Steven Spielberg en persona. Hay muy poco que puedas decir en diez segundos o menos que pueda impresionar instantáneamente a tu audiencia. Sin embargo, eres consciente del dicho que dice que una imagen vale más que mil palabras, ¿verdad? Bueno, su vestimenta puede decir mucho sobre su personalidad y lo que la gente puede esperar oír de usted.

Ahora, voy a tratar de que se sienta cómodo con este tema porque siento que muchos introvertidos tienen la mentalidad de que esforzarse en el vestir, especialmente cuando no es algo con lo que se sienta cómodo, es algo pretencioso. Lo sé porque, como la mayoría de los introvertidos, me siento más cómodo en mi propia piel (y por mi propia piel me refiero a mi camiseta favorita de la universidad junto con los pantalones cargo y un par de calcetines multicolores). Pero viendo que el mundo no califica esto como elegante, es difícil para mí sentirme cómodo cuando estoy vestido con algo que no sea mi ropa cómoda. Para llegar a un acuerdo con esto, tuve que aprender algunas duras verdades sobre la vestimenta. Una de ellas es el hecho de que la comodidad te hace sentir bien pero no significa de ninguna manera confianza. Y mi objetivo cuando subo al escenario es exudar confianza y para lograrlo, era importante que entendiera que la comodidad es para mi zona de confort y la confianza es para el escenario.

La confianza es la moneda que te compra la "consideración" de tu audiencia, así que si realmente quieres que tu discurso tenga un impacto duradero, no puedes permitirte llevar las chanclas, camiseta y vaqueros habituales. Sin embargo, esto no significa que vestirse con ropa de diseño desde la cabeza hasta los pies vaya a darte puntos importantes. Especialmente si los trajes de diseño no están hechos de una manera que los haga visualmente atractivos. Te sorprendería cómo tu apariencia puede distraer a la gente del hermoso mensaje que estás tratando de transmitir. Así que antes de ir a la tienda de ropa más cercana, lo primero que tienes que hacer es empezar con lo básico. Empieza con lo que te gusta vestir. Ya sé que el look de jean y camiseta es un clásico favorito, pero se ve súper casual, e incluso si estás hablando en un evento informal, aun así no tendría sentido. No a menos que hagas una mejora en el look que generalmente prefieres. Una actualización no significa necesariamente un gran presupuesto o una incomodidad total.

La razón por la que voto por ir con una mejora de lo que te gusta llevar es que te da la comodidad que deseas y al mismo tiempo da a tu público una mejor representación de ti mismo. Entonces, ¿cómo es exactamente una actualización? Asumamos que tu combinación de ropa favorita es un par de vaqueros y una camiseta. La actualización para esto es totalmente factible sin importar tu género, edad o el tipo de evento. Hay dos looks a los que puedes aspirar con esto. La vibración casual de negocios para ese asunto casual y luego el look profesional completo para ese evento formal. Primero, para el look semi-casual o casual de negocios, empecemos con tus jeans. Deben estar ajustados y en una sombra oscura para conseguir el look casual de negocios. Cualquier cosa menos que esto te alejaría más del look. Un par con una camisa abotonada y una chaqueta en un color que contraste con tus jeans. Ambos deben ser ajustados también. Para completar el look, usa zapatos formales. Esto significaría zapatos de la corte para las damas y el derby, zapatos de vestir o zapatos Oxford para los caballeros. Los zapatos deben ser de un tono negro, marrón o azul marino. Para un look profesional, los caballeros pueden usar corbata y las damas deben usar combinaciones de colores blanco, negro y azul. No intente conseguir el look monocromático con el vaquero. Rara vez funciona. Esta es una de esas veces en las que debes jugar seguro.

Si quieres deshacerte del aspecto de la tela vaquera, pero manteniendo las cosas dentro de ese rango de comodidad, cambia tus vaqueros por caquis o pantalones. Las opciones de diseño de hoy en día han encontrado una manera de hacer que tus pantalones hagan la transición entre un estilo de vida activo y la ropa formal sin esfuerzo. Hay muchas opciones. Al final de este capítulo, deberías poder decidir cuál sería el mejor look posible para ti y cómo puedes evitar hacer una terrible declaración de moda en el escenario.

Errores de estilo a evitar

Bienvenidos a Estilo 101 para oradores públicos. Si te consideras un gurú de la moda, no pases al siguiente capítulo todavía. Puede que tenga uno o dos consejos de moda que mejorarán tu experiencia en el escenario. Hemos establecido que mientras las calles pueden ser su pista diaria, el podio donde habla en público es cualquier cosa menos eso; como llegará a aprender eventualmente. Es donde tu actuación como orador público será juzgada. Si la información que transmite con su equipo no coincide con lo que intenta decir, puede estar seguro de que la mayoría de lo que dice no será escuchado. Y ahora sé que dije antes que deberíamos prestar menos atención a lo que la gente piensa de nosotros. Sin embargo, esto no significa que debas armarlos con las herramientas que pueden usar para juzgarte. Dicho esto, aquí hay algunas modas que no se deben usar para un orador público.

1. No mostrarás la piel

El escenario no es la plataforma para que muestres la piel de ninguna manera y esto no es un tipo de instrucción basada en el género. Va para todos. La única cosa que debe ser mostrada es tu talento y tu ingenio. Así que deshazte de esos pantalones cargo, pantalones cortos y cualquier tipo de zapato que revele tus dedos. Para las damas, su vestido o falda debe estar por debajo de las rodillas. Ahora bien, esta no es una instrucción de los años 40. Tiene un propósito muy práctico. Existe la posibilidad de que el podio en el que se parará para dar su discurso sea muy alto. Una falda muy corta daría a la gente sentada a unos metros de usted una visión inesperada que ni usted ni ellos esperaban. En mi opinión, es mejor usar un traje que evite esto que lidiar con el resultado después.

2. No te vestirás casualmente

No importa si el evento en el que está hablando se realiza en una playa de Hawaii. Las reglas de combate siguen siendo las mismas. Lo mejor que puedes hacer es atar el tema del evento a tu traje para asegurarte de que no sobresalgas terriblemente y que no parezca que estás "jugando con el equipo". "Para eso están los accesorios. Puedes seguir con lo básico con tu traje principal y luego usar algunos accesorios como corbatas, bufandas o sombreros (si la ocasión lo requiere) para ampliar los detalles.

3. No serás insensible

Puedes hacer una declaración con lo que llevas puesto. Por eso lo llaman una declaración de moda. Y ahora más que nunca, es importante que prestes atención al tipo de declaración que estás haciendo. Por ejemplo, subir al escenario con un abrigo de piel de visón es una declaración en voz alta a los amantes de los animales de que no te importa el dolor y el sufrimiento que los animales tienen que pasar para que tu ropa se haga. No sólo eso, es bastante desagradable. Puede que no compartas los mismos sentimientos con los amantes de los animales, pero no deberías tener que echárselo en cara, especialmente no en una plataforma tan pública como esta.

4. Evitarás los colores fuertes y los patrones ruidosos

Soy de la opinión de que es muy difícil ponerse colores llamativos y patrones fuertes sin parecer un payaso y estoy seguro de que hay mucha gente que estaría de acuerdo conmigo. Hay ciertos colores que no pertenecen al escenario o al público, a menos que vayas al escenario como un actor con todas las vestimentas. Para tener una sensación más profesional, es mejor atenerse a los colores apagados, ya que ayudan a suavizar tu personalidad. Otra cosa que los colores apagados pueden hacer por ti es evitar una situación en la que tu ropa distraiga a tu público de lo que estás tratando de decirles. Los colores apagados son colores que caen dentro del espectro del blanco, negro, azul oscuro, marrón y gris.

5. No subirás al escenario con un traje desarreglado

Si prefieres lavar tu ropa, no dejes de plancharla. Te hacen parecer chapucero, desorganizado e irresponsable. Recuerda lo que dije antes sobre dejar que tu ropa hable por ti. No te arriesgues con la percepción que quieres que tu audiencia tenga de ti.

Cómo vestirse como un profesional

Ahora que hemos terminado con la lista de lo que no se debe hacer, es hora de centrarse en lo que sí se debe hacer. Esencialmente, si quieres parecer un orador público, estas son las cosas que necesitas hacer para empezar:

1. Presta atención a tu aseo

No hay nada malo en llevar barba, ni siquiera una larga. Pero tienes que mantenerla limpia y recortada. El aspecto elegante de hombre de las cavernas fue un gran look para Shaggy de *Scooby-Doo* pero es más probable que te abuchee mentalmente fuera del escenario. Señoritas, este no es el momento de ponerse brillo en los ojos y aumentar el volumen del color del maquillaje o del cabello. Manténganlo simple pero elegante. La mayoría de los desnudos irán bien para la ocasión. Si se sienten atrevidas, prueben un toque de rojo en sus labios.

2. Dale a la higiene tu 100%

Es extraño que hable de la higiene, ya que creo que me dirijo a un grupo de adultos. Sin embargo, debe hacerse. Dúchate antes de ir a cualquier parte del escenario. Cepíllese los dientes y use el hilo dental también. Usa un buen desodorante y no te olvides de cortarte las uñas. Su equipo para el evento de presentación también debe recibir el mismo tratamiento. Te sorprendería la diferencia que algo tan simple como esto puede hacer por toda tu apariencia.

3. No te pases con los accesorios

Los accesorios están pensados para acentuar tu aspecto. Lo juntan y le dan un aspecto general acabado si se hacen bien. Las piezas audaces como la joyería se ven muy bien en el gramo y pueden hacerte aparecer en la página central de una revista de moda, pero no pertenecen a un escenario cuando estás hablando. Ve por piezas sencillas y discretas que tengan un aspecto elegante. Además, no intentes usar más de un accesorio a la vez. Hace que tu ropa esté "ocupada" y en la moda habla, eso no es algo que quieras que nadie use para describir tu look. Finalmente, si quieres seguir la tendencia de la moda, eso es genial pero ve por una tendencia a la vez. Si todo esto te parece un poco complicado, hazlo de forma sencilla. Mi regla general es que hasta que puedas contratar a un estilista profesional, mantente en lo básico de la moda. Es difícil equivocarse con eso.

4. Vistete para la ocasión

Ya establecimos que los oradores públicos deben optar por el aspecto semicasual o puramente formal y luego integrar ciertas piezas en su atuendo para atarlas al evento. Pero cuando digo que se vistan para la ocasión ahora, me estoy centrando en el tema de su discurso. Por ejemplo, si vas a dar un discurso relacionado con el éxito en un campo específico, es importante que te vistas como tal. La gente debe ser capaz de mirarte y obtener la vibración de éxito de ti. Recuerdo que me encontré con una imagen viral de un joven que estaba dando una conferencia en YouTube sobre cómo conseguir 1 millón de visitas para sus videos cuando sólo tenía videos con un poco menos de 600 visitas. Creo que la ironía de esto es lo que hizo famoso al pobre tipo. Si vas a alcanzar el éxito, debes mirar el papel. Debo enfatizar que el éxito no significa necesariamente que tengas que rockear con trajes de diseño desde la cabeza hasta los pies, incluso si puedes permitírtelo. Harías mejor uso de tu dinero si combinas las piezas que componen tu conjunto de manera bien coordinada.

5. Infundir tu personalidad en tu estilo

Con la lista de lo que se debe y no se debe hacer aquí, es fácil perderse en el proceso y terminar pareciendo una versión hecha en fábrica de otros oradores públicos. Tener tu propio estilo en la mezcla te ayuda a destacarte de la multitud y también te hace sentir más cómodo en el escenario. El hecho de que quieras ser percibido de cierta manera no significa que tu personalidad deba ser silenciada.

Completa el look con un buen acabado

La mayoría de las revistas de moda te dirían que necesitas grandes accesorios para completar un look. Como ya hemos hablado de esto, ¿qué más podría decir sobre el tema? La moda es más que la ropa que llevas puesta. Importa cómo la llevas. Puedes obtener todos los consejos de los mejores estilistas del mundo y hacer que los mejores diseñadores hagan su mejor trabajo en tu ropa, pero al final del día, si no la usas bien, puedes terminar dando una impresión equivocada. Y para llevarlo bien en este negocio, tienes que clavar tu postura. Puedes mejorar la percepción de la gente sobre ti mismo con la forma en que te paras, te sientas o gesticulas.

Su competencia en ciertos círculos está determinada en cierta medida por la forma en que se comporta, y esto puede parecer injusto, sobre todo porque sabe que es probablemente una de las pocas personas que puede hacer lo que hace de manera excelente. Pero de nuevo, es esa cosa de la traducción de la mente. La gente es propensa a juzgar un libro por su portada y a pesar de las numerosas advertencias que predican en contra de esto, el estándar social para evaluar las capacidades de una persona se basa en la primera impresión. Esto enfatiza la necesidad de prestar más atención no sólo a la forma de vestir, sino también a la forma en que se viste.

Para proyectar confianza y competencia, hay que mantener una posición erguida. Mantenga la cabeza erguida y para los hombres, asegúrese de que su pecho no esté cerrado. Arrastrar los pies al suelo cuando te mueves connota pereza mientras que los gestos innecesarios pueden hacerte parecer más nervioso de lo que realmente eres. Puede que no te sientas seguro de tu actuación en el escenario, pero no hay razón para ver esto. Si lo hacen, puede que no tengan confianza en lo que tienes que compartir con ellos. Reconozca que usted tiene información importante que podría marcar una diferencia en sus vidas y es su obligación asegurarse de no darles ninguna razón para cuestionar la validez de lo que está tratando de decir.

Así que, después de cumplir con los principios básicos de la moda y de recopilar un excelente discurso, lo siguiente que hay que hacer es andar la charla... literalmente. Dejar que tu caminar exuda la confianza que necesitas para que funcione.

La moda es más que la ropa que llevas puesta y es esencial para establecerse en la mente de las personas. Puedes usarla a tu favor o establecerte en el fracaso con ella. Voto por usarla en nuestro beneficio y estoy seguro de que también estarás de acuerdo conmigo. Dicho esto, veamos los puntos principales de este capítulo:

- La comodidad y la confianza son dos cosas diferentes. Te vistes para estar cómodo en casa pero te vistes para tener confianza es lo que debes aspirar cuando se trata de tu estilo escénico.
- Haz una declaración con tu moda pero es importante que hagas la declaración correcta para tu marca.
- Hay reglas generales en la moda para ayudarte a mantener tu aspecto elegante y socialmente aceptable. Sin embargo, tu estilo es también una expresión de tu personalidad. No olvides incluirlo en tu vestimenta general.
- La postura incorrecta puede dar una percepción errónea sobre su competencia y confianza. Asegúrate de dominar la postura correcta.

Sus tareas:

El objetivo principal es ayudarte a definir tu estilo escénico y para ello, necesitas completar las siguientes tareas:

1. Haga una evaluación actual de su armario y, utilizando los consejos de este capítulo, determine qué ropa cree que sería digna de ser puesta en escena y póngala en una pila separada.

2. Crea un "look book" que consista en trajes elegantes que admiras mucho. Podría mantener su enfoque en los oradores públicos o ampliar su búsqueda para incluir actores, profesionales del derecho o cualquier persona cuyo estilo formal coincida fuertemente con lo que usted aspira.

3. Usando el libro de miradas, evalúa el montón de ropa que has seleccionado en el primer paso e intenta que coincidan con los diversos looks que has seleccionado.

4. Si lo que tienes no coincide con el aspecto que quieres crear, haz una lista de compras para acomodar lo que necesitas.

5. Continúa construyendo sobre lo que estás trabajando. Y lo más importante, cada dos años o así, cambia las cosas. Aunque no hay nada malo en seguir con el mismo estilo si te funciona, puedes quedarte rápidamente en una zona de confort. Sé un poco aventurero, pero no te pases.

Tercera parte
Vamos por el oro

Capítulo ocho
El arte de hablar en público

"No está aquí sólo para ganarse la vida.

Usted está aquí para permitir que el mundo

viva más ampliamente con mayor visión

con un espíritu más fino de esperanza y logro.

Está aquí para enriquecer el mundo y empobrecerás

...si olvidas este recado".

Woodrow Wilson

Cualidades de un buen orador público

Hay un orador público que es el más adecuado para una situación específica, pero hay cualidades distintivas que te ponen en la misma liga que los grandes. No es por el número de seguidores de Instagram que tienes o el número de eventos que puedes reservar anualmente, o incluso por la cantidad que la gente gasta para reservarte para un evento. Esas son las ventajas que vienen con la construcción de una marca sólida para ti mismo y requiere la combinación correcta de publicidad, trabajo duro, consistencia y posesión de ciertas cualidades que voy a discutir muy pronto. Estas cualidades distintivas son a veces un talento innato que se construye con el tiempo con el entrenamiento y la práctica. Sin embargo, es muy posible que te muevas de donde estás ahora para ser bueno en tu oficio afilando las siguientes habilidades:

1. Conectando con su audiencia

Todas sus tareas y entrenamiento hasta este punto no le servirán si no puede conectarse con su audiencia. Ellos son la razón por la que estás en ese escenario en primer lugar. Para conectar con tu público, tienes que entender primero que estar allí no es sobre ti aunque ellos hayan venido a escucharte hablar. Se trata de ellos. Usted es el orador, pero en lugar de seguir en un largo e interminable monólogo, tiene la responsabilidad de hacer que parezca un diálogo sin que las otras partes lo hagan. En el siguiente segmento de este capítulo, doy un desglose detallado de esta cualidad y un breve ejemplo para ayudarle a empezar. Puede que no te convierta inmediatamente en un susurrador de multitudes, ya que el interruptor de encanto que debes encender es único para cada multitud. Aún así, cubriremos lo básico para ayudarte a hacer algo más que simplemente sobrevivir.

2. Ser un maestro de la narración

En cada capítulo de este libro, compartí una pequeña historia sobre mí y encontré la manera de relacionarla con el tema de ese capítulo. Esto no se debe a que sea una persona a la que le encanta compartir historias sobre mí. Es un intento deliberado de hacerlo:

   a) Evita que te aburras
   b) Hacer que el concepto sea más cercano a ti...
   c) Probar que esto no es algo que fue sacado de la página de otra persona, sino una experiencia real

La narración de historias humaniza su idea y pinta un cuadro que su oyente o audiencia puede encontrar más concebible. Puede que tengas las mejores teorías y la mayor solución para un problema en este siglo, pero si no puedes hacer que la gente lo entienda, siempre seguirá siendo una teoría. Un buen orador público debe dominar esto. Así que, cuando compartas, crea o busca una historia que ilustre mejor tus ideas.

3. Modulaciones de voz

Antes de continuar leyendo, tómese un minuto para leer unas cuantas frases de este libro en voz alta y despacio, sin inflexiones. No haga caso de las comas y cualquier otro signo de puntuación. Si es posible, grabe esto en su teléfono. Observará que suena poco interesante y si sigue así durante al menos veinte minutos, su propia voz tendrá un efecto que le hará dormir. En una multitud, este efecto se multiplica y no quieres eso. Las modulaciones de voz te ayudan a construir sobre los dos puntos mencionados anteriormente. Puedes dar a tu discurso una apariencia de conversación que es esencial para mantener a tu audiencia involucrada. Domina esto y tu narración tomará una nueva dimensión. Piensa en los narradores de una película. Las inflexiones emocionales de sus voces te ayudan a conectarte con la historia aunque no los veas.

Encantando a su público

Un orador público comparte sus ideas con la audiencia. Un buen orador público comparte sus ideas con una audiencia y las mantiene en su poder. Hay tantas distracciones en el mundo de hoy. La llegada del teléfono móvil hace que sea mucho más difícil competir contra ellos por la atención de su audiencia. Hay estrategias simples que puedes emplear para conseguir y mantener la atención de la multitud, ya sea una pequeña presentación con un puñado de personas o una entrega en el escenario con una gran multitud.

1. Ven con un mensaje que sorprendería a tu audiencia

Internet proporciona una gran cantidad de información y existe una gran posibilidad de que un número significativo de las personas de su público tenga una idea más que media del tema que desea discutir. Si te ciñes a la información general, podrías terminar alimentándolos con las mismas cosas aburridas y ese tipo de información reciclada puede hacerte ganar unos minutos de su tiempo. Después de eso, puede que te resulte difícil recuperar su atención.

2. Usar un lenguaje que entiendan

Quieres impresionar a tu público y lo entiendo. Pero no uses palabras falsas que suenen impresionantes sin la capacidad de transmitir el verdadero significado de las palabras o el mensaje que quieres transmitir. Por ejemplo, la palabra que quiero usar para describir el verdadero estado de tu audiencia si eliges usar palabras grandes en tu discurso es *"desombobado"*. ¿Pero no crees que sonaría mucho mejor y te mantendría en el camino con este artículo si en su lugar reemplazara esa palabra por *"confuso"*? Encadenar unas pocas frases usando palabras grandes podría dificultar que la gente siguiera tu línea de pensamiento, e incluso si consiguen escalar los primeros minutos de tu discurso, no hay garantía de que lo mantengan durante todo el tiempo. Limítate a palabras simples y fáciles de entender.

3. Salga del escenario

El hecho de que te hayan puesto en un podio no significa que tu movimiento esté restringido a ese espacio. Toda la sala es tu escenario y mientras el movimiento no interfiera con el audio, no hay razón para que no puedas hacer lo tuyo desde donde está la multitud. Esto te hace parecer accesible y cuando la gente se siente así contigo, se abren más a tus ideas. Y cuando la gente está más abierta a lo que sea que tengas que decirles, prestan más atención. Es realmente así de simple.

4. Ser flexible.

Para ser un orador público novato, puedo entender por qué querrías crear un guión para tu actuación y atenerte a él. Pero si observas varios bostezos a los pocos minutos de tu discurso, puede que no funcione para tu público. En este caso, puede que tengas que darle la vuelta al guión. Si fuiste demasiado optimista, tal vez tengas que bajar el tono un poco. Si se lo toma con calma, tal vez tenga que aumentar el ritmo. Y en algunos casos, puede que tengas que desviarte completamente del rumbo (hablamos de esto en el siguiente segmento) y hacer que la multitud se entusiasme antes de que les lleves al tema en cuestión.

Mostrando tu lado ingenioso

No tienes que ser un comediante para hacer que tu público se ría. Y aunque sería genial escuchar ese glorioso sonido, el objetivo de los oradores públicos es inyectar algo de emoción en la sala y al hacerlo, mantener a su audiencia involucrada. Para alguien que acaba de superar su tendencia natural a ser tímido, es una perspectiva muy desalentadora subir al escenario y divertir a la multitud. Desde mi experiencia personal, puedes hacer que la multitud se mueva sin hacer nada más que ser tú mismo. Tienes diferentes opciones para usar tu ingenio para crear un momento humorístico. Voy a enumerar algunas formas en las que puedes hacer esto. Sigue lo que te sale natural. De hecho, con la práctica, puede que incluso descubras una técnica que no he incluido en esta lista y esta es una de las cosas que hace que el notable viaje que has emprendido sea mucho más interesante.

1. Contar una historia

Todos tenemos esa vergonzosa historia que hemos vivido. Narrar esa experiencia con algunos detalles exagerados puede resultar hilarante. Pruebe esta historia con una pequeña multitud y observe su reacción. Si es lo que esperaban, embellézcanla un poco y cuéntenle a su público. Asegúrate de incluir en la narración todos los detalles graciosos que puedas recordar. Sin embargo, es importante que prestes atención al tipo de público con el que compartes esta historia. Un público de tu lugar de trabajo que esté allí para presenciar una presentación en la que les lances tus ideas puede que no aprecie una broma sobre tus escapadas en el club. Para evitar una situación en la que puedas ofender a una raza, género o creencia religiosa, es más seguro atenerse a las narraciones que son autodespreciativas.

2. Dé una actividad que su audiencia pueda llevar a cabo

Esto puede no causar inmediatamente un ataque de risa, pero al menos haría que su público se moviera. Sin embargo, sólo hazlo si la multitud no es mucha y si sientes que los niveles de energía están cayendo. Desde mi experiencia personal, esto funciona muy bien durante el entrenamiento. Dividí a mi público en equipos y creé actividades de unión de grupo que los enfrentara entre sí. La competencia los excita. Para una pequeña multitud de personas que se encuentran por primera vez, al comienzo de la sesión, les pido a todos que llenen una tarjeta y la pongan en una caja. Las instrucciones en la tarjeta les piden que digan dos verdades y una mentira sobre ellos mismos. A los veinte minutos de una sesión de una hora, elijo tres tarjetas al azar, digo los nombres, leo el contenido de la tarjeta y pido a la audiencia que adivine las verdades y la mentira. Esto toma unos cinco minutos y luego volvemos a la sesión. Crea una atmósfera de familiaridad y alivia la tensión en la sala.

3. Contar un chiste

Ahora, esto de aquí requiere tiempo, gesticulación y sincronización (de nuevo) para obtener los resultados deseados de su audiencia. Podrías escuchar el mismo chiste de tres personas diferentes y tener tres reacciones diferentes al chiste y esto se debe a cómo se cuenta el chiste. Claro, cuando el mismo chiste es contado una y otra vez por la misma persona, pierde su humor. Pero cuando otra persona lo hace y con estilo también, te encuentras riendo aunque sepas exactamente cómo termina la historia. La clave es la técnica. Tienes que saber cuándo sonreír, cuándo retorcer las cejas, dónde chillar y dónde lanzar el remate. Para lograr esto, tienes que practicar tu chiste. Para aquellos de nosotros que encontramos difícil superar nuestros propios chistes sin reírnos primero, esta parte puede ser difícil. Sin embargo, si tienes un don para este tipo de cosas, esta podría ser la mejor arma de tu arsenal.

Elocución

Creo que esto se basa en lo que dije antes sobre el uso de un lenguaje que su público pueda entender. El énfasis, en este caso, es más que el uso de grandes palabras. El objetivo es asegurar que seas capaz de comunicarte de forma concisa y clara con tu audiencia. Así, asuntos como la clara enunciación de sus palabras, la variación del tono de su voz y el uso del lenguaje corporal son examinados a fondo.

Enunciado: Esta es su habilidad para hablar claramente y pronunciar palabras de una manera que sea entendida por su audiencia. Para las personas con defectos en el habla como el ceceo o la tartamudez, hay terapias del habla diseñadas para ayudarle a navegar las dificultades asociadas con su condición. Yo, por mi parte, soy de la opinión de que no hay nada que pueda impedir que alcances tus sueños. Con trabajo duro, compromiso y consistencia, puedes convertir tus mayores desventajas en una plataforma que te prepare para el futuro que deseas. Si el inglés no es tu lengua materna y estás hablando a un público compuesto principalmente por personas de habla inglesa, una clase de entrenamiento del habla podría ayudarte con la enunciación. Hazte amigo de tu diccionario. Aprende nuevas palabras todos los días y practica los tiempos adecuados en los que se aplican esas palabras.

Variación de tono: Para mantener un cierto estado de ánimo en su multitud, el decibelio de su voz no debe subir o bajar de un cierto nivel. Si subes, empiezas a parecer como si estuvieras gritando las palabras a tu audiencia. Eso puede funcionar si lo usas en una palabra en particular para crear énfasis sobre algo que quieres ilustrar. Úsalo con moderación e incluso entonces, tienes que cronometrar su uso adecuadamente. Si tu nota de voz baja demasiado, te vuelves inaudible para tu público. Si mantienes esta nota durante demasiado tiempo, podrías coger un violín y tocar una lenta melodía de acompañamiento que adormecería a tu público. Al mismo tiempo, mantener el mismo tono durante todo el discurso puede volverse monótono rápidamente. Esto podría instigar el mismo fenómeno de inducción al sueño que el mantener la voz demasiado baja.

Lenguaje corporal: Sus expresiones faciales, así como el movimiento de sus partes del cuerpo, pueden dar pistas a la gente sobre el estado de su mente. Sin decir una palabra, tus rasgos faciales y tu lenguaje corporal pueden decirle a cualquiera si estás asustado, excitado o simplemente aburrido. Si las palabras que salen de tu boca dicen una cosa y tu expresión facial dice otra, cualquiera que te escuche puede tener dificultades para conectar con las palabras que dices. Los gestos que haces en el escenario ayudan a añadir carácter a las palabras que dices. Si estás haciendo una presentación y te quedas perfectamente quieto sin un solo movimiento o expresión facial, parecerías absurdo. Lo mismo sucedería si utilizas gestos salvajes. Tiene que haber un equilibrio entre ambos extremos para mantener a la audiencia involucrada y para comunicarse efectivamente con su público.

Un orador público es una especie de artista. No se espera que utilicen la teatralidad en el desempeño de su función, pero hay técnicas empleadas por los artistas de teatro que resultarían muy útiles para un orador público. Domina estas técnicas; dominarás el escenario y mantendrás a tu público en tu esclavitud. Recuerde, la consistencia en la práctica puede marcar la diferencia. Pero eso no es lo único que hemos recogido de este capítulo.

Para ser un buen orador público, debes trabajar en el desarrollo y el dominio de ciertas cualidades. Debes conectarte con tu público, elaborar tus historias con maestría y aprender a controlar la subida y bajada del tono de tu voz.

Para ganarse a su público, necesita mantener su contenido fresco. Usa palabras que tu audiencia pueda entender y que estén listas para cambiar las cosas en un momento dado para acomodar la atmósfera de la multitud.

Para mostrar tu ingenio, sólo tienes que ser tú mismo. Descubre el aspecto único de ti con el que la gente se conecta más y úsalo para tu beneficio.

Finalmente, la comunicación lo es todo. Tu ropa, tu confianza y tu plataforma no significan nada si no eres capaz de transmitir el mensaje correcto. Aprende los tecnicismos del habla y practica a diario.

Sus tareas:

1. Aprende al menos tres palabras nuevas cada día. Su aprendizaje de estas palabras debe incluir el significado, el uso correcto en las oraciones, así como la pronunciación correcta de las palabras. Cuanto más rico sea tu vocabulario, más articulado te vuelves.
2. Practica cuatro o cinco chistes antes de tu próximo discurso. Elija los chistes que sean apropiados para el evento en el que va a hablar.
3. Esta es más una sugerencia que una tarea; considere tomar una clase de elocución o entrenamiento de lenguaje. Hay varias opciones en línea.
4. Observa y toma notas de las técnicas de otros oradores públicos. Esto no es para que copie la forma en que hacen las cosas exactamente. Esto es para inspirarte a hacer las cosas de una manera un poco diferente a la habitual.
5. Haga ejercicios sobre las expresiones faciales. Cuanto más exageradas, mejor. Su público debería ser su espejo. Empieza con la ira, la curiosidad y luego sigue. Cuantas más expresiones domines, mejor será tu actuación en el escenario.

Capítulo nueve
Gestionando su escenario

"Soy tan monolingüe como tú,

pero, sin embargo, tengo una variedad de diferentes

idiomas a mi disposición, diferentes estilos,

diferentes formas de hablar que implican

diferentes ajustes de parámetros".

Noam Chomsky

Movimiento para la Etapa de Novato

Puede que no esté de acuerdo en que su presencia tiene más que ver con la actuación que con cualquier otra cosa, pero este es sólo uno de esos hechos que va a tener que aceptar. Hay una relación existente entre usted y su público. El público puede actuar de forma latente como observador, pero hay un diálogo tácito que sigue y el dominio de su movimiento en el escenario puede ayudarle a hacerse cargo de esa conversación y llevarla en la dirección que usted quiere que vaya. Anteriormente, hablamos sobre la confianza y el lenguaje corporal. Estos son atributos esenciales que te ayudarán a hacer un mejor uso de tu escenario. Saber cómo moverse en ese escenario en el siguiente paso para maniobrar el escenario a tu favor. Empezaré con lo básico. Con el tiempo, el resto te saldrá naturalmente.

1. Sea deliberado en sus acciones

Cada movimiento que haga en el escenario debe parecer deliberado. Caminar por el suelo de tu escenario sin rumbo daría una respuesta negativa a tu competencia; los movimientos aleatorios sin propósito visual destacarían tu nerviosismo. Obviamente, arrastrar los pies entre otros movimientos innecesarios de manos o pies está fuera de discusión. Un truco que me gusta usar es imaginar que tengo una pequeña jaula invisible a mi alrededor restringiendo mi rango de movimiento. Así, donde mis brazos se extienden en un gesto muy amplio, estoy conscientemente hecho para estrechar mis movimientos. Esto hace que parezca menos aleatorio y más deliberado.

2. Deja que tu movimiento represente tu mensaje

Si el discurso que estás dando tiene un tono motivador, la forma en que te mueves en el escenario debe reflejar esto. Ahora, ¿qué quiero decir con esto? Un mensaje motivacional tiene como objetivo inspirar al oyente a tomar medidas, ¿verdad? Bueno, tu movimiento debe transmitir un sentido de urgencia a tu audiencia que exija acción. También debería haber muchos refuerzos positivos usando gestos con las manos. Permítame darle un pequeño pero significativo gesto que tiene mucho impacto en términos del uso del espacio y la comunicación. Al apuntar con el dedo índice, automáticamente se crea un punto focal. Apunta hacia abajo, y transmites el tiempo (ahora, presente, este momento), apunta hacia adelante y tu mensaje adquiere un tono de responsabilidad (estás asignando responsabilidad). Apunta ese mismo dedo hacia arriba y puede ser interpretado como una denotación de autoridad.

3. Saber dónde está todo

Esto tiene una función mucho más práctica. Necesitas saber dónde está todo para mejorar tu rendimiento. Esto significa que tienes que llegar al lugar a tiempo... tal vez mientras los organizadores aún se están preparando para que sepas dónde se va a ubicar el equipo que podrías estar usando. No es conveniente subir al escenario y empezar a buscar a tientas el proyector o tratar de averiguar dónde colocar cualquiera de los accesorios que pueda necesitar durante el curso de su presentación.

Hablar y ser escuchado

Hoy en día hay muchas herramientas de lujo que se utilizan para hacer que hablar en público sea una experiencia mucho más impactante tanto para el público como para el orador. Pero ninguna herramienta es más poderosa que su voz. Aprende a controlarla y la mitad de tu batalla ya está ganada. Durante una conversación normal, tu voz adquiere un tono normal. De esta manera, puedes ser escuchado por los compañeros con los que estás conversando y no necesitas aumentar tu voz y hacer un esfuerzo extra para enunciar tus palabras. En el escenario, el juego es un poco diferente. No sólo necesitas proyectar tu voz, sino que también necesitas enunciar tus palabras cuidadosamente. Para empeorar las cosas, hay una gran posibilidad de que el miedo haga que tu voz suene un poco más áspera y ronca de lo que es naturalmente. Es por eso que usted encontraría algunas personas que de repente luchan contra un ataque de tos cuando suben al escenario en un intento de aclarar sus gargantas.

Para prevenir esto, aquí hay algunas cosas que puedes hacer:

1. Tomar las cosas con calma

Tratar de apresurar tus palabras puede parecer como si estuvieras tratando de hablar más allá de la papa caliente en tu boca. Tus palabras no son claras y tu tono tiende a ser un poco más alto. Respire profundamente, exhale y luego camine despacio mientras habla. Esto lo mantendrá dentro del rango auditivo y dará a sus oyentes la impresión de que usted es un experto en el tema. Hable despacio, sea fuerte (pero no agudo) y hable claramente.

2. Coma algo antes de su presentación

Dada la tensión que sientes en la boca del estómago antes de salir al escenario, algunas personas se preocupan por comer. El temor general es que puedan vomitar en el escenario. Excepto en casos muy extremos, hay una mínima o ninguna posibilidad de que eso suceda. Y al contrario de lo que sientes, una comida ligera puede mejorar mucho tu actuación en el escenario. Intento comer una comida rica en proteínas al menos dos horas antes de subir al escenario. No sólo me hace sentir con energía, sino que me siento más alerta.

3. Evita las cosas frías

Un sudor nervioso provocado por un desagradable caso de pánico escénico puede hacer que busques agua helada, pero esto sólo puede hacer que tu voz sea áspera y así empeorar tu experiencia escénica. El agua caliente, las gotas de limón y la miel son excelentes si ya está luchando contra un dolor de garganta, pero si se usan de forma regular, puede esperar que su voz sea nítida y clara, lo cual es perfecto para hablar en público.

Sube el volumen del drama

Dije antes que estar en el escenario como orador público es como estar en el escenario. Puede que no seas teatral, pero hay técnicas teatrales que puedes emplear para mejorar tu actuación y atraer a tu público. Incluso si vas a leer tu discurso directamente de un trozo de papel, debes saber cuándo mirar a la gente a la que se lo estás leyendo. Ya hemos hablado de ser demasiado monótono en la entrega de tu discurso. El dramatismo al que me refiero no significa que de repente tengas que incluir las pantomimas en tus rutinas. Se trata de mejorar tu sentido del tiempo. Una pausa dramática puede crear tensión en una habitación tan gruesa que, como dicen, puedes cortarla con un cuchillo.

Para que el drama se convierta en realidad, sólo tienes que hacer lo siguiente:

1. Habla con confianza

Inyectar confianza en tu voz, aunque no te sientas así puede aportar una dosis masiva de dramatismo a tu presentación, de modo que aunque estés hablando de física cuántica a un grupo de estudiantes de secundaria, ellos querrán escuchar. Puede requerir mucha práctica, pero si sigues con ello, eventualmente llegará a ti sin esfuerzo.

2. Mantenlo corto y dulce

La gente tiene un período de atención muy corto. Esperar hasta el último minuto para revelar su tarjeta podría no funcionar. Agitar el drama haciendo una rápida introducción y luego lanzarse directamente al tema. Esto mantiene a tu audiencia interesada en lo que tienes que lanzar y los sostiene hasta el final. Prolongue las cosas por más de cinco minutos en su presentación y su gran revelación puede que ni siquiera importe.

3. No compliques las cosas

Si te encuentras tratando de explicar tu punto cinco minutos después de haberlo hecho, probablemente no has hecho un buen trabajo al explicarlo. Ser dramático al hablar en público tiene poco que ver con la complicación. Si estás hablando a la gente sobre maquillaje, no hay necesidad de usar términos específicos para la gente de la industria de la aviación. Sólo terminas confundiéndolos. Usa términos coloquiales relevantes para conectar con tu audiencia, transmitir tu mensaje y llamar su atención. Porque al final del día, de eso se trata el drama.

Usando el escenario para uno mismo

En la actuación, un actor tendría que considerar la presencia de otras personas en el escenario y hacer lo mejor para asegurarse de que todos tengan su día en el centro de atención. Para un orador público, sólo se comparte el escenario con la idea que se espera transmitir. Aparte de eso, el escenario es realmente sobre ti. Ya sea una gran plataforma o un pequeño podio, haz lo mejor que puedas para poseerlo. Antes de subir al escenario, se te dará un límite de tiempo. Haz todo lo que puedas para asegurarte de que te quedas dentro de este límite de tiempo y trata de no pensar en ello como un límite. Para mí, me gusta pensar en ello como una porción de tiempo que se me da para digerir como quiera. Como la mayoría de mis discursos públicos han tenido que ver con el entrenamiento, me concentro en llevar mi punto a casa en ese marco de tiempo. Para ello, me gusta hacer presentaciones con viñetas. Esto hace que sea más fácil de asimilar. Casi nunca utilizo todo mi tiempo, ya que estoy más interesado en interactuar con mi mensaje que en que ellos reaccionen a mi mensaje. Siento que, si interactúan con mi mensaje mejor, mi punto se lleva a casa más rápido.

Establezca su propia agenda para el espacio de tiempo asignado a usted y trabaje eso a su favor. Y lo más importante, recuerden que deben divertirse con todo el proceso. No hay ninguna regla que diga que no puedes. Y si todo parece demasiado tedioso para ti, el siguiente capítulo analiza cómo la tecnología puede ser utilizada para hacer tu vida mucho más fácil. Pero primero, para recapitular el contenido de este capítulo, repasemos lo que hemos aprendido hasta ahora:

- Su movimiento en el escenario establece el tono para el tipo de éxito de comunicación que logrará con su público.
- Comer una o dos horas antes de la presentación puede mantenerte enérgico y ayudarte a mantener un tono de voz uniforme durante todo el tiempo. Morirse de hambre tiene el efecto opuesto.
- Necesitas emplear el uso de técnicas teatrales para mantener el interés de tu audiencia.
- El escenario está diseñado para que lo uses como quieras. Decida sus objetivos y planifique para alcanzarlos dentro del plazo que se le ha dado.

Sus tareas:

1. Además de hacerse un nombre como un prominente orador público, ¿cuáles son sus objetivos? Específicamente, ¿qué espera que le suceda a su público cada vez que suba al escenario? Esto le ayudará a planificar de manera efectiva.
2. Grábese a sí mismo hablando. Escúchelo, evalúe su desempeño y señale las áreas que deben mejorar.
3. Practica tu discurso regular y una versión comprimida de este discurso. Esto te libera para ser flexible si tu tiempo se acorta repentinamente. De esta manera, puedes tener una sesión impactante con tu audiencia.
4. Piensa en tres posibles preguntas que tu público podría hacerte y que te despistarán. Redacten respuestas frescas e inspiradoras y luego practiquen esas respuestas.
5. Redactar una respuesta a una pregunta a la que puede no tener respuesta. Deje que la respuesta sea lo más fresca e inspiradora posible y luego ensaye esto también.

Capítulo diez
Las herramientas del comercio

Los tontos ignoran las complejidades. Los pragmáticos las sufren.

Algunos pueden evitarlas. Los genios las eliminan."

Alan Perlis

Entrena tu velocidad con los teleprompters

La tecnología está diseñada para hacer nuestras vidas más fáciles y no es diferente cuando se trata de hablar en público. Puedes pasar horas y horas tratando de ensayar un discurso para ayudar a mejorar tu actuación en el escenario y parecer más auténtico que la coreografía ante tu público. ¿Pero qué pasa cuando te llaman para hacer un discurso improvisado sin tiempo suficiente para practicar? ¿Te rindes y pierdes una oportunidad o aceptas el reto? Sin suficiente práctica, puede que no te sientas seguro de aceptar el desafío, y aquí es donde entra la tecnología. Un teleprompter te ayuda en situaciones como ésta. En lugar de mantener tu cabeza enterrada en el discurso escrito en tu papel, eres capaz de mirar hacia arriba y dar tu discurso. El teleprompter es muy popular en el despacho oval y en las salas de redacción, pero también puede ser útil en el escenario.

Además de ayudarte con las indicaciones del habla, también puede ayudarte con la precisión de tus palabras. Debo señalar aquí que, aunque los prompters son útiles, se usan mejor en situaciones en las que establecer una conexión no es tan importante como asegurarse de que el mensaje correcto se transmite a su base de oyentes, que puede incluir más de los que están presentes en la sala con usted. Dicho esto, la práctica de su discurso con un teleprompter puede ayudarle con la modulación de su voz y la correcta enunciación de sus palabras. Sin embargo, para evitar cualquier situación incómoda, tienes que asegurarte de que:

a) Tienes una versión impresa del guión. Como todas las máquinas, los teleprompters pueden ser problemáticos. Si se dispara repentinamente en ti, debes asegurarte de no quedarte congelado en medio de tu discurso.

b) Usa pistas para que el discurso parezca menos robótico. Tu teleprompter no debería significar un discurso aburrido de principio a fin. Infunde un poco de emoción en tu franja horaria dándote pistas en el teleprompter para contar una historia, un chiste o hacer que la multitud participe en una actividad.

c) Marca el ritmo del teleprompter. Ciertos teleprompters sólo pueden mostrar unas pocas líneas a la vez. Si no se fija el ritmo, cuando se habla demasiado despacio se queda atrás, y si se habla rápido habrá demasiados silencios incómodos. Ensaya el guión al menos una vez para darte una idea de cómo quieres que sea el ritmo. Recuerda siempre que tú eres el protagonista.

Aplicaciones para el entrenamiento del habla

No hay ninguna ley que impida mejorar tu discurso. Como mi padre siempre dice cada vez que tiene la oportunidad de aprender, "Puedo ser muy bueno en lo que hago pero siempre se puede mejorar". "El entrenamiento del habla te ayuda a ser más elocuente como orador y te ayuda mucho a perfeccionar tu oficio. Afortunadamente, puedes obtener estos entrenamientos directamente en tu dispositivo móvil.

Estas aplicaciones tienen el objetivo colectivo de ayudarte a mejorar tus habilidades de oratoria, pero lo hacen de forma diferente. Es posible que tengas que probar algunas para determinar qué es lo mejor para ti. Por esta razón, voy a destacar tres de esas aplicaciones. No porque piense que son las mejores, sino por la singularidad de cómo te ayudan a mejorar como orador público.

1. El simulador

Las aplicaciones de esta categoría están diseñadas para que te familiarices con la idea de hablar frente a una multitud simulando el efecto de una multitud. Puede que la experiencia te resulte limitante, ya que una aplicación sólo puede hacer mucho, pero te ayuda a superar ese miedo inicial y te ayuda a centrarte en tu discurso. Una aplicación que entra en esta categoría es el ***simulador de habla pública*** diseñado para iOS.

2. El entrenador

Estas aplicaciones escuchan tu discurso y ofrecen indicaciones para mejorar. Se corrigen los errores gramaticales, se ofrecen consejos prácticos para mejorar y se resaltan las áreas en las que suenas repetitivo. Aunque el enfoque se centra más en los tecnicismos del habla que en la propia emisión, es un primer paso para ayudar a mejorar la calidad de tu habla. La aplicación ***Ummo*** es un buen ejemplo de una aplicación que puede agruparse en aplicaciones de entrenamiento del habla.

3. El tutor de voz

Después de clavar el discurso, quieres asegurarte de que recibes la entrega correctamente con el dinero. Ayuda en temas como aprender a controlar el ritmo de las palabras y el ritmo del discurso. "Pro Metrónomo" es una excelente aplicación para este propósito. Y está disponible tanto para dispositivos Android como iOS.

Complemente su presentación con ayudas visuales

Típicamente, los oradores públicos han tenido que confiar en su don de palabra para pintar un cuadro tan vívido que quede grabado en la mente de la audiencia. Con los avances tecnológicos de esta era, puedes usar imágenes reales para reforzar tu punto de vista. Usar PowerPoint como ayuda visual es una excelente herramienta. Sin embargo, debido a que vas a tener que dividir la atención de tu audiencia entre tú y la multitud, se vuelve imperativo que tomes la delantera y lleves la atención de la multitud a donde quieras que esté en cualquier momento. Pruebe estos pocos consejos para hacer una transición sin problemas:

1. No incluya su discurso escrito en su presentación. Esto sólo terminaría haciendo que la pizarra sea el centro de atención total del evento. En su lugar, pongan puntos con hechos asombrosos en la pizarra y luego expándalos a medida que se desplazan por cada diapositiva.

2. Usar más imágenes y menos palabras. Creo que esto se explica por sí mismo. La idea es hacer que su audiencia se divierta con la sesión, sin importar cuán seria sea. Como mínimo, quieres que se comprometan. Las imágenes hacen un buen trabajo complementando lo que estás diciendo.

3. Mantén el tablero interesante. Sólo porque dije que te ciñas a usar más imágenes y menos palabras no significa que debas ir y complicar las cosas con gráficos, tablas y figuras alucinantes. Guárdalos para la información que puedas compartir con tu audiencia después de la presentación.

Temporizadores para mantenerte en el camino

El tiempo es clave para tener éxito al hablar en público y es importante que utilice el tiempo que se le da para lograr el máximo impacto. Practicar tu discurso con conciencia del tiempo aseguraría que seas capaz de desglosar efectivamente la información dentro de ese marco de tiempo y a medida que lo dominas, tu confianza en tu capacidad se está alimentando en el proceso. Hay dispositivos especiales diseñados para hablar en público, pero puedes usar tu teléfono o incluso tu reloj de pulsera para poner en marcha el proceso. Los teléfonos a veces pueden interferir con el sistema de audio, por lo que puede que no sean una buena idea cuando estés en el escenario. Pero para la práctica, el cronómetro y las funciones de temporizador son muy útiles. Algunos organizadores de eventos instalan un cronómetro que es visible desde donde estás parado, pero no para el público. Presta atención a ello. Este cronómetro muestra diferentes colores para indicar cuando te estás acercando al límite de tiempo y te indica cuando debes terminar. No le aconsejo que espere hasta el último minuto para terminar. Dese al menos cinco minutos para no sentirse apurado cuando salga del escenario. Esto dice mucho de su competencia, especialmente si es un escenario muy formal.

En conclusión, la tecnología puede ser tu mejor amiga. Pero tienes que entender lo básico para poder comprender los beneficios que muchas de estas plataformas tecnológicas te ofrecerían. Para empezar:

Tengan claro lo que quieren lograr y luego busquen la tecnología que pueda apoyar sus objetivos. No tendría sentido ir por la tecnología primero porque menciona algunas cosas relacionadas con lo que quieres hacer en la descripción. Es como ir a comprar un zapato rojo de la tienda con la esperanza de que se vuelva negro. Antes de suscribirse, asegúrese de tener claro cómo le ayudaría a lograr sus objetivos

Nada puede sustituir a la práctica. No importa lo eficiente que sea la tecnología, su nivel de eficiencia está determinado por lo preparado que esté.

Entienda que incluso en las mejores circunstancias, lo inesperado sucede. Toda la cuidadosa planificación y preparación que está poniendo en su próximo evento de discurso público es admirable, pero no vaya pensando que todo va a ir de acuerdo con el plan. Espero que así sea, pero si no es así, esta es una de esas ocasiones en las que tendrás que aprender de la experiencia.

Cierre

"Todo está bien si termina bien."
William Shakespeare

No hay atajos para alcanzar la grandeza y creo que este libro lo ilustra claramente. Los caminos que has tomado hasta ahora y los lugares por los que tendrás que navegar emocionalmente para llegar al lugar que deseas te llevarán cada vez más lejos de lo que solías ser, y eso es algo bueno. Empezaste este viaje en tu zona de confort y estoy seguro de que, en ese tiempo, has emprendido al menos una tarea que desafió tu comodidad. Hablar en público puede ser fácil o difícil. Esto depende del ángulo desde el que lo mires. Este libro no fue escrito para resolver ese debate. Más bien, está destinado a darte una ventaja para correr hacia tus objetivos.

Las tareas escritas aquí no son cosas únicas que puedes hacer simplemente y tacharlas de tu lista de tareas. Esto es algo por lo que vas a tener que despertarte y hacerlo todos los días, y decidir seguir con tu promesa a ti mismo de ser mejor. Puedo hablar así porque he estado exactamente donde tú estás. Deseando algo tan malo y sin embargo con miedo de apoderarse de él incluso cuando se me presenta en una bandeja de oro. Obviamente, sabemos que no lo vas a conseguir en una bandeja de oro. Tendrás que trabajar duro para ganar cada paso progresivo que des en este viaje. Habrá sangre, sudor y frustración, pero eso es lo que hará que esto sea más satisfactorio cuando llegues a la línea de meta, que sería en ese escenario cuando salgas al sonido de los aplausos. Por supuesto, soy consciente de que no lo haces para animar a la multitud, pero no estaría de más que la gente reconociera la grandeza que hay en ti.

Y aunque la multitud aún no ha reconocido la grandeza en ti, quiero que la reconozcas porque yo soy consciente de ello. Viendo que nunca te he conocido antes, ¿cómo llegué a la conclusión de que eres un gran individuo? Para empezar, el mero hecho de que te atrevas a soñar es un excelente indicio. En segundo lugar, viendo que compraste este libro como el siguiente paso para alcanzar tus sueños me dice que has tomado la decisión de perseguir tu sueño. Si eso no habla de tu grandeza, no sé qué lo hará. Tu lucha única con los problemas emocionales como la ansiedad y la falta de confianza en los entornos sociales hace que tu capacidad de soñar con convertirte en un orador público sea mucho más atrevida e interesante. Dicen que las únicas limitaciones que experimentamos están en la mente. Has tomado la decisión de liberarte de cualquier cosa que te retenga, y saludo ese coraje.

Silencia las voces que cuestionan tus miedos y sigue empujando hasta que se abra paso. Afortunadamente, este es un campo que celebra tu individualidad. Sólo tienes que trabajar con el coraje de ponerte ahí fuera y ser dueño del espacio que se te da. Si necesitas una motivación extra, ten en cuenta que el mundo necesita urgentemente ideas innovadoras y prestar tu voz a ese proceso puede acercarnos a desarrollar la solución que podría cambiar la vida de las personas para siempre. Te agradezco tu tiempo y consistencia. Y ahora, espero ver las muchas cosas grandes y maravillosas que harás. Mantente fresco, mantente vibrante y lo más importante, sigue ganando.

Gracias.

Antes de que te vayas, sólo quería darte las gracias por comprar mi libro.

Podrías haber elegido entre docenas de otros libros sobre el mismo tema, pero elegiste este.

Así que, un ENORME agradecimiento a ti por conseguir este libro y por leerlo hasta el final.

Ahora, quería pedirte un pequeño favor. **¿Podrías considerar publicar una reseña en la plataforma? Las reseñas son una de las formas más fáciles de apoyar el trabajo de los autores.**

Esta retroalimentación me ayudará a seguir escribiendo el tipo de libros que te ayudarán a obtener los resultados que deseas. Así que, si lo disfrutaste, por favor, házmelo saber.

www.ingramcontent.com/pod-product-compliance
Lightning Source LLC
Chambersburg PA
CBHW052108020426

42335CB00021B/2681